不能简单地说中俄联手、俄罗斯转向东方，仅是美国一手造成的……中俄联手更多源于两国本身在现代化进程中互相支持、互相依傍的深层需求。

——华东师范大学俄罗斯研究中心主任冯绍雷教授

中俄“长江—伏尔加河”流域合作研究

刘　军　肖辉忠　荀利武　等　著

Research on Sino-Russian Cooperation in the Yangtze-Volga River Basin

世界知识出版社

前言

拥抱中俄新时代全面战略协作伙伴关系的新机遇

苏联解体后，中俄关系快速向前发展。从1992年起，双边关系不断推进，高层政治交往节节攀升。1992年两国相互视为友好国家，1994年确立建设性伙伴关系，1996年建立战略协作伙伴关系，2001年《中俄友好睦邻合作条约》签署。至此，中俄两国从法律层面确立了世代友好、永不为敌的战略伙伴关系，成为大国关系中的光辉典范。2019年是中俄建交70周年。[①] 70多年来，中俄关系风雨兼程、砥砺前行，成为国际社会互信程度最高、协作水平最高、战略价值最高的一对大国关系。2019年6月，中俄两国元首在莫斯科共同签署了《中华人民共和国和俄罗斯联邦关于发展新时代全面战略协作伙伴关系的联合声明》。此次声明指

---

① 1949年10月2日，中国和苏联建立外交关系。苏联解体后，俄罗斯联邦成为苏联的继承国，中苏关系因此变成了中俄关系。1991年12月27日，中俄两国签署《会谈纪要》，正式解决了两国关系的继承问题。

出，中俄关系进入了新时代，迎来了更大发展的新机遇。同时，声明还指出，中方支持建设大欧亚伙伴关系倡议。双方认为，"一带一路"倡议同大欧亚伙伴关系可以并行不悖，协调发展，共同促进区域组织、双多边一体化进程，造福欧亚大陆人民。①

因此，如何客观评价中俄关系70年发展，如何在大欧亚伙伴关系背景下推进中俄关系，如何在中俄关系良性发展的大背景下深入推进地方合作，是中俄两国共同面对的系列课题。

一、中俄关系70年：历史反思与未来构建

1949年以来，中俄（苏）双边关系的发展演变不仅影响了中俄两国国内的发展历程，而且对世界局势的发展演变也具有非常重要的影响。反思70多年中俄双边关系的发展，既有助于总结经验、吸取历史教训，也有助于引领步入新时代的两国关系进一步健康稳定向前发展。

70多年来，中俄关系呈现出不同的阶段性，双边关系的性质与定位有明显的变化。总的来看，以中国开始改革开放为转折点，中俄关系可以分为前30年与后40多年"两大"阶段。第一阶段（1949—1979年）是中苏关系大起大落的30年。其中可以分为"三小阶段"：前10年的主调是中苏同盟与蜜月时期；中间10年是公开论战；后10年是冲突对抗。1979年之后的40多年是中苏关系缓和、双边关系走向正常化并从中苏关系演变为中俄关系的阶段。其中也可分为几个不同的小阶段：A. 从1979年中苏恢复谈判开始，

① 《中华人民共和国和俄罗斯联邦关于发展新时代全面战略协作伙伴关系的联合声明》，中国政府网，http://www.gov.cn/xinwen/2019-06/06/content_5397865.htm。

两国关系出现缓和迹象。B. 从 1989 年戈尔巴乔夫访华开始，双方关系实现正常化；1991 年苏联解体之后，中苏关系迅速向中俄关系转变。C. 从 1992 年双方相互视为友好国家开始，整个 20 世纪 90 年代，中俄关系快速发展，中俄战略协作伙伴关系逐渐形成。D. 从 2001 年《中俄睦邻友好合作条约》签署开始，两国在法律意义上确认了全面战略协作伙伴关系，成为新时代大国关系的光辉典范。总之，70 多年来中俄关系经历了大起大落，最终步入一个正常的、理性的、符合双方国家利益的、合作与良性互动的战略协作伙伴关系。经过 70 多年的磨炼，中俄都懂得了双方在历史上出现问题的根源是什么、当代中俄关系平稳运行并不断提质升级的动力是什么、未来中俄关系发展方向及遵循的逻辑是什么。中俄双方在 70 多年历史的互动中都深刻理解与懂得平等相待、相互尊重、互利共赢在双边关系中的重要性。

总的来看，中俄关系的 70 多年历史就是中俄双方探索如何从结盟到结伴的历史，也是探索如何解决分歧到实现合作共赢的历史，更是探索如何实现平等与相互尊重的历史。

经过 70 多年的风雨历程，中俄两国关系历久弥坚，并在政治、经济、人文、外交与国际事务等各领域均取得了丰硕成果。政治上，中俄已经形成了一系列定期会晤机制，包括元首密切互访、中俄总理定期会晤、两国立法机构高层频繁交往、中国共产党与俄罗斯主要政党机制化往来等。中俄两国始终互相尊重，在涉及主权与尊严、核心利益与安全关切等重大问题上相互支持，在共同关心的地区和国际事务中保持着密切配合与协调。面对世界百年未有之大变局，中俄两国携手应对时代挑战，从积极推动成立上海合作组织到建立中、俄、印再到中、俄、蒙等合作机制，从金砖国家合作机制创新到二十国集团框架下的协调，中俄两国战略协作已经超越了双边范畴并在处理伊朗核问题、坚持朝鲜半岛无核化、推动阿富汗和解与局势稳定、支持二十国集团在全球治理和国际经济合作中的引领作用等地区与国际问题上发挥了独特的作用。中俄两国共同倡导维护国际法和国际关系基本准则，始终坚持多边主义，积极致力于维护全球战略稳定，努力推动国际秩序朝着更加公正合理方向发展。中俄在维护“以《联合国宪章》宗旨和原则为核心的国际秩序和国际体系，推动建设相互尊重、公平正义、合作共赢的新型国际关系，推动构建人类命运共同体”，①在国际事务中主持公道、促进更加公正合理的多极世界的形成、惠及世界人民、实现合作共赢等诸多方面成效显著。

在经贸与务实合作方面，中俄两国致力于提升双边贸易规模，不断优化贸易结构，在深化电子商务、服务贸易、扩大投资和经济技术、推进战略性大项目实施、提高贸易和投资便利化水平等诸多领域硕果累累。中国和俄罗斯的务实合作为深化两国双边关系奠定了坚实的物质基础。从 2018 年 7 月首船亚马尔液化天然气通过北极东北航道运抵中国，到远程宽体客机联合研制稳步推进；从 2019 年 4 月中国企业承建俄罗斯首条地铁隧道的贯通，到中俄首座跨境公路大桥（黑龙江黑河市和俄罗斯远东地区的布拉戈维申斯克市）以及首座跨黑龙江铁路桥——同江大桥的先后开通，两国在能源、航空航天和基础设施建设等诸多领域合作亮点纷呈。2018 年中俄双边贸易额达到创纪录的 1070.6 亿美元，增幅 27.1%，增速在中国前 10 大贸易伙伴中位列首位。根据中国海关总署数据，2019 年俄罗斯与中国的双边贸易额增长了 3.4%，达到 1107.9 亿美元。两国贸易保持了良好势头，其中中国对俄罗斯的出口增长了 3.6%，达到 497 亿美

① 《中华人民共和国和俄罗斯联邦关于发展新时代全面战略协作伙伴关系的联合声明》，中国政府网，http://www.gov.cn/xinwen/2019-06/06/content_5397865.htm。

元，而从俄罗斯的进口增长了3.2%，总额达到610.5亿美元。①下一步，中俄两国将努力提升双边贸易额至2000亿美元。②中国和俄罗斯将继续深入挖掘新兴领域合作潜力，努力推动两国地方交流互鉴，实实在在地造福两国人民。

在人文交流方面，在两国元首的指引下，中俄两国以地方合作交流年为契机，不断拓展政治、经贸、人文等各领域交流与合作，特别是在中俄人文交流机制建立20年来，为推动各领域的合作和交流提供了重要支持。中俄人文合作机制已成为大国间开展文明对话的典范。作为中俄双边关系的重要组成部分，人文交流与政治互信、经贸合作共同构成中俄关系的三大支柱。③在《中俄人文合作行动计划》基础上成立的中俄人文合作委员会，作为中俄总理定期会晤机制的重要组成部分，在教育、文化、体育、卫生、旅游、媒体、电影、档案、青年等领域开展了诸多有益合作。“中俄人文交流在习近平主席和普京总统的战略引领和高度重视下，各领域合作取得了丰硕成果，增进了人民友谊，推动文明交流互鉴，为中俄全面战略协作伙伴关系迈向更高水平作出了重要贡献”。④以中俄教育合作交流为例，目前中国开设俄语专业的高校有153所，开设公共俄语教学的高校约150所；在中小学阶段，已有83所中学开设俄语课程，6所小学开设俄语课程。⑤俄罗斯更是将汉语增列为俄罗斯国家统一考试语言，将其纳入俄罗斯中等普通教育结业考核体系。据俄最新民调显示，中国在俄民众心中的友好度排名从2009年的第三位跃居

① “Russia-China Bilateral Trade Hit US$110 Billion in 2019—What Is China Buying?” *Russia Briefing*, January 14, 2020, https://www.russia-briefing.com/news/russia-china-bilateral-trade-hit-us-110-billion-2019-china-buying.html.

② 李辉：《走过七十年，中俄关系历久弥坚》，《人民日报》2019年2月12日。

③ 刘利民：《“一带一路”框架下的中俄人文合作与交流》，《中国俄语教学》2015年第3期。

④《中俄人文合作委员会第十九次会议举行》，2018年10月31日《人民日报》。

⑤ 姜晓燕：《中俄教育合作现状与愿景》，《光明日报》2019年6月13日。

现在的第一位。[①] 总之，目前中俄两国以《中俄睦邻友好合作条约》为纲领，不断开创中俄合作的新局面，不断推进以中俄新型大国关系为核心的新型国际关系的构建。

中俄合作体现了合作共赢的新型国际关系模式，其之所以成为新型大国关系的典范有很多内在的动力与逻辑基础。中俄两国相互尊重对方核心利益，互不干涉对方内政，建立了最密切的元首交往及各层级的定期会晤机制，建立了一系列的人文交往机制，并在国家发展蓝图上有很多契合之处；中俄建立起全面战略协作伙伴关系，充分照顾了对方利益和关切，给两国人民带来了实实在在的好处；两国彻底解决了历史遗留的边界问题，签署了《中俄睦邻友好合作条约》，为中俄关系长远发展奠定了坚实的法律基础。当然，未来中俄战略协作伙伴关系的发展并不是一帆风顺的，会受到来自内部及外部各个方面的挑战，关键在于两国要保持战略定力，看准中俄合作的主流及大方向，不断消除中俄之间存在的种种误解及消极因素，通过合作求发展，通过合作实现互赢，在合作互赢过程中不断培育相互之间的战略互信。中俄双边国家年、语言年、旅游年、媒体交流年、地区合作年、科技创新年和体育交流年等活动将对两国增强互信、培育感情有着极大的推动作用。因此，回顾、反思、总结70多年的中俄关系史意义重大。我们既不能因为过去的历史问题而否定新时代的中俄关系，也不应该因为当前中俄关系处于最好的历史时期而满足于当下；我们要时刻保持清醒头脑，不断推进新时代的中俄关系走向一个新高度。

二、大欧亚伙伴关系与中俄地区合作

2019年中俄两国元首签署的《中华人民共和国和俄罗斯联邦关

① 李辉：《青山不老　友谊长存》，《光明日报》2019年7月31日。

于发展新时代全面战略协作伙伴关系的联合声明》标志着中俄双边关系再上新台阶。对于中俄双边关系，俄罗斯政治精英积极予以评价并高度肯定中俄关系过去70年尤其是冷战结束30年来的快速发展。同时，俄罗斯政治精英也在根据新的国际形势思考新的国际格局及其变化，也不断推出新的地缘概念与命题。其中，大欧亚伙伴关系就是一个核心概念，体现了俄罗斯政治精英关于欧亚大陆地缘政治以及中俄合作的新思路。

俄罗斯外交与国防政策理事会名誉主席卡拉加诺夫及莫斯科卡内基中心主任特列宁是欧亚合作的重要代表。卡拉加诺夫提出了“大欧亚”概念，认为俄罗斯欧亚经济联盟与中国“丝绸之路经济带”建设倡议的对接意味着“大欧亚”集团的成立。其中，中国与俄罗斯将作为大欧亚的核心，应同上海合作组织其他成员进行协作。特列宁则主张俄罗斯在强化、拓展与非西方国家合作关系的同时，需要把主要注意力放在亚洲，尤其是抓住中国与俄罗斯正在快速推进全面战略协作伙伴关系建设的契机，推进两国构建从圣彼得堡到上海的“大亚洲”。

2015年5月31日，俄罗斯官方媒体《俄罗斯报》刊登一篇对卡拉加诺夫的采访文章，题为“中俄正在构建一个新的共同体——大欧亚”。文中提到，“在未来的几个月或几年内，上海合作组织会成为新共同体——大欧亚的中心之一”。2015年6月，瓦尔代国际辩论俱乐部推出了分析报告《走向大洋》(三)。其中首先提到的就是“欧亚大陆中部地区”概念。报告提出，俄罗斯及其伙伴国在未来数年甚至数十年都将积极推动欧亚一体化战略；主张在“欧亚大陆的中部地区”建立合作区，可以进一步构建“大欧亚”合作、可持续发展和安全的共同体；认为上合组织是欧亚空间最重要的国际合作机构，它是推动符合共同利益的政策方针的工具，也是深化欧亚地区国家合作的因素。因此，上合组织在蓬勃发展的情况下可以成为构建大欧亚共同体项目的核心机构。①

继2015年5月9日中俄签署关于深化全面战略协作伙伴关系、倡导合作共赢的联合声明后，2016年6月17日普京在圣彼得堡国际经济论坛上发表的讲话中表示，欧亚经济联盟可以成为构建更广阔一体化格局的中心之一，并可在欧亚经济联盟和其他与俄罗斯关系紧密国家的参与下建立大欧亚伙伴关系。这些国家指的是中国、印度、巴基斯坦、伊朗、独联体国家、其他感兴趣的国家和组织。② 2016年6月25日，普京对中国进行国事访问，两国签署了联合声明。声明中第四条指出，“中俄主张在开放、透明和考虑彼此利益的基础上建立欧亚全面伙伴关系，包括可能吸纳欧亚经济联盟、上海合作组织和东盟成员国加入。”③ 2019年中俄联合声明指出，俄方支持“一带一路”倡议，中方支持在欧亚经济联盟框架内推动一体化进程和支持建设大欧亚伙伴关系倡议。双方将在推进“一带一路”建设与欧亚经济联盟对接方面加强协调行动。彼此认为，“一带一路”倡议同大欧亚伙伴关系可以并行不悖，协调发展，共同促进区域组织、双多边一体化进程，造福欧亚大陆人民。④

从俄罗斯的角度看，大欧亚伙伴关系是以欧亚经济联盟为出发点，形成以欧亚经济联盟为中心的经济合作网络。普京对这一点说得很清楚，即欧亚经济联盟可以成为构建大欧亚一体化的一个中心。欧亚经济联盟的主体是俄罗斯，以欧亚经济联盟为中心在一定意义上也就是以俄罗斯为中心。这意味着对俄罗斯来说，大欧亚伙伴关

① К Великому океану–3.Экономический пояс Шёлкового пути и приоритеты совместного развития евразийских государств, http://ru.valdaiclub.com/files/11300.

② Пленарное заседание Петербургского международного экономического форума, 17 июня 2016 г，http://www.kremlin.ru/events/president/news/52178.

③ 《中华人民共和国和俄罗斯联邦联合声明》，新华社2016年6月26日，http://www.xinhuanet.com//politics/2016-06/26/c_1119111908.htm。

④ 《中华人民共和国和俄罗斯联邦关于发展新时代全面战略协作伙伴关系的联合声明》，中国政府网，http://www.gov.cn/xinwen/2019-06/06/content_5397865.htm。

系的目标是形成以俄罗斯为中心的经济关系网络。大欧亚伙伴关系的主要发展方向是广大的亚洲，特别是中国、印度、日本、越南、东盟、上合组织等。因此，欧亚经济联盟与亚洲地区国家和组织的对接合作将是大欧亚伙伴关系的主体。①

随着中俄关系的不断推进，中俄高层政治交往及务实合作也不断稳定向前发展。苏联解体后，中俄之间的高层政治交往非常密切，江泽民主席与叶利钦总统开创了中俄高层友好与交往的新起点，两国关系从相互视为友好国家快速上升到中俄战略协作伙伴关系，并以法律的形式固定下来。此后，中俄建立了一系列合作机制，如针对重大国际问题以及双边关系的声明机制、高层会晤机制（包括元首年度互访、议会领导人年度互访、总理定期会晤、总理定期会晤委员会会议和国家安全磋商等）。这些高层交往机制是中俄关系所特有的，是促进两国战略协作伙伴关系不断向前发展的重要政治保障。每一次中俄两国元首会晤都取得了实质性成果，都会把中俄合作进一步推向更高的务实合作新台阶。2013 年 3 月，习近平主席首访俄罗斯，体现了中国外交对俄罗斯的高度重视。习近平访俄标志着对俄外交已经成为中国外交最优先的发展方向。访问期间，习近平与普京总统就务实合作进行了深入探讨。双方认为，中俄开展大规模经济合作时机和条件已经成熟。要从全局和长远角度，充分挖掘互补优势和发展潜力，重视加强经贸合作，共同提高各自经济实力和国际竞争力。习近平提出，中俄在发展双边关系方面面临的战略任务是把两国前所未有的高水平政治关系优势转化为经济、人文等领域的务实合作成果，并更好地惠及两国人民。同样，俄罗斯领导人对中国经济的快速发展也持非常积极的态度。2012 年普京竞选总统之前撰文指出，中国经济的增长绝对不是威胁，中国在世界舞台上的行动没有表明该国谋求主导地位。俄罗斯需要一个繁荣而稳定的中国，而中国也需要一个强大而成功的俄罗斯。当然，中俄战略协

① 赵华胜:《中国与大欧亚伙伴关系》,《国际问题研究》2017 年第 6 期。

作伙伴关系的发展并不是一帆风顺的，会受到来自各个方面的挑战，关键在于要不断消除中俄之间存在的种种误解及消极因素，通过合作求发展，通过合作实现互赢，在合作互赢的过程中不断培育相互之间的战略互信。此后，中俄举办了一系列国家年活动（如语言年、旅游年、媒体交流年、地方合作交流年、科技创新年和体育交流年等）。这些活动对于两国增强互信，培育感情有着极大的推动作用。

2015 年 3 月底，经中国国务院授权，国家发改委、外交部与商务部联合发布了《推动共建丝绸之路经济带和 21 世纪海上丝绸之路的愿景与行动》文件。这标志着“一带一路”国际合作进入全面推进与实质行动阶段。“一带一路”构想与沿线关键性国家自身的战略构想对接是一个非常关键的问题，其中处理好与俄罗斯的关系尤其重要。作为昔日的超级大国之一，俄罗斯的体量大、战略地位重要、处在新丝绸之路经济带北线的核心部位，是联通东西方的桥梁与纽带。此外，中亚是俄罗斯的传统势力范围，从新疆到中亚再到欧洲的“丝绸之路经济带”中线也不可免地受到俄罗斯的影响。从目前来看，在中俄战略协作伙伴关系框架下如何继续深化与俄罗斯的合作，实现“一带一路”倡议与俄罗斯欧亚联盟的对接，争取俄罗斯的支持与理解是关键。

欧亚经济联盟与“一带一路”倡议的对接进一步促进了中俄之间的务实合作，体现了在大欧亚伙伴关系背景下中俄合作的成果。其中，中俄地区合作上升为国家层面的战略合作，主要表现为中俄之间的两大地区合作机制：A. 毗邻地区合作（俄罗斯远东西伯利亚与中国东北地区的合作）。B. 非毗邻地区合作（俄罗斯伏尔加联邦区与中国长江中上游之间的合作）。

实际上，中俄地区合作的开启要追溯到 20 世纪 90 年代末。1996 年 4 月，叶利钦签署了实施《远东与外贝加尔 1996—2005 年经济社会发展专项纲要》的总统令。但是由于资金严重短缺加上纲要缺乏可操作性，这份纲要并没有起到充分作用。鉴此，新一轮西伯利亚与远东的开放开发已提上议事日程。2009年12月28日，俄总理普京签署第2094号俄罗斯联邦政府令，批准了俄罗斯联邦《远东和贝加尔地区2025年前经济社会发展战略》。普京在2012年总统大选前夕所提出的俄罗斯新经济政策的主要内容明确强调，国家将支持大型基础设施项目，优先保障与西伯利亚和远东地区的交通项目建设。因此，交通与能源基础设施的项目建设将成为西伯利亚与远东开放开发的一大重点。

2012年5月，普京重返克里姆林宫后，把俄罗斯的外交战略中心从欧洲转移到独联体及包括东北亚在内的亚太地区。9月，俄罗斯在符拉迪沃斯托克市举行APEC会议后新设"远东开发部"，全面负责远东9个地区的经济开发，启动了大规模的远东开发计划。2013年12月，普京在国情咨文中提出，振兴西伯利亚和远东是21世纪国家的优先任务。2014年俄罗斯在远东地区设立了14个经济特区，全面启动远东的开放与开发。2015年9月，在俄罗斯举行的首届东方经济论坛上，普京表示亚太地区是世界经济的火车头，加强同亚太地区相关国家的关系对俄具有战略意义。他指出俄中两国决定推进欧亚经济联盟建设和"丝绸之路经济带"建设的对接为推进欧亚一体化和亚太地区国家加强互利协作提供了新机遇；远东地区是俄加强同亚太地区相关国家合作的前沿，俄欢迎中、日、韩等亚太国家到远东地区积极投资。他还特别强调：俄政府正大力推进远东地区跨越式开发区和符拉迪沃斯托克自由港建设项目，将采取措施为投资者创造最好的条件，使远东地区成为世界领先的商业中心之一。

为协调实施中俄地区发展战略和中国《东北地区振兴规划》与

俄罗斯《远东及外贝加尔地区2013年前经济社会发展联邦专项规划》，中国和俄罗斯于2009年开始实施《中国东北地区与俄罗斯远东及东西伯利亚地区合作规划纲要（2009—2018年）》。中俄两国政府直接参与，并以大规模项目投资方式实现中国参与远东开发进程。2015年10月28日，俄罗斯政府批准了《远东联邦区联邦主体边境地区发展纲要》，具体规划了俄罗斯远东联邦区和贝加尔地区与中国东北等邻近地区开展跨区域合作的目标、任务与措施。当前，俄罗斯尤其积极促进发展国际运输走廊建设，努力使它与东北亚运输网络一体化，并营造有利的投资和商业环境，以扩大对过境运输的需求和发展相应的运输基础设施。2017年1月，中俄两国决定在总理定期会晤机制框架下建立中国东北地区与俄罗斯远东及贝加尔地区政府间合作委员会，以协调和推动中俄两国区域合作。2018年9月，习近平主席赴俄罗斯符拉迪沃斯托克出席第四届东方经济论坛时指出，中国是俄罗斯远东合作的积极支持者和参与者。正当中国政府加大力度实施区域协调发展战略和加快东北等老工业基地振兴步伐之际，俄罗斯将远东发展纳入国家发展战略无疑进一步增加了中俄战略合作的内驱力。中俄两国在远东开发、区域经济合作方面开展合作将极大地推动俄罗斯远东开发进程；同时，俄罗斯远东开发也为中国的发展提供了更加广阔的活动空间。

三、中俄非毗邻地方合作的创新发展

除了中国东北与俄罗斯远东西伯利亚毗邻地区合作机制外，中俄两国还创造性地推出了两国非毗邻合作模式（即中国长江中上游地区与俄罗斯伏尔加河经贸与人文的合作模式）。中俄非毗邻合作模式的主要特点是：第一，合作主体是地方层面而非国家层面的合作；第二，合作主体在地理上不直接相邻，但是有着较为便捷的交通与物流体系；第三，合作领域包括经贸、投资与涵盖教育、科技、文化等全方位的人文合作；第四，合作模式由政府推动但以市场为导向，并通过企业开展经贸与投资合作；第五，双方合作主体经济与社会发展程度相当，经济上互补性强，有一定人文交流基础与发展合作的良好意愿。

伏尔加联邦区在俄罗斯是人口最为密集的行政区之一，总面积103.8万平方公里（占俄全国面积的7.27%），人口数量3200万（占俄全国人口的22.1%，仅次于中央联邦区）。伏尔加联邦区的工业产值位居各联邦区之首，占比23.9%（这表明该地区工业化程度高）。伏尔加河是联系该河流周边地区的纽带，是欧洲第一大河，也被认为是俄罗斯经济的动脉。从古至今，伏尔加河沿岸居民的经济与社会生活与这条河道密切相连。伏尔加联邦区内有14个联邦主体，其中，共和国6个（巴什科尔托斯坦、马里埃尔、莫尔多瓦、鞑靼斯坦、乌德穆尔特和楚瓦什）、州8个（下诺夫哥罗德、基洛夫、奥伦堡、奔萨、萨马拉、萨拉托夫、乌里扬诺夫斯克和彼尔姆）。

伏尔加联邦区的首要优势是其良好的地理位置。它处于国际交通走廊的交汇处，是资源丰富的乌拉尔地区与经济发达的俄罗斯西北地区之间的天然纽带。这条走廊把俄罗斯的欧洲部分、欧洲国家，同西伯利亚、远东、东亚国家连接在了一起。该联邦区经济结构多元化，采掘工业、机械制造、化工、农工、生物技术、制药、建筑、建材、交通和能源等行业均衡发展。伏尔加联邦区自然资源丰富，石油与天然气储藏量巨大，拥有丰富的能源储备与发达的加工工业。伏尔加联邦区农业气候条件好，种植业和养殖业发达，并由此带动了发达的食品加工业。该联邦区的另一个优势是人力资源。鞑靼斯坦共和国、巴什科尔托斯坦共和国和萨马拉州在俄罗斯人力资源发展指数方面都进入了前10名的行列。

2013年10月22日，《中俄总理第十八次定期会晤联合公报》表示，将推动建立中华人民共和国长江中上游地区和俄罗斯联邦伏尔加河沿岸联邦区合作机制并支持进一步深化两地区经贸、投资和人文领域的互利合作。2014年10月10日，中国国务院总理李克强在《俄罗斯报》发表了《让中俄友好合作之路越走越宽》的署名文章，指出中俄两国建立的“长江中上游—伏尔加河流域”合作机制是两国母亲河的历史性牵手。① 2016年6月25日，经中俄两国元首在北京签署和发布的《中华人民共和国和俄罗斯联邦联合声明》指出：要拓展和深化两国地方合作，积极运用“长江—伏尔加河”地方合作模式的经验，完善双边合作机制，以推动重点项目和培育新的合作增长点。② 2018—2019年，中俄两国启动了地方合作交流年。习近平主席在向中俄地方合作交流年开幕式致贺辞时指出：“中俄两国是山水相连的友好邻邦，两国人民世代毗邻而居，友谊源远流长。地方是中俄开展全方位互利合作的重要力量。我和普京总统共同决定2018年至2019年举办中俄地方合作交流年。相信这项重大活动将激发两国地方合作热情，挖掘双方合作潜力，带动更多地方、企业、民众加入中俄友好合作和共同发展事业，为中俄关系持续健康稳定发展提供更加强劲的动力。”③ 中俄地方交流年的启动也进一步带动了中俄两河合作向纵深发展。

中国长江中上游地区和俄伏尔加河沿岸联邦区都具有较强的经

① 《长江与伏尔加河历史性牵手》，中国政府网，http://www.gov.cn/xinwen/2014-10/14/content_2764909.htm。

② 《中华人民共和国和俄罗斯联邦联合声明》，《人民日报》2016年6月26日，第2版。

③ 《习近平同俄罗斯总统普京分别向中俄地方合作交流年开幕式致贺辞》，新华网，http://www.xinhuanet.com/world/2018-02/07/c_129807959.htm。

济实力、科技水平和丰富的人文底蕴。本着优势互补、互利共赢的原则，两地区建立起了工作联系机制，制定了包含153个投资、人文优先项目的合作规划并已进入实质性合作阶段。[①]中俄两河合作有着非常明显的政治、地理和资源优势等。尤其是从政治上看，中俄两国高层都非常重视将长江与伏尔加河地区合作上升为国家战略，地区政府部门也积极推动。目前，中国长江中上游各省市与俄罗斯伏尔加联邦区的政治经济与人文互动日益频繁，已经建立起了一套完善的合作机制。2014年6月和2015年8月，中俄双方分别在萨马拉和成都举行了两地区地方领导人第三、第四次座谈会。2016年初，为扩大和深化两地区合作，双方在原有两地区地方领导人座谈会机制基础上成立了中国长江中上游地区和俄罗斯伏尔加河沿岸联邦区地方合作理事会。这标志着中俄“长江—伏尔加河”地方合作再上新台阶，步入了机制化的稳定发展阶段。

2017年6月16日，杨洁篪在合肥同俄罗斯总统全权代表巴比奇共同主持召开中国长江中上游地区和俄罗斯伏尔加河沿岸联邦区地方合作理事会第二次会议时表示，当前中俄全面战略协作伙伴关系保持高水平发展，并在两国领导人的战略引领下，“长江—伏尔加河”地方合作机制运转卓有成效，务实合作取得重要成果，辐射效应日益显现，为丰富两国关系内涵和推进双边合作发挥了积极作用；希望双方抓住“一带一路”建设的契机，结合两地区合作实际需求，共同实施好优先合作项目，不断开拓合作新领域，促进两地区发展繁荣，造福两国人民。[②]巴比奇高度评价俄罗斯伏尔加河沿岸联邦区和中国长江中上游地区地方合作取得的积极进展，表示俄方愿意

① 《杨洁篪18日赴俄出席“两河流域”地方合作理事会首次会议》，俄罗斯卫星通讯社2016年7月18日，http://sputniknews.cn/economics/201607181020156511。

② 《杨洁篪出席中国长江中上游地区和俄罗斯伏尔加河沿岸联邦区地方合作理事会第二次会议》，中国政府网，http://www.gov.cn/guowuyuan/2017-06/16/content_5203210.htm。

同中方一道，积极落实两国领导人共识，推动两国地方合作在经贸、交通、旅游、文化、教育、青年等领域不断取得新进展，为两国关系注入新活力。会上，杨洁篪和巴比奇启动了“长江—伏尔加河”地方合作理事会网站，签署了《会议纪要》和《关于对〈长江—伏尔加河地方合作理事会条例〉进行修订的议定书》，并见证两地区地方政府签署多项合作文件。会后，双方共同出席两地区第四届青年论坛闭幕式。

在2018年至2019年中俄地方合作交流年举办的开幕式上，习近平主席指出，举办中俄地方合作交流年活动必将全面扩大和深化两国地方交往，使中俄世代友好、共同振兴的理念更加深入人心。这标志着中俄新一轮国家级“主题年”活动拉开帷幕。2018年9月11日，国家主席习近平在符拉迪沃斯托克同俄罗斯总统普京举行会谈时指出，双方要巩固传统友谊，加强全面协作，推动中俄全面战略协作伙伴关系再攀高峰，更好惠及两国人民，“利用好今明两年中俄地方合作交流年契机，调动两国更多地方积极性，开展更加广泛合作”。中俄地方合作的种种实践正在为国与国的交往提供更多的创新样本。国家合作需要依托地方、落脚地方，更需要造福地方。当前，地方合作正在中俄关系中扮演着越来越重要的角色。数据显示，截至2017年10月底，双方已经确立140对友好结对城市及省州、数10对经贸结对省州，建立了中国长江中上游地区和俄罗斯伏尔加河沿岸联邦区地方合作理事会、中国东北地区和俄罗斯远东及贝加尔地区政府间合作委员会。① 不管地理上的远与近，黑龙江、吉林、辽宁、内蒙古、浙江、江苏、福建等省或自治区对俄经贸合作都开展得风生水起。日益频繁及高效的地方合作不仅促进了中俄双方提升互联互通水平、推进贸易和投资自由化便利化，而且也进一步增

① 《中俄地方合作正当其时》，中国政府网，http://www.gov.cn/xinwen/2018-09/13/content_5321492.htm。

进了民间友好并更多地惠及两国人民。

2019 年 5 月 23 日，国务委员王勇与俄总统驻伏尔加河沿岸联邦区全权代表卡马罗夫，在俄罗斯切博克萨雷市共同举行了中国长江中上游地区和俄罗斯伏尔加河沿岸联邦区地方合作理事会第三次会议。卡马罗夫说："伏尔加河沿岸联邦区地区正在仔细研究 20 多份有关与中方在经贸、科技和人文等领域发展国际和外经贸关系的协议草案。重点投资合作有 13 个农业、食品生产、建材、机械制造、冶金、木材加工和物流领域的项目。"王勇指出："两地区合作规模和质量在同步提升。2018 年长江中上游 6 个省市对俄贸易达到近 50 亿美元，增幅达 30%，超过两国双边贸易额增长速度。部分省份对俄贸易增速甚至超过 80%。我国 6 省市众多企业在贵国联邦区投资兴业。"① 王勇和卡马罗夫共同签署会议纪要，见证两地区地方政府签署多项合作文件，并共同出席"长江—伏尔加河"高校联盟论坛。② 到 2020 年 10 月，在"长江—伏尔加河"地方合作机制框架下，中俄已签署 52 项地区协议，正在研究 40 个联合投资项目。此外，俄伏尔加河沿岸联邦区还准备了 70 多个有关落实联合经贸项目的提案。"联合项目的数量证明了'伏尔加河—长江'模式的有效性。这一模式是俄中两国地方合作富有成效的机制之一。尽管疫情带来严峻挑战，但我们的交流合作仍在继续。"卡马罗夫强调，2020 年前 6 个月，伏尔加河沿岸联邦区对华贸易额增长达到 109.3%，比全俄平均水平高 15%。③

① 《俄中"伏尔加河—长江"地方合作理事会会议在俄开幕》，俄罗斯卫星通讯社 2019 年 5 月 23 日，http://sputniknews.cn/russia_china_relations/201905231028546703。

② 《王勇赴俄罗斯举行"长江—伏尔加河"地方合作理事会第三次会议》，《人民日报》2019 年 5 月 24 日，http://cpc.people.com.cn/n1/2019/0524/c64094-31100707.html。

③ 殷新宇：《中俄地方合作结出更多硕果》，《人民日报》2020 年 10 月 19 日，http://paper.people.com.cn/rmrb/html/2020-10/19/nw.D110000renmrb_20201019_5-03.htm。

表1　中俄“伏尔加河—长江”地方合作模式发展历程

时　间	地　点	双方代表	事　宜
2012年4月	喀山	李克强、巴比奇	地方领导人第一次座谈会启动
2013年5月	武汉	杨洁篪、巴比奇	地方领导人第二次座谈会，正式建立两地区合作机制
2014年6月	萨马拉	杨洁篪、巴比奇	地方领导人第三次座谈会
2015年8月	成都	杨洁篪、巴比奇	地方领导人第四次座谈会
2016年7月	乌里扬诺夫斯克	杨洁篪、巴比奇	地方合作理事会首次会议启动
2017年6月	合肥	杨洁篪、巴比奇	地方合作理事会第二次会议
2018年9月	符拉迪沃斯托克	习近平、普京	2018年至2019年举办中俄地方合作交流年
2019年5月	切博克萨雷	王勇、卡马罗夫	地方合作理事会第三次会议

目前看，中俄“长江—伏尔加河”地方合作在经贸与人文合作方面取得了一系列成果，尤其是人文合作快速推进，极大地推动了两个地区之间的相互认知与社会、文化交往。然而，该合作在具体落实过程中暴露出许多问题。事实上，目前长江中上游地区与俄罗斯伏尔加河沿岸联邦区经贸合作水平仍然较低。两区域间经贸合作水平仍然滞后于中俄经贸合作整体水平，表现为双方经贸额偏低、规模有限，经济合作形式仍然以传统贸易为主。但是，无论怎样，中俄地区合作大框架已经建立，中俄两国从政府到民间都高度关注并重视中俄地区合作。如同中国驻喀山吴颖钦总领事指出：“如果说中俄关系是一座大厦，那么地方合作就是这座大厦的基石。就任以来我切身感受到，两国地方政府和企业合作意愿十分强烈，这正是地区合作的强大内在动力。伏尔加河沿岸联邦区是中俄合作的重要区域，喀山是长江中上游地区与伏尔加河沿岸联邦区合作机制的诞

生地。”① 总之，在两国中央及地方政府的推动下，人文合作有效推进，人员交流、教育与学位合作、旅游与文化交流等日益活跃，极大地推进了长江中上游地区与伏尔加河联邦区的相互认知与了解。同时，一系列有利的配套条件也悄然出现，两地直航试运行、中欧班列的开通以及外交总领馆的设立等为中俄“长江—伏尔加河”地方合作插上了腾飞的翅膀。在这一过程中，随着相互之间的认识与了解不断加深，以及双方合作的意愿与共识不断加强，相互合作的适应力与能力也在不断提升。相信长江中上游与伏尔加河的非毗邻合作必将为中俄探索出一条新的地方合作模式发挥积极的促进作用。

①《中华人民共和国驻喀山总领事吴颖钦在开馆仪式上的讲话》。

Contents

目　录

第一章

俄罗斯伏尔加联邦区社会经济发展的现状与前景

当前，俄罗斯各个联邦区及其内部大部分联邦主体都处于经济危机的阴霾之下。传统经济领域的生产明显下降，但缺乏足够的资源用于现代化更新和产业结构调整，无法成功实现进口替代战略，中小企业发展外部环境堪忧。

一、俄罗斯各地区总体经济状况

目前，尚无稳定的迹象表明俄罗斯已经走出了衰退和萧条。

2019 年俄国内生产总值（GDP）增长 1.3%。从支出层面来看，俄 GDP 的构成，个人消费占 5 成，政府消费占近 2 成，官民建设和设备投资合计总固定资本占 2 成，出口占 1 成。随着 2018 年支撑经济增长的世界杯等大型赛事告一段落，2019 年固定资本投资同比“接近零增长”。俄罗斯地区经济形势仍不稳定，但也正是由于这些“波动”，从全国平均角度可以看到一些积极走势。根据 2019 年俄罗斯联邦统计局统计，俄罗斯工业生产增速大幅放缓，2019 年俄工业生产年增长率为 2.4%，除季节性因素外，实际下降 0.8%。整体而言，工业生产发展态势良好的地区是那些以农工、军工为主的地区以及新的石油开采地区。俄罗斯地区问题专家、俄罗斯高等经济大学教授纳塔利亚·祖巴列维奇（Наталья Зубаревич）认为，截至 2020 年，俄罗斯尚未摆脱 2014 年 12 月开始的危机。① 当前，在新冠疫情的进一步冲击下，俄罗斯工业地区完全克服经济下滑势头还为时尚早。

另一个重要问题是，俄罗斯经济增长的内部动力不足，长期处于“投资饥渴”（инвестиционный голод，有投资需要，但投资不足）状态。2018 年外国对俄投资同比下滑了 7 成，资本外流额增至 2017 年同期的 1.9 倍。据俄联邦国家统计局统计，2019 年上半年俄固定资产投资同比减少 4%。2020 年俄固定资产投资将同比减少 12%。目前，除联邦大城市以及鞑靼斯坦共和国、巴什科尔托斯坦共和国（均属伏尔加联邦区）、沃罗涅日州和秋明州投资状态较为积极外，伏尔加联邦区的其他大部分地区由于投资环境差，吸引投资能力有限，仍处于“投资饥渴”状态。2020 年 10 月，俄罗斯外国投资咨询委员会在俄罗斯举行的第 34 次会议中，通过视频会议重点讨论了发展医疗保健和制药业、税收和海关立法、贸易、消费市场和技术法规、能源、自然资源和环境等问题。②

当前，俄罗斯各地方从联邦中央得到帮助的希望很小。实际上，2017—2019 年联邦预算，削减了对地方的财政资助。从 2016 年的 3100 亿卢布减少到 2017—2018 年的年均 1000 亿卢布，再到 2019 年的 500 亿卢布。同时，给予地方的预算外转移和税收返还额度也被缩减。③ 根据俄罗斯财政部门解释，2016 年预算中用于支持地方的 3000 亿卢布属于反危机措施，今后不会延续。

现在，俄罗斯很多地区都没有成型的地区发展战略和规划。此外，在一

---

① Есть понимание чудовищных политических рисков, 20 апреля 2020 г, http://www.znak.com/2020-04-20/ekonomist_natalya_zubarevich_kak_rossiyskim_regionam_spravlyatsya_s_krizisom_iz_za_nefti_i_pandemii.

② “34th Meeting of the Foreign Investment Advisory Council in Russia,” Government House, Moscow, 19 October 2020, http://government.ru/en/news/40643.

③ Евстигнеева А., России нужен бюджет надежды// Известия, 8 ноября 2016 г.

些地区甚至没有接纳外国投资的法律制度、经济机制和基础配套设施。再加上某些地方受制于封闭主义与狭隘思维，俄罗斯很多地区的营商环境不佳，行政官僚作风盛行。在俄罗斯的一些地区，民众对于在地方上经营的大型联邦性商业企业（寡头企业）和来自大城市的金融工业集团持消极态度。

俄罗斯高等经济大学教授祖巴列维奇认为，俄罗斯各地区的未来发展前景主要取决于优势因素与障碍因素的作用。① 克鲁格曼等人的“新经济地理”理论就影响经济发展的因素划分出了两类基本因素。

在研究者们看来，决定俄罗斯地区发展的“第一自然因素”有：

- 能够保障市场所需求的自然资源（矿物资源、土地资源以及其他）；
- 有利的地理位置（包括临近全球贸易通道）可以节约运输成本，便利创新传播。

决定俄罗斯地区发展的“第二自然因素”包括：

- 集聚效应与人口高密度有利于形成规模经济；
- 发达的基础设施有助于缩减经济距离（这对于地域广袤的俄罗斯而言尤为重要）；
- 人力资本（教育、健康、劳动力、人口流动性等）；
- 能够改善经营环境的制度因素以及人口流动性的提高和创新的传播等。

所有这些因素都对俄罗斯地区和城市发展有着不同程度的影响。俄罗斯地区发展的特点是：对“第一自然因素”，尤其是全球市场最为需要的自然资源（石油、天然气和金属）的依赖不断加大。“第二自然因素”以及地理位置在很多情况下是发展的障碍。

祖巴列维奇指出，俄罗斯地区目前有如下特点：

- 城市，特别是人口超过 20 万的大城市（在俄罗斯 1090 个城市中，人口超过 20 万的只有 90 个）数量少。因此，在俄罗斯除了大型联邦都市外，城市聚集效果弱；
- 基础设施不发达，大部分地区甚至人口稠密的欧洲部分距离贸易

① Зубаревич Н., Социально-экономическое развитие регионов России к 2020 г, http://russia-2020.org/2010/08/23/soc-ec-development-of-rus-regions.

通道遥远并处于经济外围地区（超过 40% 的领土）；

- 人力资本质量和数量连年下降；
- 制度更新和改善面临难以克服的障碍。

为此，祖巴列维奇认为，由于俄罗斯空间和地区发展惯性巨大（所有这些因素和障碍都是长期性的），明显地降低“第二自然因素”的影响，并快速地改善经济状态都不现实。在研究和制订未来发展规划和预测时，首先需要考虑这些对俄罗斯空间和地区发展的影响因素与障碍；其次需要明了俄罗斯地区间发展的不平衡与趋势（因为俄罗斯的空间发展有很大的惯性）；再次需要考虑到中央政府的政策，而不是地区层面的政策。俄罗斯到目前为止，地区政策不是长期的优先方向，相关的制度工具效率低、不系统。因此，影响未来地区发展的不是联邦中央的地区政策，而是其经济与社会政策。

二、危机之下的伏尔加联邦地区

1. 基本情况介绍

从综合潜力来看，伏尔加联邦区在俄罗斯所有联邦区中的社会经济发展方面最有能力吸引大规模投资，值得关注。

伏尔加联邦区最主要特点是其在联邦主体中的行政地位具有多样性（这也是该联邦区经济政策协调中的一个障碍因素）。伏尔加联邦区内有 14 个联邦主体。其中，共和国 6 个：巴什科尔托斯坦、马里埃尔、莫尔多瓦、鞑靼斯坦、乌德穆尔特和楚瓦什；州 8 个：下诺夫哥罗德、基洛夫、奥伦堡、奔萨、萨马拉、萨拉托夫、乌里扬诺夫斯克和彼尔姆。

除了行政地位不同外，这 14 个联邦主体在自然气候条件、资源潜力和经济结构等方面也差别巨大。在自然地理因素方面，伏尔加联邦区内的联邦主体可以分为三类：伏尔加—维亚特卡河流域地区（Волго–Вятские）、伏尔加河中游地区以及西乌拉尔地区（巴什科尔托斯坦共和国和彼尔姆州）。

这些地区在漫长的历史岁月中，形成了不同的地理经济特征。①

伏尔加联邦区在俄罗斯是人口最为密集的行政区之一，总面积 103.8 万平方公里（占俄全国面积的 7.27%），人口数量 3200 万（占俄全国人口的 22.1%，仅次于中央联邦区）。伏尔加联邦区的工业产值和工业化程度较高，位居各联邦区之首，占比 23.9%。伏尔加河是联系整个地区的纽带，也是欧洲第一大河，被认为是俄罗斯的经济动脉。从古至今，伏尔加河沿岸居民的经济和社会生活与这条河道密切相连。

伏尔加联邦区的首要优势是其良好的地理位置。该联邦区是资源丰富的乌拉尔地区与经济发达的俄罗斯西北地区之间的天然纽带。伏尔加联邦区的区位独特性还在于其处于国际交通走廊的交汇点。这条走廊把俄罗斯的欧洲部分、欧洲国家同西伯利亚、远东、东亚国家连接在一起。大部分从西西伯利亚出来的油气管道都经过伏尔加联邦区。这有助于发展当地的石油化工工业并降低该地区获得能源（包括天然气）的成本。

从社会经济的角度看，伏尔加联邦区较为紧凑的地理位置以及相对整齐的自然地理与气候条件也是其发展的潜在优势。相比之下，西伯利亚联邦区虽面积广大但因跨越数个自然气候区显得过于松散。

伏尔加联邦区有众多重要的、全国性大城市（如下诺夫哥罗德、喀山、乌法、萨马拉、彼尔姆），也有一些发达的地区性城市［如乌里扬诺夫斯克、切博克萨雷（楚瓦什共和国首府）、伊热夫斯克（乌德穆尔特共和国首府）、萨拉托夫、奥伦堡、奔萨、陶里亚蒂（萨马拉州第二大城市）、卡马河畔切尔内（位于鞑靼斯坦共和国）］，还有遍布各地的中小城市。这些都是伏尔加联邦区内具有前景的社会经济发展与增长中心。

伏尔加联邦区经济潜力巨大。A. 经济结构多元。在这里，采掘工业、机械制造、化工、农工、生物技术、制药、建筑、建材、交通和能源等行业均衡发展。伏尔加联邦区的传统优势产业是机械制造（航空、火箭、造船、仪器、机床等）和石化工业。在矿物肥料、合成树脂、塑料、轮胎和苛性钠的生产上处于全国领先水平。B. 自然资源丰富。这里石油与天然气储藏量

① Сравнительная характеристика Северо-Западного и Приволжского федеральных округов, http://www.litsoch.ru/referats/read/38677.

巨大，钾盐储量占全俄罗斯的96%；还有大量的磷矿、锌、铁、金和矿泉水资源。几乎每个联邦主体都有碳氢化合物资源。此外，伏尔加联邦区东北部有世界规模的钾盐、钛和铜矿矿床。丰富的能源储备与发达的加工工业是伏尔加联邦区发展生产的良好条件。该联邦区在石油和天然气开采方面居全国第二位。伏尔加联邦区的碳氢化合物，除了用作本地区化工工业原料，还可供出口。C. 农业气候条件好。种植业和养殖业发达并由此带动了发达的食品加工业。伏尔加联邦区有很大的农产品消费需求，并且在很大程度上实现了自给自足。D. 这里有丰富的人力资源。鞑靼斯坦共和国、巴什科尔托斯坦共和国和萨马拉州在俄罗斯人力资源发展指数方面都排在前10名行列。不过那些欠发达地区（如基洛夫州、奔萨州等）名次稍靠后。E. 民族语言和民族文化多元。这里居住着近170个民族，活跃着6000多个宗教组织；同时，不同文化传统的族群在此和谐相处。这是伏尔加联邦区未来发展的重要保障。

2. 伏尔加联邦区与当前全国性经济危机

（1）经济危机特点

按照祖巴列维奇的观点，俄罗斯这场开始于2014年的经济危机与此前的几次危机相比，有一些新的特点。A. 俄罗斯的经济危机纯粹是内部因素造成的，与当前的全球危机没有任何直接或附带关系。旧的增长模式（原料型、信贷型）失灵有多重原因，既与宏观经济不确定有关，也与商业成本上升、创新动力下降有关。B. 经济危机的起点不是传统意义上的周期性经济下降而是停滞。从2013年开始，俄罗斯的经济实际上就停止增长了。该年度，由于投资积极性和工业生产双下降，造成投资规模缩减。此后，形势连年恶化。到2020年上半年，从各行业情况来看，零售业销售额下滑16.6%，矿业下滑8.5%。2020年6月，俄罗斯总理米舒斯京表示，4月以来俄罗斯登记失业人数已上升到原来的3.5倍。① 但实际上超过了这个数字，特别是在地区层面。C. 失业率看似没有明显提高，但由于各个地区危机程度不同

① 《4月以来俄登记失业人数上升到原来的3.5倍》，俄罗斯卫星通讯社2020年6月30日，http://sputniknews.cn/economics/202006301031716671。

导致劳动力流动性加大。D. 居民收入明显下降。2019 年底，大型企业和组织中平均收入将下降约 5%，小型企业中收入至少下降 20%。当然，不同地区，情况也不相同。经济发达地区拥有丰厚的财政和预算积累，有能力补偿其所在地区居民损失。例如，伏尔加联邦区内经济发达且经济结构多元化地区某些经济领域的生产下降可以通过其他领域的增长来抵消。

（2）经济危机对俄罗斯伏尔加联邦区不同地域及不同行业的影响

汽车工业地区、机械制造业地区受打击较大

在伏尔加联邦区，一些具有全国生产规模的大型汽车生产商，如陶里亚蒂的“瓦斯”（ВАЗ）、卡马河畔切尔内的“卡玛斯”（КАМАЗ）、下诺夫哥罗德州保罗市的“帕斯”（ПАЗ）、叶拉布加市的“索莱尔—叶拉布加”（Соллерс-Елабуга）以及乌里扬诺夫斯克等地的电机厂等遭受打击较大。

传统工业地区生产保持增长

未受 2014 年经济危机影响的是那些有传统工业产业作支撑的地区。其中包括：鞑靼斯坦、巴什科尔托斯坦、乌德穆尔特、彼尔姆和萨拉托夫州。同时，那些虽然没有强大的工业生产基础，但是有其他（如原料和农业）生产优势的地区（如莫尔多瓦、马里埃尔、奔萨和奥伦堡）遭受的损失也较小。

农业、食品工业发达地区从中获益

伏尔加联邦区一些拥有农业和食品加工业生产潜力的地区受益于俄罗斯对西方的反制裁措施（如禁止进口部分西方国家的农产品），农产品生产与加工领域逆势增长，逐步占领了西方食品让出的市场空间。伏尔加联邦区内食品工业发达的联邦主体有：鞑靼斯坦、巴什科尔托斯坦、下诺夫哥罗德、萨拉托夫、乌里扬诺夫斯克、彼尔姆、奔萨、马里埃尔和莫尔多瓦。这些联邦主体充分把握住了机会并加速发展农业及与之相关领域的生产。但是，由于用于农业和食品工业领域现代化更新的资源不足，上述地区的生产潜能尚未充分发挥。

石油开采地区情况各异

伏尔加联邦区的石油开采与加工地区（如鞑靼斯坦、巴什科尔托斯坦），目前面临来自“新”油气开采地区（秋明州的汉特—曼西自治区、萨哈林州等）的竞争。从20世纪90年代中期以来，东西伯利亚、萨哈林和亚马尔—涅涅茨地区在投资的带动下，油气开采和加工迅速发展并从根本上改变了俄罗斯的石油加工业。这种改变使伏尔加联邦区内的石油开采收入明显减少。

军工地区得到发展

伏尔加联邦区的乌德穆尔特共和国和萨马拉州军事工业发达。这两个地区的工业生产在2014—2016年持续增长。乌德穆尔特和萨马拉有着大量的军事订单，财政收入有保障。可以预期，这两个地区的军工企业仍有较大的发展机遇。

伏尔加联邦区中各联邦主体间差距明显

在“领头羊”（鞑靼斯坦、巴什科尔托斯坦、萨马拉和下诺夫哥罗德）与“局外人”（基洛夫、莫尔多瓦和马里埃尔）之间，地区生产总值方面有很大落差。伏尔加联邦区建筑业在2017年第一季度继续走低，是上年同期的88.5%。其中形势比较好的地区是鞑靼斯坦、巴什科尔托斯坦和萨马拉，但马里埃尔、奔萨和基洛夫情况很差。道路货物运输方面，伏尔加联邦区小幅上升，是2016年第一季度的110.2%。运输量上升的联邦主体有鞑靼斯坦、巴什科尔托斯坦、彼尔姆和下诺夫哥罗德；马里埃尔、奔萨和基洛夫的道路运输量同比大幅下降。在零售额方面，伏尔加联邦区2017年第一季度同比小幅下跌（是上年同期的99.6%），但鞑靼斯坦、巴什科尔托斯坦、萨马拉、彼尔姆和下诺夫哥罗德零售业发展良好，莫尔多瓦、马里埃尔表现较差。由于受西方国家经济制裁的影响，伏尔加联邦区的出口下降情况相当严重，2017年第一季度出口额仅为上年同期的74.6%。

由上分析可以看出，伏尔加联邦区内各联邦主体之间在资源分配、发展潜能等方面差距很大。特别是作为“局外人”的落后地区，与“领头羊”地区之间的差距越发固化。这反映了联邦中央在消除地区发展不平衡政策上的缺陷，也表明伏尔加联邦区协调社会经济整体发展的政策缺失。

3. 区域发展战略文件及其执行情况

为了推动伏尔加地区的经济发展，伏尔加联邦于2011年2月7日颁布了《2020年前伏尔加联邦区社会经济发展战略》（以下简称“战略”）。[①] 该战略文件详细规划了伏尔加联邦区在2020年前的长期发展目标、主要发展方向以及相应的机制和制度工具。

其主要内容包括：全面提升伏尔加联邦区的竞争力（既涵盖传统的商品、资本、工艺和劳动力市场，也包括管理体系、创新激励机制和人力资本的发展）；增强创新在社会经济发展中的作用，以面对新一轮技术变革；推动人力资本成为经济发展的第一要素；改变原料出口型的经济发展模式。

该文件还提出以下两个需要解决的社会和制度问题：A. 社会不平等程度加大，大多数居民处于贫困状态（包括承袭性和永久性的贫困）；B. 经营活动风险高（制度因素、非正式的行政实践和一些地区的立法不完善等）。

该战略文件的一个重要预期的成果是提高城市和农村居民的生活水平。在农村地区，重在缩小城乡差距。其中包括完善社会基础设施和开展居民住宅建设，发展交通、能源、信息和通信建设等。

关于实体经济发展，该文件就伏尔加联邦区社会经济主要的发展方向规定如下：A. 对主要工业领域进行现代化更新；B. 形成有竞争力的地区产业集群；C. 提高农工综合体的生产效率；D. 培育发达的中小企业。

值得指出的是，整体而言，该战略文件泛泛而谈的内容多，较少或者没有充分考虑到伏尔加联邦区各联邦主体的多样性（比如有些联邦主体已处于危机状态）情况。至于如何实现规划中的任务，各个层面都没有具体的、可操作的执行机制。该战略也没有充分关注到一些已有的、地区间的合作机制，如“大伏尔加”机制（该机制现在还在，只是活动不积极）。另外，在改善伏尔加联邦区投资环境（包括发展公私伙伴关系等）方面也没有具体的举措。目前，伏尔加联邦区还未出台新的社会经济发展战略。因此，这个战略文件需要补充、修改和完善。

---

① Распоряжение Правительства Российской Федерации от 7 февраля 2011 г. N 165-р г. Москва, 22 февраля 2011 г, https://rg.ru/2011/02/22/privoljye-site-dok.html.

三、伏尔加联邦区与联邦中央政府间的关系

1. 伏尔加联邦区的政治、经济地位

伏尔加联邦区与联邦中央之间的关系对联邦区的社会经济发展进程有着很大的影响。其中包括联邦区利益集团对中央的影响，也包括联邦区内联邦主体独立实现自身战略以及动员自身资源和吸引外部资源的能力等。需要指出的是，自 2000 年成立以来，伏尔加联邦区与联邦中央之间一直有着特殊关系。原因在于伏尔加联邦区内有一些具有影响力的并且问题较多的联邦主体（如鞑靼斯坦共和国和巴什科尔托斯坦共和国）。这些民族共和国经济实力强大，执政精英团结且雄心勃勃，主体民族作用特殊（与突厥、伊斯兰因素相关联）。有些联邦主体在 20 世纪 90 年代初，不仅要求特殊的身份，而且实际追求完全意义上的民族—主权国家地位。当 1990 年 6 月 12 日俄罗斯联邦主权宣言发表之后，俄联邦内部的民族自治地区也纷纷开启了主权声索进程。几乎所有自治共和国都要求拥有主权国家身份。其中的领头羊是鞑靼斯坦和巴什科尔托斯坦，伏尔加地区的其他共和国也紧随其后（如楚瓦什、乌德穆尔特、莫尔多瓦和马里埃尔）。1992 年 2 月 21 日，鞑靼斯坦共和国以全民公决方式通过该共和国新宪法，拒绝与俄联邦签署联邦条约，并试图与俄联邦形成事实上的联盟关系，而不是从属关系。巴什科尔托斯坦共和国领导人签署 1992 年 3 月 31 日的联邦条约时也附有特殊条款，以期保障其对共和国能源资源等在相当长时期内的掌控。直到今天，鞑靼斯坦共和国和巴什科尔托斯坦共和国仍然位居最有影响力的联邦主体之列（仅次于莫斯科市和圣彼得堡市），并在全联邦政治层面仍然有着强大且有影响力的游说能力。鞑靼斯坦共和国首府喀山市被确认为俄罗斯第三首都。此外，该共和国于 2009 年与俄联邦签署了权限分割条约，以强化其在俄联邦中的特殊地位（类似的条约，联邦中央只与车臣共和国签署过）。2017 年，联邦中央拒绝鞑靼斯坦共和国延长此条约。此外，在伏尔加联邦区的其他联邦主体内（下诺夫哥罗德、萨拉托夫、萨马拉、乌里扬诺夫斯克和奔萨），还居住着大量的鞑靼人（鞑靼人的商业网络涵盖了伏尔加联邦区的大部分地区）。这些都

是喀山对其他地区施加影响的优势。因此，无论是在伏尔加联邦区层面，还是在联邦中央层面，都特别关注这两个带有突厥—穆斯林“身份标识”的共和国。

（信奉突厥—东正教的）楚瓦什共和国、（乌戈尔—芬兰的）乌德穆尔特、莫尔多瓦和马里埃尔共和国，无论是经济实力还是游说能力都远远不及鞑靼斯坦共和国和巴什科尔托斯坦共和国。其他实力较弱的几个共和国在捍卫自身民族文化的同时都努力推动地区经济的发展，以免把民族问题政治化。

下诺夫哥罗德是伏尔加联邦区的经济中心同时也是联邦区的行政首府所在地。下诺夫哥罗德在俄罗斯享有很高的声誉，特别是在市场经济改革方面。俄罗斯著名经济学家亚夫林斯基（Г.А. Явлинским）所发明的“下诺夫哥罗德序曲”（Нижегородский пролог）术语意指下诺夫哥罗德是改革的先行者。在联邦中央层面，下诺夫哥罗德的游说能力也很强。1997 年担任俄联邦副总理的涅姆佐夫（Б. Немцов）、1998 年担任政府总理的基里延科（С. Кириенко）均来自下诺夫哥罗德。此外，该州经济实力强大，中央政府对此也相当在意和关注。

萨马拉、萨拉托夫等州也有相当的经济发展潜力，并在联邦中央层面有一定政治影响力。但是，康斯坦丁·季托夫（Константин Титов）和德米特里·阿亚茨科夫（Дмитрий Аяцков）主政这两个州时，这两个州在联邦权力机关的层面上已没有强大的游说能力［原萨拉托夫州副主席、原总统办公厅副主任、现俄罗斯国家杜马发言人沃罗金（Вячеслав Володин）除外］。另外，还有一个已经被人忘却的原俄联邦政府副总理、萨马拉人奥列格·瑟苏耶夫（Олег Сысуев）。

彼尔姆州虽然有一定的经济实力并拥有处于伏尔加河和乌拉尔河交汇处的地理位置，但在联邦层面的影响力甚微。其与衰退中的科米彼尔米亚自治区的合并（2005 年 12 月），也没有起到加分的效果。不过，在联邦层面上，那些来自彼尔姆州的人物［如尤里·特鲁特涅夫（Юрий Трутнев）］还是有些影响的。特鲁特涅夫在 21 世纪初曾担任过彼尔姆市市长和彼尔姆州州长，然后担任过俄罗斯自然资源与生态部部长（2004—2012 年）和总统助理（2012—2013 年）。目前，特鲁特涅夫是俄罗斯联邦政府副总理兼俄总统驻远东联邦区全权代表。

奥伦堡州有一些特别之处：地处边疆、拥有天然气资源以及作为新丝绸之路项目连接点（公路）的特殊地位。但其整体经济实力并不突出。

基洛夫州是伏尔加联邦区内最落后的地区。该州领导人长期由“左派”力量代表担任。弗拉基米尔·谢尔盖延科夫（Владимир Сергеенков）从 1996 年到 2004 年担任州长。此后，在右翼力量联盟成员尼基塔·别雷赫（Никита Белых）担任州长期间，该州变成了“改革的阵地”。俄罗斯自由派（反对派）的一些知名人物也来自该州，如玛利亚·盖达尔（Мария Гайдар）和阿列克谢·纳瓦利内（Алексей Навальный）。但是，无论是左派当政还是自由派掌权期间，基洛夫州在俄联邦层面上的影响力都很有限。整体而言，目前该州处于衰退境地，对投资者的吸引力很小。

2. 伏尔加联邦区总统代表

担任伏尔加联邦区总统代表的人物都有着高效的管理才能、丰富的工作经验且在联邦层面仕途前景广阔。如第一任全权代表是基里延科（Владиленович Кириенко，2000—2005 年任此职）。此人是右翼力量联盟领袖之一，曾短暂地担任过政府总理（1998 年 3—8 月）。2005 年以后，基里延科负责管理“俄罗斯国家原子能公司”（Росатом），并从 2016 年起担任俄总统办公厅副主任。继基里延科之后担任伏尔加联邦区总统全权代表的是科诺瓦洛夫（Александр Коновалов，2005—2008 年任职；离任全权代表的职位后曾于 2008 年担任俄罗斯司法部长）。科诺瓦洛夫的继任者拉波塔（Григорий Рапота）于 2008 年至 2011 年任伏尔加联邦区总统全权代表。在担任总统全权代表之前，拉波塔在俄罗斯就是一个著名的国务、政治活动家、将军，担任过俄联邦安全委员会副秘书（1998 年 4—11 月）、欧亚经济共同体秘书（2001—2007 年）以及俄联邦总统驻南部联邦区全权代表（2007 年 10 月—2008 年 5 月）。随后担任全权代表的是巴比奇（Михаил Бабич，2011 年 12 月至 2018 年 8 月）。此人行伍出身也有高超的经济管理能力，掌舵过俄罗斯军工集团“安泰”（Антей）和车臣共和国（2002 年 11 月—2003 年 2 月）。现任全权代表卡马罗夫（Комаров, Игорь Анатольевич,

2018年9月至今）具有丰富的企业管理经验，曾担任俄罗斯航天局负责人。以上五位总统驻伏尔加联邦区全权代表的地位之高、仕途经验之丰富从一个侧面表明：俄罗斯中央政府对伏尔加联邦区特殊政治和经济地位的持续关注。这从另一个角度，保障了伏尔加联邦区对中央政府的一定游说能力。

制约总统全权代表行动的主要问题是：俄罗斯没有一个长期的、明确的发展战略和任务，由此带来地方层面相关法律规范和框架的缺失，令全权代表的工作实际上无从着手。① 他们的工作往往只能靠自觉。一旦发生情况，他们得自行解决。② 他们行动的策略是运用自身“总督的权力”“政治管理者的身份”和“外交家的技巧”，来动员和协调各部门、各地区应对变局。他们的工作有助于把伏尔加联邦区纳入俄联邦统一的宪法和政治空间之内。但就联邦层面上为伏尔加联邦区的经济利益游说而言，他们的贡献较少。

四、从德资企业发展看伏尔加联邦区的投资吸引力

1. 德国在俄罗斯的投资特点

俄罗斯各联邦主体由于自身的经济条件和领导人在吸引外资方面的积极性不同，所取得的成效也不尽一致。自苏联“改革后期阶段”（1989—1991年）以来，德国一直是俄联邦经济发展的重要经济伙伴。德国商界对俄的积极投资是推动叶利钦总统与科尔总理、普京总统与施罗德总理之间建立起特殊关系的重要因素。在俄罗斯，有一个强大的、支持与德国发展经济关系的游说力量；在德国，也有一个同样强大的、支持与俄罗斯开展经济关系的集团。“德国经济东方委员会”（Восточный комитет немецкой экономики）主席科德斯（Экхард Кордес，2014年辞去主席职务）一直坚决反对欧盟制裁俄罗斯。

① Афанасьев М., Наместники// Известия, 22 февраля 2001 г.

② Федоров В., Сахарчук В., Семеро ждут одного// Век, 2001, №.18, С.1.

在俄罗斯，支持与德国发展经济关系的游说力量成型于2000年之后，代表人物是俄罗斯天然气公司总裁阿列克谢·米勒（Алексей Миллер）和俄联邦储蓄银行行长格尔曼·格列夫（Герман Греф）。这些人在联邦层面主张为德国经济利益以及德国对俄投资项目创造良好条件。

德国对俄投资已逐步进入多元化阶段。20世纪末21世纪初俄罗斯首都莫斯科以及临近波罗的海的圣彼得堡因拥有其他地区无法比拟的高水平的基础设施和人力资本，一直是德国投资者最为关注的投资区。同时，俄罗斯广袤的地区市场也日益引起德国商界和政府的关注。有资料统计显示，1999—2000年德国三分之二的资本投向莫斯科，2001年降为五分之二。不久，德国投资的二分之一流向了外省（主要是中央联邦区和西北联邦区）。

影响德国投资者区位选择的关键因素是地理位置和基础设施（包括机场、河港、公路与铁路状况以及其他的交通设施）。

目前，德国商界几乎在俄罗斯所有经济发达和有发展前景的地区都站住了脚。按照投资吸引力排名，2000年之前，俄罗斯吸引投资的前三强是：鞑靼斯坦、卡卢加和乌里扬诺夫斯克，其中两个属于伏尔加联邦区。德国大型企业在俄罗斯投资的领域，与他们在发达国家、中东国家和中国的选择有实质性差别。在这些地区，德国直接投资通常是集中于出口导向型的领域（这些也是德国工业经济的核心领域），如汽车、机械、电气、化学和制药。而在俄罗斯，德国人更喜欢把资金投入到盈利率最高、对市场行情反应最为敏锐、迎合大众需求的领域，如零售贸易、能源、采矿、车辆维修、冶金、房地产、食品生产（包括烟酒）等。

2. 德国资本在伏尔加联邦区的投资区位选择

伏尔加联邦区经济高质量、高速度发展的一个重要前提和任务是吸引投资。因此，当前无论是在联邦区层面还是在区内联邦主体层面都特别关注创造良好的条件来吸引投资。伏尔加联邦区自20世纪90年代初起，就积极开展吸引外国投资者的工作。

伏尔加联邦区一直是德国商业界长期、稳定关注和投资的地区。一方面，在伏尔加地区德国人有着长期的历史和文化记忆（1921年成立过伏尔加德国人自治区，1941年被废除）；另一方面，伏尔加地区吸引德国人投资的原因在于其拥有丰富的资源和巨大的发展潜力。在伏尔加联邦区，德国资本主要流向的地区是：下诺夫哥罗德市（伏尔加联邦区行政首府）、萨拉托夫市（原伏尔加德国人自治区首府）和乌里扬诺夫斯克市（经济快速发展地区）。

（1）下诺夫哥罗德市

这是拥有126.4万人口的现代化大都市，同时也是伏尔加联邦区行政权力、文化教育和经济商贸中心，是伏尔加—维亚特卡河流域地区的经济中心。现任下诺夫哥罗德州州长是有着多年经济管理经验的瓦列里·尚采夫（Валерий Шанцев）。他大力支持和保护德国企业在下诺夫哥罗德地区的投资。他强调，德国过去是、现在仍是下诺夫哥罗德州的战略伙伴。他认为，正是德国企业开启了下诺夫哥罗德州招商引资的大门，并带动其他外国企业追随德国企业在该州设立新的生产线。

目前，在下诺夫哥罗德州，德国企业建立了80多家合资企业，其中近20家为100%的独资企业。如可耐福（Knauf，德国建材企业）、威娜（Wella，德国美发产品企业）、佳氏福（Trosifol，德国建材、光伏企业）、百利盖（Bericap，德国容器企业）、克诺尔（Knorr-Bremse，德国制动系统制造商）和麦德龙（Metro，德国零售业）等。瓦列里·尚采夫州长强调，在吸引新的德国投资者方面，这些企业是下诺夫哥罗德州政府的伙伴。这些德国企业愿意把他们的工作经验分享给新来的或者进行前期调研的其他企业，并与州政府一起参与相关的展示和展览活动。

总之，下诺夫哥罗德州政府对德国投资定向及全方位的扶持使德国投资多年来成了该州经济发展的重要助推力。① 但是该州尚未把德国投资纳入一个更为长远的地区社会经济发展规划之中（即参与地区经济的结构性转型与社会领域的现代化进程）。

目前，德企在下诺夫哥罗德的投资集中于以下几个领域：汽车（大众、戴姆勒）、巴斯夫（BASF）的聚氯乙烯和苛性钠工厂、可耐福材料公司的建材工厂、欧倍德集团（OBI Group）的超级市场、生产无线电测量设备的罗德与施瓦茨（ROHDE&SCHWARZ）公司、生产建筑设备和航空部件的利勃海

① Германские инвестиции в Нижегородскую область будут расти – Российско-германская внешнеторговая палата, 24 февраля 2012 г, http://tass.ru/arhiv/567917.

尔（Liebherr）、生产汽车零部件的莱尼（LEONI）公司工厂、生产多用途聚酯无纺布的科德宝集团公司工厂、生产壁纸的艾仕（A.S. Création Tapeten）以及道路施工用的含纤维素添加剂生产企业瑞登梅尔集团（Rettenmeier Group）。

（2）鞑靼斯坦共和国

鞑靼斯坦共和国也是一个经济上具有投资吸引力的地区。长期以来，这里一直是德国资本进入俄罗斯的一个重要落脚点。早在2003年，时任德国驻俄大使普勒茨（Hans-Friedrich von Ploetz）正式访问喀山时得到了鞑靼斯坦共和国首任总统沙米耶夫的接待。目前，在鞑靼斯坦共和国共有80余家德资企业。根据2019年统计，近些年鞑靼斯坦与德国每年贸易额约20亿欧元，其中多为进口德国的机械和设备，因为鞑靼斯坦政府从1992年起致力于依托德国的机械制造发展其工业生产。①

当前，许多德国大企业在鞑靼斯坦共和国的发展相当成功，如西门子（通讯、动力、设备租赁）、巴斯夫（化工）、林德（Linde，化学）、克诺尔（Knorr-Bremse，卡玛斯汽车配件）、德国齿轮制造公司（Zahnradfabrik，生产卡玛斯汽车变速器）以及萨利亚生物技术公司（SARIA Bio-Industries，加工动物源性原料）等。

鞑靼斯坦与德国投资者之间的合作前景广阔。德国是鞑靼斯坦最大的贸易和经济合作伙伴之一。德方认为鞑靼斯坦是俄罗斯最有创造力的区域之一。②鞑靼斯坦共和国现任领导人鲁斯塔姆·明尼哈诺夫（Рустам Минниханов）强调，鞑靼斯坦共和国在一系列领域（如电力、石化、汽车与飞机制造、机械制造、IT和其他高技术、农业、工程、医药以及建筑等）对德国商业界有着投资吸引力。在目前的不利情况下（西方制裁、卢布贬值、俄罗斯消费者购买德国机械制造产品能力下降），德国企业在这里开展的本土化生产有助于使鞑靼斯坦成为德国企业本土化的落脚点。

---

① Татарстан подошел к сотрудничеству с Германией прагматично, 22 октября 2019 г, https://kazanfirst.ru/articles/502491.

② Сотрудничество с ФРГ: Татарстан делает ставку на малый и средний бизнес, 25 февраля 2019 г,https://realnoevremya.ru/articles/130633-tatarstan-rasshiryaet-sotrudnichestvo-s-biznesom-germanii.

鞑靼斯坦共和国投资发展局（Агентство инвестиционного развития Татарстана，АИР РТ）正与德国伙伴就在鞑靼斯坦开设工厂生产马来酸酐（用于生产薄膜、合成纤维、洗涤剂以及药物）进行谈判，总投资额为1.2亿欧元。此外，双方也在信息技术领域内讨论过一些项目，但尚未达成协议。①

（3）萨拉托夫州

萨拉托夫州的地理位置优越。其邻近莫斯科地区，与哈萨克斯坦交界，是进出中国、中亚和欧亚的通道。有多条纵贯东西、南北的高速公路在此交会。②未来，这里还可能会形成"上海—汉堡"运输通道（这个运输通道将是一个多样式的联运枢纽，包括铁路、公路、内河以及民用航空等）。由此，萨拉托夫州可能会发展成为一个具有国际规模的物流枢纽。其中一些长期项目（包括基础设施建设项目）将对外国投资者具有很大的吸引力。

萨拉托夫州成立直属州长的投资委员会。该委员会负责在各个投资环节上（如从获得投资土地使用权到项目投资生产等）协助投资者。这与鞑靼斯坦共和国（在再工业化战略框架内）通过自上而下的垂直权力系统支持投资者的做法不同。

目前，德国投资者已初步决定投资萨拉托夫州基础设施建设。德国机车基础设施制造商福罗斯（Vossloh AG）将与俄铁集团子公司"交通运输用混凝土公司"（Бетэлтранс）在恩格斯市③开展联合生产项目。"交通运输用混凝土公司"有9个工厂，生产钢筋混凝土枕木，其中包括在恩格斯市的工厂（该工厂现年生产能力为125万件枕木）。

萨拉托夫州政府领导也希望德国投资者进入农业经济领域。萨拉托夫州

① АИР РТ планирует привлечь 120 млн евро немецких инвестиций на строительство завода в Татарстане, 7 июня 2016 г, https://realnoevremya.ru/news/33488.

② 萨拉托夫是伏尔加联邦区交通枢纽，是主要铁路、公路和航空交汇处。在萨拉托夫，有俄联邦高速公路P228（塞兹兰—萨拉托夫—伏尔加格勒，"北—南"高速）；A144、E38、AH61（萨拉托夫—沃罗涅日—库尔斯克，"东—西"高速）；R158（萨拉托夫—奔萨—萨兰斯克—下诺夫哥罗德，"南—北"高速）以及P226（萨马拉—伏尔加格勒，"北—南"高速）。

③ 恩格斯市（Энгельс）是萨拉托夫州中部一城市。

农业领域的优先投资方向有：现代节水技术、植保技术、现代化牛奶生产工艺、现代农业技术创新中心、蔬菜储存和加工物流中心、农产品加工（奶制品与肉制品）、罐头产品生产、糖类生产、肉牛养殖、养鸡、经济作物种植、粮食作物生产、大棚蔬菜、园艺以及鱼类生产和加工等。

（4）乌里扬诺夫斯克州

2014年以来的西方制裁以及其他一系列严峻形势促使乌里扬诺夫斯克州致力于提升营商环境。德国是该州的主要经济伙伴。2017年上半年，德国在乌里扬诺夫斯克的外贸总额中占第三位（其中，出口居第七位，进口居第三位）。麦德龙、汉高（Henkel）、费森尤斯（Fresenius Medical Care）、德玛吉森精机（DMG Mori）等德国企业在乌里扬诺夫斯克州均有投资项目。德国企业在乌里扬诺夫斯克州规模最大、最为出名的投资项目当属在"乌里扬诺夫斯克港口经济特区"（ПОЭЗ《Ульяновск》）和外伏尔加工业区（Заволжье）的投资建厂活动。

德国在乌里扬诺夫斯克的投资已相当长的历史。自2006年起，乌里扬诺夫斯克州官方和商界代表团连年参加德国"国际绿色周"食品展销会以及汉诺威工业博览会和柏林国际航空展。乌里扬诺夫斯克对德合作模式的特点是：通过积极的公共外交，为投资者的利益提供保障，并逐步形成了一个长期稳定的公共游说团体，促进彼此间合作。①

然而，随着2014年乌克兰事件的发生，包括德国人在内的外国投资者的心境与行为发生较大变化。设在莫斯科的德国贸易与投资（German Trade & Invest）机构负责人汉涅斯（Б.Хонес）指出，许多德国企业几年前还在扩大对俄投资或者计划在俄建设生产网点，但这些势头现在停滞下来了或者干脆取消了投资计划。

此外，宏观经济形势的恶化与卢布汇率的波动也导致俄罗斯市场（其中包括对俄进口产品）需求的下降。因为卢布汇率的下跌让外国公司遭受了巨大的金融损失，特别是包括一些著名的德国品牌企业（如大众、欧宝、戴姆

① Ульяновск–Германия: 10 лет экономического сотрудничества// Ульяновская правда, 29 августа 2016 г.

勒和曼恩在内的以卢布计算利润的公司。

2019 年 1—8 月德国对俄罗斯的出口额总共减少 16.6%，减少至 203 亿欧元（特别是机械出口减少了 22.6%）。2013 年，俄罗斯是德国对外第 11 大出口市场。2019 年前 8 个月，俄罗斯作为德国出口国的地位已经滑至 13 位。

3. 德国资本在伏尔加联邦区投资前景分析

整体而言，目前德国商界对把经济制裁作为对俄施压的工具，相当质疑。44% 的受访者认为，政治不应该干预经济，而且经济制裁也不是解决政治分歧的合适方法。47% 的受访者指出，制裁只有在最极端情况下可以使用。只有 9% 的受访者认同制裁是对俄罗斯在克里米亚行为的合适回应。现在德国在伏尔加联邦区的投资困境，既与政治压力有关（德国精英在施罗德执政期间以及默克尔前两个任期内的对俄共识不复存在），也与整体经济危机有关。但是，德国的投资与伏尔加联邦区及所属各联邦主体的长期、重点发展战略和规划没有关联；德国投资无法解决伏尔加联邦区经济结构优化问题，虽能保障某个“点”的经济增长，但无法确保该联邦区整体经济的突破式发展。在伏尔加联邦区，德国人不投资如下领域：现代基础设施建设和物流、能够把当地社会经济提到更高水平的关键工业领域和有助于为经济长期、高质量发展创造条件领域。

第二章

俄罗斯鞑靼斯坦共和国的精英共识与经济发展

近年来，卡卢加州、乌里扬诺夫斯克州、列宁格勒州和沃罗涅日州在俄罗斯众多地区中脱颖而出，但时下被俄媒体提及频率最高的是鞑靼斯坦共和国。正如俄罗斯联邦政府第一副总理伊戈尔·舒瓦洛夫在2017年6月圣彼得堡国际经济论坛上公布俄罗斯联邦各地区投资环境国内排行榜结果时所说："所有人都已经习惯了鞑靼斯坦是佼佼者"[①]。

众所周知，鞑靼斯坦共和国有着独特的政治传统，并在2010年后完成了对自身经济战略的重大调整。鞑靼斯坦共和国2015年制定并出台了《战略2030》(Стретегия2030)[②]。该文件是一份综合性的地方发展规划。在制定过程中，文件制定者广泛咨询了地方关键利益集团并综合考虑了他们的长远利益。[③]在俄罗斯高等经济大学2015—2016年项目

---

① Игорь Шувалов:《Мы все привыкли, что Татарстан – лидер, и спасибо ему за всегда прекрасные результаты》, 3 июня 2017 г, https://realnoevremya.ru/articles/67146-prezentacii-nacreytinga-sostoyaniya-investklimata-v-regionah.

② 文中提到的《2030战略》全称:《2030年前鞑靼斯坦共和国经济发展战略》，俄文为《Стратегия социально-экономического развития Республики Татарстан до 2030 года》——译者注。

③ Стратегия социально-экономического развития Республики Татарстан до 2030 года, Казань, Кремль, 17 июня 2015 г, № 40-ЗРТ.

框架下，研究者在采访中发现：在每个外国投资者说出的 5—6 个最具吸引力的俄罗斯地区中，鞑靼斯坦共和国必占一席。①

鞑靼斯坦发展模式的主要特征是什么？鞑靼斯坦的发展模式能够在多大程度上成为当地经济稳定发展的基础以及俄罗斯其他联邦主体的参照对象？本章将对鞑靼斯坦共和国发展模式近 25 年来的演变历程进行研究，并对其优点与缺点予以评析。文章将重点分析地方主要精英群体的利益协调机制以及他们对地方发展重点达成共识的过程。

精英共识在鞑靼斯坦共和国相对优势形成过程中起到了关键作用。鉴于当前鞑靼斯坦所面临新挑战，精英共识的意义愈发重要。在 2008—2009 年经济危机以及 2014 年乌克兰事件之后，随着俄罗斯联邦预算的全面收紧以及由此而来地区间争夺中央资源的竞争加剧，鞑靼斯坦共和国与联邦中央的关系出现了新的变动因素。2016 年末，鞑靼斯坦共和国领导人公开反对对联邦中央有利的 1% 所得税收入的重新分配。2017 年春，俄罗斯联邦中央银行拒绝向鞑靼斯坦最大的银行之一拨付破产保护资金。2017 年夏，俄罗斯联邦中央拒绝与鞑靼斯坦共和国重新签订二者之间的权力划分协议。在此背景下，鞑靼斯坦共和国能否建立与亚洲国家类似的追赶型发展模式将取决于地方精英能否找到应对新挑战的共识性对策。

国际经验表明，经济增长的恢复不可能同时在一个国家的所有地区实现，而只可能集中在几个地区增长点上。

一、鞑靼斯坦经济发展的决定性因素：过往研究的主要结论

学者们在进行经济研究时一直较为关注俄罗斯个别地区的发展战略特

① M. Rochlitz, “Collective Action Abroad: How Foreign Investors Organize,” Working Paper Series at NRU HSE: Political Science, No.WP BRP 32/PS/2016, 2016.

征。① 地区战略作为地区层面的制度正在不断呈现多样化发展。② 大多数学者认为，即使在国家条件不利的情况下，国内个别地区仍有机会实现投资引入与经济发展加速。需要强调的是：任何成功的地区发展模式通常也会面临中期丧失稳定性的风险。③

在研究鞑靼斯坦共和国经济政策的文献中，以下几点被认为是造成地区发展模式形成差异的主要因素：

- 威权政治体制在强权人物领导下快速形成，这类强权人物通常在联邦层面拥有巨大影响力；④
- 地区与联邦中央之间存在“特殊”关系——这种关系可以通过有效游说实现和保障地区利益并获取额外资源；⑤

① Зубаревич Н.В., Регионы России: неравенство, кризис, модернизация. М.: Независимый институт социальной политики, 2010; K.M. Dowley, “Striking the Federal Bargain in Russia: Comparative Regional Government Strategies,” *Communist and Post-Communist Studies*, 1998, Vol.31, No.4, pp.359–380; R.W. Orttung, “Business and Politics in the Russian Regions,” *Problems of Post-Communism*, 2004, Vol.51, No.2, pp.48–60; D. Zimin, “Promoting Investment in Russia’s Regions,” *Eurasian Geography and Economics*, 2010, Vol.51, No.5, pp.653–668; D. Zimine, M.J. Bradshaw, “Local Politics, Economic Structure, and Performance: The Case of Sakhalin,” *Eurasian Geography and Economics*, 2003, Vol.44, No.4, pp.287–304; Y. Zverev, “Kaliningrad: Problems and Paths of Development,” *Problems of Post- Communism*, 2007, Vol.54, No.2, pp.9–25.

② Баранов А., Малков Е., Полищук Л., Рохлиц М., Сюняев Г., Измерение институтов в российских регионах: методология, источники данных, анализ// Вопросы экономики, 2015, №.2, С.69–102.

③ D. Zimin, “Promoting Investment in Russia’s Regions,” *Eurasian Geography and Economics*, 2010, Vol.51, No.5, pp.653–668.

④ Гельман В.Я., Региональная власть в современной России: институты, режимы и практики// Полис, 1998, №1, С.87–105; J. Kahn, “The Parade of Sovereignties: Establishing the Vocabulary of the New Russian Federalism,” *Post-Soviet Affairs*, 2000, Vol.16, No1, pp.58–89; K. Matsuzato, “Authoritarian Transformations of the Mid–Volga National Republics: An Attempt at Macro–Regionology,” *Journal of Communist Studies and Transition Politics*, 2004, Vol.20, No.2, pp.98–123; V.V. Mikhailov, “Authoritarian Regimes of Russia and Tatarstan: Coexistence and Subjection,” *Journal of Communist Studies and Transition Politics*, 2010, Vol.26, No.4, pp.471–493.

⑤ Зубаревич Н., Пространство России после Крыма и на фоне кризиса// Pro et Contra. 2014. Т.18. No.3–4. С.118–128. A. Aslund, “Russia’s Economic Transformation Under Putin,” *Eurasian Geography and Economics*, 2004, vol.45, no.6, pp.397–420; G. Sharafutdinova, “Paradiplomacy in the Russian Regions: Tatarstan’s Search for Statehood,” *Europe-Asia Studies*, 2003, Vol.55, No.4, pp.613–629; G. Sharafutdinova, “Coping with Economic Crisis in Russia’s Regions: The Case of Tatarstan,” *Russian Analytical Digest*, 2016, No.182, pp.7–9.

- 地区自治程度高；[①]
- 石油开采和石油加工在地区经济结构中占据较大比重，地区经济高度依赖石油价格的变动状况；[②]
- 在市场经济转型初期，地区精英阶层的稳定性；[③]
- 地区精英能够实现并保持对共和国经济资产的监管[④]，其中包括石油工业领域[⑤]；
- 20 世纪 90 年代推进基础性市场改革的速度相对较慢；[⑥]
- “地方爱国主义”——时刻捍卫共和国利益及民族利益[⑦]，与此同时，也将维持多民族与多宗教的稳定作为政治重心[⑧]。

针对鞑靼斯坦共和国在 21 世纪初形成的管理模式，已有文献对该模式下经济前景作出了不同甚至是对立的评价。一方面，有学者认为，其经济前

① M. De Melo, G. Ofer, P.Yossifov, “Transition in Regional Capitals Along the Volga,” *Post- Soviet Geography and Economics*, 1999, Vol.40, No.8, pp.553–616; K. Stoner–Weiss, “Central Weakness and Provincial Autonomy: Observations on the Devolution Process in Russia,” *Post-Soviet Affairs*, 1999, Vol.15, No.1, pp.87–106.

② M.J. Sagers, “The Regional Dimension of Russian Oil Production: Is a Sustained Recovery in Prospect?” *Eurasian Geography and Economics*, 2006, Vol.47, No.5, pp.505–545; G. Sharafutdinova, “Coping with Economic Crisis in Russia’s Regions: The Case of Tatarstan,” *Russian Analytical Digest*, 2016, No.182, pp.7-9.

③ J. Kahn, “The Parade of Sovereignties: Establishing the Vocabulary of the New Russian Federalism,” *Post-Soviet Affairs*, 2000, Vol.16, No.1, pp.58–89; L. McCann, “Globalisation and Postsocialist Development: The Tatarstan Variety of Capitalism,” *Post-Communist Economies*, 2004, Vol.16, No.3, pp.349–362.

④ L. Hagendoorn, E. Poppe, A. Minescu, “Support for Separatism in Ethnic Republics of the Russian Federation,” *Europe-Asia Studies*, 2008, Vol.60, No.3, pp.353–373.

⑤ P. Rutland, “Petronation? Oil, Gas, and National Identity in Russia,” *Post-Soviet Affairs*, 2015, Vol.31, No.1, pp.66–89.

⑥ S. Darrell, “Russia’s Market–Distorting Federalism,” *Post-Soviet Geography and Economics*, 1997, Vol.38, No.8, pp.445–460; M. Kopsidis, “Disintegration of Russian Grain Markets in Transition: Political and Economic Dimensions,” *Post-Communist Economies*, 2000, Vol.12, No.1, pp.47–60.

⑦ M. Bradshaw, J. Prendergrast, “The Russian Heartland Revisited: An Assessment of Russia’s Transformation,” *Eurasian Geography and Economics*, 2005, Vol.46, No.2, pp.83– 122; L. Drobizheva, “Comparison of Élite Groups in Tatarstan, Sakha, Magadan, and Orenburg,” *Post-Soviet Affairs*, 1999, Vol.15, No.4, pp.387–406.

⑧ G. Sharafutdinova, “Chechnya vs. Tatarstan: Understanding Ethnopolitics in Post–Communist Russia,” *Problems of Post-Communism*, 2000, Vol.47, No.2, pp.13–22.

景不容乐观，因为过度的经济行政监管无法与地区经济发展趋势及全球一体化进程完全兼容。[①]另一方面，也有学者高度强调地区精英重要性，认为精英群体具有长远发展动机，与专业技术人才有着很大差别。[②]鞑靼斯坦的精英群体具有深厚的地方根基，大多数精英代表通常会将个人的未来同共和国的发展紧密联结在一起。这种观点认为，同俄罗斯联邦其他地区相比，鞑靼斯坦共和国积累了更多的社会资本，在地区团结基础上形成了特质更为鲜明的精英群体，而这些都有利于提升地区的现代化发展潜力。

道格拉斯·诺斯与合作者在最新著作中根据“制度是由精英建立的”理论，提出了“权限层级”（порядок ограниченного доступа）的概念。[③]据此，一个地区的发展前景直接取决于地方精英能否在统一“游戏规则”的问题上达成一致以及能否确保这些规则的运行。

结合以上近期研究成果，鞑靼斯坦的精英团结是该地区发展的重要相对优势。然而，在对地区层面现代化问题分析中，精英共识[④]仍然是一个被忽视的因素。在此，笔者尝试以鞑靼斯坦为例，展示精英共识的形成机制及其在地区发展模式转变过程中的潜在作用。

二、鞑靼斯坦与俄罗斯联邦其他地区社会经济发展对比

在对鞑靼斯坦共和国发展模式及其演变历程进行详细分析之前，这里有必要先就鞑靼斯坦共和国近 25 年来所取得的主要发展成就，与俄罗斯联邦的平均数据进行简要的对比分析。在此需要补充的数据是：鞑靼斯坦共和

① L. McCann, “Globalisation and Postsocialist Development: The Tatarstan Variety of Capitalism,” *Post-Communist Economies*, 2004, Vol.16, No.3, pp.349-362.

② L. Drobizheva, “Comparison of Élite Groups in Tatarstan, Sakha, Magadan, and Orenburg,” pp.387-406.

③ D.C. North, J.J. Wallis, S.B. Webb, B.R. Weingast (eds.), *In the Shadow of Violence: The Problem of Development in Limited Access Societies*, N.Y.: Cambridge University Press, 2013; D.C. North, J.J. Wallis, B.R. Weingast, *Violence and Social Orders: A Conceptual Framework for Interpreting Recorded Human History*, N.Y.: Cambridge University Press, 2009.

④ 本文中精英共识是指上层政商界精英代表之间稳定的观点一致与行动统一。这些精英共同管理着地区的主要资产，决定着地区政策走向。

国居民数量约为 380 万。其中，鞑靼族人口占 53%，俄罗斯族人口占 40%。两个主要的宗教是伊斯兰教逊尼派和东正教，城市人口和农村人口占比分别为 76% 与 24%，但大部分城市人口均在农村出生和成长。

1. 鞑靼斯坦人均国民生产总值高于俄联邦人均国民生产总值

自 20 世纪 90 年代以来，鞑靼斯坦共和国居民人均国民生产总值一直高于俄罗斯联邦人均居民人均国民生产总值。在 2008—2009 年全球性危机前是俄罗斯经济迅猛发展的十年间，鞑靼斯坦平均经济增长率曾达到年均 7.4%，同期俄罗斯联邦经济增长率为 7.3%。2008 年后，鞑靼斯坦共和国经济增长率明显下滑，2009—2015 年平均经济增长率跌至 2.4%，尽管如此，鞑靼斯坦的数据仍然高于俄罗斯同期平均水平 1.1%。

评判一个国家或地区在国际市场中竞争力的重要标准是人均出口额。鞑靼斯坦的人均出口额一直高于俄罗斯平均水平。在鞑靼斯坦共和国出口结构中能源产品占据主要地位（2015 年占比为 74%），化工和机械制造业次之（2015 年占比分别为 15% 和 9%）。需要指出的是：2010 年以后，鞑靼斯坦不含能源产品的人均出口额也超过了全国平均水平。

2. 鞑靼斯坦投资活跃度高，商业环境相对较好

2015 年，鞑靼斯坦共和国的固定资产投资总额是俄罗斯平均值的 1.6 倍，但鞑靼斯坦 2003—2013 年外商直接投资总额明显低于全国平均值。有数据表明，尽管鞑靼斯坦地方政府近年来不断努力，但该地区经济环境对外国投资者来说仍然相对闭塞。鞑靼斯坦 2018 年商品出口总量 154 亿美元，58.5% 为硬原料出口，有 164 个国家是鞑靼斯坦的贸易合作伙伴。鞑靼斯坦《战略 2030》的目标是在 2030 年人均地区生产总值为 3.5 万美元。

在俄罗斯众多地区当中，鞑靼斯坦共和国的商业环境相对优越：2015—2017 年在俄罗斯战略倡议署统计的联邦各地区投资环境排行榜上，鞑靼斯坦共和国均占据榜首位置。如其在俄罗斯联邦主体投资气候状况排行榜 2015—2017 年均排名第 1 名；在 2019 年俄罗斯联邦主体组织的创新活动水平排行榜上排行第 1 名。但在“俄罗斯支柱”协会（Ассоциация Опора России）发布的地区中小型商业发展环境质量排行榜中，鞑靼斯坦共和国的排名则相对落后。①

① Предпринимательский климат в России: Индекс ОПОРЫ 2012，http://oporamo.ru/doc/ind.pdf.

3. 鞑靼斯坦的支柱产业

自苏联时期以来，石油工业就在鞑靼斯坦经济中占据重要地位，但与1975年时的巅峰时期相比，当前鞑靼斯坦地区内的石油开采量已减少了三分之二以上。[①]因此，鞑靼斯坦被迫通过增加石油开采、加工以及相关化工领域的产品附加值服务来提升生产效率。在这方面，被列入全球合成橡胶行业领先企业名单的下卡姆斯克石化公司（ПАО Нижнекамскнефтехим）可谓是成功的范例（其产品出口率达到了48%）。

在鞑靼斯坦共和国产业结构中，除石油开采外，制造业、农业和建筑业也占有一席之地。鞑靼斯坦制造业在地区生产总值中所占比例从2004年的17.8%上升至2015年的19.1%，而同期整个俄罗斯的该指标则降至17.1%（下降幅度超过3个百分点）。俄联邦对农业的大力支持推动了鞑靼斯坦农业的快速发展。俄罗斯联邦农业部和俄罗斯联邦统计署的数据显示，在俄罗斯联邦各个地区中鞑靼斯坦共和国农业用地面积排名仅为第19位，但其2015年的农产品产量却居于全国第4位。1991年鞑靼斯坦共和国农产品产量占全俄总量的2.7%，2000年增长到4.1%，2015年为4.2%。2019年1—3月，鞑靼斯坦农工综合服务产品以3680万美元的价格出口到他国。比2018年同期增加了4%。计划到2024年达到3.6亿美元。

1990—2010年，鞑靼斯坦依靠大型农业控股企业运行的地区农业发展模式展现出良好发展势头，但随着鞑靼斯坦最大的地方性农业控股公司“瓦明—鞑靼斯坦”股份公司（АО Вамин-Татарстан）2012年的破产，该地区的农业政策开始转向支持私有农场经济。然而，当前鞑靼斯坦共和国私人农场经济产品占农产品总产量的比重仍低于俄罗斯的平均水平。

4. 鞑靼斯坦在俄联邦中的地位和作用

从对社会发展主要指标的分析中可以看到，鞑靼斯坦共和国近25年来的失业率大幅低于俄罗斯的平均水平。1995—2015年，鞑靼斯坦共和国收入低于最低生活标准的居民比重低于全国水平3.3个百分点。自2012年起，

① M.J. Sagers, “The Regional Dimension of Russian Oil Production: Is a Sustained Recovery in Prospect?” *Eurasian Geography and Economics*, 2006, Vol.47, No.5, pp.505–545.

鞑靼斯坦的基尼系数开始超过俄罗斯的平均水平，而在20世纪90年代后期，鞑靼斯坦的基尼系数曾一度处于较低水平。这种变化说明，近年来鞑靼斯坦社会不均衡发展状况正在加剧。

正如奥夫恰罗娃与普罗科菲耶娃文章中所述，鞑靼斯坦共和国用于居民社保的人均预算支出仍处于较低水平，在2014年仅达到俄罗斯平均水平的80%。[①] 同时需要指出的是，尽管鞑靼斯坦人均国民生产总值较高，但该地区平均工资仍低出全国平均水平14%。在21世纪初期，鞑靼斯坦的人均住宅竣工面积远高于俄罗斯联邦平均值。2015年，鞑靼斯坦共和国农村地区煤气化水平达到了98%，而同期俄罗斯仅为56%。

根据2018年统计数据，鞑靼斯坦工业生产指数为102%，失业率为3.3%，平均工资为35200卢布，劳动人口220万。

纵观鞑靼斯坦共和国的主要社会经济指标，与俄联邦全国平均数据相比，鞑靼斯坦整体经济发展水平与社会稳定度明显更高。鞑靼斯坦的工业与农业发展潜力较大并且有能力实现提升。2010年后，鞑靼斯坦在关键性发展指标上，开始拉大与俄罗斯平均水平之间的差距。在全国经济发展变缓背景下，鞑靼斯坦开始以超越全国平均水平的增速持续发展。不过，其发展速度仍然明显低于快速提升的全球水平。

三、鞑靼斯坦共和国发展模式

1. 鞑靼斯坦发展模式的三个不同发展阶段

苏联解体后，鞑靼斯坦的发展因受俄联邦内外政治和经济形势的影响（如20世纪90年代初期的政治与经济危机、2000年普京执政后对央地关系的调整以及2008—2009年危机等），其发展模式也几经调整，具体可分三个不同阶段。

① Овчарова Л.Н, Прокофьева Л.М., Система социальной поддержки, направленной на активизацию выхода из бедности, в регионах Российской Федерации// SPERO. Социальная политика: экспертиза, рекомендации, обзоры, 2014, №.19, С.87–102.

表 1　鞑靼斯坦共和国发展模式关键性特征演变

时期 关键特征		沙米耶夫时期		明尼汉诺夫时期 （2010 年后）
		1990—1999 年	2000—2009 年	
管理体系、央地关系与地区内部政策	区域自治程度	• 根据 1994 年分权条约，鞑靼斯坦共和国是俄罗斯主权的组成部分。	• 根据新的联邦法律和 2007 年新签订的分权条约，鞑靼斯坦共和国的政治权力被明显削弱。	• 与联邦中央形成互利互惠的互动模式。 • 同俄罗斯其他地区相比，鞑靼斯坦共和国在地区内部政策和对外经济活动中享有更高的独立性与自主性，更少受到联邦监察与强力部门干涉。
	预算关系体系	• 鞑靼斯坦共和国在联邦预算体系中享有优待，大部分税收收入归共和国预算。	• 鞑靼斯坦共和国获得联邦拨款的条件与俄罗斯其他地区趋于一致，但仍能获得联邦补充拨款用以补偿部分预算不足。 • 2008—2009 年危机期间，鞑靼斯坦共和国获联邦实质性财政支持。	• 鞑靼斯坦共和国成功利用联邦拨款，开展地区项目建设。 • 鞑靼斯坦共和国在俄罗斯仍然是财政贡献地区。
	行政管理体系	• 实施总统制。 • 鞑靼斯坦共和国总统所属地区领导更迭频率高。	• 鞑靼斯坦共和国总统是争议问题解决的最高决策者。 • 鞑靼斯坦共和国政府在地区经济发展决策中的作用被加强，下级地区领导权力被重新划分给政府及大型控股企业。	• 鞑靼斯坦共和国总统为地区发展新模式提供思想基础。 • 鞑靼斯坦共和国总统在经济、财政和工业政策制定中的作用得以加强。

续表

关键特征＼时期		沙米耶夫时期		明尼汉诺夫时期（2010年后）
		1990—1999年	2000—2009年	
管理体系、央地关系与地区内部政策	精英内部关系	• 形成了数个互相竞争的精英集团，但其均一致认可鞑靼斯坦共和国总统的最高权力。 • 遏制违法行为，以实现地区精英统一。	• 在联邦中央强势背景下，地区精英团结一致，努力实现地区发展目标。 • 在鞑靼斯坦共和国总统领导下，精英内部建立有效的牵制平衡体系。	• 在鞑靼斯坦共和国总统权力更迭时，通过协商和无冲突方式实现精英集团角色的重新分配。 • 鞑靼斯坦共和国第一任总统为共和国二号人物，保证共和国的政治稳定。
经济政策、产业政策与社会政策	经济管理的主要原则	• 经济活动决策中，行政监管原则和非市场化手段占主要地位。	• 投资项目决策中市场化原则被加强。	• 对项目实施行远期规划管理。
	经济政策的优先方向	• 保留苏联时期留下的主要资产，重点关注地区对这类资产的监管问题。	• 依靠重组保留的苏联时期企业，实现产业发展。 • 提高鞑靼斯坦共和国企业在相邻地区市场中的占有率。	• 采取积极政策，推动经济从产业模式向集群模式发展，以提升国际竞争力。 • 在传统和新兴领域中启动新的大型项目。 • 加快对创新技术的投资和应用。
	工业结构政策特征	• 防止外资渗入，针对重要地区企业推行内部私有化，并建立有效监管。 • 地下资源归鞑靼斯坦共和国所有 • 开展大规模旧宅居民迁居计划。	• 建立地区性大型综合控股公司，以求聚集资源、保护资产和协调投资决策。 • 在市场原则下筛选投资项目，重视就业率 • 充分利用中央补充财政资源，支持地区大型项目发展。	• 制定并开始实施《战略2030》。 • 在产业集群内部和特别经济中建立特殊投资制度。 • 有选择性地吸引外资进入产业集群，同时维持地方对大部分大中型项目的监管。

续表

关键特征＼时期		沙米耶夫时期		明尼汉诺夫时期（2010年后）
		1990—1999年	2000—2009年	
经济政策、产业政策与社会政策	社会政策	•进行村镇煤气化，失业管理，禁止关闭企业和缩减工作岗位，健全社会住房保障。 •扶持农村居民。	•支持社会抵押，支持当地企业修建住房。 •加强中学教育发展。	•政府政策重点关注人力资源领域。 •为青年专家和到鞑靼斯坦共和国就业者提供包括住房在内的高质量社会基础设施保障。

（1）第一阶段

20世纪90年代，鞑靼斯坦共和国及其总统明季梅尔·沙米耶夫在与联邦中央的谈判中持强硬立场。这是鞑靼斯坦发展模式第一阶段的重要特征。在俄罗斯面临严峻经济与社会政治危机情况下，中央迫切需要来自地区精英的支持。鞑靼斯坦当时有能力提供这样的支持，因其在地区内快速建立了有效的“政治机器”，能够为莫斯科政权党提供宝贵的选票。1996年第二轮总统选举的投票结果是一个典型例证。在这轮选举中，鲍里斯·叶利钦在鞑靼斯坦获得的选票几乎是竞争对手根纳季·久加诺夫的1倍（叶利钦得票率为61.5%，久加诺夫则为32.3%）。当时，在全俄罗斯的得票率中，叶利钦收获了53.8%的选票，久加诺夫为40.3%。由此可见，鞑靼斯坦对叶利钦的蝉联所具有的特殊意义。

鞑靼斯坦共和国领导层之所以与当地选民联系密切，是因为在市场转型的艰难阶段，选民能够获得持续的资源支持以渡过难关。其中突出的措施是农村煤气化工程建设和20世纪90年代喀山旧宅拆迁计划等的实施。

鞑靼斯坦用政治上对中央的忠诚，换来了资源支持与政策倾斜。比如，20世纪90年代，鞑靼斯坦共和国争取到了大部分地方税收收入回归当地财政预算以及获得对当地地下资源的监管权。此外，鞑靼斯坦因实施与全俄不同的私有化模式帮助了地区精英继续控制当地经济资产。① 1999 年，叶利钦总统下令庆祝喀山建城 1000 周年再次给鞑靼斯坦提供了发展契机。

与其他地区不同的是，鞑靼斯坦共和国早在 20 世纪 90 年代就已经开始推行目标明确的产业政策。鞑靼斯坦投入资源发展农业，避免了当地农业的衰退，保留了苏联时期的农业发展潜能。在喀山旧宅拆迁计划中，有近 5 万个家庭免费获得新居。这一方面巩固了当地社会稳定的基础，另一方面也让鞑靼斯坦的建筑业得到保留和发展。与此同时，由于鞑靼斯坦重要企业一直受到来自共和国层面的监管，21 世纪初该地区经济对外国投资者一直处于封闭状态。

这时，鞑靼斯坦共和国延续了之前的行政管理体系，在没有联邦中央参与的情况下，维持了不同利益集团之间的平衡，协调了地区精英内部的冲突。在此过程中，鞑靼斯坦共和国国务委员会为地区权力精英和商业精英之间的对话提供了平台。鞑靼斯坦同期的发展特征还严格限制资产外流。在鞑靼斯坦共和国内务部的积极努力下，地区犯罪现象成功地得到了遏制。

鞑靼斯坦居民民族成分和宗教成分异常复杂。20 世纪 90 年代以来，俄罗斯人和鞑靼人、东正教教徒和穆斯林之间的潜在矛盾一触即发。鞑靼斯坦共和国领导层通过推行民族间与宗教间的协调政策维持了不同宗教和族群团体间的利益平衡，避免了当时的政治恶化。②

普京当选俄罗斯联邦总统后，俄罗斯开始了央地权力划分改革，地区立法需要遵照联邦新的要求。在此背景下，鞑靼斯坦共和国失去了之前的大部分特权。联邦中央只在 2006 年前对鞑靼斯坦给予过专项计划支持，用以进行部分财政补偿。鞑靼斯坦共和国被迫逐渐利用外资发展内部市场。

鞑靼斯坦想要与中央达成新的政治平衡首先必须展示对中央的政治忠诚以及对各类联邦倡议的积极响应。在政治领域，鞑靼斯坦发展模式的稳定依赖于对鞑靼斯坦共和国宪法的坚持。该宪法载明在鞑靼斯坦共和国与俄罗斯

① M. Bornstein, "Russia'sMass Privatization Programme," *Communist Economies and Economic Transformation*, 1994, Vol.6, No.4, pp.419–457.

② Хакимов Р.С., Татарстан: идеология регионального развития, Казань: КЦФПП, 2014.

联邦之间签有分权协议①，而且规定鞑靼斯坦总统应通晓两种语言（鞑靼语和俄语）。21 世纪初，俄罗斯其他地区的所有强力职能部门都已收归联邦中央，而鞑靼斯坦内务部直到 2012 年还一直隶属于共和国政府。

鞑靼斯坦共和国在大型综合项目（如 2005 年喀山建城 1000 周年庆祝活动）中取得的成果，帮助鞑靼斯坦从中央财政获得大力支持，从而启动了新一轮大型项目。例如，鞑靼斯坦在 2005 年建立了“阿拉布加”特别经济区（ОЭЗ Алабуга），在 2008 年获得了 2013 年世界大学生运动会的举办权。鞑靼斯坦共和国在大型项目和社会政治稳定所取得的业绩一方面为当地精英频繁升迁联邦领导层创造了更多的机会，另一方面也有利于鞑靼斯坦共和国与俄罗斯联邦中央密切日常往来。

（2）第二阶段

鞑靼斯坦共和国发展模式第二阶段的重要特征是：对大型企业的管理从直接行政监管转变为企业股份制管理。比如建立大型控股母公司，通过董事会制度将企业置于地区精英监管之下，从而使鞑靼斯坦共和国政府在必要时可以阻止董事会做出的任何决策。

鞑靼斯坦共和国的大型控股公司主要具有三项职能：保护地区资产远离不良境外投资者、协调企业间的投资和其他战略决策以及加快企业重组进程。1993 年，鞑靼斯坦共和国总统下令建立“鞑靼斯坦石油化工控股公司”②。该公司是鞑靼斯坦石油与石油化工工业的核心运作企业，同时也为从属于鞑靼斯坦共和国总统的地方高层人士提供协调与互动平台。此外，“阿克巴尔斯”控股股份公司③（1998 年成立）于 2003 年建立了“通信投资石油化工”股份公司④。总体来说，21 世纪初，鞑靼斯坦已经形成了发达的精英内部多渠道交流体系。该体系中包括鞑靼斯坦共和国国务委员会、共和国大型控股公司和大型企业董事会以及其他平行交流平台。

---

① 经过长期协商，该协议于 2007 年最终签订，有效期 10 年。该协议虽然在很大程度上只具有象征性意义，但仍然说明，鞑靼斯坦保持了自身特殊地位。

② Татнефтехиминвест-холдинг.

③ АО Холдинговая компания Ак Барс.

④ АО Связьинвестнефтехим.

尽管鞑靼斯坦取得了上述发展成绩，但这一时期地区经济发展仍主要依赖于20世纪90年代遗留下来的棕地（brownfield）项目。[①] 2005年“阿拉布加”特别经济区的建立使地区发展战略开始向扩大实施技术与管理创新、吸引外商直接投资和尝试融入新的市场“游戏规则”转向。然而，在这一时期，鞑靼斯坦共和国精英整体上尚未做好与外国投资者进行广泛合作的准备。

在整体上成功适应了新的政治环境后，直到21世纪初，鞑靼斯坦精英都致力于倚靠中央资源实现发展，同时还保留了地区经济的相对封闭性。2008—2009年危机暴露了这种发展模式的局限性与风险。

为了帮助鞑靼斯坦度过危机，联邦中央向其提供了紧急财政援助，主要形式为提供超低利率的财政贷款。[②] 然而，对于极度依赖石油开采的鞑靼斯坦来说，如何在油价低迷的条件下实现发展才是最为迫切的问题。2012年末，这个问题被摆在了受邀拟定鞑靼斯坦2030年前发展战略的各位专家面前。这项大规模的战略拟定计划由鲁斯塔姆·明尼汉诺夫总统发起实施，但实际上早在20世纪90年代，鞑靼斯坦第一任总统沙米耶夫就已经开始结合当地历史与文化，探讨鞑靼斯坦共和国的发展战略问题了。[③] 以列昂季耶夫斯基中心为主的咨询机构为《战略2030》的编写提供了专家与智力支持；该《战略》耗时近三年得以完成。其间，战略编写者向鞑靼斯坦内部的所有利益相关方进行了咨询，并使多方达成一致愿景——鞑靼斯坦应成为一个高度融入世界市场的“国际化地区”。至2030年，鞑靼斯坦应当成为一个具有全球竞争力的地区，带动俄罗斯“伏尔加河—卡马河”地区的经济增长。在该战略规划中，2030年的鞑靼斯坦应成为俄罗斯人员、制度、基础设施建设、对外和内部发展的佼佼者。

依照该战略，到2030年在鞑靼斯坦共和国经济中应发生以下主要变化：

---

① 棕地（brownfield）项目是指对被废弃、闲置或未被充分利用的场地进行再开发与扩建的项目。——译者注

② K. Vartapetov, “Russian Fiscal Federalism under Stress: Federal Support of Regions during the Global Financial Crisis,” *Eurasian Geography and Economics*, 2011, Vol.52, No.4, pp.529–542.

③ Шаймиев М.Ш., Стратегия развития Республики Татарстан// Вестник Поволжского института управления, 2001, №1, С.16–24.

A. 居民人均地区生产总值翻倍；B. 摆脱依赖原料的经济结构；C. 创新发展进程加速；D. 生态环境得到优化；E. 外商直接投资总额和固定资产投资总额大幅提升。该战略指出，鞑靼斯坦的 R&D 经费总支出将从 2014 年不到地区生产总值的 1%，到 2030 年提升到地区生产总值的 3%（这将符合全球创新发展领先国家的支出水平）。该战略的中期目标是开展实现“新卡马”集群项目[①]（该项目框架下 2013 年的产品产量将在 2020 年前实现 3 倍增长）。

在制定《战略 2030》的同时，鞑靼斯坦政府还积极分析了新加坡、马来西亚和其他东亚国家调整经济结构的经验，同时开始建立大规模产业集群作为加速创新发展的基地（“新卡马”项目与“创新城”项目）。

（3）第三阶段

鞑靼斯坦共和国发展模式第三阶段的特点之一是扩大借助信贷发展地区重点项目的规模。传统上，鞑靼斯坦政府习惯利用自身对地方银行系统的监管，支持重点投资项目。在第三阶段，鞑靼斯坦领导层和国有银行之间形成了非正式约定[②]：来自大型国有银行的贷款以及在政府协议框架下外资银行提供的设备采购贷款[③]成了鞑靼斯坦共和国获得贷款支持的两条新渠道。

鞑靼斯坦共和国发展模式第三阶段中的一个重大事件是 2016 年末 2017 年初发生的银行危机。这一危机的爆发同鞑靼斯坦储备银行（Татфондбанк）破产紧密相关。此前，鞑靼斯坦储备银行在鞑靼斯坦地区银行资产总额中排名第二。它的破产造成了 970 亿卢布（超 15 亿美元）的损失。目前，该银行实际控制人和主要经理已被逮捕。[④]发生银行业危机的主要原因在于当事

① Кластерный проект Иннокам

② 例如，由于鞑靼斯坦沙米耶夫总统向梅德韦杰夫总统提出了获取支持的直接请求，喀山有机合成股份公司（АО Казаньоргсинтез）在 2009 年获得了俄罗斯联邦储蓄银行的贷款。

③ 阿莫尼铵厂（завод Аммоний）建设时，东京三菱银行、三井住友银行、摩根大通和瑞穗实业银行等外国银行共同参与融资并于 2011 年秋共同发放了 5 亿美元贷款。Строительство завода《Аммоний》выросло в цене в 2,5 раза. 10.07.2013，http://www. moneyjournal.ru/bizness/nedvizhimost/stroitelstvo-zavoda-ammoniy-viroslo-v-tsene-v-2-5-raza-9752.html.

④ Козлова Н., Ущерб от действий руководства “Татфондбанка” оценили в 3 млрд, 4 марта 2017 г, https://rg.ru/2017/03/04/reg-pfo/ushcherb-ot-dejstvij-rukovodstva-tatfondbanka-ocenili-v-3-mlrd.html.

银行的信贷政策失误，国家正在为具有重要社会意义的项目和企业提供大规模信贷支持，而这些失误将对信贷成效造成长远影响。

正如其他国家经验所示，包括韩国、日本在内的任何一种国家资本主义模式在金融环节都会遭遇类似风险。它们在现代史上都发生过类似的银行危机事件（如1972年韩国的资金断流危机；20世纪90年代初日本也由于不动产市场“泡沫”破裂而出现了银行危机）。由于政府对投资决策的过度参与，金融领域的错误结果通常都以极速爆发的方式呈现。长远来看，2016年危机能够对鞑靼斯坦共和国银行领域改革起到推动作用，其中就包括促使当地银行更大规模地向外资开放。

2. 鞑靼斯坦发展模式演变的整体特征

（1）在管理体系、央地关系与地区内部政策方面

- 鞑靼斯坦拥有强有力的政治与管理资源，有着强大的管理团队和优异的执行成效，可以达成期望的选举结果，也可获得额外的联邦资金支持；
- 鞑靼斯坦总是能够履行应尽的职责和义务，使联邦中央进一步增强了对该地区精英的信任；
- 鞑靼斯坦政府的政策具有可预见性，企业“游戏规则”具有稳定性，贪污腐败问题不突出，商业活动的行政支出相对较低；
- 鞑靼斯坦形成了成熟的协调机制用于支持国家事务与商业活动，其协调平台有鞑靼斯坦共和国国家委员会、各类发展研究院和地区大型控股公司；
- 鞑靼斯坦居民具有高度社会包容性的“地方爱国主义”思想。①

（2）在经济政策、产业政策与社会政策方面

- 鞑靼斯坦拥有特殊的私有化模式和集团管理模式，有助于其对固定资产进行地方监管；

① 如叶卡捷琳娜·布拉金斯卡娅所说，与俄罗斯其他地区相比，鞑靼斯坦共和国穆斯林人口与非穆斯林人口之间文化同化程度最高，宗教包容程度也更高。E. Braginskaia, “‘Domestication’ or Representation? Russia and the Institutionalisation of Islam in Comparative Perspective,” *Europe-Asia Studies*, 2012, Vol.64, No.3, pp.597–620.

- 鞑靼斯坦工业用地私有化进程加快，提升了企业发展项目的融资潜能；①
- 鞑靼斯坦集中调配地区金融系统资源并在政府支持下获取非本地银行贷款，目的在于以此为基础向企业提供广泛的信贷支持；
- 鞑靼斯坦视农业为重点发展方向，为农业发展划拨大量财政资金；
- 鞑靼斯坦积极控制劳动报酬上涨幅度以维持社会稳定、抑制贫困与失业；
- 严格监管地区资产流出。

3. 鞑靼斯坦发展模式特点

在鞑靼斯坦共和国发展模式的形成中，其蕴含有“东方”式的管理特点，并与亚洲国家的追赶型发展模式具有相似性。② 这些特点主要包括：

- 地区政治领袖有规划眼光，致力于国家和地区长远发展并有能力设立关键精英群体和社会普遍都能接受的长远发展目标；
- 民族和地区精英持有积极向上的爱国主义精神，能够团结一致面对外部威胁和挑战；
- 地区政策指向参与世界市场一体化和全球竞争。
- 都建立了高度集中的政治制度，以确保长时段内政策实行的连贯性。

在此需注意的是，鞑靼斯坦是俄罗斯联邦的一部分并不是一个独立的国家。因此，其发展具备主权国家发展所不具有的特殊条件（如可以获取中央额外资源的支持）。总之，苏联解体后鞑靼斯坦共和国的地区发展模式是在成功争取到中央资源支持的基础上建立的。2009 年危机发生后，面对失去联邦中央资源补给和丧失对地区重要资产监管的风险，鞑靼斯坦开始向追赶型发展模式转向。

---

① 截至2013年1月1日，鞑靼斯坦共和国法人持有的工业用地占比为59%。该数据中，俄罗斯联邦平均值仅为8%。

② A. Amsden, *Asia's Next Giant: South Korea and Late Industrialization*, N.Y.: Oxford University Press, 1989; A.H. Amsden, W.W. Chu, *Beyond Late Development: Taiwan's Upgrading Policies*, Cambridge, MA: MIT Press, 2003; C. Sabel, L. Jordan, *Doing, Learning, Being: Some Lessons Learned from Malaysia's National Transformation Program*, Washington, DC: World Bank, 2015; L.K. Yew, *From Third World to First: The Singapore Story, 1965–2000*, N.Y.: Harper Collins Publishers, 2000.

鞑靼斯坦当前发展模式与亚洲经典追赶型发展模式的区别还在于：鞑靼斯坦市场对地区外和国外参与者的开放程度不同。需要指出的是，在早期经济发展阶段一些亚洲国家也倾向保持自身市场的封闭性。如20世纪60—80年代韩国就只依靠引进技术和吸引境外信贷资金，而不支持外商直接投资。然而，在当今全球技术发展水平上，对于鞑靼斯坦这样经济体量不大的地区来说，如果不吸引作为行业佼佼者的外商进入地区市场，要想实现经济跨越是不可能的。

鞑靼斯坦地区精英对主要经济资产的管控会阻碍外部投资的进入，特别是当外资要进入现有企业和进入经济特区之外的区域时，这点就表现得尤为明显。因此，鞑靼斯坦地区的外资引入成效仍然低于预期，从而抑制了地区出口规模的扩大与多样化发展，并在整体上限制了地区的国际化发展前景。

此外，鞑靼斯坦也存在不利于中小型企业发展的障碍。在这个问题上，鞑靼斯坦与俄联邦其他地区一样总体面临的情况基本相同。国际经验表明，在地区向追赶型发展模式转向过程中，新成立的企业特别是中型企业所扮演的角色愈发重要。在这方面，中国的经验极具代表性：改革初始阶段，在地方党员精英的监管下，一大批新型“乡镇企业”（township and village enterprises，TVEs）成立与快速发展在很大程度上保证了中国经济的稳步发展。[①] 通过对专家的采访，我们发现在鞑靼斯坦共和国确实存在中小型企业发展薄弱的问题，但当前鞑靼斯坦的努力方向还集中在为能够降低社会失业率的小型企业提供发展支持。

四、鞑靼斯坦精英共识形成的因素

1. 客观因素

研究追赶型发展模式的研究者指出，地区精英在地区未来发展问题上达

① L. Putterman, “On the Past and Future of China’s Township and Village-Owned Enterprises,” *World Development*, 1997, Vol.25, No.10, pp.1639-1655; M.L. Weitzman, C. Xu, “Chinese Township Village Enterprises as Vaguely Defined Cooperatives,” *Journal of Comparative Economics*, 1994, Vol.18, No.2, pp.121-145.

成内部共识是地区长远发展战略形成和顺利实施的基础。① 以下是能够推动地区精英达成共识的三个主要因素：

- 严重的经济和／或政治危机；
- 严重的战略威胁：加剧精英群体面临的风险，来自上层或外部的压力增大；
- 精英们的爱国情结：精英们往往会主动寻求危机的解决之道，致力于地区长远发展。

2010 年前，鞑靼斯坦就已经具备了以上促成精英共识的条件。对于过度依赖石油开采的鞑靼斯坦来说，2008—2009 年危机更加凸显了该地区既有经济模式的脆弱性。因此，他们已认识到实现经济多元化发展的必要性。此外，鞑靼斯坦共和国精英群体的一个传统特点是关键人物能够团结一致，共同维护地区的战略利益。这是因为，这些精英在文化、民族和宗教信仰上具有相似性和一致性，并且往往都有着相同的农村出身背景。②

需要指出的是，当前鞑靼斯坦共和国的精英阶层基本上形成于 20 世纪 90 年代。与俄罗斯很多地区不同的是鞑靼斯坦的管理体系改革具有显著的延续性。1991 年后，苏联虽然解体了，但鞑靼斯坦的精英们当时通过集体努力，保住了对地区重要企业的监管权。

2. 主观因素

鞑靼斯坦共和国地区政治文化的一个重要特征是：该地区具有寻求折中的传统，并且处理内部冲突只凭借自身力量，而不会引入外来势力。20 世纪 90 年代，鞑靼斯坦在鞑靼语地位和央地关系两个重要问题上采取了折中处理的方式，这对维持地区政治稳定起到了至关重要的作用。③ 鞑靼斯坦共和国的精英文化倾向于从个人、集体和地区三个层面理解成功一词的概念。在实践中，他们看重的是战略利益，而不是短期收益。

① R.F. Doner, B.R Schneider, “The Middle-Income Trap: More Politics than Economics,” *World Politics,* 2016, Vol.68, No.4, pp.608-644; *World Development Report 2017: Governance and the Law,* Washington, DC: World Bank, 2017.

② Салагаев А.Л, Сергеев С.А., Региональная элита Республики Татарстан: Структура и эволюция// Полития: Анализ. Хроника. Прогноз, 2013, №2(69). С.74-85.

③ Хакимов Р.С., Татарстан: идеология регионального развития, Казань: КЦФПП, 2014.

鞑靼斯坦的政治体制还具备以下能够促成和维持地区精英共识的重要特征：

- 拥有地区内部政治制衡体系：该体系由总统沙米耶夫制定并维持至今（如鞑靼斯坦将不同“势力群体”代表分散配置在国家委员会和下属地方政府以及“鞑靼石油”和“TAIF”公司的关键岗位上）；
- 拥有成熟并且高效的精英交流体系：其中包含众多平行的常设沟通通道；
- 为有能力的领导者设置社会晋升渠道：对于下级地方领导人来说，其升迁在很大程度上取决于该地的发展业绩（尽管如此，鞑靼斯坦的人事任命也并不是完全以衡量业绩的原则进行）；
- 拥有政治精英与商业精英的定期轮转制度：如大型企业的领导会到共和国政府部门任职，反之亦然。

鞑靼斯坦精英内部关系的发展符合道格拉斯·诺斯与合作者提出的“权限层级”进化理论。① 道格拉斯·诺斯等人认为，在“权限层级”框架下，一个社会走向成熟发展阶段的前提是完成精英的行为规范建设。② 这种行为规范以精英内部高效的沟通体系为建成基础，同时对精英的遵守情况进行监控并在精英违反规范时实施惩罚，从而在整体上减少了暴力的使用。

鞑靼斯坦共和国精英有能力通过谈判的方式解决复杂与危急的冲突。从20世纪90年代初开始，沙米耶夫总统就开始使用强硬手段，依靠共和国内务部力量，实行“精英强制统一”政策。其措施包括打击违法行为和限制本地资产流出。对于不能达成政治共识的地区精英，鞑靼斯坦则通过推荐其到联邦中央任职的办法，让他们离开该地区。③ 正因为如此，1998年沙米耶

① D.C. North, J.J. Wallis, S.B. Webb, B.R. Weingast (eds.), *In the Shadow of Violence: The Problem of Development in Limited Access Societies*, N.Y.: Cambridge University Press, 2013; D.C. North, J.J. Wallis, B.R. Weingast, *Violence and Social Orders: A Conceptual Framework for Interpreting Recorded Human History*, N.Y.: Cambridge University Press, 2009.

② 这些规范有时可以不需要明文规定，在中国就有这样的案例。

③ 法里特·加济祖尔林（Фарит Газизуллин）从1991年起任鞑靼斯坦共和国政府第一副总理，负责私有化与工业管理事务，1996年出任俄罗斯联邦国有财产管理委员会第一副主席，1997年升任俄罗斯联邦副总理和财产关系部部长。卡米尔·伊斯哈科夫（Камиль Исхаков）自1991年起任喀山市市长，于2005年被任命为俄罗斯联邦总统驻远东联邦区全权代表。

夫和平地解决了地区内部严重冲突，即所谓“地方领导人叛乱”（путч глав районов）①。

上述是鞑靼斯坦共和国在2010年和平进行总统权力交接的重要前提。这次权力交接并没有造成大规模的资产重置。据鞑靼斯坦当地专家提供的信息，从2005年沙米耶夫本人表示准备离任起，鞑靼斯坦就开始筹备和组织5年后的权力交接。这次重大的政治事件帮助鞑靼斯坦内部逐步协商，实现了精英群体在地区政治和经济生活中角色的重新分配。

五、鞑靼斯坦共和国发展模式SWOT分析

1. 鞑靼斯坦发展模式优势

（1）政治生态比较顺畅

- 地区精英高度团结；
- 精英内部拥有丰富的沟通交流渠道以及成熟的冲突调解机制；
- 地区拥有利益相关方共同参与制定的长期发展战略；
- 地区与联邦中央建立了互动机制。

（2）民族和宗教派别有较高的地区认同感

鞑靼斯坦通过凝聚地区认同感，成功地将人口民族与宗教成分的多样化从一种潜在风险转变为一种竞争优势。②鞑靼斯坦政府利用不同团体的力量和关系，推动地区项目发展，为地区吸引更多资源。

---

① 在地区媒体笔下，该事件被描述为由时任鞑靼斯坦共和国总统办公厅主任哈利亚夫·尼扎莫夫、卡马河畔切尔内行政长官拉夫加特·阿尔滕巴涅夫和鞑靼斯坦共和国内务部部长伊斯坎德尔·加利莫夫三人在地方领导支持下发起的“宫廷政变”（见 http://kazan. bezformata.ru/listnews/vsesilnij-avtor-putcha-glav/12834907/）。沙米耶夫之所以能够继续控制国家委员会，主要得益于喀山行政长官伊斯哈科夫和总统安全局局长阿斯加特·萨法罗夫的大力支持。这次地区内部冲突最终以更换内务部部长（改由萨法罗夫出任），并将其调至俄罗斯联邦会议而告终。

② Хакимов Р.С.，Татарстан: идеология регионального развития，Казань: КЦФПП, 2014.

（3）营商环境较好

鞑靼斯坦的地区政策可预见度高，经商成本低、风险低，能够为计划投资地区重点发展项目的企业提供保障，这也是鞑靼斯坦发展模式的优势所在。能够帮助鞑靼斯坦维持投资环境优势的因素还包括：

- 政府与商业团体间经常开展高质量的对话；
- 各层面职能部门工作效率高，纪律严明；
- 地方政府和共和国政府步调统一；
- 部门间能够达成高效协调（其中一部分原因是鞑靼斯坦有能力影响联邦机关地区领导人的任命）；
- 政府经济投资额度巨大且部分投资由联邦财政出资。

《战略 2030》的制定者认为，未来鞑靼斯坦共和国在产业领域的经济增长点为：

- 石油化工产业集群：在世界石油产品需求总量将增加的背景下，鞑靼斯坦计划大幅提升石油产品产量；
- 军工业：该产业发展能够为鞑靼斯坦增加军事订单，帮助制造业进行技术装备改造；
- “创新城”信息技术产业集群：该产业发展还将优先依靠俄罗斯研发自主的 IT 成果；
- 农业：农业在鞑靼斯坦已经实现系统化发展并在俄罗斯处于领先地位，但其发展仍然需要财政支持；
- 鞑靼斯坦共和国地理位置优越，有潜力成为俄罗斯乃至国际化的交通枢纽。

2. 鞑靼斯坦发展模式劣势

（1）地区精英监管体系的排他性

专家们认为，在鞑靼斯坦当前的发展模式中，总统本人就相当于一个发展主管机构。但是，即使是一个超人也不可能独自决策和包揽经济发展创新模式建设与运作中出现的所有问题。①因此，鞑靼斯坦垂直权力体系在保证

① 在所有高度集中的政治制度中，很多问题都取决于领导人的决策。鞑靼斯坦也不例外。然而，问题的关键在于：地区领袖能否在制度建设中也贯彻现代化思想？能否建立起在自己卸任后仍然能够运行的制度体系？如果无法实现这个目标，那么这个在“手动模式”下发展的国家或地区很有可能会开始衰败甚至走向自我灭亡（在“阿拉伯之春”时期的很多近东国家都发生过这种情况）。

总统指令被准确执行的同时，也暗藏严峻的风险。

在鞑靼斯坦已经形成了地区精英对经济资产的监管体系（这也是该地区追赶型发展模式面临的风险之一）。地区精英有选择性地为现有企业引入地区外和国外力量，是由于害怕失去对资产的掌控。这种做法积极的一面在于，可以降低因企业重组而造成的社会不稳定风险，同时也可以限制外来投资者的投机行为。值得一提的是，在实施追赶型发展战略的初期，韩国（20世纪80年代末之前）和中国（20世纪90年代中期前）也走过类似历程。然而，从一定阶段开始，利益相关方试图维持对重要资产掌控的行为将会阻碍经济的后续发展。

（2）过低的劳动报酬

与俄罗斯联邦其他地区相比，鞑靼斯坦共和国劳动报酬水平过低。① 这也是地区经济发展的风险之一。在一定发展时期内，低廉的人力成本可以为企业带来更多的利润（这也是吸引投资的亮点）。但是这种效应一般只在价值链的低科技附加值部分体现明显。高附加值的产品生产和服务供给需要高水平的专业技术人才。从《战略2030》来看，鞑靼斯坦已经意识到了这个问题。然而，鞑靼斯坦当前的劳动报酬水平并不具备相对优势，其在教育领域进行的投资只会加剧地区人才的外流。

（3）精英内部管理及与联邦中央关系的不确定性

- 精英内部冲突加剧的风险：沙米耶夫总统曾经是维持鞑靼斯坦不同利益集团力量平衡的关键人物，他的卸任可能会打破精英内部的制衡机制。
- 与联邦中央关系恶化的风险：其中还包括联邦层面的精英（在全俄资源匮乏的情况下）意图取消鞑靼斯坦对重要资产的控制权可能带来的风险。②

① 2015年，鞑靼斯坦共和国平均工资为斯维尔德洛夫斯克州平均工资的95%，但同期鞑靼斯坦的人均地区生产总值却高出对方15%。

② 2017年发生了诸多可以证明鞑靼斯坦与联邦中央关系恶化的事件，其中包括联邦中央拒绝续签与鞑靼斯坦的分权协议（该协议已在2017年7月到期）以及联邦中央拒绝援助鞑靼斯坦储备银行等。

- 地区管理系统受挫的风险：该地区过度的集中管理可能会引发大规模的过激反应，由此还会带来丧失中央信任、地区权力受限的风险。①
- 地方银行系统可能紧缩的风险：2017年一批地方银行破产后，鞑靼斯坦的地方银行系统很可能会向紧缩方向发展。这不仅会减少金融"缓冲地带"对地区金融安全造成不利影响，而且还将影响政府社会调控政策的实施（如为地区困难企业提供紧急贷款）。
- 鉴于俄罗斯联邦层面尚未提出明确的国家发展战略，鞑靼斯坦就面临着地区长远发展目标与联邦政府下达的短期任务相矛盾的风险。

（4）其他经济因素

- 鞑靼斯坦金融业欠发达：其中一部分原因在于该地区封闭的金融制度。2010年以前，该地区银行的贷款集中发放用于支持具有社会效益但却低效的苏联时代遗存企业发展项目，从而使地区大型银行贷款质量不佳。
- 创新发展潜力不足：当前鞑靼斯坦并不具备实现世界级创新发展的稳定潜能，尽管鞑靼斯坦地区科研机构已经取得一定成绩，但真正能够持续孵化自主创新产品和技术的完整体系仍未成形。人力资源短缺以及高校、科研中心和企业之间协作不足也是鞑靼斯坦向新发展模式转型面临的阻碍。②
- 鞑靼斯坦远离俄罗斯边境，与世界主要市场距离遥远，从而制约了鞑靼斯坦商品的国际竞争力。

整体来看，鞑靼斯坦共和国的发展模式具有一系列相对优势。这使鞑靼斯坦有能力在俄罗斯各地区中保持领先地位，同时有利于地区长远战略目标

① 如2012年在喀山发生的内务机关丑闻事件以及2017年鞑靼斯坦储备银行的执照被吊销事件。

② 鞑靼斯坦共和国的大学在全俄排行榜上的排名总体较为靠后。2016年，在俄罗斯高校排行榜中，喀山联邦大学排名仅为第17位，而医科大学、科技大学和航空航天大学排名分别为第32、第54和第55位（见 http://www.edu.ru/ratings/ reyting-vuzov- rossii-2016/）。2016年，鞑靼斯坦共和国生源质量最高的医科大学在全俄（公费班入读分数）指标排名中仅列第37位（见 https://www.hse.ru/ege/rating/2016/683952 31/gos/?rlist&uplist&vuz-abiturients-budget- order=ge&vuz-abiturients-budget-val=300）。

的实现。然而，鞑靼斯坦的潜能能否被持续激发在很大程度上取决于该地区精英能否成功应对鞑靼斯坦所面临的全新挑战。这些挑战首先是来自联邦中央供地区发展的资源减少、地区间的竞争加剧以及同一时期其他地区管理的优化发展。在新形势下，鞑靼斯坦必须更多地依靠自身力量获取外来资金。这就要求地区精英做好更充分的准备，在克制管控欲望和克服自身利益受损的同时进一步放宽地区市场准入条件，调整面对外来投资者和地区中型企业力量进入的姿态。

六、结束语

在 20 世纪 90 年代极端不稳定的环境下，鞑靼斯坦共和国的领导者们凝聚了地区认同，开展了宗教间对话，抵御了爆发民族和宗教冲突的风险。鞑靼斯坦地区精英慎重制定了周密的内部政策，在捍卫自身利益的同时也愿意与联邦中央寻求争议的折中处理，从而维持了地区的社会政治稳定。这是鞑靼斯坦共和国领导人获得极高威望并赢得联邦首脑信任的基础。鞑靼斯坦共和国制度发展的高度延续性，使得地区精英实现了对鞑靼斯坦重要企业的掌控并获得了广泛的政治自治。这也是鞑靼斯坦得以如此发展的重要前提。

2000 年后联邦中央地位的快速加强，使鞑靼斯坦对原有发展模式进行了必要调整。鞑靼斯坦精英们做出了新的让步决策，同时推动大型项目进展以符合联邦中央的预期。这些都是鞑靼斯坦与中央建立新的平衡关系的关键所在。从国家采购改革、特别经济区建设以及政务电子化到投资环境改善等方面来看，鞑靼斯坦总的说来还是积极响应联邦中央提出的倡议的，并在落实成效上往往处于全国前列。这在很大程度上弥合了鞑靼斯坦在 21 世纪初期分权过程中的资源损失。这种联合一致且组织性强的地区精英战略使鞑靼斯坦巩固了自治权以及对重要资产的管控。

与此同时还需指出，在苏联解体后的几十年间，鞑靼斯坦虽然是全俄的实践典范，但在经济增速上并没有十分突出的表现，因此，这一时期鞑靼斯坦的发展并不能被完全定义为追赶型模式。2008—2009 年的全球金融危机也证明，鞑靼斯坦当时依赖于中央资源的发展模式已经不再具有生命力。为此，鞑靼斯坦便开始寻求新的发展道路，制定新的地区发展战略。在制定《战略 2030》的过程中，鞑靼斯坦将自身重新定义为全球有竞争力的地区并据此设定了长远发展目标。在未来发展中，鞑靼斯坦共和国还将聚焦创新发展政策与人才政策，同时重视引进外资与国际先进管理模式。

当然，鞑靼斯坦的《战略 2030》追赶型发展计划还面临着诸多客观制约因素。其中包括：A. 既有固定资产所有权封闭结构限制了新的力量进入鞑靼斯坦市场；B. 劳动报酬落后于俄罗斯平均水平造成地区高水平专业人才外流以及教育系统投资的减少；C. 社会晋升机会有限，导致那些离开鞑靼斯坦后在莫斯科、圣彼得堡和国外大学接受过高等教育但却不属于当前精英阶层的高级人才不愿回归。

因此，鞑靼斯坦为了吸引和留住高级人才需要提升自己的全球竞争力。鞑靼斯坦和俄罗斯其他地区应当思考的是，在地区薪酬水平无法赶超莫斯科和圣彼得堡的情况下，如何在其他方面实现对人才的补偿。鞑靼斯坦在《战略 2030》中提出的解决方案是改善地区生活品质基础保障，为人才提供更多的自我价值实现机会。

外部环境的恶化是鞑靼斯坦所面临风险加剧的原因之一。在 2008—2009 年危机期间，俄罗斯联邦的预算开始紧缩。随着俄罗斯与西方关系的恶化、国际制裁的到来以及 2014—2015 年俄罗斯 GDP 的新一轮下跌，俄罗斯预算紧缩愈发严重。在这种背景下，俄罗斯中央对地方的要求也发生了变化。[①] 如果说之前中央主要是要求地方的政治忠诚，那么如今在此基础上，中央还开始要求地方具有发展成效。

俄罗斯联邦领导人当前依然公开肯定鞑靼斯坦取得的成绩，但近年来，俄罗斯其他一些地区也开始展现出良好的发展势头，且这些地区对于特权的要求比鞑靼斯坦少。以上正是联邦中央对鞑靼斯坦政策在 2016 年底发生转变的原因（如俄罗斯央行拒绝向鞑靼斯坦储备银行提供破产援助和克里姆林

① Становая Т., Трансформация путинских элит: 2014–2024, Московский центр Карнеги, 26 июля 2017 г, http://carnegie.ru/2017/07/26/ru–pub–72625.

宫拒绝延长与鞑靼斯坦的分权协议有效期等）。

因此，在预算紧缩，地区间竞争加剧的背景下，鞑靼斯坦精英正面临新的经济和政治挑战。需要强调的是，鞑靼斯坦面对的问题是具有共性的，所有以精英群体利益分配协约为稳定基础的社会或多或少都需要解决这些问题。道格拉斯·诺斯与合作者在关于“权限层级”的论著中认为，在这样的社会制度中利益来源的减少将会带来精英内部的分裂、社会的不稳定与危机。①

以上问题的一种正面解决方案是：在危机期间，精英群体进行集体自我约束，同时寻求新的利益来源，为“权力联盟”吸纳新的主体，以再次激活“权限层级”的生机。在道格拉斯·诺斯看来，这种方案会提高新主体的积极性，也会使“权限层级”变得更为复杂但也更加稳定，因为新的“权限层级”将建立在更为广泛的群体利益基础之上。

基于以上论述，鞑靼斯坦精英需要重新审视现有的发展模式，为新的主体——外国投资者、成功的中型企业、有能力的青年专家——融入地区经济提供更多的可能性，而实现这一点的关键就在于为精英代表找到相应的补偿方式。亚洲“四小龙”和中国的发展经验表明，在经济高速发展时更容易找到这样的补偿方式，因为“蛋糕”在变大，经济的增长可以让新主体在获得利益的同时并不损害当前精英的既得利益。经济的跨越式增长还能够解决精英之间以及觊觎精英地位的社会集团之间的利益冲突。

鞑靼斯坦理论上可以完全参照亚洲国家的经验，建设追赶型发展模式，但是与亚洲国家相比，鞑靼斯坦的独特之处在于其不是一个独立的国家，而是一个多民族大国中的地区。中央统一制定的政策和法律框架既能够促进鞑靼斯坦发展也能够阻碍其进步。因此，鞑靼斯坦精英必须清楚：在国际冲突频发和国内财政紧缩情况下，鞑靼斯坦到底能够为联邦中央带来什么？

经济的加速发展既可以也应该成为鞑靼斯坦给中央的“献礼”。同联邦

---

① D.C. North, J.J. Wallis, S.B. Webb, B.R. Weingast (eds.), *In the Shadow of Violence: The Problem of Development in Limited Access Societies*, N.Y.: Cambridge University Press, 2013; D.C. North, J.J. Wallis, B.R. Weingast, *Violence and Social Orders: A Conceptual Framework for Interpreting Recorded Human History*, N.Y.: Cambridge University Press, 2009.

中央一样，鞑靼斯坦精英也渴求经济的增长，因为只有“蛋糕”变大了，鞑靼斯坦的领导者才有机会缓和现有精英与新主体之间的利益冲突。但值得注意的是，联邦中央（尤其是强力部门中）的许多人物有可能将发达地区的跨越式发展视作地区分离主义行为。同时，面对来自落后地区的问题压力，俄罗斯联邦政府的社会经济部门也会慢慢对发达地区提出的需求产生怀疑。这也是鞑靼斯坦精英所必须面对的新问题。

扩大同其他地区的合作是鞑靼斯坦应对这种挑战的方案之一。鞑靼斯坦可利用自身的管理经验优势，提议和牵头组织跨地区的基础设施项目建设，进而推动同邻近联邦主体合作。较之只有发达地区获益的项目，一个能够加速促成发达地区与周边其他地区融合发展的项目倡议更能吸引联邦中央的注意力。

首先，此类项目有助于欠发达地区经济提质增速，缩小地区差异，从而缓解地区对中央的社会压力。其次，通过此类项目合作，发达地区的优秀实践与管理经验可以在相邻地区得到推广。最后，发达地区与相邻主体之间的紧密经济合作有助于俄罗斯内部的地区一体化。

从“权限层级”概念来看，此类地区间合作虽然会使精英群体间的关系变得复杂，但却可以提升整个层级系统的稳定性。对于发达地区（特别是鞑靼斯坦）的精英来说，完成这种策略转变意味着要与联邦中央达成约定，同时还要处理好同相邻合作地区的关系，并在兼顾多方利益的基础上建立实施项目监管机制。

第三章

俄罗斯巴什科尔托斯坦共和国面面观

巴什科尔托斯坦是俄罗斯的一个共和国级别的联邦主体（根据俄联邦宪法，具有一些国家属性）[①]，同时也是俄罗斯伏尔加联邦区和乌拉尔经济区（大区）成员。巴什科尔托斯坦毗邻彼尔姆边疆区、斯维尔德洛夫斯克州、车里雅宾斯克州、奥伦堡州、鞑靼斯坦共和国和乌德穆尔特共和国。其与历史上巴什基尔（Башкирия）苏维埃社会主义共和国的地理位置基本一致，首府乌法为俄罗斯最大的工业、科技和文化中心之一。

该共和国的名称源于土著居民"巴什基尔人"(башкорт)。"башкорт"一词来自"баш"(头，首要的）和"корт"（蜜蜂）的组合，意思是"蜂王"。众所周知，养蜂是巴什基尔人的传统。巴什科尔托斯坦有理由被视为俄罗斯的历史文化地区。远在巴什基尔苏维埃社会主义共和国成立之前，巴什基尔人就已在此居住并形成了历史文化认同。[②]

① Еникеев З. И., Правовой статус Башкортостана в составе России, Уфа: Гилем, 2002.

② Антонов И. В., Башкиры и Башкирия по данным ал–Идриси// Ватандаш, 2008, №4.

巴什科尔托斯坦共和国在地理意义上属于欧亚地区，坐落在乌拉尔山脉（欧洲与亚洲分界线）南侧，位于欧洲与亚洲交通线路的交汇点。该共和国的土地处于伏尔加河、乌拉尔河与鄂毕河盆地，南北长550公里，东西长430公里，是俄罗斯领土面积最大的共和国之一。巴什科尔托斯坦面积是14万平方公里，人口406万（2018年数据），是俄罗斯人口最多的共和国。[①] 其人口密度是28人/平方公里（即便是按照俄罗斯欧洲地区的标准，这里的人口密度也算达到了很高水平）。在这里，城市人口占62.07%（252万），农村人口占37.93%（154万）；总人口29.87%（100多万）居住在首府乌法市及其周边地区。该共和国的其他大城市（地区级别的）[如斯捷尔利塔马克（Стерлитамак）、萨拉瓦特（Салават）、涅夫捷卡姆斯克（Нефтекамск）、十月镇（Октябрьский）和别洛列茨克（Белорецк）等] 在地理面积和人口规模上，远逊于乌法，无法形成任何集群效应。

巴什科尔托斯坦的地缘政治意义与其位于俄罗斯伏尔加地区和邻国哈萨克斯坦的交会处位置有关，它同时属于"斯拉夫"文化圈和"突厥"文化圈。[②] 这种特殊的地理和文化属性使得巴什科尔托斯坦在欧亚一体化进程和跨地区合作中具有特殊影响力。

巴什基尔人是欧亚的古老民族。公元前1000年，南乌拉尔地区就一直有独立的巴什基尔族群活动。该族群属于欧亚地区突厥共同体的一个分支。[③] 巴什基尔族群的基础是伏尔加地区七个突厥部落的联合体。公元10世纪，伊斯兰教在巴什基尔传播，后来成为主导宗教。巴什基尔人在获得民族—国家身份认同的过程中走过了不寻常的道路。多个世纪以来，巴什基尔人一直作为突厥世界中有影响力的国家组织而存在（如保加利亚汗国、金帐汗国、喀山汗国等）。这尽管丰富了巴什基尔人的政治经历，但是却给保持族群身份造成了困难。巴什基尔人在突厥共同体之内已失去了原初的族群特质。16世纪中叶，巴什基尔与伊凡雷帝政府达成协议，成为年轻且不断扩

① Республика Башкортостан// Башкирская энциклопедия, гл.ред. М.А.Ильгамов, Уфа: ГАУН《Башкирская энциклопедия》, 2015–2019.

② Историческая география России XX века: социально–политические аспекты, Док. ист. наук Ольга Владимировна Шульгина, МГПУ, 2003, С.252.

③ Трепавлов В.В., История Ногайской Орды, М.: Восточная литература, 2001, С. 210.

大的莫斯科大公国（俄罗斯）的一个部分。[①]然而，随着沙皇政府融合政策的日趋严苛，巴什基尔人也曾奋起反抗［如18世纪末，巴什基尔人积极参与到了以普加乔夫（Емельян Пугачёв）为首的农民起义之中］。最后，俄罗斯放弃了强力政治同化的做法，默许巴什基尔人（就如同此前对待鞑靼人一样）保留其穆斯林的宗教认同并赋予巴什基尔人自行处理巴什基尔穆斯林社区内部事务的权力。

与临近的鞑靼斯坦不同（鞑靼斯坦的族群—政治关系是由鞑靼人和俄罗斯人两大群体之间的关系所决定的），巴什科尔托斯坦是一个多族群的共和国。在三个主要族群（巴什基尔人、俄罗斯人和鞑靼人）中，巴什基尔人虽然人数并不属最多，但其与其他族群之间一直都能和平、和谐共处。由此也一直维持着巴什科尔托斯坦共和国族群—政治关系的平稳和平衡。根据2010年全俄人口普通的数据，巴什科尔托斯坦共和国的民族构成情况是：俄罗斯人占36.1%、巴什基尔人占29.5%、鞑靼人25.4%、楚瓦什人2.7%、马里人2.6%、乌克兰人1%以及其他民族2.7%。[②]目前，俄罗斯和鞑靼人是在全俄罗斯范围内具有影响力的族群团体；而巴什基尔人则在巴什科尔托斯坦共和国的政治和管理系统内保持了主导性地位。

在经济上，巴什科尔托斯坦共和国是俄联邦的一个高度发达的地区生产中心。在该共和国矿产资源丰富，有着为数众多的石油产区（近200个已探明和注册的产地）、天然气产区（预期储量超过3000亿立方米）、煤矿产区（近10处，5亿吨储量）、铁矿石产区（20多处，储量近1亿吨）、铜矿产区（15处）、锌矿和金矿（50多处）以及岩盐和高质量的水泥原料等。[③]经过苏联时期的大规模工业化，巴什科尔托斯坦共和国的工业发达且成体系。在工业结构中，与石油相关的产业（石油开采、石油加工和石油化工）属于主导产业。冶金也是巴什基尔重要的工业领域，占工业生产的44%。此外，巴

① Башкортостан и Россия: история и современность, Сборник материалов научно-практической конференции, Уфа, 2007.

② Какие народы населяют Башкирию? http://www.bolshoyvopros.ru/questions/3044514-kakie-narody-naseljajut-bashkiriju.html.

③ Природные ресурсы республики Башкортостан, 11 октября 2007 г, http://xn--80aa2bkafhg.xn--p1ai/12954/Prirodnie-resursi-respubliki-Bashkortostan.

什科尔托斯坦的农业生产也有较大的发展潜力。

一、关于巴什基尔身份认同的争论及其相对于鞑靼民族“次等”地位的辨析

对邻居鞑靼斯坦而言，巴什科尔托斯坦时不时会被定为“次等”“小兄弟”的身份。部分鞑靼知识分子（其中一些与鞑靼斯坦前政界高层关系密切）不仅试图重新解释鞑靼人的民族历史，还希望据此重新解说全俄罗斯的历史。[①]

2002年4月，在世界巴什基尔人大会（忽里勒台，курултай）召开（会期定于6月14—15日）前夕，有鞑靼斯坦媒体用两种鞑靼斯坦共和国政府语言发表了系列文章。作者是时任鞑靼斯坦共和国总统政治问题国务顾问、历史学家哈基莫夫（Рафаиль Хакимов）。该系列文章的总标题是《鞑靼人，你是谁？对于时代变迁的痛苦追忆》。[②] 在文中，作者令人震惊地坦言，“在后苏联空间，原本没有目前的这些突厥民族，只有一个突厥—鞑靼（金帐汗）群体，这是明显无可争议的。”哈基莫夫追溯历史，认为“在金帐汗国时，只有一个民族。”在这位鞑靼斯坦前总统顾问看来，这个民族群体的自然继承者就是当代的鞑靼人。他认为，其他的突厥族群是冒牌的，是被政治和意识形态“构建”出来的：

> 斯托雷平在任时，建议每个鞑靼族群构建自身的文化和语言，以此来瓦解鞑靼族群……布尔什维克成功地执行了这个政策，乌兹别克和吉尔吉斯出现在地图上……巴什基尔语言文字和其他民族“属性”被迅速制造出来。巴什基尔的名片是一种特别的骑手舞蹈，骑手头戴着用

---

① Бурганов А., Татары против// Огонёк, 2001, №25, С.21.

② Постнова В., Башкир придумали большевики... вместе со Столыпиным// Независимая газета, 11 июня 2002 г, http://www.ng.ru/regions/2002-06-11/4_kazan.html; Рафаиль Хакимов, Кто ты, татарин?// Восточный экспресс, №17-18, 26 апреля-2 мая 2002 г.

狐狸尾巴做成的帽子。该舞蹈的杜撰人和出品人是一位名叫加斯卡罗夫（Файзи Гаскаров）的鞑靼人。此人在喀山没有分到房子，于是在60年代去了乌法。巴什基尔人就是这么被构建出来的，不过，是为了政治的目的。

循此逻辑，哈基莫夫的结论是：拒绝承认巴什基尔作为一个民族的独立存在，仅仅承认巴什基尔人有一些“地方性的身份认同”。“至于巴什基尔鞑靼人或米沙尔鞑靼人，西伯利亚鞑靼人或阿斯特拉罕鞑靼人，他们虽然在语言上有差别，但都是鞑靼方言，而没有超出鞑靼语言的范围。”“作为比较，没有人承认哥萨克方言是一种独立的语言，尽管哥萨克人的自我认知比巴什基尔人更强，历史渊源更深。”同时，哈基莫夫承认巴什基尔人有构建族群身份认同的权利，“如果巴什基尔人喜欢说自己的语言，那么没有人能够拦阻。”① 哈基莫夫的重点是强调与巴什基尔人和其他伏尔加地区的突厥人相比，鞑靼人具有与生俱来的特权，因为“鞑靼人在13世纪之前就定居于此地了。金帐汗国时期，在喀山汗国、诺盖汗国和西伯利亚汗国，从伏尔加到乌拉尔形成了一个统一的民族—文化地带。”哈基莫夫想要证明的是：巴什基尔人不是居住在乌拉尔南部的古老族群。这引发了巴什基尔知识分子的强烈回应，他们坚称巴什基尔民族的历史悠久性和政治主体性。

同时，另外一些与哈基莫夫观点接近的鞑靼斯坦知识分子［哈基姆（С. Хаким）、米努林（Т. Минуллин）、伊斯哈科夫（Д. Исхаков）、吉利亚佐夫（И. Гилязов）等］则主张组建一个鞑靼—巴什基尔联盟。在这个鞑靼族群联盟中，巴什基尔是“小弟”。他们希望巴什基尔人自愿承认其根源和身份是鞑靼人（作为鞑靼族群的一个特殊分支）。这些鞑靼知识分子还援引国内战争期间曾出现的鞑靼—巴什基尔共和国（成立于1918年3月22日）作为先例。对此，哈基莫夫认为此种想法是否有可行性，需要加以反思：“在伏尔加地区，这个俄罗斯联邦多元文化汇聚、交通要道云集的战略地区，组建一个拥有强大政治、经济和文化实力的联邦主体（鞑靼—巴什基尔共和国），

① Рафаиль Хакимов. Кто ты, татарин?

联邦中央能够许可和容忍吗？”此言一语中的。

当然，建立鞑靼—巴什基尔共和国的最早设想是由鞑靼民族运动领袖瓦希托夫（Мулланур Вахитов）和苏丹—加利耶夫（Мирсаид Султан- Галиев）在 1917 年十月革命之后提出的。这实际上与艾德尔（伏尔加）—乌拉尔军团（Идель-Урал）的理念如出一辙。这个军团由鞑靼人在国内战争期间成立，苏联历史学家将之称为资产阶级民族主义分子的组织。为了防止该组织宣布成立一个资产阶级的准国家，苏丹—加利耶夫等布尔什维克逮捕了鞑靼自治区军事委员会领导人舒罗（Милли Шуро），并与瓦利季（Ахмет-Заки Валиди）达成协议，成立独立的巴什基尔自治区。当然，布尔什维克推行的方针是把鞑靼人和巴什基尔人分开，建立各自独立的民族自治区。①

应该承认，鞑靼人和巴什基尔人分别被安置在两个民族共和国之内，客观上终止了两个相邻突厥族群精英之间的纷争，特别是在 20 世纪 20 年代起到了稳定伏尔加地区民族—政治形势的作用。然而，按照鞑靼斯坦的一些历史学家和人口学家的观点，当时分割成两个共和国的做法没有考虑到两个族群定居点的边界［比如，西部地区（包括乌法市），有很多鞑靼人，但是却被划到了巴什科尔托斯坦共和国］。后来，随着人口政策、定居点建设以及文化政策和身份认同意识的提高，巴什基尔人在乌法市乃至在巴什科尔托斯坦共和国的比例整体上都逐步提高。

作为回应，巴什科尔托斯坦历史学家也引据证明指出：在鞑靼斯坦定居点也有不少巴什基尔人。②显然，就行政和权力因素而言，在俄罗斯联邦的伏尔加地区存在两个独立的突厥共和国，虽然看起来有些奇怪，但是很难被质疑什么，因为这是历史发展进程中的产物。

① №.451. Соглашение Центральной Советской власти с Башкирским Правительством о Советской Автономной Башкирии, Распубликовано в №.63 Известий Всероссийского Центрального Исполнительного Комитета Советов от 23 марта 1919 года, http://istmat.info/node/38502; Кульшарипов М.М. Признание центральной Советской властью Башкирской автономной республики// Проблемы востоковедения, 2014, №.1, С.27-32.

② Башкиры или Татары? http://asekeevo.com/3_bash-tat.pdf.

二、巴什科尔托斯坦共和国的政治地位及影响

1. 巴什科尔托斯坦共和国的政治地位

鞑靼人和巴什基尔人之间的复杂关系并未影响到巴什科尔托斯坦共和国的成功。作为俄联邦的一个行政主体，巴什科尔托斯坦共和国在 20 世纪 90 年代获得了莫斯科乃至其他民族共和国眼中关键地区的地位。

巴什科尔托斯坦是在当代俄罗斯土地上成立的第一个民族自治共和国。1917 年 11 月 28 日，巴什库尔季斯坦（Башкурдистан）共和国成立。继 1919 年 3 月 20 日《苏维埃中央政府与巴什基尔政府关于巴什基尔自治苏维埃的协议》的签署，巴什科尔托斯坦共和国的法律地位被正式确立。

1990 年 10 月 11 日，随着国家主权宣言的通过，该共和国的名称改为“巴什基尔苏维埃社会主义共和国——巴什科尔托斯坦”。从 1992 年 2 月 25 日起，其名称又被改为：巴什科尔托斯坦共和国并一直延续至今。①

1991 年，巴什科尔托斯坦举行了第一次总统选举，最高委员会发言人穆尔塔扎·拉希莫夫（Муртаза Рахимов）获胜。不久，拉西莫夫把共和国的政党、经济和行政精英团结在自己的周围，建立起了以总统权力为核心的政治制度。为此，拉希莫夫成为在俄罗斯联邦层面有极大影响力的政治家。特别是在乌拉尔、伏尔加地区的政治精英中，他得到了广泛的认可，有着相当的身份和地位。

与近邻的政治和经济对手鞑靼斯坦不同，巴什科尔托于 1992 年 3 月 31 日斯坦签署了联邦分权条约。该条约界定了俄联邦中央权力机关与共和国权力机关之间的权限划分，并（在行政与经济领域）给予巴什基尔额外权限的特殊安排。1993 年 12 月 24 日，巴什科尔托斯坦共和国宪法中设定了共和国总统的职位（从 2015 年起，改称共和国，由于俄联邦法规不再允许联邦内共和国有“总统”称号，巴什科尔托斯坦共和国总统被称为“首脑”）。

---

① Башкирская Советская Республика стояла у истоков российского федерализма – эксперт. 20 марта 2017 г, https://www.bashinform.ru/news/972999-bashkirskaya-sovetskaya-re%20spublika-stoyala-u-istokov-rossiyskogo-federalizma-ekspert.

额外“主权”的获得进一步推动了巴什科尔托斯坦内部政治和行政精英的凝聚，进而使得共和国的领导人可以依托一个团结的精英群体，维系巴什科尔托斯坦在俄罗斯联邦中的特殊地位。

在精英队伍构成方面，“民族化”进程（保障共和国族裔干部优先）气势强大，效果明显。共和国的精英们娴熟地依托“共和国主权”，在共和国内部建立起了一套独立且高度自治的权力和管理机制。此外，受民族自决思想的影响，共和国精英的理念与其他联邦主体（如州和边疆区）精英的理念有着明显的不同。前者更注重在自身地位、社会经济政策和政治领域内，强调和突出作为共和国的合法性和特殊地位。①

2. 巴什科尔托斯坦精英政治的特点

加利亚莫夫把巴什科尔托斯坦的精英从地位上分为三个群体。第一个群体是共和国的“最高”政治精英：他们拥有最重要的权限，可以决定共和国精英队伍的构成并且不受其他群体的控制；第二群体主要是巴什科尔托斯坦政府成员和领导人：他们从属于上一个精英群体，拥有执行权，在共和国全境内推行最高政治精英制定的主要政策；第三个群体是地区精英：主要由城市或者地区一把手组成，直接受最高精英领导并在某种程度上受制于第二个精英群体。

由此，巴什科尔托斯坦（与邻近的鞑靼斯坦一样）形成了一套特殊的权力和管理体系，其特点还不仅是“自治”，而且还有着俄罗斯其他联邦主体（州和边疆区）所不具备的特征：A. 这是一个独特的权力空间，其基础是执行权力与立法机构之间的联合，并且立法机构完全服从于共和国最高政治领导人；B. 在这里建立起了一个严格的监督系统，监督城市和地区层面的自治机构，使其几乎完全处于共和国的管理之下；C. 在地区或者城市一级，行政首长职位由共和国总统任命，代议机构的主席或通过正式选举产生或被指派上任；D. 共和国行政机关实际上要服从执法与财政机构（如司法部、税务机关、税务警察等）以及监控组织［国家监督委员会（Государственный Контрольный Комитет），被用于处理共和国内部安全部

① Галлямов Р.Р., Правящие политические элиты российских республик в современном пространстве власти (на примере Башкортостана и Татарстана)，https://pandia.ru/text/78/437/1899.php.

门之间的政治冲突］的领导；E. 共和国的统治精英或成功地使司法部门屈服于自身或建立自己“原始”的司法系统；F. 共和国层面的选举体系极有“特色”：选举委员会高度依赖共和国总统办公厅，实际上这意味着共和国领导人控制着整个选举进程；G. 地方媒体、定期出版物完全服从共和国领导人；H. 政治和政党反对派在缺少发达的民主程序情况下，只能按照“影子”规则行事，不敢使公开的政治斗争“浮出水面”；I. 随着巴什基尔族群的政治影响力日益明显，他们在共和国“最高”政治精英和政府部门中的比例迅速增加，在干部队伍中也是如此。J. 在巴什科尔托斯坦共和国建立的这套封闭式、威权式的干部机制以及苏丹式的政权结构，熄灭了该地区在 20 世纪 90 年代初的“政党热”，使得政党成为政治和公共生活中的“多余”成分。

总之，巴什科尔托斯坦的政治、经济和管理精英群体逐步演变成了一个等级森严、相对“封闭”的系统，新的成员很难进入。三大族群（巴什基尔、俄罗斯、鞑靼）之间的某种分离和竞争也不能对共和国的干部任命传统进行有效制衡。从 20 世纪 90 年代以来，地方干部的任命被牢牢地握在共和国总统手中。① 这样，拉希莫夫已成功地把共和国精英阶层团结在自己周围，在当时的全俄罗斯联邦层面，他是一位显赫人物。

3. 巴什科尔托斯坦共和国在俄联邦中央的影响

1993 年之后，作为共和国总统，穆尔塔扎·拉希莫夫自动成为俄罗斯联邦委员会委员，并与当时的鞑靼斯坦共和国总统沙米耶夫一道，成为俄罗斯“参议院”（俄罗斯议会上院）党派领导人之一。他们有时与俄罗斯总统的垂直权力机关甚至与叶利钦本人讨价还价，为本地区争取额外的权力和资源。在某些议题上，还时不时地反对和挑战国家首脑。②

---

① Галлямов Р.Р., Правящие политические элиты российских республик в современном пространстве власти (на примере Башкортостана и Татарстана)。1999 年，在 7 个关键职位上，有 5 个（总统、总理、总统办公室主任、国务秘书和忽里勒台大会领导人）是巴什基尔人，都讲巴什基尔语；另外一个是俄罗斯族人（上院主席），最后一位是鞑靼人（立法院主席）。21 世纪初，随着俄罗斯联邦中央的收权，巴什科尔托斯坦失去了相当多的主权权限，但是上述特征基本上都保留着且在延续。

② Солник С. Торг между Москвой и субъектами Федерации о структуре нового Российского государства: 1990–1995// Полис. 1995. №6. С.95.

在此背景下，穆尔塔扎·拉希莫夫和其他几个民族共和国首脑一致支持、创建了以前总理普里马科夫和莫斯科市市长卢日科夫为首的祖国—全俄罗斯运动。在 1999 年 12 月的选举中，祖国—全俄罗斯运动不敌当时支持普京总理的团结党，输掉了议会选举。为此，拉希莫夫改变策略，被迫收缩此前的野心。拉希莫夫深谙与俄罗斯新总统建立关系之道：他与巴什科尔托斯坦精英达成一致，降低共和国的政治雄心和目标，取消了共和国宪法中与俄联邦宪法相冲突的内容。在联邦中央的同意下，该共和国总理鲁斯泰姆·哈米托夫（Рустэм Хамитов，巴什基尔族）接替拉希莫夫。这样，多年活跃于政坛的"重量级"人物，被相对非政治化的技术管理官僚所取代。由于鲁斯泰姆·哈米托夫的政治影响力无法与拉希莫夫相比，联邦中央可以更容易对巴什科尔托斯坦进行政治上的管控。但是，拉希莫夫下台后巴什科尔托斯坦的政治、管理和经济精英继续团结在共和国的执行权力机关以及首脑个人周围，巴什科尔托斯坦也仍然维持着形式上的特殊地位。巴什科尔托斯坦统治精英中占主导地位的是巴什基尔族群。进入共和国精英群体的标准主要不是所属族群的性质，而是要融入精英互动体系之中，尊重统治"阶层"的利益并忠实于巴什科尔托斯坦共和国的政治项目。

同时，巴什科尔托斯坦政府在联邦权力机关层面仍然有着相当的地位，能够有效地在联邦层面为共和国利益游说。其中，巴什科尔托斯坦共和国派驻在莫斯科的一个全权代表机构隶属于俄联邦总统。该机构是巴什科尔托斯坦共和国的一个政府部门，受政府领导，其在莫斯科的工作和运转相当成功。①

巴什科尔托斯坦在俄罗斯国家杜马的影响很大。巴什基尔的代表在联邦级别的立法机构中从未缺席过。来自巴什基尔的议员，利用各种技术渠道在联邦层面游说本地区的利益并与所有主要的联邦部委（财政部、经济发展部、司法部等）的代表们，建立了广泛的联系。在 2016 年当选的杜马成员中，来自巴什基尔的代表为 12 人（上一届是 8 人），其中两个杜马委员会分

① 该机构（Полномочное представительство Республики Башкортостан при Президенте Российской Федерации）官方网址：http://bashpredmsk.bashkortostan.ru.

会主席的职位由巴什基尔代表担任。[①] 巴什科尔托斯坦共和国在联邦委员会的代表也有着重要的影响。此外，巴什科尔托斯坦首脑还是俄联邦国务委员会主席团的成员。

三、巴什科尔托斯坦共和国经济

根据专家的评价，巴什科尔托斯坦共和国属于经济多领域相对平衡发展且发展指数较高的地区。[②] 截至 2015 年底，该指数为 1 万亿 421 亿卢布或人均 34.99 万。就增长而言，巴什科尔托斯坦位列俄罗斯前 5 名之列。2015 年该共和国境内的税费总额为 2663 亿卢布。巴什基尔传统的经济行业是石油化工和农业。近年来，经济结构实现了一定程度的多元化。[③] 比如，矿业开采在共和国地区生产总值中的比重，从 2009 年的 8.1%[④] 降到 2012 年的 2.9%。[⑤] 但是与此同时，巴什基尔经济领域的主要产业仍然是加工业尤其是石油加工。

巴什科尔托斯坦共和国的零售贸易营业额和住宅建筑在俄罗斯分别排名第 10 位和第 8 位。2018 年，巴什科尔托斯坦共和国的社会经济状况特征是工业生产增加、零售营业额增加、实际工资增加以及失业减少等。

2018 年固定资产投资总额为 2679 亿卢布。比 2017 年投资额下降了 765 亿卢布。2018 年的农业生产指数为 2017 年的 99.1%；2018 年的建筑工程量

---

① 进入第七届国家杜马的巴什基尔代表有前总统拉希莫夫（从 2018 年 10 月 11 日起，巴什科尔托斯坦共和国由拉季・哈比罗夫任代理行政首脑）等人。

② Республика Башкортостан 2015–2017 гг. Статистический Справочник. Уфа 2018, http://bashstat.gks.ru/wps/wcm/connect/rosstat_ts/bashstat/resources/41d8c60045e1be4fb46efcedfce35b80/i000001r.pdf.

③ Евдокимов Н., Рост за счет диверсификации: Экономика России на примере уменьшенной ее копии в Башкортостане// Регионы Онлайн, 20 июня 2017 г.

④ Паспорт Региона: Республика Башкорстостан，http://www.marketcenter.ru/content/file.asp?r={7CB1ECA8–2EFA–4FFD–B607–C21946DB8888.

⑤ https://economy.bashkortostan.ru/netcat_files/File/valovyi%20regionalnyi%20produkt.pdf; http://info.minfin.ru/passportr.php.

为 2017 年 91.5%，全年降幅超过 72 亿卢布。2019 年上半年数据显示建筑量连续第四年下降。在农业方面，2019 年畜禽肉产量与 2018 年同期相比又下降了 9.1%，鸡蛋产量同期下降了 8.9%。2018 年，巴什科尔托斯坦共和国预算中国民经济计划预算为 384 亿卢布，支出 294 亿卢布，占 76.6%，预算总盈余为 7.3%。[①]

巴什基尔的成品油、汽油和柴油产量方面在俄罗斯稳居第 1 位。目前，巴什基尔的大型工业中心有乌法、斯捷尔利塔马克、萨拉瓦特、涅夫捷卡姆斯克、图伊马济、十月镇和别洛列茨克等。巴什基尔的农业经济体系完善，在牛的数量以及牛奶和蜂蜜产量上在俄罗斯居领头羊地位。[②]此外，该地区的粮食、甜菜和向日葵产量也很高。

1. 石油工业的支配性作用

巴什科尔托斯坦经济结构的基础是石油开采和石油化工，并奠定于 20 世纪 30 年代苏联工业化时期。在石油产量方面，巴什科尔托斯坦共和国排在秋明州和鞑靼斯坦共和国之后，位居俄罗斯第 3 位[③]。其有代表性企业是巴什石油公司（Башнефть）。该公司属于俄罗斯石油开采企业中的前 10 强，2015 年石油开采量为 1990 万吨。该公司的代表处、分支机构和子公司遍及俄罗斯主要的工业中心城市以及俄罗斯的近邻国家；与法国、英国、美国、意大利、芬兰、加拿大、比利时等国的大型企业有着密切合作关系。

目前，石油开采仍然是巴什科尔托斯坦共和国的支柱产业，保障着 16% 的税收收入。但是该行业的发展趋势和动力不容乐观，因为巴什科尔托斯坦石油总开采量在缩减，同时开采难度也在上升。

巴什科尔托斯坦共和国的石油加工技术在俄罗斯居最高水平。俄罗斯七分之一的石油、六分之一的汽油和柴油、七分之一的燃料油由该共和国

---

① Что происходит с экономикой Башкортостана? 17 мая 2019 г, https://proufu.ru/news/economika/80291-chto_proiskhodit_s_ekonomikoy_bashkortostana.

② Башкортостан в тройке российских лидеров по поголовью крупного рогатого скота// ИА DairyNews. 19 июня 2014 г, https://www.dairynews.ru/news/bashkortostan-v-troyke-rossiyskikh-liderov-po-pogo.html.

③ Владимир Хомутко, История развития добычи нефти в Башкирии, https://neftok.ru/strany/bashkiriya-neft.html.

的企业生产。该共和国最大的石油加工企业落户在乌法市、伊希姆拜市和萨拉瓦特市。除了巴什石油公司之外，乌法石油化工（Уфанефтехим）也是一家大型的、现代化石化企业，生产各类高品质的燃料油、沥青和化学产品，其中 40% 的产品出口国外。新乌法石油加工厂（Ново–Уфимский нефтеперерабатывающий завод）也是一家俄罗斯大型石油加工企业，已经有 40 年的发展历程。随着俄联邦金融工业集团的大规模扩张以及俄联邦财税体系的中央集中化，该共和国的石油开采和加工企业均面临巨大的竞争压力。它们不仅很难再从其他地区运进石油在本地加工了，而且连自身设备的现代化更新都需要当地政府的补贴。

2. 俄金融工业集团的渗透性影响

在 2000 年之前，该共和国绝大多数的工业及服务业（如贸易、建筑、交通等）的企业法人基本上都是来自共和国本地，或者是长期在该共和国经营的外地企业。这是因为自 20 世纪 90 年代初以来，该共和国相较于俄罗斯的其他联邦主体（如州或者边疆区）有更高的自主权和特殊地位。在 20 世纪 90 年代私有化过程中，以巴什科尔托斯坦共和国行政权为中心，实现了精英（包括商业精英）的联合。当然，政治—行政精英控制着商业精英群体，出现了“将所有权交给信任人的手中”[①] 这一过程。由此，在复杂的“市场转型”过程中，共和国保住了许多与生产有关的重要资产。但负面影响是限制了地区之外的资本，影响了共和国经济的现代化进程。

21 世纪初，随着俄罗斯金融工业集团在全国范围内的大规模扩张，巴什科尔托斯坦的行政和商业精英虽然成功地保住了相当大份额的企业产权，但也不得不放开包括石油开采和石油加工在内的敏感与高盈利的经济领域。2010 年以来，俄金融工业集团在该共和国扩张的趋势持续进行，对当时的许多产业构成严重冲击。以拉希莫夫为首的前领导人虽通过运用自身在全俄罗斯政治中的权重，曾成功地平衡和制约着金融工业集团在当地的影响（如不允许后者的活动影响和损害共和国的政治稳定与经济利益）。但随着该共

① 哈比罗夫不仅得到了巴什基尔共和国精英的信任，也有着来自大型金融集团经理人（驻巴什基尔代表）的支持。

②《доверительный переход собственности в надежные руки》.

和国执掌权力的首脑两度更替［2018 年 10 月，俄联邦中央委任拉季·哈比罗夫（Радий Хабиров）[①]为巴什科尔托斯坦共和国的代理首脑］，俄金融工业集团在当地的渗透已日益深厚。

近年来，得益于国际市场上石油价格的上涨利好（2016 年之后价格攀升），俄罗斯的主要金融工业集团在该共和国的分公司收入不断提高。

在巴什科尔托斯坦共和国，最为重要和盈利且经营范围遍布全俄罗斯的公司有：谢钦的俄罗斯石油（《Роснефть》Игоря Сечина）、米勒的天然气工业公司（《Газпром》Алексея Миллера）、切梅佐夫的俄罗斯技术集团（《Ростех》Сергея Чемезова）以及阿列克佩罗夫的卢克石油公司（《Лукойл》Вагита Алекперова）。其他比较重要的企业还有米赫尔松的西布尔公司（《Сибур》Леонида Михельсона）、托卡列夫的石油管道运输公司（《Транснефть》Николая Токарева）、马赫穆托夫的乌拉尔矿冶公司（《УГМК》Искандера Махмудова）以及叶夫图申科夫的"系统"金融股份公司（АФК《Система》Владимира Евтушенкова）等。与这些"联邦级别"的公司相比，产权和股份属于巴什科尔托斯坦共和国及其居民的企业力量显得十分单薄。

在该共和国的地方企业中，盈利水平最高、对地方经济影响最大的是巴什石油（《Башнефть》）。该公司 2017 年的销售额同比提高 17%，达到 5585 亿卢布，占所有本地公司销售额的四分之一强。[①]需要指出的是，从 2000 年之后，巴什石油的所有权已不再完全由巴什基尔人控股（原主要控股人是前总统的儿子乌拉尔·拉希莫夫，Урал Рахимов）。目前，巴什石油最大股东是俄罗斯石油市场的领头羊、谢钦的俄罗斯石油公司（其拥有的股份占 57.66%，巴什科尔托斯坦共和国的土地与财产部[②]持股 25%）。此外，俄罗斯石油公司还通过巴什石油分支公司，控制着另外一部分股份。加在一起，谢钦实际上拥有"巴什石油"62% 的股份。[③]不能排除的是，随着哈比罗夫

① АНК Башнефть，https://o–zavodah.ru/zavody/pao–ank–bashneft.

② Министерство земельных и имущественных отношений Республики Башкортостан.

③ Тимур Рахматуллин，《Та же добыча Радия?》: кого кормит башкирская земля// Реальное время, 6 декабря 2018 г.

这位强者（其在莫斯科州工作期间，以强硬作风闻名）的到来，巴什石油公司董事会的结构还有可能发生变化（比如，可能会在不影响公司股份平衡的情况下，安插进来一些共和国的代表）。

3. 巴什科尔托斯坦共和国经济问题的根源

无论是在 20 世纪 90 年代的俄罗斯转型时期，还是在 2000 年联邦中央权力扩张阶段，巴什科尔托斯坦的经济发展都比较稳定。即便如此，巴什科尔托斯坦的经济还是无法逃脱全球经济波动和全俄罗斯经济危机。因此，难免会提出这个问题：巴什科尔托斯坦经济适应危机的能力如何，后危机时代的发展怎样？

在制定反危机战略的时候，巴什科尔托斯坦政府不仅要考虑到客观上的限制［如财政能力与权限（从 2000 年代开始，共和国主权的等级下降）］，同时还要面对其他深层因素（也就是结构性矛盾尚未解决之时，市场波动所造成的周期性危机特征）。

经济危机带来的不可避免的后果是去工业化以及地区生产潜能的损伤。恢复生产能力和走出危机只能通过制定新的发展规划吸引共和国之外的大规模投资来实现。

巴什科尔托斯坦相对成功地克服了 1998 年全俄罗斯的通胀和经济危机。其地区生产总值在 1999 年增长了 4.4%，2000 年增长了 3.9%。[①]

据海关统计，2018 年巴什科尔托斯坦外贸营业额为 54 亿美元，比 2017 年增长 6.6%。出口额为 44 亿美元，比 2017 年增长 2.0%。2018 年所有农场的农业生产总值为 1522 亿卢布，比 2017 年增长 99.1%。2018 年固定资产投资总额为 2679 亿卢布。巴什科尔托斯坦共和国政府的工作重点之一是提升民众生活质量。2018 年，该共和国民众的平均月薪增长了 8.7%，实际增长了 6.2%，达到 3.3 万卢布。人均货币收入增长了 0.9%，达到 2.87 万卢布。截至 2019 年 1 月 1 日，官方登记的失业率为 0.98%，比 2018 年同期水平降低 0.05 个百分点。根据国际劳工组织（ILO）的统计，失业率从 2017 年的 5.6% 降至 2018 年底的 4.9%。2018 年，巴什科尔托斯坦共和国预算收

① Экономика Башкортостана, http://mirznanii.com/a/142542-4/ekonomika-bashkortostana-4.

入达到 2399 亿卢布。国债从 18.2 亿卢布减少到 162 亿卢布。债务负担从共和国的预算收入中减少了 13.8%，降至 10.0%。①

巴什科尔托斯坦被授予的长期信用等级曾在俄罗斯所有联邦主体中处于最高级别。2008—2009 年的经济危机暴露了该共和国经济中的结构性问题。该共和国经济一直以重工业及与之相关联的采掘业、能源加工业为主。在经济危机爆发时，结构（失衡）问题与技术（老化）问题同时出现：重工业（化工、石油化工、机械制造等）工艺与技术复杂，需要大规模的投资才能更新和发展。外部能源市场的动荡更加剧了巴什科尔托斯坦的经济困境，因为其产品多为原料供应。较之邻近的其他地区，巴什科尔托斯坦更加依赖出口。

2008 年上半年，该共和国尚有 50 亿卢布的财政盈余，但随着 2008—2009 年经济危机的到来，其已丧失了自己的"反危机钱包"（类似于联邦中央的稳定基金），明显出现了财政赤字。2008 年 5 月 1 日，巴什科尔托斯坦共和国的企业有 12% 出现亏损，总亏损额为 63 亿卢布；2009 年初，亏损企业上升到 19.9%，亏损额为 175 亿卢布。生产加工业、交通运输、建筑、采矿等全部亏损。②

在历次经济危机中，该共和国经济中的结构性矛盾非常明显，具体体现为：整个地区经济体系以及制度设计偏向于原料生产，且生产工艺和技术日益陈旧。目前，巴什科尔托斯坦共和国需要找寻到经济结构调整的有效措施，需要对整个社会和经济领域进行现代化更新。

从整体上看，得益于丰富的自然资源、充足的人口数量、苏联时期工业化的积累，巴什科尔托斯坦共和国至今仍然是俄罗斯联邦中一个重要的经济和政治单位，是最为重要的工业基地之一。从经济总量来看，其在伏尔加联邦区仅次于鞑靼斯坦共和国。该共和国拥有庞大的石油化工、机械和农产品生产规模。

① Краткие итоги социально-экономического развития Республики Башкортостан в 2018 году, https://economy.bashkortostan.ru/dejatelnost/makrojekonomika/analiz-sotsialno-ekonomicheskogo-razvitiya-rb/kratkie-itogi-ser-rb.

② Есть ли панацея от кризиса?// Республика Башкортостан, №.167, 30 августа 2012, https://resbash.ru/statm/2/2405.

2016年以来，在俄罗斯整体经济形势趋稳的背景下，巴什科尔托斯坦的经济实现了相对的稳定和增长。从大型企业的总收入情况来看，2016年该共和国100家最大型企业的总收入为1.71万亿卢布，2017年为2.06万亿卢布，增长了20.5%。同时，2014—2018年，该共和国的地区总产值在伏尔加联邦区范围内仅次于鞑靼斯坦，高于下诺夫哥罗德州以及其他联邦主体。① 不过，其经济发展中的长期问题尚未真正得到解决。

按照相关专家的看法，目前巴什科尔托斯坦共和国经济中的主要问题包括：A. 经济多元化水平相对较低（该地区实际上高度依赖4—5个工业部门）；B. 主要工业产品生产成本高，为此需要大规模的国内外投资；C. 交通基础设施急需更新；D. 与鞑靼斯坦共和国相比，其能源产品（包括石油）质量低；E. 中小城市去工业化严重；F. 其产品创新比重低；G. 其缺乏中等技术水平的专家和熟练工人，教育系统需要完善；H. 其地处欧亚大陆内部，远离海港，不仅难以吸引大规模的投资，而且适龄劳动人员（特别是年轻人）持续外流。

四、结束语

在当代俄罗斯的政治和经济版图上就族际关系与社会经济发展而言，巴什科尔托斯坦共和国算是一个相对稳定的地区。巴什基尔人不仅在历史发展过程中保住了自身的“民族主体”地位，而且一直持守着自身的族群认同。巴什科尔托斯坦共和国的政治特权虽然在2000年以后受到了联邦中央的有效约束，但巴什基尔人的地位在制度层面依然获得了一定保障。巴什科尔托斯坦共和国形成了一个有凝聚力的政治和经济精英群体。这个群体愿意执行俄罗斯联邦中央的政策，同时他们也利用各种关系网络对联邦权力机构施以影响，维护地方利益。在这种情况下，俄联邦中央也不打算实质性地更换这个精英群体，以此来交换他们对中央领导权的忠诚。

① Тимур Рахматуллин.《Та же добыча Радия?》: кого кормит башкирская земля// Реальное время. 6 февраля 2018 г.

从伏尔加联邦区的范围内来看，鉴于巴什科尔托斯坦自拉希莫夫以来就一直有很强大的游说中央的能力以及从苏联时期继承下来的高度发达的工业、农业和科研实力，我们有理由认为：该共和国是伏尔加联邦区内最有影响力的地区之一。在综合实力上，其仅次于其“兄弟邻居”兼竞争对手——鞑靼斯坦共和国。

值得指出的是，在20世纪末21世纪初，为了确保共和国内部的精英利益和社会稳定，巴什科尔托斯坦错过了对经济进行结构性、实质性改革的大好时机，并由此带来了一系列深层次的结构性问题。目前，该共和国的总体经营管理水平急需提高和完善，生产技术需要现代化更新，需要提高社会政策的效率、建设新的工业领域、提升农业经济技术水平、更新基础设施和发展科学技术等。此外，面对这些“需要”，巴什科尔托斯坦本身已无能为力，只能寄希望于吸引长期的、大规模的外来投资（包括国外投资）。为此，巴什科尔托斯坦尤其需要改变现行经济政策，制定新的社会经济发展中长期规划，充分发挥该地区的各类资源和潜能，以期为日后的与时俱进、经济腾飞打下坚持的发展基础。

第四章

俄罗斯下诺夫哥罗德州政治经济状况与发展前景

下诺夫哥罗德州一度是俄罗斯改革的前沿阵地和代名词。其在俄罗斯政治经济版图中有着特殊的地位。该州是伏尔加河沿岸联邦区的行政中心，其政治经济进程值得关注。从联邦中央与地方的关系来看，莫斯科成功地规范着下诺夫哥罗德州的政治进程，地方政府依赖中央的政治和财政支持。从下诺夫哥罗德州内部的政治发展来看，历任州长面临的都是大致类似的复杂局面：联邦中央、总统派驻伏尔加河沿岸联邦区全权代表、地方政治经济精英、联邦层面的大型企业、地方层面等诸多利益相关方面相互影响与竞争。因此，州长若同时得到中央和地方的支持和认可，其在联邦层面的工作经历和影响力以及在地区层面的协调手段和整合力，无疑将在中央与地方起至关重要的作用，是地方政治经济良性发展的重要保障。

一、下诺夫哥罗德州政治生态

1. 下诺夫哥罗德州州长的影响力

下诺夫哥罗德州的政治生活在联邦中央的作用下经历了结构性变迁。政治学者达辛和马克雷切夫（Дахин А.В. и Макарычев А.С.）认为，“下诺夫哥罗德州已经融入俄罗斯的政治环境。”[①]联邦层面的政治事件成为地方政治进程的催化剂。国内政治变化也就是所谓的“改革”在下诺夫哥罗德政坛催生出了涅姆佐夫这样卓越的政治人物。此类政治人物的出现又推动形成了独特的政治氛围。在涅姆佐夫当选州长之后，下诺夫哥罗德州成为理性经济改革的试验场。该地区市场机制出现的时间早于因相关保守派领导人留任、妨碍自上而下经济改革的其他地区。下诺夫哥罗德州的政治体制实际上一直比较灵活，能够应对联邦政策的挑战。例如，涅姆佐夫是少数没有与保守精英发生激烈冲突的“民主派”领导人，其在担任州长期间经常邀请联邦层面的政治家和经济学家支持本地区的社会经济动议。涅姆佐夫时期是下诺夫哥罗德州政治形势最稳定的时期。普京执政后，伴随着联邦政治的变化，下诺夫哥罗德州的政治转向保守官僚主义模式。俄总统驻伏尔加河联邦区全权代表在下诺夫哥罗德州积极推动非政治、技术型的发展路线。其结果是尚采夫（Шанцев В.）被任命为州长并主导该地区的政治和经济转型。作为保守主义联邦政策的代表，尚采夫在其任职的十年没有处理好与当时地方保守精英的关系。[②]于是，尚采夫根据意识形态所选拔的官员不能应对与其思想相近的地方精英也就不足为奇。因此，免除尚采夫的州长职务并任命一名同样的技术型官员担任新州长完全符合逻辑。

2017 年 9 月 26 日，弗拉基米尔·普京总统颁布命令，免去了瓦列里·尚采夫的下诺夫哥罗德州州长职务，同时任命尼基京·格列布·谢尔盖

---

① Дахин А.В, Макарычев. А.С. Экспертное сообщество Нижегородской области: Опыт структурного участия в публичной политике，http://strategy-spb.ru.

② Полпред Президента в ПФО назвал политическую ситуацию в Нижегородской области внештатной.，http://krasnoyarsk.dk.ru/news/polpred-prezidenta-v-pfo-nazval politiche skuyu-situatsiyu-vnizhegorodskoy-oblasti-vneshtatnoy-237070361.

耶维奇（Никитин Глеб Сергеевич）代理州长职务①，并于2018年9月26日正式就职。②尼基京是普京时期新一代州长的代表人物之一，用于取代拥有担任国家不同领域（包括从苏联时间开始）领导职务的前一代地方长官。值得一提的是，他出生在列宁格勒（今称：圣彼得堡），这一点在新时代的俄罗斯十分重要。其教育背景与普京任命的其他地区领导人没有差异。他先接受了“经济与财政”教育，之后再接受“法学”教育。重要的是他毕业于俄罗斯联邦总统直属俄罗斯国家行政学院的“国家和市政管理”专业。格列布·尼基京在该校学习期间于2007年在总统直属财政学院完成了论文答辩。其工作经历与其同一代的地方长官没有区别，先后历任主管专家、处长、圣彼得堡市城市财产管理委员会国有资产管理局局长，直到担任俄罗斯联邦工业与贸易部第一副部长。非常重要的是，尼基京也是“战术火箭武器”公司、“俄罗斯航空”公司、“国防工业”综合体公司、“堪察加天然气工业”公司、科罗廖夫“能源”火箭航空综合体公司董事会成员，还曾担任“统一动力系统”公司董事会战略和投资委员会委员。③这些大企业在保障国家安全方面具有重要的战略意义。尼基京作为董事会成员在这些大企业中代表了国家的利益。此外，尼基京出身于工业与贸易部部长丹尼斯·曼图罗夫（Данис Мантуров）的团队，曾经加入过“俄罗斯技术”集团（Ростех）。俄罗斯政治学者认为，尼基京与“俄罗斯石油”公司执行总裁谢钦关系密切。总之，从尼基京的仕途经历来看，他长期以来一直是“普京的储备干部”。

2. 下诺夫哥罗德州的当地精英

2018年12月26日，在下诺夫哥罗德州展览馆主馆的国徽厅举行了格列布·尼基京的就职典礼。④值得一提的是，地方精英对于这一任命没有表现出特别的热情。事实上，不仅执行机关和立法机关很快开始表示反对，

① Торжество госмашины: чем запомнился 2018 год в Нижегородской области РБК – Нижний Новгород составил подборку главных достижений уходящего года в политике, экономике, бизнесе и социальной сфере，https://nn.rbc.ru/nn/28/12/2018/5c263dfe9a7947fc fd43a1de.

② Сайт правительства Нижегородской области，https://government-nnov.ru/governor.

③ Политическая матрица Нижегородской области. 16–28 февраля 2019 года，http://www. polit-nn.ru/?pt=analytics&view=single&id=5217.

④ Официальный сайт Правительства Нижегородской области，https://government-nnov. ru.

而且全国性政党的地方组织领导也表现出了对立倾向。首先，“统一俄罗斯党”下诺夫哥罗德州分部代理秘书、国家杜马议员瓦基姆·布拉维诺夫（Булавинов Вадим）因为酒驾被捕。之后，“公正俄罗斯党”下诺夫哥罗德州分部领导人亚历山大·波奇卡列夫（Бочкаре Александрв）被捕，因当时调查委员会正在传讯并调查他收受一位希望成为国家杜马议员的企业家贿赂的案件。尼基京与“统俄党人”布拉维诺夫的关系变得十分紧张，后者被认为是称职的“统俄党”下诺夫哥罗德州分部领导人。他与布拉维诺夫关系的恶化引发了在下诺夫哥罗德信息领域的争端，这个领域逐渐落入亿万富翁奥列格·索罗金（Сорокин Олег）的掌握中。此外，尼基京还需要面对在下诺夫哥罗德州的强力部门中有许多人不忠于他的局面。

需要指出的是，在2018年的州长选举中，此类政治技术方面的手段被使用了不止一次。类似的案例也出现在了新西伯利亚州。当时俄罗斯总统任命的安德烈·特拉夫尼科夫（Травников Андрей）与俄共代表、新西伯利亚市长安纳托利·洛克特（Локоть Анатолий）达成协议，后者不参与州长选举。作为交换，特拉夫科夫将不干涉洛克特二度当选新西伯利亚市市长之职。总的来看，尽管面对着不利的政治形势，格列布·尼基京仍然参加了选举。尼基京在政治舞台上不仅表现为一位积极进取的政治人物，而且维护了自己和某些金融集团的利益。

“天然气”工农业综合公司董事会事件表明，地方精英明显不想在下诺夫哥罗德州看到尼基京。尼基京不仅期待在该公司实现自己的利益，还希望代表支持他的“俄罗斯技术”公司领导人谢尔盖·切梅佐夫（Чемезов Сергей）的利益，后者是一位具有联邦层级影响力的商人。当时，切梅佐夫集团和拥有天然气公司控股权的杰里帕斯卡集团的利益在下诺夫哥罗德州发生了冲突。情况是，基里延科（Кириенко С.）协助杰里帕斯卡掌控着天然气公司。不过，杰里帕斯卡的公司被美国列入制裁名单，导致他的地位有所下降。因而，切梅佐夫试图借助尼基京掌控该公司。尼基京在大选前一个月提议解散董事会。尼基京和切列梅佐夫自然进入了新一届董事会。于是，尼基京在经济领域也挑起了与地方精英的冲突。对于尼基京而言，仅有的希望是争取得到部分地方工业企业主的支持，因为这些地方企业主期待吸引联邦投资他们的企业实现技术现代化。尽管如此，俄罗斯政治学者始终认为尼基京在大选前政治地位处于弱势，并且预测他在选举中将遇到问题。

不过，在2018年9月9日统一投票日举行的下诺夫哥罗德州州长选举中，格列布·尼基京获得了67.75%的选票（这一数据相当于俄罗斯总统任命州长得票率的平均水平）。本次选举的投票率为40.5%。考虑到投票人数，应该说，在联邦中央给予尼基京高度信任的情况下，民众对尼基京的支持率并不高。毋庸置疑，下诺夫哥罗德州人不喜欢“外来人”（чужаки），因而他们的投票率不高。在格列布·尼基京获得任命之前，执政多年的瓦列里·尚采夫也是莫斯科任命的州长。具体而言，尚采夫从2005年开始领导该地区。之前，他在尤里·卢日科夫领导的莫斯科市政府担任副市长。他在普京第二个总统任期之初被任命为州长。[①]俄罗斯政治学家认为尚采夫被免去下诺夫哥罗德州长职务的一个原因是他的年龄过大——到2017年6月尚采夫年满70岁。[②]这是他去职的表面原因，因为普京看重年轻州长，虽然这些人缺乏政治经验，但是他们拥有在普京政府中工作所必需的技能。还有一些俄罗斯政治学者认为尚采夫去职的原因在于他与地方精英的冲突，尤其是他与下诺夫哥罗德市前市长奥列格·索罗金（Сорокин Олег）的长期冲突。联邦中央不得不安排时任俄罗斯总统驻伏尔加河沿岸联邦区全权代表米哈伊尔·巴比奇（Бабич Михаил）和地区执法机关出面调解。米哈伊尔·巴比奇曾经不止一次批评瓦列里·尚采夫。在尼基京被任命为代州长之后，米哈伊尔·巴比奇在2017年10月25日的访谈中指出地区精英必须团结。[③]下诺夫哥罗德州是少数地方精英不团结的地区，这导致进入地方议会和执行机关的反对派力量能够在此地影响地区舆情。因此，“精英团结”不仅是消弭精英之间冲突的口号，而且旨在将反对派驱赶出地区领导层。前州长尚采夫由于不愿意解决地方利益冲突从而影响了下诺夫哥罗德州社会经济发

① Дахин А.В, Макарычев. А.С. Экспертное сообщество Нижегородской области: Опыт структурного участия в публичной политике.

② Эксперты: Глеб Никитин нарушает круг интересов местных элит，http://m.club-rf.ru /52/detail/2297] .

③ Михаил Бабич. Переход на одноглавую систему управления Нижним Новгородом – это оптимальная модель управления，http://ria56.ru/posts/5435835834583548.htm.

展，招致巴比奇的批评。[①] 值得注意的是，在 2018 年 9 月选举之后巴比奇卸任了全权代表的职务（总统任命巴比奇担任驻白俄罗斯大使以消除围绕两国关系的不和谐声音）。俄罗斯政治学者瓦连京娜·布兹马科娃（Бузмакова Валентина）认为，巴比奇确实通过其全权代表的职务掌控了下诺夫哥罗德州。[②] 尚采夫当然对此十分不满，他批评巴比奇采用军事手段管理该地区，并将巴比奇称为"战争狂人"。新全权代表伊戈尔·科马洛夫（Комаров Игорь）受到普京重用，他支持"外来人"尼基京，与引起地方精英不满的、富有侵略性的巴比奇形成鲜明对比。基里延科在总统办公厅操纵下诺夫哥罗德政治。当时，他不仅需要协调地方精英与州长的关系，还需要弥合地方精英与俄罗斯总统全权代表的关系。基里延科在担任俄罗斯总统直属国民经济与国家行政学院监督委员会主席期间，推动尼基京进入该机构（这是证明基里延科暗中支持尼基京的一个案例）。

3. 新任州长的执政团队

（1）新任州长的政治前景

实体经济学院（Институт актуальной экономики）院长尼基塔·伊萨耶夫（Исаев Никита）认为新州长是一位年轻的、有活力的、高效率的领导人。这是因为尼基京不仅给该地区带来了大笔资金，而且开始更换地方官员，解决地方精英与州长之间的冲突。但是，并不是所有专家都认同伊萨耶夫的乐观判断。俄罗斯政治学者亚历山大·日梅里科夫（Жмыриков Александр）认为尼基京的未来并非取决于他本人，因为尼基京现在的表现符合他的职责。[③] 他没有做任何不正常的事情。他是否离开该地区不取决于他自己，而是取决于他的老上级俄罗斯联邦工业与贸易部长丹尼斯·曼图罗夫的处境。如果丹尼斯·曼图罗夫在仕途上更进一步，则尼基京可能从莫

① Там же.

② Валентина Бузмакова. В Нижегородской области сейчас правит Бабич，http://club-rf. ru/52/opinions/1315.

③ 《Торжество госмашины》: чем запомнился 2018 год в Нижегородской области РБК– Нижний Новгород составил подборку главных достижений уходящего года в политике, экономике, бизнесе и социальной сфере，https://nn.rbc.ru/nn/28/12/2018/5c263dfe9a7947fc fd43a1de.

斯科获得新的任命。因此，一切取决于俄罗斯统治精英的情势。如果一切照旧，那么尼基京将暂时留在下诺夫哥罗德州。① 可以说，州长的宝座是在莫斯科获取更高职位的跳板，尤其是普京任命的州长回到莫斯科的先例非常多。此外，2018 年 12 月 28 日，格列布·尼基京被俄罗斯总统普京任命为国务委员会生态工作组组长。这给了尼基京在下诺夫哥罗德州内有关政治决策的更多权力。

另一位俄罗斯政治学者国民社会发展基金会下诺夫哥罗德分部领导人叶甫根尼·谢苗诺夫（Семенов Евгений）质疑尼基京将离开下诺夫哥罗德州。② 他的根据来源于尼基京本人的举措，因为尼基京熟悉该地区工业实力并曾参与制定下诺夫哥罗德州长社会经济发展长期战略规划。谢苗诺夫还指出，目前地区州长选举中没有强有力的反对派领导人。③ 所有人都期待格列布·尼基京在选举之后不久在组建下诺夫哥罗德州政府方面做出出乎意料的重大人事决定。早在 2018 年 9 月底尼基京已经解散了前任政府。新州长第一件事情是批准了列别捷夫（Лебедев В.）的任命，后者是下诺夫哥罗德领导层中具有影响力的人物之一，并从 2014 年开始在联邦委员会代表下诺夫哥罗德州。此外，列别捷夫是卢克石油公司下诺夫哥罗德州分公司的领导，他在联邦层面代表该公司的利益。列别捷夫还是所谓地方“能源游说集团”代表人物之一。

（2）新一届政府的组成情况

下诺夫哥罗州立法机关在联邦委员会中的代表是魏因贝格（Вайнберг А.В.）。他在伊戈尔·马特维延科（Матвиенко И.）交响乐团演出中心工作，由演艺圈进入政界。④ 他在加入“统一俄罗斯党”后成了下诺夫哥罗德州立法会议议员并担任立法会议副主席。尼基京组建的下诺夫哥罗德州政府中既有下诺夫哥罗德人，也有来自其他地区管理机构的人员。例如，分管能源、

① Эксперты: Глеб Никитин нарушает круг интересов местных элит，http://m.club-rf.ru /52/detail/2297Дата обращения 7.03.2019.

② Эксперты: Глеб Никитин нарушает круг интересов местных элит.

③ Там же.

④ Официальный сайт Правительства Нижегородской области，https://government-nnov. ru.

住宅与公用事业和生态事务的副州长安德烈·哈林（Харин Андрей）2017–2018年在莫斯科一家能源公司工作。另一位分管体育、旅游和文化事务的副州长亚历山大·尤戈夫（Югов Александр）从2004年开始在俄罗斯联邦国有资产管理局工作（2018年3月开始领导该机构地区分部）。还有被称作“瓦良格人”[①]（Варяги）的玛琳娜·拉科娃（Ракова Марина）被任命为城市建设、城市集合发展局局长。[②]之前她担任塞瓦斯托波尔市建筑和城市建设局局长。此外，副州长谢尔盖·莫洛佐夫（Морозов Сергей）也是一位“瓦良格人”。其在获得现在的任命之前曾在2016年4月—2017年11月担任圣彼得堡市建设委员会主席。[③]

在尼基京的州政府班子中，来自下诺夫哥罗德的安德烈·格涅乌舍夫（Гнеушев Андрей）被任命为分管社会政策问题的副州长；德米特里·克拉斯诺夫（Краснов Дмитрий）则负责地区安全和反腐败。

原副州长叶甫根尼·柳林（Люлин Евгений）留任高位，他在新政府中负责发展工业和农业。他是该地区经济部门负责人，被委以发展实体经济的重任。[④]他正在实施将大约40个工业企业纳入“高效州”（Эффетивная губерния）计划，提升节约技术的项目在卫生领域大约有200个，在教育领域大约有1000个，在社会领域不少于600个。柳林是土生土长的下诺夫哥罗德人，像所有苏式行政机关人员一样，他的仕途均在本地区不同企业度过。在21世纪初，他进入石油公司领域并在俄罗斯最有影响力公司之一的卢克石油公司获得了较高职位，先是担任副总经理，而后又成为总经理。此前，在20世纪80年代担任莫斯科和下诺夫哥罗德州共青团组织领导人，在21世纪初成为下诺夫哥罗德州立法会议主席。俄罗斯科学院社会学所高级研究员亚历山大·普卢特尼克（Прудник Александр）称，叶甫根尼·柳林是下诺夫哥罗州具有重要影响力的人物。[⑤]就影响力而言，他居于第三位，

---

① 译者注：瓦良格人指由外地调任的政府官员。

② Официальный сайт Правительства Нижегородской области.

③ Там же.

④ Официальный сайт Правительства Нижегородской области，https://government- nnov.ru.

⑤ Политическая матрица Нижегородской области. 16–28 февраля 2019 года，http://www. polit-nn.ru/?pt=analytics&view=single&id=5217.

仅次于尼基京和联邦委员会议员科马洛夫。

下诺夫哥罗德人中担任部长职务的有投资政策部部长格涅乌舍夫和副州长克拉斯诺夫。[①] 如果谈到该地区有影响力的人物，需要提到出身于“统一俄罗斯党”的国家杜马议员莫斯科文（Москвин Д.）。[②] 需要指出的是，就影响力和公共空间的参与程度而言，莫斯科文在俄罗斯科学院社会学研究所的排名中处于第四档次。除了莫斯科文外，还有几位同样具有影响力的人物。比如两度当选下诺夫哥罗德市市长的布拉维诺夫，以及曾在诺夫哥罗德长期在能源部门工作的卡维诺夫（Кавинов А.А.）和纳扎罗娃（Назарова Н.В.）。在这届政府中，非“统一俄罗斯党”的下诺夫哥罗德人有俄共党员布罗茨基（Блоцкий В.Н.）、自由民主党党员库尔久莫夫（Курдюмов А.Б.）。

不过，联邦精英也经常通过从地方选拔官员进入不同权力机关实现权力交接。具有影响力的俄罗斯政治家尼科诺夫（Никонов В.А.）便是此类出身于下诺夫哥罗德州的官员。他是苏联党务活动家莫洛托夫的外孙。从苏联时期开始，他就已经在联邦层面的国家机关担任不同职务。国家领导人委托尼科诺夫处理意识形态问题，他在国家政治领导人中享有崇高威望。考虑到他得到了联邦领导人的支持，学者们对于他的仕途前景评价很高。[③] 此外，莫斯科文还是卢克石油公司的代言人——他在该公司担任过不同职位。

2018 年底，下诺夫哥罗德州政府成员依法获得批准。下诺夫哥罗德政府是一届年轻的政府（高层领导人平均年龄是 40 岁）。从履历上看，可以说，下诺夫哥罗德政府主要由工业与贸易部、俄罗斯技术集团的官员构成。

（3）新任州长管控地方政局的举措

选举之后，尼基京很快开始对付有威望的地方精英领导人。坐在审判席上的人包括下诺夫哥罗德市前市长奥列格·索罗金，他被起诉收受贿赂（Ч.6 ст.290 УК РФ）。他的刑事案件与 2012 年下诺夫哥罗德市苏维埃区 453

① Там же.

② Политическая матрица Нижегородской области. 16–28 февраля 2019 года，http://www. polit-nn.ru/?pt=analytics&view=single&id=5217.

③ Политическая матрица Нижегородской области.

公顷住宅建筑用地综合开发权的拍卖有关。[1]“Инграстрой”公司获得了开发权，该公司目前隶属于索罗金妻子艾拉达·纳戈尔娜（Нагорна Элада）拥有的“Старт-Строй”公司。2019 年 3 月 7 日，奥列格·索罗金被判处剥夺自由 10 年并在重刑犯监狱服刑，同时还被处以 4.608 亿卢布罚金，剥夺其长期担任相关国务职务的权力。于是，这位颇有影响力的下诺夫哥罗德州政治家以公式化的方式被踢出政局。此外，还有下诺夫哥罗德州立法会议议员亚历山大·格鲁什科夫（Глушков АЛександр）和前文提到过的“公正俄罗斯党”地方领导人亚历山大·波奇卡列夫。

格列布·尼基京采取同样方式摧毁了市级管理系统。除了下诺夫哥罗德市长外，还有几个城市的市长被换掉。忠于新州长的人被任命到各个地方。这完全不是新的制度安排，此前尚采夫被任命为州长时，他也是这么做的。他将自己人从莫斯科带出来安插在本州的位置上，而且在整整 12 年时间里依靠这些人。[2]但是，伴随着尼基京和潘诺夫（Ранов）分别执掌下诺夫哥罗德州和下诺夫哥罗德市，就像在原州长尚采夫执政时期，两个人之间再次产生了摩擦。潘诺夫不喜欢尼基京干涉城市事务，并任命自己人为副市长。俄罗斯专家在分析网络上的联邦信息后认为，下诺夫哥罗德政界最有影响力的人是尼基京和潘诺夫。在市长不再由直选产生而是通过市议员选举产生后，潘诺夫依照新的规则当选市长。早在 2018 年 10 月 26 日，下诺夫哥罗德州立法会议通过了由代州长格列布·尼基京提议的关于下诺夫哥罗德市统一管理体制的法令。10 月 31 日尼基京签署了通过的法令，12 月 13 日下诺夫哥罗德市杜马修订了相关的规章。[3]

另外，捷尔任斯克地方自治市也转变为单一领导模式。伊尔库茨克原市长伊凡·诺斯科夫（Носков Иван）被选举为市长，负责社会经济问题的全俄国民阵线（ОНФ）总部成员阿列克谢·列夫科维奇（Левкович Алексей）

① Потянулись к выходу. В Нижегородской области меняют местных руководителей// Еженедельник “Аргументы и Факты”, №.46, 14 ноября 2018.

② Нижегородская область в 2018 году Болела и Избирал，http://pravdapfo.ru/articles/91664-nizhegorodskaya-oblast-v-2018-godu.

③ Михаил Бабич. Переход на одноглавую систему управления Нижним Новгородом – это оптимальная модель управления，http://ria56.ru/posts/5435835834583548.htm.

被任命为巴拉赫内区（Балахнинский район）区长，原州政府领导人亚历山大·谢洛科夫（Щелоков Александр）被任命为阿尔扎马斯（Арзамас）市长。不过，州长团队在市级层面接班的工作没有一次性完成。提前中止了化学家城（指捷尔任斯克市）领导维克托·涅斯特罗夫（Нестеров Виктор）和谢尔盖·波波夫（Попов Сергей）的职权，并于12月6日选举伊万·诺斯科夫（Носков Иван Николаевич）为市长。[①] 伊凡·诺斯科夫（Носков Иван）对于整个地区来说都是外来人：他之前在伊尔库茨克州政府机构工作，2018年2月才到下诺夫哥罗德州。捷尔任斯基市的选举遵循了下诺夫哥罗德州政府的设计——选举委员会提出候选人，地方杜马投票。俄罗斯社会学家亚历山大·普鲁特尼克认为，“捷尔任斯克市、阿尔扎马斯市和此前的下诺夫哥罗德市、巴拉赫内区的领导人更替与地方管理危机相关，州长决定重建对地方的掌控。虽然诺斯科夫和谢洛科夫不属于地方精英，但是他们得到了地方精英的信任。”

尼基京每次回应反对者批评时都会强调，他进行的地方政治改革以俄罗斯总统办公厅的支持作为保障。反对者指责州长罔视民众坚决主张恢复市长直选的社会民意。值得一提，潘诺夫积极解决本市的问题使得他在地区内的影响力有所增加，却导致他与财政部门之间产生了矛盾。因为没有及时将剩余的补贴返还联邦预算，下诺夫哥罗德市政府遭到联邦国库管理局的批评。联邦国库管理局本想处罚市长，但是市政府将责任推给了下属部门和地方机关。此外，联邦反垄断局解除了尤里·谢戈列夫（Щеголев Юрий）下诺夫哥罗德市建筑局局长职务，因其涉嫌在建设“泽尼特”居住区（ЖК “Зенит”）幼儿园时收受贿赂而受到刑事指控，从而失去了信任。[②] 2018年12月，联邦反垄断局下诺夫哥罗德州分局认定在建设幼儿园时存在带有卡特尔交易特征的违法行为，并将案件指向下诺夫哥罗德市政府和市属机构“下诺夫哥罗德基本建设管理总局”（МКУ “Главное управление по капитальному

① Мэром нижегородского Дзержинска избран и.о. главы города Иван Носков，https://tass.ru/politika/5878458.

② Смена власти, городскоеодноглавие и аресты депутатов. Топ-5 политических событий Нижегородской области 2017 года，http://fedpress.ru/article/1922723.

строительству Нижнего Новгорода”）和“СК Система 公司”（曾用名“Строительная компания Дом”）。可以说，联邦政府试图削弱潘诺夫的影响力，干预下诺夫哥罗德市长和州长间的摩擦。就潘诺夫在俄罗斯科学院社会学所的个人排名而言，他的工作总体上评价十分高。[①]可以说，州长正在撤换在本城市和下诺夫哥罗德州拥有较大影响力的市长。

格列布·尼基京不仅在地区层面，而且在城市层面推行总统的路线——他将没有政治经历的人提拔上来。他在本地区是具有相当影响力的人物，十分积极地参与公共事务，因而不仅得到民众支持，而且还得到联邦精英的支持。问题在于最初是尼基京提拔了潘诺夫，尽管两个人之间显露出了矛盾，但是地方精英没有将潘诺夫视为“自己人”。但是，俄罗斯学者认为，尼基京巩固在本地区统治的手段背后缺乏任何宏观规划。俄罗斯学者认为，在尼基京参与制定的社会经济发展计划中没有包含任何实际解决社会经济发展问题的内容。不管怎么样，2018年的政治倾向显露出：格列布·尼基京是来自于联邦执政上层的人，俄罗斯总统任命他和其他同事是为了解决具体问题。他们所有人都是总统的储备干部，均拥较强的游说能力和一定管理经验。上述所有条件能够帮助到格列布·尼基京。不过考虑到瓦列里·尚采夫也拥有这些条件，那么尼基京工作的具体结果可想而知。

涅姆佐夫离开之后，地方统治精英看起来十分孱弱。2018年前，不管是下诺夫哥罗德州内精英派系之间，还是地方精英和联邦精英代表之间，彼此激烈的政治斗争都没有停歇。据此，俄罗斯政治学者往往认为：当地精英多年来长期内斗和缺乏影响下诺夫哥罗德州发展的建设性思想导致了该地区精英的衰落。这种衰落具体可以划分为：第一个阶段是1991—2003年，第二个阶段是2003—2011年，第三个阶段是2011年至今。像俄罗斯大多数联邦主体一样，下诺夫哥罗德州精英是影响力部分保留至今的苏联党政官僚。[②]我们可以看到，在20世纪90年代，涅姆佐夫将出身于商业和科学界的官员融入本地精英，为地区发展提供了新的动力。在涅姆佐夫

---

① Паспорт региона. Рейтинг влиятельности политических персон Нижегородской области, http://xn--80aafecgczwveheyh2f.xn--p1ai/content/pasport-regiona-reitingvliyatelnosti-politicheskikh-person-nizhegorodskoi-oblasti.

② Дахин.А.В., Трансформации региональных элит (на примере Нижегородской области)// Полис. 2003. №.4.

被任命为俄罗斯政府副总理后，下诺夫哥罗德州的精英在行政方面表现得较为稳定。

之后，下诺夫哥罗德州精英呈现出围绕不同政治力量和在联邦层面有影响力的人物分化为派系的趋势。起初，这些派系追随涅姆佐夫，之后又追随基里延科。下诺夫哥罗德州精英发展的第二个阶段和第三个阶段与垂直权力的强化和各层次精英整合有关。首先，联邦区制度的建立极大地推动了精英进一步转变——下诺夫哥罗德是伏尔加河沿岸联邦区的首府，基里延科被任命为该联邦区的总统全权代表。于是产生了三个地区精英政治聚合的中心：A. 下诺夫哥罗德市政府；B. 州长办公厅；C. 俄罗斯总统驻伏尔加河沿岸联邦区全权代表。这些权力中心没有直接行政隶属关系，都拥有同样的政府权力属性。这导致区分为“中派”“左派”“右派”的精英“传统”结构被破坏。[①] 21 世纪初被任命为下诺夫哥罗德州长的尚采夫以及两年前任命的新州长尼基京均承担着解决精英分裂、实现精英团结的任务。同一时期，在精英构成中新增了代表联邦工商业集团利益的地方精英派系。发生地区层面的上述情况表明，联邦中央对于地方精英的影响力正在增强。

尽管如此，尼基京延续了下诺夫哥罗德州原州长涅姆佐夫遗留下来的传统，后者以实用主义为原则团结了包括出身旧官僚的官员、联邦精英的“新人”和联邦、地方企业代表在内的地方精英，并在此基础上建立起稳定的地区政治体制。尼基京在这一方面得到了长期被认为是涅姆佐夫伙伴的基里延科的支持。在《福布斯》杂志排名上，基里延科和尼基京均进入了俄罗斯前一百名具有影响力的人物行列，分列第 63、64 位。[②]

二、下诺夫哥罗德州的社会经济发展

1. 下诺夫哥罗德州的经济发展模式

不管是在苏联时期还是俄罗斯时期，下诺夫哥罗德州在工业生产方面均

① Дахин. О.А., Трансформации региональных элит (на примере Нижегородской области).

② Глеб Никитин попал в рейтинг Forbes，https://www.zercalo.org/news/18461-gleb-nik itin-popal-v-rejting-forbes.

处于领导地位。下诺夫哥罗德州的一个重要特点是该州实际上缺少石油、天然气等重要的自然资源。下诺夫哥罗德州的某几种非金属矿产资源拥有可靠的原料产地，但某些资源相对不足；部分缺乏的矿产资源需用从俄罗斯其他地区购入。针对上述特点，自经济改革开始，该地区领导人重视有利于形成竞争性经济环境的伙伴模式。（别忘了涅姆佐夫同样也建立了竞争性的政治环境）该地区政治领导人从改革开始便奉行支持私人企业的政策。下诺夫哥罗德州在形成市场组织方面处于领先地位。例如，该州建立了企业支持基金会、推行税收优惠。这些措施带动了该地区的国际投资增长。① 在涅姆佐夫进入联邦政界后，继任州长在惯性作用下维持了前任州长构建起来的投资环境。在尚采夫执政时期呈现出了符合联邦层面经济新形势的新趋势。在国际投资减少时期，特别是在新一轮西方国家制裁背景下，下诺夫哥罗德州 20 世纪 90 年代遗忘了的国家订单被越来越积极地运用到经济循环中。国家订单主要针对与国家安全相关的科研项目。地区官员希望国家政治领导人在危机时期关注下诺夫哥罗德州拥有的实体经济部门，但是财政统计数据显示：对原料部门的依赖仍然占据主导地位。尽管如此，下诺夫哥罗德州在选择优先方向时仍然侧重发展实体经济部门（此时，具有政治经验的权威经济管理制者叶甫根尼・柳林被任命为副州长，他恰好负责地区实体经济部门——笔者注）。例如，在国内科研费用占 GDP 的比例方面，下诺夫哥罗德州居于首位。根据俄罗斯统计署数据，下诺夫哥罗德州用于科研的经费占地区生产总值的比例接近 6%，而伏尔加河沿岸联邦区内临近地区情况最好的仅为 1%。②

为了更详细地了解下诺夫哥罗德州取得的成果，可以关注主要涉及城市公共事业的 5 个项目实施结果。这些项目都已经 100% 完成。反对州长的人在报告中提及城市道路不佳，下诺夫哥罗德市和其他居民点的城区中心到处是大水洼，街道上垃圾没有收走以及城市垃圾场混乱无序。未完成的计划指标集中于 3 个项目：道路安全和质量、建立现代中学教学环境、确保住房及

---

① Об исчерпанности нижегородской властной элиты，http://www.polit.nnov.ru/2004/08/ 25/elita.

② ФЕДЕРАЛЬНАЯ СЛУЖБА ГОСУДАРСТВЕННОЙ СТАТИСТИКИ. Территориаль ный орган Федеральной службы государственной статистики по Нижегородской области. СОЦИАЛЬНО–ЭКОНОМИЧЕСКОЕ ПОЛОЖЕНИЕ НИЖЕГОРОДСКОЙ ОБЛАСТИ. январь–декабрь 2018 года(1 часть). Нижний Новгород 2019 г. с.20.

公用事业质量。最后一项完成的部分不到计划总数的47%。[①]需要指出的是，在俄罗斯许多地区也有此类情形。如果观察对各层级政府机构的抱怨数量，我们可以看到抱怨最多的正是针对保障居民住房及公用事业服务和道路质量问题。2018年“保障道路及公用事业质量”项目投资规模提高了1倍。在此之前，俄罗斯总统围绕住房及公用事业问题曾有过多次发言。其实，上述项目均由联邦中央安排到地方，因此作者认为涉及联邦任务的经济过程也具有政治意义。

2. 下诺夫哥罗德州的人口形势

增加经济活跃的下诺夫哥罗德州居民群体数量是另一项重要发展指标。前文提到20世纪末该地区曾经积极鼓励企业开展经营活动。按照经济改革理论家的设想，企业的经营活动有助于提高地区生活水平、促进下诺夫哥罗德州劳动力资源的再生产。就人口数量而言，下诺夫哥罗德州位列俄罗斯全国人口最稠密的前10个州行列；该州的下诺夫哥罗德市是俄罗斯人口第三多的城市（总人口超过200万），仅次于莫斯科和圣彼得堡。下诺夫哥罗德城市群包括捷尔任斯克、克斯托沃（Кстово）、博尔（Бор）、巴拉赫纳（Балахна）、扎沃日尼亚（Заволжья）市。像俄罗斯人口整体情况一样，从20世纪90年代开始，该地区人口状况不佳。首先表现为人口自然减少（死亡人数超过出生人数）带来的人口数量下降速度较高。下诺夫哥罗德州城市化水平较高，大约78%的人口居住在城市里。劳动年龄以下人口比重不断减少，而退休年龄人口比重增加形成了衰退型老年化人口结构。在此背景下，为加快经济改革、发展创新经济，新州长必须着手构建新型生产力。因为只有推动人口再生产、提升私人企业活力、寻找劳动激励的新形式（特别是在有希望的经济、科学、技术领域开展这方面的工作），才能实现上述目标。

3. 下诺夫哥罗德州的对外经济关系

作为一个得到了联邦中央额外激励的快速发展地区，下诺夫哥罗德州的主要贸易伙伴是莫斯科市（占贸易额比重最大）、莫斯科州、列宁格勒州、圣彼得堡市以及经济关系同样稳定的鞑靼斯坦共和国和汉特—曼西斯

---

① Там же.

克自治区。建立这些伙伴关系标志着下诺夫哥罗德州优先发展与经济条件较好地区的关系，其目的是在实体经济部门创新发展的同时加快内部市场的发展。

下诺夫哥罗德州不仅在俄罗斯内部开展地区合作，而且积极发展与外国的合作。近邻国家中最大的贸易伙伴是白俄罗斯（占比 23%）、哈萨克斯坦（占比 8.1%）、乌克兰（占比 4.7%），远邻国家中贸易最多的是荷兰（占比 14.9%）、德国（占比 17%）、中国（占比 12.5%）、法国（占比 8.3%）、意大利（占比 4.4%）。其中，中国是下诺夫哥罗德州最稳定的外贸伙伴之一。近年来，下诺夫哥罗德州接待的外国代表团数量显著增加。总计有 250 个外国代表团访问该地区。其在欧洲的合作伙伴主要是匈牙利、德国、希腊、丹麦、马耳他、荷兰、斯洛伐克、芬兰、法国、捷克等，在亚洲和拉丁美洲的主要合作伙伴是阿富汗、以色列、印度、印尼、古巴、中国、韩国、日本和玻利维亚。此外，2018 年下诺夫哥罗德州组织了超过 15 个官方代表团出访国外［亚美尼亚、白俄罗斯、比利亚、德国、伊朗、西班牙、中国、摩尔多瓦（共两次）、法国、捷克］。就对外贸易水平而言，下诺夫哥罗德州在伏尔加河沿岸联邦区仅次于鞑靼斯坦共和国（169 亿美元）。① 目前，下诺夫哥罗德州是伏尔加河沿岸联邦区吸引外资增长速度最快的地区之一。② 在下诺夫哥罗德州的出口结构中实体部门产品占有最大份额，特别是机械制造产业。此外，冶金和化学工业产品也占有一定比例。工业产品进口和出口的企业构成相似，主要是该地区冶金、石化、机械制造领域的大企业，例如，“Выксунский металлургический завод 股份公司”“下诺夫哥罗德石油有机合成公司”“高尔基汽车厂”以及其他大型工业企业。

三、下诺夫哥罗德州的发展前景

1. 下诺夫哥罗德州的长期发展项目

长期发展项目在地区同联邦的关系中可以起到推动作用。编制地区发

① Там же.

② Официальный сайт Правительства Нижегородской области，https://government–nn ov.ru.

展文件是列入联邦计划或获取大量预算资金的条件。格列布·尼基京被任命为代州长后，他于2017年末推动制定了下诺夫哥罗德州社会经济发展战略。就像涅姆佐夫时期一样，尼基京当时召集了超过400名地区和联邦层面的专家参与编制文件。其目标是制定未来10余年的地区远景计划。该计划不仅要考虑地区特点，还需要符合普京提出的全国首要任务：提高人民生活水平，建立舒适的生态环境，发展职能基础设施，推行负责任的社会政策。在此背景下，经过大家的集体努力，相关专家编制出了“2035年前下诺夫哥罗德州社会经济发展战略”。[①] 2018年秋，联邦政府在对该战略的评估时指出：该战略符合普京总统“五月”命令中规定的目标和任务，并据此向下诺夫哥罗德州拨款594亿卢布。其中，该地区在2019年获得132亿卢布。[②]尼基京表现出了自担任工业贸易副部长以来获得的游说联邦政府能力。此外，在格列布·尼基京就职以来，几乎所有联邦政府部长在2018年访问了下诺夫哥罗德州，并一致认为该州拥有巨大的地方生产潜能。[③]

在得到俄罗斯联邦政府支持后，尼基京提出了雄心勃勃的目标——确保在2035年之前下诺夫哥罗德州的竞争力达到日本、芬兰和德国的水平。然而，由于地方资源不足，尼基京提出的上述目标尚难以取得“突破”。出现这种情况的原因在很大程度上是由于2014年“克里米亚之春”和世界能源价格下降后地缘政治所发生的变化。

2. 下诺夫哥罗德州当前的要务

新州长面临的任务十分繁重。首要任务是依靠改善医疗服务质量确保人口稳定增长以及缩小居民收入差距；确保地方官员和企业高管收入按照实际价值计算增长5%–10%；保障住房供给和交通畅通。[④]此外，新州长需要集中人才、物力研发和采用新技术、发展和创新商业模式。

总的说来，下诺夫哥罗德州始终紧跟联邦中央的政治和经济政策。政府

---

① Стратегия социально-экономического развития Нижегородской области до 2035 года. УТВЕРЖДЕНА постановлением Правительства Нижегородской области от 21 декабря 2018 года. №.889. Нижний Новгород 2018 г. с.57.

② Официальный сайт Правительства Нижегородской области，https://government-nnov.ru.

③ Отчёт Правительства о результатах работы в 2018 году，http://m.government.ru/news/ 36422.

④ Официальный сайт Правительства Нижегородской области，https://government-nnov.ru.

的优先考虑是人的需求与社会利益。未来，州长和地区政府将面临三种发展前景：第一，目标明确和前景乐观的创新发展，这涉及提高国家管理效率；第二，任务部分可以完成，部分无法完成；第三，战略任务大部分无法完成。

3. 存在的问题与挑战

（1）医疗问题

当地专家坦言下诺夫哥罗德州居民死亡率高的原因在于缺少高质量的医疗服务、医疗救助不及时以及过量饮酒、刑事犯罪、道路基础设施差、农村和边远地区经济落后等因素。目前，当地医疗人员匮乏的问题越来越严重（全州医疗机构仅1425名医疗人员，[①]并且缺少专业性强的医生）。为此，人们寄希望于普京总统2018年2月发表国情咨文后开始实施的“本地医生”计划。该计划的目标是为每一位居民的健康提供最好的条件。愿意前往农村的青年医生在这个计划下可以获得100万卢布的差旅费补贴。

（2）人口问题

下诺夫哥罗德州也面临着人口持续下降的威胁，[②]原因在于死亡率超过出生率、人口老龄化、孕龄女性数量减少和家庭吸引力下降等。2017年，离婚夫妻数量占结婚夫妻数量的70%。同时，人口还在外流，迁往莫斯科市和莫斯科州的青年人数量还在增加。[③]

鉴于人口问题关系着经济和社会发展，下诺夫哥罗德州遂制定了新的人口政策，以期保障居民数量增长。具体任务是：提高出生率、巩固家庭、提高母亲和父亲的地位（俄罗斯在已有的母亲节外设立了父亲节）。虽然这些措施的宣传色彩较浓，但对刺激人口多少有些积极作用。

（3）住房问题

当前，下诺夫哥罗德的一些地区尚没有完成“住房公共服务质量保障”计

① Официальный сайт Правительства Нижегородской области，https://government-nnov.ru.

② Федеральная Служба Государственной Статистики. Территориаль Ный Орган Федеральной Службы Государственной Статистики По Нижегородской Области. Социально-Экономическое Положение Нижегородской Области. январь-декабрь 2018 года (1 часть). Нижний Новгород. 2019 г. с.33.

③ Официальный сайт Правительства Нижегородской области，https://government-nnov.ru.

划规定的指标。在官方文件中，下诺夫哥罗德州把确保居民获得高质量住房和高质量公共服务作为解决住房问题的战略目标。[①]需要指出的是，下诺夫哥罗德州交付使用的住房数量虽然在逐年增加，但由于大多数居民的收入水平和支付能力有限以及居高不下的贷款利率，当地居民住房问题的解决还任重道远。

4. 解决方案与可行性

（1）推动稳定且有竞争力的经济发展

下诺夫哥罗德州是俄罗斯传统的工业基地。在新的历史条件下，该州希望在原子能、制药等领域发展具有全球竞争力的高科技产业，以吸引年轻人从事科研活动。然而，以下诺夫哥罗德州目前的工资水平和激励政策，这一目标的实现难度较大。

（2）发展先进高效的农业经济

尽管农业在下诺夫哥罗德州经济中的比重不大，但越来越得到州政府的关注。州长在发言中强调下诺夫哥罗德州的目标是建立先进高效的农业经济，满足居民对高质量农产品的需求并保障对外出口。林业也是农业经济的一环。下诺夫哥罗德州林业存在许多长期未能解决的问题，包括掠夺性开发森林资源、木材质量不高、缺乏环保措施等。下诺夫哥罗德州林业发展的目标是保护森林环境、吸引商业投资，提升当地木材加工能力，生产高质量的木材出售国外。总体而言，下诺夫哥罗德州位于俄罗斯传统的伏尔加农业生产地区，土壤、气候、人口等综合因素以及积累下来的农业生产能力，加上俄罗斯联邦政府对农业经济的重视和扶持，下诺夫哥罗德州在发展先进高效的农业经济方面取得了一定的积极成果。

（3）大力发展旅游产业

下诺夫哥罗德州的旅游资源极其丰富。优越的地理位置、发达的交通运输、丰富的历史文化遗产、独一无二的自然资源以及人气旺盛的下诺夫哥罗德市商业中心，使该州在特色旅游、传统文化路线旅游等方面拥有巨大的发展潜力。然而，新冠疫情对于俄罗斯各地的旅游业影响巨大，特别是国际游

① Там же.

客来往受到很大限制。旅游业作为推动下诺夫哥罗德经济发展的动力，还有赖于俄罗斯全国对疫情的防控和整个国际疫情局面的改善。

（4）妥善落实安排就业计划

目前，下诺夫哥罗德州政府仍有相当数量的失业人口未被安置。这一方面因为该州的某些岗位薪资报酬低，另一方面是旗下12个单一城市（各自所依托的某些大型企业因自身活力不足而难以承担起缓解劳动力就业的重任。从这个意义上说，就业问题将成为包括下诺夫哥罗德州在内的俄罗斯各地方政府执政能力的真正考验。

（5）建设高效率政府

下诺夫哥罗德州的地区管理效率位于全俄罗斯的第27位。低效的政府管理源自苏联时代。在几十年的社会演变历程中，该州缺少人事工作的长远规划。下诺夫哥罗德州现任和非现任官员正面临或将面临刑事诉讼的情况使国家公务员的声望持续下降。下诺夫哥罗德州曾是俄罗斯地方政府改革的先驱，并有过短暂的高效行政管理。这里能否恢复或者超越往日的辉煌，重建俄罗斯改革的“下诺夫哥罗德模式”既值得期待，也充满挑战。因为当前的俄罗斯地方政府官员不仅要关注本地区的发展，更要完成联邦中央的各类任务，同时手中的财权、自身的执政稳定性等都高度受控于联邦中央。

（6）改善投资环境

这里的主要问题是政府对企业的压力大（包括官僚问题严重、企业税过高、契约制度不透明以及企业对政府的信任下降等）。尼基京还在任代州长时，曾提议建立“下诺夫哥罗德州发展集团”，以便将在下诺夫哥罗德州和联邦有影响力的精英团结起来。其中包括叶甫根尼·柳明、地方行政机构负责人谢尔盖·巴里诺夫（Баринов Сергей）和亚历山大·沙罗诺夫（Шаронов Александр）。该机构的任务包含减少行政障碍、协调与联邦机构和相关投资者的工作。尼基京正在尽力利用其与联邦中央各部门的关系来改善当地的投资环境。虽然下诺夫哥罗德州的工业、农业、旅游具有吸引外来投资的潜力，但是低效的行政管理与复杂的政商关系等对投资的吸引力大打折扣。除非下诺夫哥罗德州能够在改善投资环境方面做出实质性的改善，否则其投资价值还难以充分显现。

（7）发挥公民的积极性

随着信息社会的发展，公民越来越积极地参与向地方政府提倡议的活动。每年下诺夫哥罗德州政府接待访客 4 万多人次。[①] 可以说，下诺夫哥罗德地方政府正在激活公民倡议。这无疑有助于地方政府形象的改善。[②]

四、结束语

尼基京得到了工业和国防游说集团的支持。但是，下诺夫哥罗德州精英的冲突未能消弭。新州长的执政风格与原州长尚采夫全然不同，后者促使地区形成政治竞争空间，加剧了已有的问题。尼基京的管理经验对于团结当时民众并增强联邦中央对该州的政治支持十分重要。联邦中央给予下诺夫哥罗德州大量财政拨款，显示了对尼基京的支持。此外，当地正在引进新的知识密集型和生态友好型技术（首先在原料加工领域）。如果下诺夫哥罗德州未来能够继续获得联邦中央的投资，那么现阶段形成的政治局面将对尼基京十分有利。然而，一旦有利的外部经济和政治条件消失，下诺夫哥罗德州业已存在的前述问题将进一步恶化。

① Официальный сайт Правительства Нижегородской области，https://government-nnov.ru.

② Нижегородская область рассчитывает на федеральную поддержку машиностроения，https://regnum.ru/news/2469367.html.

第五章

法律视角下的中俄经济合作

中俄地区合作是两国全面战略协作伙伴关系的重要组成部分。当前中俄两国地区合作发展势头良好，潜力巨大。中国已经成为俄罗斯许多联邦主体的重要经济伙伴。近年来，俄罗斯各联邦区与中国的贸易都保持了积极的增长势头。伴随着“一带一路”倡议的落实，以中俄“长江—伏尔加河”为代表的地区合作不断向前推进，取得了初步成效。但是，这一中俄非毗邻地区合作新模式也面临诸多挑战，暴露出不少实际问题。从中俄地区合作长远来看，不管是经贸还是投资合作均需法律保驾护航，中俄两国在近几年不断推出保护投资与贸易的法律制度以及地方性投资优惠政策，以突破地方合作中的投资困境。

一、中俄地方合作与法律基础

当前，随着中俄战略协作伙伴关系的稳步发展，中俄地方经贸、投资合作不断引领中俄全面合作。比如，中国各地进一步拓展对俄合作“朋友圈”，与更多俄罗斯地区建立友好关系。这种地区间合作的突出特点是：中俄合作已不再局限于边境地区，因为位于俄罗斯欧洲部分的联邦州、共和国也同样越来越希望加深和拓展与中国的合作。随着“东北—远东”“长江—伏尔加河”两大机制的日臻成熟，中俄地方合作正在以优势互补的方式，呈现遍地开花的良好局面。其中，突出地方特色是中俄良好合作的新趋势。

经济与法律之间的关系密切，经济发展需要法律支撑，对外经贸合作更需要强有力的法律作为保障。健全法律制度将有助于中俄经贸、投资合作的健康发展。中俄地方合作越紧密，就越需要法律与制度支持和保护。若没有法律支撑作为保障，再美好的合作意愿与发展方案都是空中楼阁。因此，对俄罗斯法律制度进行梳理并对俄罗斯法律环境作出评估将显得尤为重要。其中，如何在俄罗斯解决法律纠纷，如何利用俄罗斯投资制度与政策降低法律风险并取得更为主动和有利的法律地位，应当成为中俄地方合作中的保护性内容。

1. 俄罗斯法治环境

（1）俄联邦法律制度概况

俄罗斯联邦法律体系遵循大陆法系传统，以制定法为主，且主要包括：联邦宪法和宪法性法律；联邦规范性法律文件；各联邦共和国和其他联邦主体的宪法、法律、规章和其他规范性文件；俄罗斯联邦总统法令以及普遍公认的国际法原则和俄联邦加入的国际条约等。宪法是俄罗斯的根本大法，在俄全境具有最高的法律效力。①

俄罗斯联邦的法律和其他法律性文件不得同俄宪法相抵触。俄联邦规范性法律文件包括俄联邦民法典、民事诉讼法典、刑法典、刑事诉讼法典、婚姻家庭法典等各类法典；联邦性法律；俄罗斯联邦总统的命令和指示以及包括俄立法机关杜马颁布的联邦性法令等。俄联邦内各有关共和国拥有自己的宪法和法律；边疆区、州、联邦直辖市、自治州、自治区也拥有自己的规章、法律和各项规范性法律文件。它们均不得与俄罗斯联邦宪法和联邦规范

① 俄罗斯联邦宪法查阅网址：http://www.ksrf.ru/Pages/Default.aspx.

性法律文件相冲突。[①] 普遍公认的国际法原则、准则及俄罗斯联邦批准加入的国际条约是俄罗斯联邦法律体系的组成部分。如果俄罗斯联邦加入的国际条约与俄罗斯法律有不同规定的则国际条约优先适用。俄罗斯联邦总统法令是俄罗斯非常独特的法律渊源之一。俄总统有权发布命令和指令并在俄全境执行。不过，这些命令和指令不应违背俄联邦宪法和联邦法律。俄罗斯联邦最高法院全体会议决议不是俄罗斯法的渊源，但作为各级法院审判案件的参考。作为成文法国家之一，案例不是俄罗斯法律体系的渊源之一。

俄罗斯的部门法大体分为实体法和程序法。与农业投资关系密切的实体法包括民法、刑法、土地法、劳动法等。俄联邦民法受德国民法典影响较大，采用民商合一主义，包含俄罗斯民法典、公司法、合同法、侵权法、知识产权法、国际私法等各项法律制度。俄罗斯刑法部门法则包括刑法典和其他刑事单行法。程序法则包括民事诉讼法、刑事诉讼法、仲裁程序法、行政诉讼法、执行程序法和刑事执行法。

（2）俄联邦法律纠纷解决途径

企业赴俄投资产生的纠纷大体可分为两类：A. 为海外企业与俄罗斯当地经济组织、自然人之间的民商事纠纷；B. 为海外企业与俄罗斯政府及相关主管部门间的纠纷。在俄外商投资活动的争议解决途径主要有：俄境内的诉讼与仲裁、国际诉讼与仲裁以及 ICSID 仲裁。此外，还可借助诉讼与仲裁前的调解机制解决争议问题。

通常，俄罗斯国内民商事纠纷的解决途径有三种：普通法院诉讼、仲裁法院诉讼和商事仲裁裁决。俄罗斯普通法院受理一般民事、行政和刑事案件，商业性质的案件大多由仲裁法院管辖和商事仲裁机构处理。

2. 中俄投资政策

（1）中俄投资法律制度

从 2013 年中俄两河地区合作启动以来，中俄两国无论在政府还是在企业层面都开展了非常频繁的互动与交流，两国企业间也签署了众多的经贸合作与投资协议，初步展示了良好的合作意愿。其中，健全、完善的法律制度

① 《俄罗斯联邦宪法》第 76 条。

在中俄两河地区投资环境中占有极其重要的地位。

自1991年俄罗斯社会全面转型以来，俄罗斯制定了一系列调整外国投资的法律法规。例如，《俄罗斯联邦外国投资法》（2018年5月31日，第122-FZ号）、《俄罗斯联邦产品分成协议法》（2018年6月27日，第164-FZ号）等在公司经营、行政管理、财政税收、矿产开采、海关等方面规范了外商投资行为，以优化投资环境、保障投资者权利、规定投资者义务。目前，俄罗斯关于外商投资的法律体系由多部法律组成，法律分多个层次且由多个机构分工协作来实施。其法律体系主要包括联邦层面的法律、各自治共和国的法律、俄罗斯联邦参加的国际条约以及俄罗斯政府部门的相关规则。俄罗斯现行联邦级别的鼓励和调节外商投资的基础性法律文件是《俄罗斯联邦产品分成协议法》《俄罗斯联邦海关法典》《俄罗斯联邦税法典》《俄罗斯联邦经济特区法》《俄罗斯联邦矿产资源法》《俄罗斯联邦对保护国防和国家安全具有战略意义的经济主体进行外国投资的程序法》《俄罗斯联邦劳动法典》《俄罗斯联邦民事法典》《俄罗斯联邦建筑法典》《俄罗斯联邦证券市场法》《俄罗斯联邦环境保护法》《俄罗斯联邦租赁法》《俄联邦土地法典》等。同时，俄罗斯联邦已有50多个联邦主体制定了有关外国投资的地方性专门法律法规，对本地区管辖领域内的外商投资行为进行调节和规制。

中国《外商投资法实施条例》自2020年1月1日起与《外商投资法》同步施行。这标志着外商投资管理体系将开始新旧模式转换。外商投资管理的关键字将从昔日的“政府审批”改为“内外平等”和“国民待遇”。这些有关对外商投资的准入、促进、保护、管理等所作出的统一规定是中国外商投资领域新的基础性法律，为推动更高水平对外开放提供了有力法治保障。外商投资法对中国现行外商投资法律制度作的重大创新和完善体现了外商投资法律制度的与时俱进。

随着中俄外商投资制度体系的不断走向完善，两国投资合作法律保护也不断推进。根据《中俄投资合作规划纲要》以及《中俄关于鼓励和相互保护投资的协定》，双方将本着平等合作、互利共赢的原则，最大限度向对方开放投资市场。

（2）中俄双边税收协定避免双重征税

中俄两河地区合作由于俄罗斯税务硬约束较严格且规定得比较死，中方企业避税难度较大[①]。对于投资类型的俄罗斯税收政策，俄罗斯对外签署了88个有关所得和财产避免双重征税的协定。2010年通过的俄罗斯联邦税收协定范本成了俄罗斯与世界各国签署税收协定的基础。中俄两国在1994年就签署了双边税收协定。2014年10月，中俄两国签署了《中华人民共和国和俄罗斯联邦政府对所得避免双重征税和防止偷漏税的协定》（简称“新税收协定”）。“新税收协定”的签订旨在适应两国经济和税制的发展变化，反映国际税收规则新趋势，加强两国税务合作。其中避免双重征税[②]、享受非歧视待遇[③]和相互协商程序[④]是税收协议的重要内容，也是中国企业税收维权的重要法律依据之一。

享受中俄税收协定优惠待遇的必须是在俄罗斯取得收入的收益所有人，且需要提供中国主管税务机关出具的《中国税收居民身份证明》。税收居民身份证明（含已翻译成俄语的公证件）需要在对外支付税收前出具。需要注意的是，这个证明应在支付发生的当年提供或明确标注是为特定年度出具。依据中国《国家税务总局关于开具〈中国税收居民身份证明〉有关事项的公

① 刘军：《中俄“长江—伏尔加河”地区合作中的投资困境研究》，《俄罗斯东欧中亚研究》2019年第2期。

② 按照协议规定，中国居民企业从俄罗斯取得的所得在俄缴纳的税额可以在中国征收的企业所得税中抵免，抵免额不应超过对该项所得按照中国企业所得税法计算的税收数额。其中，我国居民企业从俄罗斯取得股息，其直接或间接拥有俄罗斯居民企业股份不少于20%，我国居民企业在国内纳税时可抵免俄罗斯居民企业就该项所得在俄罗斯缴纳的税款。

③ 非歧视待遇适用于所有种类税收，具体包括四个方面：A.在相同情况下，中国居民企业在俄罗斯负担的税收不应与俄罗斯国民负担或可能负担的税收不同或比其更重。B.中国居民企业在俄罗斯常设机构的税收负担，不应高于进行同样活动的俄罗斯企业。C.除适用反避税条款的规定外，俄罗斯企业支付给中国居民企业的利息、特许权使用费和其他款项在确定俄罗斯企业应纳税利润时，应像支付给俄居民企业一样在相同情况下予以扣除。D.俄罗斯企业资本全部或部分，直接或间接为中国一个或多个居民企业拥有或控制时，该俄罗斯企业在俄罗斯负担的税收或者有关要求不应与俄罗斯其他同类企业负担或可能负担的税收或者有关要求不同或比其更重。

④ 根据协定，当中国居民企业认为，俄罗斯所采取的措施导致或将导致对其不符合协定规定的征税时，可以不考虑俄罗斯国内法律的补救办法，而在发生不符合税收协定规定的征税措施第一次通知之日起3年内可将案情提交我国主管税务当局，并逐层报送税务总局与俄罗斯税务当局进行相互协商解决，以避免不符合税收协定规定的征税并维护企业和国家税收权益。

告》(国家税务总局公告2016年第40号)规定，纳税人可以在主管其所得税的县国家税务局、地方税务局递交申请表申请开具《中国税收居民身份证明》并经确认符合相关法律以及税收协定有关居民的规定标准后由税务局负责人签发证明。

由于俄罗斯税收政策不稳定以及双重征税等问题，中国企业难以扎根俄罗斯。按照中俄签署的税收政策法律文件，在有关“长江—伏尔加河”合作项目的投资合作中，中国企业可按照中俄“新税收协定”避免双重征税、享受非歧视待遇和相互协商程序将企业本地化并扎根俄罗斯。

（3）外资政策更加开放和灵活

近年来，为适应不断变化的投资新情况和新问题，俄罗斯国内法律制度变动频繁。其中在具体制度与概念界定等解释方面较为灵活。以1999年《俄罗斯联邦外国投资法》(No.160)为例。该法在1999—2019年进行了15次修订，现在使用的是2018年5月31日修订的版本。该法在维持基本权利保障承诺不变的情况下，也承诺外国投资者将不因俄罗斯联邦法律变更而受到不利影响。

俄罗斯在具体制度、概念界定等方面的变化也不断反映出其更为灵活的外资政策正在形成。如其对“外来投资”概念的界定就是非常典型的例子。这一概念最早出现于1999年7月9日《俄罗斯联邦外国投资法》第2条。根据该条款，以下投资主体可以被承认为外国投资者：外国法人；非法人实体的外国组织；外国公民；居住在俄罗斯联邦境外的无国籍人；国际组织。2018年5月31日颁布的第122号联邦法令(《关于澄清“外国投资者”概念，俄罗斯联邦立法修正案正式发布》)中，有关“外国投资者”概念所适用的范围包括：外国法律实体，俄罗斯公民或俄罗斯法律实体控制的除外；没有法律实体的外国实体，但受俄罗斯公民或俄罗斯法律实体控制的实体除外；除了由俄罗斯联邦公民或俄罗斯法律实体控制的实体；外国公民，拥有俄罗斯国籍和外国国籍的公民除外；居住在俄罗斯联邦境外的无国籍人；国际组织。

俄罗斯法律文件对投资主体外延进行扩充是为了吸引更多的外国投资者

赴俄投资（其中，包括中俄“长江—伏尔加河”地区合作和其他中俄地方性投资合作），以便实施更开放的投资制度与环境保护并促进俄罗斯地区经济发展。

（4）投资鼓励政策频现

通过采取各类鼓励性措施，俄罗斯政府不断表明其吸引外资的态度。俄政府吸引外资的主要优惠政策、措施有：

税收优惠政策

免进口关税和增值税：外国投资者作为法定投入而进口的技术设备及零配件属于生产性固定资产的物资免征进口关税；

减免利润税：外商投资俄政府鼓励的优先发展领域项目且外方投资占项目总投资的 30% 以上，投资额不低于 1000 万美元，前两年免交利润税，第三年交 40% 的利润税、第四年交纳 50% 的利润税。①

产品分成税收优惠：根据《俄联邦产品分成协议法》，相关拟征税基本上被按协议条款分配产品所取代。在协议有效期内，投资者免交除企业所得税、资源使用税、俄籍雇员社会医疗保险费和俄罗斯居民国家就业基金费以外的其他各种税费。

海关税费优惠：海关关税法和俄联邦税收法规定，对外国投资者和有外国投资的商业组织实施优先投资项目时给予海关税费优惠。

简化相关行政程序

2013 年 3 月，俄罗斯制定的《公私合营法》允许国家和地方政府与私人投资者签订各种形式的合同（该法的出台标志着俄对私人投资、外资进入俄垄断行业、公共服务并参与政府采购有了相关可执行的法律依据。这是俄改善投资环境的重大举措）。同月，俄总理梅德韦杰夫批准了俄经济发展部起草的“简化法人和个体工商户注册程序”路线图。2014 年 5 月，俄罗斯联邦总统签署了《关于俄罗斯联邦民法典第一部分第 90 条和联邦法“有限责任公司”第 16 条的修正案》（该修正案取消了提前至少支付一半租金的规定）。2017 年 3 月 7 日，俄罗斯开始实施有关对《俄罗斯联邦出入境管理

① 参见《俄罗斯联邦税法》（第一部）第 24 条规定。

法》予以修订的新法规，其中包括对进出符拉迪沃斯托克自由港的外国公民实行简化签证制度（即外国公民在自由港的边防检查站可免费直接获得8日的电子签证）。同年8月1日起，包括中国在内的18个国家可享受免费电子签证制度；优化公司注册与经营。

行业鼓励政策

俄罗斯政府鼓励外商直接投资的领域大多是传统产业，如石油、天然气、煤炭、木材加工、建材、建筑、交通和通信设备、食品加工、纺织、汽车制造等行业。2012年8月，俄罗斯正式加入世贸组织。根据入世议定书，俄罗斯将允许外国独资企业进入批发、零售和专营领域。2014年2月，根据俄罗斯工贸部拟定的工业政策法案，俄罗斯拟为高新技术领域投资者提供更多的税收优惠（包括土地租赁、电费、市政费和其他优惠）。

地区优惠政策

俄联邦主体和地方自治机关在各自管辖范围内可以给予外国投资者优惠和保障，用俄联邦主体预算资金和地方预算资金以及预算外资金对外国投资者实施的投资项目进行拨款并给予其他形式的支持。

同时，俄罗斯各地区、州、边疆区、共和国根据本地区的不同情况，分别制定地方法律和法规，对外国投资实行不同减免税的优惠政策，以吸引外国投资者对本地区进行投资活动。

其中在“长江—伏尔加河”地区合作中，“关于鞑靼斯坦共和国投资税收减免”的法律草案已经递交鞑靼斯坦共和国审核。该法律草案旨在刺激鞑靼斯坦企业的投资活动，其中包括加快中国企业投资本地化进程。他们将能够通过减少所得税扣除来弥补“收购、改造、重建、固定资产技术转移”的其余成本。可以看出，“长江—伏尔加河”地区合作已经在法律层面不断得到支持与保障。

（5）国民待遇和投资者保护

根据俄罗斯法律规定，除特殊情况外，外资均享受国民待遇，对俄联邦境内外国投资者的权益给予充分的无条件的保护。对于因国家机关、地方自治机关或其工作人员的非法行为（不作为）而给外国投资者造成的损失，外国投资者有权根据俄联邦民事立法要求赔偿。俄政府保障外资重点项目在投资期内免受政策法令变更的影响；外资的权利与义务可以向第三方转让；其财产不被非法没收、征用和国有化，因特殊原因发生上述情况，俄政府必须给予赔偿；外资依法纳税后可以自由支配其收入（利润、股息、利息等），包括将收入汇出境外；外资在俄境内发生争议和诉讼时将得到公正待遇；其有权将投资带入的资产、资料带出俄境。

中国的投资者除了可以享受俄给予的国民待遇外，中国政府还签署了一系列双边投资保护协定。1994 年，中国与俄罗斯签订《中俄政府间关于对所得税避免双重征税和偷漏税的协定》。2006 年，中国与俄罗斯签订《中俄政府间关于鼓励和相互保护投资的协定》。2015 年 3 月，俄罗斯政府批准了中俄避免双重征税协定的修正案。此前协议规定中方贷款在俄产生的利息收入需向俄方缴纳最多 5% 的利息税，俄方在华亦然。修正后，中方贷款在俄产生的利息收入仅需在华缴税，在俄免征。

这些投资保护协定有力保障了双方投资活动的顺利开展，为中俄地区投资合作进一步发展奠定了良好的基础。但即使政策性文件可以促进经贸合作，但若不规避经济合作中的法律风险，再好的政策与制度也是空中楼阁。

二、中俄地方合作中的法律风险

新时代全面战略协作伙伴关系为地方合作搭建了广阔平台。在不断升温的友谊中，两国迎来更多机遇。但随着合作的不断推进，中俄地方合作中不断暴露出许多问题，面临法律风险。其中主要表现在社会与国际环境风险和法律制度风险。

俄罗斯执法部门工作效率低下，随意释法、随意执法的情况时有发生，政府官员贪污腐败现象也不时发生。在俄罗斯投资，有时需要花费一些精力处理政府关系，对俄投资企业应与当地政府建立良好关系，保证境外投资活动的顺利开展。

对中国企业投资俄项目存在顾虑。在俄地方政府出台各类优惠政策的同时，俄国内也不断发出不同的质疑声。2015 年 6 月，外贝加尔边疆区政府曾宣布，把11.5万公顷农业用地出租给中国企业49年。消息一出，俄国内学者就提出，此举不仅会给俄经济带来损失，也会对土壤流失造成威胁。因为中国租赁者往往不考虑生态问题、不遵守生态标准、使用俄境内禁止使用的化学制剂以及采用非现代化生产技术等。为此，应延长土地租赁的最低期限，并在租赁协议中增加生态要求条款，提供担保以确保土地租赁者遵守法律。[①]

近年来，由于克里米亚和乌克兰事件，西方国家对俄罗斯和俄罗斯一些公司和个人进行了一系列的制裁措施（其中包括但不限于政治领域、金融领域、商业领域、武器及能源领域）。俄罗斯也对西方采取了一些反制裁措施（包括暂停进口原产于多个西方国家的商品、取消西方国家公司的外国员工签证等）。虽然这些制裁和反制裁措施并未直接针对中国投资者，但不可避免地对准备在俄投资及已在俄投资的中国公司和个人产生一定影响。

1. 土地使用制度风险

目前，俄罗斯已形成国家占主导的国有和私有混合型的土地流转市场。俄公民和法人可依法享有土地承包经营权、租赁权、地役权等使用权，同时可自由出租、转让、抵押及出售自己所拥有的土地。土地流转的主要形式是买卖和租赁，其中租赁占主导。不论是租赁还是买卖，国家所占份额都非常高。另外，将公民的土地份额出租给企业（或法人）的私人流转并不特别透明。实践中，租赁多为口头协议，没有合同也不经备案。这种现状为土地租赁带来了不稳定因素。除法律禁止性条款外，在涉及房屋买卖和租赁、土地买卖和租赁、不动产抵押等问题时，各联邦主体相应权利的登记主管部门又有各自不同的要求。例如，2007年5月12日，俄罗斯联邦登记局发布第82号局长令，通过了《外国人、无国籍人和外国法人不动产权利及交易国家登记的操作指南》，对涉及外国人的不动产登记问题作出具体指导。为此，外国投资者应当仔细研究具体要求，保证交易文件从格式和内容上完全符合俄罗斯法律要求，以免在交易过程中出现无法预见的风险。此外，解读俄罗斯立法规则非常必要，针对限制性的规定所做

① 《专家：俄中农业领域合作需中国骨干和法律基础》，http://sputniknews.cn/economics/201602011017905553。

的变通无疑是规避风险的方法之一。例如，针对外国法人以及外资比例超过 50% 的法人不能取得农用土地所有权的限制，可以考虑由中国企业出资在俄罗斯设立一个全资子公司。然后，由该全资子公司出资设立一新公司，并由新公司取得农用土地所有权。这样，中国企业就间接控制了农用土地的使用权。①

2. 劳动法律制度风险

（1）投资准入阶段劳动法律风险

根据《俄联邦劳动法》规定，俄罗斯有关权力机关可对劳动条件进行国家鉴定，以评估生产项目的建设方案等是否符合劳动保护要求，以及工作地点劳动条件的质量等。②根据该条规定，该鉴定结果将会寄给法院、行政权力机关等。如果赴俄投资在项目实施前未取得有关劳动条件方面国家鉴定的肯定性结论时，则有可能导致投资中断甚至失败。

因俄罗斯对外国劳工配额的限制和外国劳工入境工作手续办理烦琐时，将具有导致劳动力不足而延误生产以及生产周期延长的法律风险。当前俄罗斯劳动力稀缺，在中国大力发展投资的远东地区这种情况时有发生。

（2）投资准入后劳动法律风险

俄罗斯的国家劳动监察机关拥有多项法律赋予的行政授权，针对用人单位劳动违法行为，可采取多种行政手段制止、处罚。相比于中国对劳动违法的行政监督，俄罗斯的国家劳动监察制度体系更为完整，具有更强的可实施性。在这种监察机制下，中国企业赴俄进行投资将会面临更大的劳动违法查处可能性并需承担更多的法律责任。

俄罗斯的劳动法律相比于中国的劳动法律，在劳动者权利的保护上级别更高。俄罗斯法律规定的带薪休假时长、迟延支付工资的违约责任、用人单位违反劳动法的刑事责任以及对重体力劳动、在有害条件下工作劳动者的特殊保护等都体现了俄罗斯劳动法律对劳动者权利的保护要求非常高。这使中

① 《黑龙江社会发展报告（2017）》，http://www.cssn.cn/zk/zk_zkbg/201702/t20170210_3409781_3.shtml.

② 《俄联邦劳动法》第 216.1 条。

国企业赴俄进行投资将会面临很高的用工成本。

（3）处理劳动争议中产生的法律风险

在劳动争议解决上，俄罗斯相对于中国来说更加有利于劳动者且规定了多种途径。特别是在集体劳动争议解决上，劳动者可以借助工会的力量与用人单位谈判；若用人单位态度强硬，劳动者还可通过合法程序罢工，并借助多种司法途径寻找解决办法。遇此情形，赴俄投资企业在处理劳动争议时的主动地位将变得被动；如果处理不好还会导致企业面临大规模的罢工进而受到当地民众谴责等。

3. 知识产权制度风险

中国企业在赴俄投资之前应加强对相关知识产权的保护。这是因为专利权具有地域性特点，不排除俄罗斯本土企业及其他跨国公司针对中国企业对知识产权保护经验不足的缺陷，利用本土优势在俄罗斯抢先申请中国投资企业的自主知识产权。若如此，当中国投资企业的生产设备进入俄罗斯之后将可能面临侵权诉讼。因此，中国企业如果不提前做好专利布局，不仅会因为核心技术优势流失而丧失市场竞争优势，甚至会被迫退出市场。①由于应对海外知识产权纠纷难度大、费用高，不仅需要精通当地知识产权立法、司法和执法体系的高端法律人才，还需要大量的资金支持。这往往超出了一个或少数几个涉案企业的人力物力范围。如果仅凭涉案企业“单枪匹马”应对俄罗斯的知识产权纠纷，这些企业一般都难以应对繁复的法律纠纷。为此，它们的选择大多是：要么被动接受处理决定，要么由于无力承担高额的诉讼费用而放弃权利。

以上所列举风险，仅是提纲挈领地对可能存在的问题进行了归类梳理，但还不能完全涵盖中俄地方合作过程中可能涉及的法律问题。在注重保障企业合法权益的时代背景下，法律风险控制应当成为投资风险评估的重要内容。如何将其降低到最小并取得更有主动和有利的法律地位，应是中俄合作中需要认真对待的问题。

① 方琳瑜、宋伟：《“一带一路”战略下企业海外知识产权风险预警与管理机制研究》,《科技管理研究》2016年第4期。

三、中俄地方合作中法律问题的表现形式

中俄两河流域（长江中上游与伏尔加河流域）经济与人文合作是中俄两国战略层面上的非毗邻地区合作新模式。2013 年 10 月 22 日，《中俄总理第十八次定期会晤联合公报》表示，建立中华人民共和国长江中上游地区和俄罗斯联邦伏尔加河沿岸联邦区合作机制，支持进一步深化两地区经贸、投资和人文领域互利合作。[①] 2014 年 10 月 10 日，中国国务院总理李克强在《俄罗斯报》发表了《让中俄友好合作之路越走越宽》的署名文章。文章强调中俄建立的“长江中上游—伏尔加河流域”合作机制是两国母亲河的历史性牵手。[②] 2016 年 6 月 25 日，经中俄两国元首签署的《中华人民共和国和俄罗斯联邦联合声明》在北京发布。该联合声明指出，将进一步拓展和深化中俄地方合作，并积极运用“长江—伏尔加河”模式的经验，完善合作模式和机制，以推动重点项目，培育新的合作增长点。[③] 2018—2019 年是中俄地方合作交流年，如何在欧亚全面伙伴关系背景下进一步推进中俄两国地区合作新模式，尤其是在长江中上游及伏尔加河流域这样的非毗邻地区推进合作，并解决合作中所面临法律风险与法律“阴影地带”是中俄两国地区合作面临的现实问题。

鞑靼斯坦共和国是俄罗斯 83 个联邦主体中最重要的共和国之一。鞑靼斯坦共和国位于东欧平原东部、伏尔加河中游流域，其境内矿产资源丰富，盛产石油。首都喀山更是俄罗斯欧洲部分的又一个政治、经济、文化中心，甚至有俄罗斯“第三首都”之称。当前，随着中俄两国新时代全面战略协作伙伴关系的确立，作为俄罗斯联邦内具有特殊地位和特权的共和国与中国地方合作具有新的时代内涵。对此，中俄两国地方政府和企业合作意愿十分强烈，这也正是地区合作的强大内在动力。

---

① 刘军：《中俄“长江—伏尔加河”地区合作中的投资困境研究》，《俄罗斯东欧中亚研究》2019 年第 2 期。

② 《长江与伏尔加河历史性牵手》，中国政府网，http://www.gov.cn/xinwen/2014-10/14/content_2764909.htm。

③ 《中华人民共和国和俄罗斯联邦联合声明》，新华社 2016 年 6 月 26 日，http://www.xinhuanet.com//politics/2016-06/26/c_1119111908.htm。

当前，中国是鞑靼斯坦共和国重要的合作伙伴之一，鞑靼斯坦与中国的贸易量居其贸易总额国别排名第7位。除密切的经贸往来，中国赴俄投资也不断增加（海尔集团就是其中典型代表）。但在密切的经贸与投资合作中，背后却隐藏着众多法律风险及经济合作中的法律“阴影地带”。

目前，中俄“长江—伏尔加河”地区合作中主要面临的法律问题表现在立法矛盾与执法矛盾等方面。

1. 立法矛盾

（1）俄罗斯立法不完善且存在执法漏洞

由于俄罗斯有关贸易立法的不完善，中俄两国落后的贸易方式和滞后于国际惯例的交易习惯使得中国商品无法做到真正的“合法化”，由此产生了“灰色清关”等最原始的交易方式。① 在鞑靼斯坦共和国与长江流域经贸中出现“灰色清关”的主要原因在于俄方低效率的报关制度与法律缺陷。例如，像中药药材之类物质是俄法规禁止通关的中方产品。在这些物质中即使有些货物可以通过正规的报关手续进入俄罗斯，但也往往会因为高额的关税和低效率的报关程序额外增加成本负担。为此，中方企业有时不得已用其他方式得到清关公司的协助以获取商品的通关许可。这种借助法律“阴影地带”（灰色清关）进入俄罗斯的中国商品由于不能取得俄罗斯海关的正规报关许可，因而往往涉嫌走私而存在巨大的法律责任风险。

（2）共和国法律与联邦法律有存在冲突现象

在俄罗斯，俄联邦境内的共和国宪法、法律和其他规范性法律文件不得与俄联邦宪法以及在俄联邦职权范围内通过的联邦法律相抵触。若联邦法律和共和国颁布的其他文件发生抵触时，以联邦法律为准。但是，当在联邦权范围之外颁布有共和国规范性法律文件且与联邦法律发生抵触时，以共和国的规范性法律文件有效为准。联邦主体的法定立法中出现外部冲突的主要原因是各地区希望获得比俄罗斯宪法规定的更多权力，内部冲突发生的主要原

① “灰色清关”是指发货人为了避开复杂的通关手续将各项与通关有关的事宜交由专门的清关公司处理的一种通关方式。清关公司负责履行通关手续、收取税款，但一般不向发货人提供报关单据。

因是法律草案的制定不够详细或存在法律技术缺陷。例如，《鞑靼斯坦共和国宪法》第 1 条规定：鞑靼斯坦共和国是一个民主合法国家；第 21 条规定：鞑靼斯坦共和国的公民有自己的国籍，永久居住在鞑靼斯坦共和国境内的俄罗斯联邦公民是鞑靼斯坦共和国公民。[①] 鞑靼斯坦共和国公民也是俄罗斯联邦公民。但在 2002 年 5 月 31 日颁布的俄联邦法律《关于俄罗斯联邦国籍》中规定“不允许存在共和国国籍”。未来，俄罗斯将不断扩大俄罗斯联邦在共同管辖权问题上的权限。比如，《俄罗斯联邦宪法》已将土地、水和其他自然资源的所有权、使用和处置以及国家财产的划分、自然管理、森林立法等问题提交给俄罗斯联邦及其主体进行共同管理。因此，中国赴俄投资时，不仅要熟知联邦法律，还要与地方法律进行对比，若单纯以联邦法律为蓝本进行经济活动，在一定情况下会产生法律冲突。

（3）俄罗斯法律环境的复杂性及不稳定性

俄罗斯法律修订频繁，新法与旧法的内容经常存在较大差异，对外政策透明度低且作出调整前，一般不预留过渡期。

2. 执法矛盾

（1）俄罗斯执法机关与权力机关在立法中职权分工不明确

在经历两次行政体制改革后俄罗斯部分强力部门职权过大并存在自行利用法律实施法律制裁现象。例如，俄罗斯安全局、检察机关以及俄特警部队等部门虽然是执法机构，但可以涉足所有经济领域。其中，俄罗斯联邦检察法规定：只要俄检察机关怀疑外国企业存在对俄罗斯国家安全构成威胁或可能存在经济犯罪问题，俄罗斯安全局、检察机关可以直接介入经济活动。针对不可避免的执法矛盾风险，中国赴俄投资企业可以从以下几个方面应对：A. 在接受权力机关监督时，积极主动配合，但是面对不公正执法应当积极通过司法途径救济；B. 企业自身应合规经营，不触犯当地法律法规；C. 发挥社会监督作用，平时注重搞好与附近居民的关系，积极建立信息反馈通道，尽量让社会监督在国家 / 地区相关机构介入之前发挥作用。

---

① Конституция Республики Татарстан. – Ст. 1 и 21.

（2）被“国有化”风险

2020年俄罗斯颁布了新修改的《俄罗斯联邦外国投资法》。该法虽明确表示鼓励外资赴俄投资，但对外国投资者所投资的敏感领域常常采取特殊监管或限制措施。例如，俄罗斯《矿产资源法》第3条规定：俄矿产资源属于联邦财产，国家对战略性矿产资源拥有优先使用权。[①] 因此，外国投资者在矿产领域投资存在法律“阴影地带”，同时也存在投资过程中被“国有化”的风险。

四、中俄地方合作中法律问题的规避路径

为什么中国企业在俄罗斯的投资没有预想的好？为什么中俄两国的经贸合作没有达到与两国政治关系相匹配的高度？为什么中国人都说俄罗斯的投资环境不好？俄罗斯联邦驻华商务代表处前商务代表谢尔盖·齐普拉科夫先生曾经讲过，中俄两国合作问题在于双方对彼此几乎没有任何了解。鉴于以往的经验和教训，就在鞑靼斯坦投资而言，日后若需更好地推动俄罗斯与包括长江中上游地区在内的中国各地方合作，有必要从以下几方面入手解决现存问题。

1. 政治、社会和安全风险的应对与规避

一方面，在鞑靼斯坦与长江中上游地方合作中需要借助中国政府及公共服务平台力量，注重收集政治与社会风险信息，识别和分析此类风险信息对企业投资的影响，提前做好预警防范。

另一方面，鞑靼斯坦与长江中上游地方合作中的中方企业应主动关注俄罗斯的社会风险、政治风险以及安全风险的损害后果。树立风险和责任意识，把企业和员工安保视为投资顺利进行的前提和保证项目。在企业管理中，建立安全风险防范和管理机制，明确安全风险防范负责部门，落实安全

① Федеральный закон от 02.12.2019 г. № 396–ФЗ, 2 декабря 2019 г, http://www.kremlin.ru/acts/bank/44862.

防范措施。在外派员工工作中，严格甄选员工赴鞑工作，避免因员工个人问题引发不必要的安全风险。同时，提高本地员工的雇用比例，加强对全体企业员工的安全风险培训和管理。谨慎或避免前往危险与敏感区域，密切关注当地媒体对安全事件的跟踪报道，避免谈论宗教、民族、社会、政治等敏感话题。

2. 规避法律风险，树立法律风险管理意识

在鞑靼斯坦与长江中上游地方合作中有必要对现存的法律风险状况进行全面梳理与分析，并通过专业机构给予符合企业需要的法律风险管理策略，达到规避风险的目的。俄罗斯法律环境风险不仅涉及立法本身矛盾的宏观风险，也有涉及不同法律分支、执法部门及其适用产生的微观法律风险。

一方面，中国投资者需加强对俄联邦法律制度同共和国法律进行对比研究，规避由于俄法律自身矛盾给中方企业带来的风险；另一方面，中国企业应从宏观层面利用代位权、投资者权益保障等规定，充分行使缔约自由权，保障其基本权益，避免被“国有化”的风险。同时在与俄联邦政府或联邦主体共和国授权机构签订投资协议时，约定与投资合同有关的一切争议均可通过国际商事仲裁机构仲裁解决。

3. 着力构建中俄经济合作发展的法律制度

中俄两国需要着力提升贸易方式，改善通关环境与法律环境，避免“灰色清关”所带来的法律风险，从传统规则型的贸易方式、交易方式向现代贸易方式转变。为在鞑靼斯坦共和国与长江流域内的经济主体开展经营等活动，为涉及双边共同利益的投资项目创造有利条件，通过高校、研究机构以及海关等政府机构的沟通与协商构建有效的法律合作机制，为地方经济合作提供法律保障与支持，规避可预见风险。

与此同时，企业与政府两个层面要做到信息的互通、法律政策的互享和关系的互联，并针对现有风险不断探索适用中俄经贸合作的“双边协定”，补充与构建新的法律背书或法律框架，避免合作中出现法律“阴影地带”的不确定因素，规避隐藏风险。

综上所述，鞑靼斯坦与长江中上游地方经济合作存在着法律风险问题，但其风险是可预见且可控的。鞑靼斯坦与长江中上游地区在不断加深经贸联系的同时还应积极探讨在法律合作下强化经济联系。一方面两地政府部门需要牵头构建适合经贸发展的有利条件，在法律服务与规避法律问题上为企业间的经济合作保驾护航；另一方面企业自身需熟知东道国法律知识，主动合规经营，规避法律风险，实现经贸合作的利益最大化。

五、结束语

法律是经济合作的基石也是外资保护的基本保障。鉴于经济与法律之间的关系密切，健全法律制度将有助于中俄经贸、投资合作的健康发展，使中俄两国地区性经济合作实现双赢。

中俄合作是双向的，规避法律风险是双方面临的现实问题。在中国投资者不断学习俄罗斯法律政策的同时，俄罗斯自身营商环境的改善也在从被忽视受到重视的转变。尤其继 2012 年 8 月俄罗斯正式加入世界贸易组织（WTO）后，普京总统在同年《关于国家长期政策》中指示政府应采取措施提升俄罗斯的营商便利度排名，并在《营商环境报告》中记录了俄罗斯将要采取的 23 项改革措施。①

迄今，俄罗斯营商环境优化改革取得了较为明显的成效。其在世界银行对世界各国的整体排名从 2012 年的第 120 位上升到 2019 年的第 31 位，一度跻身营商环境改进最大的 10 个国家之列。这种变化从一定意义上说明，俄罗斯法律风险环境正步步向好，企业赴俄投资过程中担忧涉及的投资成本、政策透明度、政府执政效率等问题正逐步得到解决。

中俄地方性合作有着非常明显的优势（如政治优势、地理优势、资源优势等），但这些优势不能作为合作的唯一保护伞。考虑到中俄现有投资合作远远跟不上实际需要，而且虽然俄方有投资需求，但中方的投资恐惧似乎未彻底消除。破解该合作制约因素的关键方法是将法律风险和政策风险防范放

① 李清池：《营商环境评级指标构建与运用研究》，《行政管理改革》2018 年第 9 期，第 76-81 页。

在首位。因此，从主观层面看，中国投资者需聘请熟悉俄罗斯法律以及商业交易习惯的专业律师，并借助这些律师们掌握俄罗斯方面的法律信息动态，同时，根据日积月累的中俄商业项目实战经验，以最大程度减少俄罗斯复杂多变的法律环境对投资项目的影响，保障自身在俄投资项目的安全和稳定。从客观层面看，俄罗斯与西方关系陷入低谷，俄罗斯战略目标已转向东方，中俄地区合作的动力得到了提升。目前，俄罗斯正在不断完善保护外商投资的法律条款，积极改善社会与法律环境，营造良好的投资氛围。

中俄关系是当今世界最重要的双边关系之一，两国深化合作是大势所趋。这既是实现各自发展复兴的需要，也是促进世界和平稳定的需要。在不断向前发展的中俄地区经济合作中，风险与问题不可避免。但中俄双方只要能够坚定信心，把握基本方向，以法律作为解决问题的基本原则，随时主动规避可预见风险，中俄地区性经济合作必定行稳致远。

第六章

中俄两河流域经贸合作的基础与动因

随着中俄关系从战略协作伙伴关系到全面战略协作伙伴关系，再到新时代全面战略协作伙伴关系的提升，两国地区间合作也逐步深化并成为双边关系的新亮点。中俄之间的地方合作主要包括俄罗斯远东及东西伯利亚地区和中国东北地区以及伏尔加联邦区与长江中上游地区。中俄两河流域（“长江—伏尔加河”）合作机制于2013年5月正式启动，合作范围包括中国长江中上游的四川、重庆、湖北、湖南、江西、安徽6省（市）以及俄罗斯伏尔加河沿岸联邦区的奥伦堡州、下诺夫哥罗德州、萨马拉州、彼尔姆边疆区、莫尔多瓦共和国、鞑靼斯坦共和国等14个联邦主体。

一、伏尔加河沿岸联邦区的资源与经济潜力

伏尔加河沿岸联邦区共包括14个联邦主体：6个共和国（巴什科尔托斯坦、马里埃尔、莫尔多瓦、鞑靼斯坦、乌德穆尔特、楚瓦什）和7个州（下诺夫哥罗德、基

洛夫、奥伦堡、奔萨、萨马拉、萨拉托夫、乌里扬诺夫斯克）以及彼尔姆边疆区，领土面积达103万平方公里，占俄罗斯领土面积的6.1%。该地区总人口超过3000万（占俄罗斯总人口的22%，仅次于中央联邦区，居第2位）、国内生产总值（GDP）超过11万亿卢布（在俄全境仅次于中央联邦区居第2位，但人均只有37.5万卢布，仅居第6位）。[①] 这里分布着针叶林、混合森林和草原地区，从北到南孕育着大自然的多样性。

1. 丰富的自然资源

伏尔加联邦区有着丰富的自然资源。燃料资源主要有石油、天然气、页岩燃料、泥煤；矿产资源包括化学原料矿床（硫黄、钾、镁）、铁矿石、铜矿石、镍钴和锰矿石以及镁石、石棉、铬合金、氯化钾、磷酸盐、锌、铅、钛等；林木资源有云杉、冷杉、松树等。

伏尔加河地区是俄罗斯最古老的石油产区之一。初步统计石油资源可采规模达128亿吨，其中超过30%集中在鞑靼斯坦共和国，大约17%在巴什科尔托斯坦共和国，13%在奥伦堡州和萨马拉州，10%在彼尔姆边疆区。该地区的油田多为浅层油田（在1500—2000米），原油中所含的大量硫黄、石蜡和树脂具有重要的化学原料价值。该地区石油天然气资源利用率是西西伯利亚的2倍，也就是说其加工速度要比其他地区快得多。在伏尔加联邦区，工业用石油储量产量约为70%，在大约1200个碳氢化合物勘察地点中进行石油开采的有700个。最大的石油开采集中在鞑靼斯坦共和国、巴什科尔托斯坦共和国和奥伦堡州。这些地区（除了奥伦堡州）的石油基本属于黏性、高硫和硫化物，含有冷凝液、乙烷、丙烷、丁烷和天然气多种伴生成分。同时，在奔萨州、乌里扬诺夫斯克州、彼尔姆边疆区以及乌德穆尔特共和国也有高、中硫化石油，在萨马拉州有低硫化石油。伏尔加联邦区天然气储量初步估计约4.4万亿立方米，主要集中在奥伦堡州（63%）、萨拉托夫州（22%）和彼尔姆边疆区（9%），剩余储量分布在奔萨州和萨马拉州以及乌德穆尔特共和国。该地区的气田有100多个，最大的是奥伦堡油气田，储量超过俄罗斯天然气储量的6%，达到8210亿立方米，其他大都属于中小

---

① Приволжский Федеральный округ, http://pfo.gov.ru/district.

矿床。伏尔加联邦区天然气工业储量采掘率达到50%，但只能满足自己需求的25%，其余的由西西伯利亚来满足。在该地区生产的天然气含有氦和硫化氢，重碳氢化合物的含量达到7%（如在萨拉托夫州）。同时，伏尔加河两岸还富含可燃页岩，采掘和加工在潮湿的山脊上进行。基洛夫州也有页岩资源，但目前还没有开发。在基洛夫州、下诺夫哥罗德州和马里埃尔共和国，有大约20亿美元的地质储量，其中有很大一部分属于高热物质。相对而言，伏尔加联邦区的煤炭资源虽并不丰富，但在彼尔姆边疆区、基洛夫州、巴什基尔共和国和奥伦堡州还是有些煤炭储备的。①

在其他矿产资源方面，伏尔加联邦区分布有世界上最大的钾盐矿之一的维尔赫涅卡姆斯克（Верхнекамский）。其可统计储量规模超过1730亿吨，进入了世界钾储量的前4名。在奥伦堡州伊列茨克（Илецкий）还有氯化钾矿床，在萨马拉州也有储备。该地区所分布的磷酸盐矿床可统计储量超过20亿吨（占俄罗斯的20%）且可以露天开采（3到30米），开采成本较低。然而，在恶劣的气候条件下，矿石开采具有较强的季节性。伏尔加联邦区还富产铜矿石以及铜锌。在巴什基尔共和国有锌矿，在奥伦堡州的镍矿中也有锌矿石。该地区还分布有铁矿石—天然合金（含有铬和镍），且集中在奥尔斯克—哈利洛沃（Орско-Халиловский）矿床。其中，萨拉诺夫（Сарановский）矿床是俄罗斯唯一使用的铬铁矿。在彼尔姆边疆区所发现的黄金主要分布在中乌拉尔和北乌拉尔。此外，该地区每年还大约有10万克拉的钻石开采。②

伏尔加联邦区的建筑原材料和森林资源储备丰富，大多为石膏、黏土、水泥原料、白云石、玻璃沙等。萨拉托夫州有高质量水泥厂的大矿床；奥伦堡州的基耶姆巴也夫（Киембаевский）有石棉矿；乌里扬诺夫斯克州的塔什林（Ташлинский）矿床是俄罗斯和独联体玻璃工业主要的原料商品基地。伏尔加联邦区森林占据了大部分地区：南部原始森林主要是云杉、冷杉、松树——最珍贵的商业木材；混合森林区分布着云杉和冷杉森林，但同时也混合着椴树，而再往南是橡树；宽叶森林地带是椴树、橡树及白蜡—椴树森

① Крылов П.М., Ресурсный потенциал России, Саратов: Ай Пи Эр Медиа, 2018, С.117–118.

② Наталья Наринян, Экономический потенциал развития ПФО, https://proza.ru/2016/12/31/165.

林，椴木是主要的木材。伏尔加联邦区北部部分地区的森林面积占到 80%。在彼尔姆边疆和基洛夫州的北部边境地区有大量的森林资源，其中经营性的森林主要是针叶树（云杉、松树）。在漫长的时间里，过度砍伐导致了该地区大量木材资源的减少，原来分布广泛的椴木森林地区被开垦成土地。此外，伏尔加联邦区大中河流蕴藏着较为丰富的谈水资源和水能资源，潜在的发电能力为 848 亿千瓦（占俄罗斯联邦的 3.5%），但各地区也面临水资源保护的压力。①

2. 强大的工业潜力和优越的地理位置

伏尔加联邦区工业门类较为齐全，主要有石油和天然气工业、电力、机械制造（尤其是汽车）、黑色和有色冶金、化学工业、食品工业。在该联邦区的许多地区广泛发展了航空、太空火箭和能源机械制造业以及船舶制造、仪表制造、机床制造等行业。伏尔加联邦区还在矿产肥料、合成树脂和塑料、轮胎、橡胶生产等方面居于领先地位。农业有专门从事粮食生产、向日葵、肉类畜牧业。伏尔加河的多功能农业生产综合体提供了俄罗斯四分之一的农产品和三分之一的粮食产量。在伏尔加河沿岸草原地区分布着著名的黑土，可以种植谷物、蔬菜、水果及畜牧业饲料，用来生产面粉、糖、油脂、牛奶、乳制品、香肠、罐头食品、葡萄酒等。萨马拉糖果工厂是欧洲最大的可可豆加工企业之一，其生产的是知名的“俄罗斯”牌巧克力。

在石油和天然气开采方面，伏尔加联邦区居于俄罗斯第 2 位，仅次于乌拉尔联邦区。其中，该联邦区的石油生产占俄罗斯全部开采量约 20%，天然气生产主要集中在奥伦堡州。从长远来看，伏尔加联邦地区有潜力成为俄罗斯最重要的石油产区之一，因为该地区发现了新的储备，包括在较大深度的深层油田。例如，鞑靼斯坦的库扎金斯基和乌尔姆利亚矿床（Кузайкинский и Урмышленский）属于高黏度、高浓度石油，难以开采。此外，彼尔姆边疆区的石油因为被困在盐水中而难以采取。

伏尔加联邦区的优势在于具有强大的制造业生产能力，并集中了俄罗斯全部工业生产的四分之一，其中俄罗斯汽车工业的 85%、航空制造业的

① Приволжский Федеральный округ, https://gosdoklad-ecology.ru/2017/subjects/pfo/section.pdf.

65%、石油化学工业的40%、造船工业的30%和国防工业综合体生产的30%都集中于此。伏尔加联邦区的产品结构特点是：制造业占比较高［约占总产值的24.5%（俄罗斯为19.3%）］，矿产资源开发占总产值的13.7%（俄罗斯为10.5%）。其中，机械制造业是伏尔加联邦区的传统优势部门，其所提供生产附加值要比俄罗斯的相应指标高出三分之一以上。以汽车工业为例，这里分布有俄罗斯最大的汽车企业，如伏尔加、高尔基、卡玛斯、乌里扬诺夫等知名汽车工厂，集中了俄罗斯超过73%的汽车制造（货车生产更是超过90%）、超过85%的公共汽车和超过80%的汽车发动机制造。①该地区航空航天工业发达且分布在下诺夫哥罗德、喀山、乌里扬诺夫斯克、萨马拉、萨拉托夫等地。如乌里扬诺夫斯克生产中程客机TY–204，萨马拉维修TY–154，而且新航空公司正设计TY–304。这里有著名的下诺夫哥罗德“雄鹰”飞机制造厂、喀山直升机公司和彼尔姆航空发动机制造公司等。②同时，这里的萨马拉国立航空航天大学和图波列夫克山技术大学专门培养航空工程师、火箭航天技术工程师并参与国家宇宙卫星和太空飞船工程。同时，伏尔加联邦区有多个创业集群获得国家批准，入驻的创新型企业占到全俄的三分之一，对外技术出口占全俄一半。在西方制裁的冲击下，由于研发效率降低，科技潜力出现了下降，但诺夫哥罗德和乌里扬诺夫斯克的科技潜力指数仍仅次于圣彼得堡而分别居第2位和第3位，而莫尔多瓦共和国、楚瓦什共和国和鞑靼斯坦共和国更是创新活动指数表现最好的地区，并且鞑靼斯坦共和国、巴什科尔托斯坦共和国、莫尔多瓦共和国即楚瓦什共和国在创新政策质量指数方面居于前列，其中莫尔多瓦共和国创新产品占工业总产值的近29%，是俄罗斯平均水平的3倍。③

伏尔加联邦区的工业生产总值在俄罗斯居首位，联邦预算收入仅次于中央联邦区居第2位，但其人均收入水平在全俄仅居第6位，外资存量方面更

① Приволжский федеральный округ, http://pfo.gov.ru/district.

② Характеристика природных ресурсов в ПФО, http://www.pfo.meteorf.ru/o–sluzhbe/spravochnaya–informacziya/xarakteristika–prirodnyix–resursov–v–pfo.html.

③ Абдрахманова Г.И., Бахтин П.Д., Гохберг Л.М. и др., Рейтинг инновационного развития субъектов Российской Федерации, под ред. Гохберга Л.М.; Нац. исслед. ун–т《Высшая школа экономики》, М.: НИУ ВШЭ, 2017, С.33, 40, 47, 169–198.

仅居第 7 位。同时，在伏尔加联邦区的联邦实体中，不同地区的收入差别巨大。其中，5 个最发达的联邦实体（鞑靼斯坦共和国、巴什科尔托斯坦共和国、萨马拉州、彼尔姆边疆区和下诺夫哥罗德州）占全联邦区总产值的 67% 以及工业生产的 70% 和联邦预算税收收入的 64%。在评估俄罗斯联邦主体的综合投资潜力中，这 5 个主体在生产、金融、创新、自然资源和消费能力等方面的投资评估中表现出高水平。例如，在鞑靼斯坦共和国，农业和能源是其支柱产业，是第一大乳制品生产区，而且特种车辆生产占到俄罗斯的 40% 以上。在人力资源发展方面，鞑靼斯坦共和国、巴什科尔托斯坦共和国和萨马拉州进入了前 10 名行列。

伏尔加联邦区位于欧亚大陆东西和南北交通运输走廊交会处，地理位置优越。其连接了伏尔加—维亚特卡经济地区、中伏尔加和乌拉尔经济地区的一部分，具有独特的过境枢纽地位。该地区经济发展最有利的条件是：位于国家东西部之间的位置保障了其与原料区和终端产品消费区之间的紧密联系。它与中央和乌拉尔等经济上高度发达的地区为邻，在北方与资源丰富的科米共和国及阿尔汗格尔斯克州相接，在南部与南部联邦区工农业区相连。这里密集的交通网络（由伏尔加河水运网络、连接俄罗斯东西及南北经济区的铁路以及来自西伯利亚的能源管道运输线构成）将该地区与俄罗斯其他地区以及哈萨克斯坦连接起来。由于来自西西伯利亚的大多数管道运输经过伏尔加联邦区，伏尔加联邦区的化学工业所需的燃料资源费用得到了降低。经过该地区的过境运输形成了俄罗斯最大的煤炭流动（从库兹巴斯运往西北部和黑海港口）。更进一步说，伏尔加联邦区位于国际运输走廊的十字路口，连接西伯利亚和远东以及西哈萨克斯坦、乌兹别克斯坦、塔吉克斯坦甚至亚洲和欧洲其他国家。近年来，伏尔加联邦区的交通基础设施有所改善，铁路密度在俄罗斯联邦居第 3 位（每万平方公里达 143 公里），仅次于中央和南部联邦区；在公路密度方面居第 2 位（每 1000 平方公里有 140 公里）。该联邦区大多数大型工业中心都位于伏尔加河两岸及其支流，密集的交通运输网络有力地促进了企业之间的合作关系。作为欧洲最大的河流，伏尔加河是促进整个地区一体化的主要因素。该地区的人口定居、资源开发、经济发展直接与使用这条水路（其在苏联时不仅是通向里海，而且是通向亚速海、黑海、波罗的海和白海的通道）。下诺夫戈罗德是伏尔加联邦区的中心，也是俄罗斯最大的城市之一以及最大的伏尔加河港口，人口 140 万，造船业闻名世界。

总体而言，从经济、人口、创新、投资、基础设施、生态、组织、教育和科学潜力等指标来评估看，伏尔加联邦地区有一定的竞争优势。伏尔加联邦地区拥有多样化的经济结构，包括采矿业、机械、农业、石油化工、建筑、交通、能源、生物技术和制药。该地区的环境和地理状况对于生活和商业活动都比较有利。其中，农业、林业和矿产资源尤其丰富。此外，人力资本也是该地区的竞争优势（比如，鞑靼共和国、巴什科尔托斯坦共和国和萨马拉州的人力资源排名均居俄罗斯前 10 名）。伏尔加联邦区各地区竞争优势情况见下表。

表 1 俄罗斯伏尔加联邦区各地区竞争优势①

地　　区	竞争优势领域
巴什科尔托斯坦共和国	先进的石油化学工业，出口占比大；有运转良好的农工综合体；矿产原料潜力较大；有科学教育潜力；有较大娱乐资源。
马里埃尔共和国	拥有工业综合体的多种产业特征；在建筑材料、玻璃沙、石膏等方面存在固态非金属矿产资源；有娱乐资源。
莫尔多瓦共和国	有先进的基础设施（特别是在运输、通信领域）和信息通信系统。
鞑靼斯坦共和国	有丰富的矿物原料资源；经济构成多元；工业潜力大；有先进的燃料动力综合体；有先进的运输后勤基础设施；有独特的科学教育综合体；较为丰富的娱乐资源。
乌德穆尔特共和国	有发达的工业潜力，碳氢化合物和矿物原料储量丰富；有先进的农工综合体。
楚瓦什共和国	有先进的建筑综合体；拥有高科技产品；现代电信和通信。

① Кагарманова А.И., Оценка уровня конкурентного потенциала регионов Приволжского Федерального округа (ПФО)// Интернет–журнал《Науковедение》Том 8, 2016, №5, http://naukovedenie.ru/PDF/85EVN516.pdf.

续表

地　区	竞争优势领域
彼尔姆边疆区	有较丰富的自然资源，特别是能源资源；俄罗斯运输网络的重要过境枢纽。
基洛夫州	有生产大宗商品的良好基础；在药品、高档家具生产方面富有竞争力；有高度发展的畜牧业和育种作物科学生产基地；旅游娱乐潜力巨大。
下诺夫哥罗德州	教育和创新基础设施完备；有巨大的工业潜力；有丰富的水资源和独特的旅游娱乐资源。
奥伦堡州	自然资源丰富；工业产品生产潜力巨大；处于乌拉尔和伏尔加河运输系统中心，也是俄罗斯和哈萨克斯坦交通运输的主要节点。
奔萨州	有先进运输基础设施；丰富的矿产原料可用于建筑材料生产和农业综合发展项目；有可用于创新项目的先进基础设施。
萨马拉州	拥有多领域工业综合体；拥有先进的运输基础设施；拥有高科技产业集群；有碳氢化合物储藏；拥有强大的科技潜力；拥有丰富的农业资源潜力；拥有独特的旅游娱乐资源。
萨拉托夫州	有丰富的矿产资源；拥有巨大的发电能力；地理位置优越，接近市场关键部位；拥有先进的运输基础设施；拥有科技和创新潜力。
乌里扬诺夫斯克州	土地资源、建筑材料、水资源和森林资源以及旅游潜力资源丰富；拥有先进的运输系统和高大雄伟的建筑群；有较完备的工业综合体，尤其是机械制造发达。

二、中国长江中上游 6 省市的资源与经济潜力

中方参与中俄两河流域合作机制的有四川、重庆、湖北、湖南、江西、安徽 6 省（市）。这些省市是中国长江经济带发展战略规划中的重要组成部分，它们在全国经济发展中具有重要地位。这 6 省市区域面积达 117 万平

方公里，约占全国总面积的1/8；常住人口超过3.5亿，约占全国总人口的1/4；GDP总量接近19万亿元，占全国的1/5以上（详细情况见下表）。该区域内有丰富的水资源、天然气等能源资源以及有色与稀有金属资源和野生动植物资源。同时，该区域已经形成了完整的工业体系，既有传统的重工业，也有现代制造业和先进的高科技产业。

表2 长江中上游6省市基本情况（2018年）

项目 省/市	面积（平方公里）（万）	常住人口（万）	GDP总量（亿元）	人均（GDP元）	第一产业（亿元）	第二产业（亿元）	第三产业（亿元）
四川	48.6	8341	40678	48883	4426.7	15322.7	20928.7
重庆	8.24	3102	20363	65687	1378.3	8328.8	10656.1
湖北	18.59	5917	39367	66532	3547.5	17088.9	18730.1
湖南	21.18	6899	36426	52949	3083.6	14453.5	18888.7
江西	16.71	4648	21985	47300	1877.3	10250.2	9857.2
安徽	14.01	6324	30007	47449	2638	13842.1	13526.7
总计	117.33	35231	188826	53587	16941.4	79286.2	92587.5

资料来源：依据各地方省市政府国民经济与社会发展统计公报整理、统计而成。

1. 丰富的自然资源

长江是世界第三大河流，其中上游蕴藏着丰富的水资源和水能资源，是中国水量最丰富的河流。长江流域中上游6省市年均降水总量可达20000亿立方米，平均水资源总量超过10000亿立方米，占全国水资源总量的30%以上，每平方公里水资源总量约为54万立方米，为全国平均值的近2倍。丰富的水资源在满足本地经济发展和人民生活需要的同时，还通过南水北调工程极大地缓解了北方水资源短缺的压力。不仅如此，这一区域更是蕴藏着巨大的水能资源。长江流域整体上西高东低，地形起伏较大，总落差约5400米。这使流经河流蕴藏着巨大的水能资源。长江流域的水能资源主要集中在上游，占到全国的40%，但是开发集中在中游地区，可开发的水能资源约5500×104千瓦，约占全国总量的10%以上，开发条件优越并具有综合效益。[1] 在四川、重庆、湖北、湖南及江西省境内，长江及其支流大都在高山峡谷中穿行，河水落差大，水能资源丰富。例如，金沙江、雅砻江、大渡河、乌江、清江、沅江等在全流域水能开发中占有极其重要地位。另外，如岷江、嘉陵江、湘江、汉江、赣江等河流的中下游穿过丘陵平原也存在落差，同样获得巨大水能资源的条件。在国家规划的 13 个大型水电基地建设中，该区域占了 7 个，分别是长江上游干流水电基地和金沙江、雅砻江、大渡河、乌江干流、湘西、闽浙赣水电基地。其中，中大型水电数量多，发挥了防洪、航运、发电、灌溉等巨大的综合效益。四川、湖北和湖南进入了全国 10 大水电大省区，而四川更以超过 7246 万千瓦位列第 1 位，湖北位居第 3。著名的大型水利枢纽包括世界最大的水利枢纽工程长江三峡水利枢纽工程、位于金沙江上的居于世界第 3、4、5、7 位的溪洛渡、白鹤滩、乌东德与向家坝水电站以及位于雅砻江上世界排名第 16 位的锦屏二级和第 20 位的二滩水电站，再加之葛洲坝水电站等。这些水利工程不仅很好地服务于当地生产和生活的需要，还为“西电东输”工程做出了重要贡献。

除了水能资源，这一地区的天然气资源也比较丰富，但石油资源匮乏。四川盆地天然气总资源量达到 38 万亿方，约合 300 亿吨石油当量，其中，可采资源量达到 26 万亿方，约合 200 亿吨石油当量，位居全国第 1。位于达州的中石化普光气田资源量达 8916 亿立方米，探明地质储量 4122 亿立方米，年产气达 110 亿方，硫黄 200 万吨，是国内规模最大、储量最高的海相高含硫气田，也是全国第 2 大气田和“川气东送”工程的气源地。另外，根据 EIA 的评价，中国页岩气储量位列全球第 2 位，达 32 万亿立方米，页岩气开发将成为国内油气勘探开发最有力的增长点。中国页岩气自 2013 年开始实现商业化开采后，开采规模仅次于美国和加拿大，位列世界第 3 位。中国的页岩气主要分布在四川、重庆。四川盆地页岩气主要分布在自贡、泸州、宜宾一带，埋藏深度在 3000 米到 6000 米。据源自然资源部油气研究中心数据，四川盆地的页岩气资源量约为 27.5 万亿立方米，占全国的 21%；可采资源量达 4.42 万亿立方米，占全国的 17.67%，资源量和可开采量均居

① 王威主编《长江流域及西南诸河水资源公报（2017）》，长江出版社，2018。

全国第1位。[①]在四川盆地及周边的海相地层，累计探明页岩气地质储量7643亿立方米，包括在重庆涪陵和四川威远—长宁页岩气田累计探明地质储量分别为6008亿和1635亿立方米。[②]在国家能源局发布的《页岩气发展规划（2016—2020年）》中[③]，四川、重庆等西南地区被列为页岩气发展重点地区，“十三五”规划期间的重点建设产区基本分布于此。从环保出发，页岩气开发正步入快车道。在国家发改委《天然气发展十三五规划》[④]中提出，到2020年一次能源消费中天然气占比将达到10%（现在是7.2%），而十二五期间最高为5.9%。在国家发改委出台的《加快推进天然气利用的意见》中[⑤]，天然气已经由过渡能源成为中国现代清洁能源体系的主体能源之一。四川天然气的开发主要由中石油主导，建成了首个国家级页岩气示范区长宁—威远国家页岩气产业示范区，页岩气开采步入加速阶段。2017年四川省页岩气年产量达到30亿立方米，约占全国页岩气产量的33%；2018年超过50亿立方米，2019年有望达产100亿立方米的目标，并计划到2025年页岩气产量达到200亿立方米以上，累计探明页岩气地质储量将达7000—10000亿立方米。四川已经明确把建成全国最大的页岩气生产基地、体制机制示范基地、全国重要的装备制造服务基地作为页岩气产业的发展目标。重庆也是国内页岩气最富集的地区之一，资源量估算超过13万亿立方米，其开发由中石化主导。涪陵有中国最大的页岩气田，也是北美以外的最大页岩气田，预计年产量很快到100亿立方米。重庆市发改委还与中石油西南分公司签约投资50多亿元建设天然气地下储气库。预计到2022年，该储气库建成投产后将使重庆成为国内最大的天然气地下储气基地、储气业务商业运营基地和储气交易中心。按照《重庆市页岩气产业发展规划（2015—2020年）》，重庆正在建成全国页岩气勘探开发、综合利用、装备制造和生

① 《攻坚克难　创新引领页岩气自主开发》，《科技日报》2017年4月28日。

② 《我国成为页岩气生产大国　去年产量位居世界第三》，《经济参考报》2017年8月28日。

③ 《国家能源局关于印发页岩气发展规划（2016-2020年）的通知》，http://www.gov.cn/xinwen/2016-09/30/content_5114313.htm。

④ 《国家发展改革委关于印发石油天然气发展“十三五”规划的通知》，http://www.ndrc.gov.cn/zcfb/zcfbtz/201701/t20170119_835560.html。

⑤ 《关于印发〈加快推进天然气利用的意见〉的通知》，http://www.ndrc.gov.cn/zcfb/zcfbtz/201707/t20170704_853931.html。

态环境保护综合示范区、国家级页岩气开发利用综合示范区，到2020年累计投资达1300多亿元，实现页岩气产能300亿立方米/年，全产业链产值突破1300亿元。[①]此外，湖南和湖北已查明页岩气资源量已分别超过9万和11万亿立方米。湖北页岩气开发区有望与重庆涪陵、四川长宁—威远形成“三足鼎立”的资源格局。同时，该地区煤系天然气[②]的勘探和开发也取得了较大突破。四川的煤层气资源富集，规模化开发还处于起步阶段。在川南地区，调查预计煤系气资源量约4500亿立方米，3个有利区煤系气资源量约2125亿立方米。安徽省两淮地区煤系天然气的勘探也获得了重要发现，预测地质资源量为1.9万亿立方米，约折合17.1亿吨原油当量，预测可采储量约3000亿立方米，而且开发难度相对较小。[③]这是近年来中国最大的油气发现之一。

除了水能和天然气外，该区域的煤炭和石油等矿物能源资源较少，但其他能源资源（如风能、太阳能、生物能、地热能等）较为丰富，是中国新能源发展的重点地区。石油主要分布在江汉和川中地区。安徽煤炭丰富，且主要分布在淮北和淮南，所产炼焦煤可供长江流域企业的一部分，但动力用煤远不能满足需要。安徽省煤炭保有资源储量300亿吨，年原煤产量超过1.2亿吨，约占全国总产量的3.5%。鄂、湘、赣、渝虽有一些储量和产量但都满足不了本省的需要。该地区的发电用煤和一部分工业、生活用煤主要靠北煤南运补充。

长江中上游6省市还有丰富的有色金属、稀有金属和非金属矿产资源。四川省有钒、钛、锂、轻稀土、硫铁矿、芒硝、岩盐等15种矿产在全国查明资源储量中排第1位，其中具有世界意义的钛储量占世界82%、钒储量占世界1/3。四川攀西攀枝花钒钛磁铁矿典型示范区是中国著名的钒钛磁铁矿分布集中地，已查明钒钛磁铁矿矿石储量超过100亿吨，占中国同类型矿产总储量的95%以上，占全国铁矿总储量的15%以上。攀西地区的钛约17.3

① 《重庆市页岩气产业发展规划（2015—2020年）印发》，http://gas.in-en.com/html/gas-2414714.shtml。

② 煤系天然气是煤炭资源的伴生矿产，主要涵盖页岩气、煤层气和致密砂岩气等多种非常规天然气。

③ 《安徽两淮地区煤系天然气研究取得重大进展》，《中国矿业报》2017年4月25日。

亿吨，居世界第1位；钒4000万吨左右，世界排名第3。近年，在四川阿坝州新发现锂矿储量近52万吨，达到超大型矿规模。同时，四川甘孜州的甲基卡锂辉石矿区探明锂资源储量已达到188万吨，估价达3800多亿元，未来有望突破300万吨。这样，四川将成为全球矿产锂基地。作为战略性的能源金属，锂被称为“白色石油”，用途广泛，是生产氢弹、中子弹、质子弹的重要材料，也是生产医药、玻璃、电池等生活必需品的主要原料。中国锂资源对外严重依赖，70%的需求要进口。由于新能源汽车的发展，到2026年全球锂需求量将从2016年的18.9万吨涨到100万吨。重庆铝土矿、岩盐、锶矿储量居全国第1，锰矿和钡矿储量分别居全国前列。近期，在重庆又发现了纯度达90%、储量20亿吨的巨型盐矿。湖北的磷矿、钛矿（金红石）、累托石黏土、建筑用砂岩等资源储量居全国之首，纤维石膏产量占全国80%以上，铌、锂、锶、硒及盐矿等矿产资源储量也居全国前列。江汉平原的盐矿储量丰富，其中云应盐矿、天潜盐矿盐最为著名。湖南、江西是有色金属、稀有金属和稀土资源丰富的地区，是铜、钨、锑的主要产地。本区钨矿资源量约占全国的55%、锑矿占38%、铜矿占36%。非金属矿产资源中，金红石、磷矿石水泥用石灰岩等储量较大。湖南以钨、锡、锑、铅、锌、铜等矿的开发为主，柿竹园的钨矿、冷水江的锑矿、水口山的铅锌矿等都是全国著名的有色金属产地，建立了以黄沙坪、水口山、宝山、株洲冶炼厂为主体的铅锌采选冶工业基地，以锡矿山、板溪为主体的锑矿山生产与加工基地，以柿竹园、瑶岗仙、川口、株洲硬质合金厂为主体的钨矿山生产与加工基地。江西盛产铜、钨、铀、钽、稀土、金、银。江西铜储量占全国总储量的1/5，工业储量占全国储量的1/3，已建成亚洲最大的铜矿和全国最大的铜冶炼基地。江西重稀土储量很大，其中钇族稀土探明储量占全国第1位。矿床主要分布在赣州地区。江西黑钨储量在全国占第1位，浮梁县朱溪钨矿成为新的世界最大钨矿。在横峰葛源矿区钽铌矿项目探明钽矿储量近3万吨，规模为目前亚洲最大。安徽省铁、铜、硫、磷、明矾、石灰岩等矿产储量较为丰富，正建设马鞍山、霍邱、庐江铁矿基地，以便更好地提高矿石产量和选矿综合利用水平。安徽的铁矿资源已成为武汉、马鞍山、南京、上海等钢铁基地的矿山基地，但这些铁矿中贫矿占储量的90%以上。金寨沙坪沟钼矿是世界第一单体钼矿床，怀宁朱冲铁矿填补了安徽大型富磁铁矿空白。

此外，四川西部、湖北西部、湖南西部和江西等地森林资源丰富，林木蓄积量占全国的20%以上，经济林则居全国首位，生产用林仅次于东北林区，以杉木、茶树、油桐、油茶、漆树、柑橘、竹林等为主。四川省森林覆盖率超过30%，木材蓄积量居全国第二。湖南属亚热带常绿阔叶林区，主要自然生态系统类型为森林和湿地生态系统。湖北省自然地理条件优越，海拔高低悬殊，树木垂直分布层次分明，优越的森林植被呈现出普遍性与多样化的特点。江西植被以常绿阔叶林为主，属于典型的亚热带森林植物群落。

2. 强大的发展潜力

长江中上游流域水资源丰富，耕地约占全国的20%，成都平原、江汉平原、洞庭湖平原、鄱阳湖平原、巢湖平原和江淮平原都是重要的商品粮基地，以水稻和棉花种植为主。此外，在该区域的亚热带丘陵山地主要出产茶叶、柑橘、油茶和油桐。长江中上游地区有着强大的工业基础，不仅是以钢铁和有色冶金为主的重工业基地，而且还是重要的制造业基地。其中汽车及其他交通设备制造著名，更有以成都、重庆、武汉等为代表的高科技创新基地。

（1）四川

四川经济总量连续多年位居西部首位，是中国第三批自由贸易试验区、西部综合交通枢纽和经济发展高地，是西部工业门类最齐全的省份。四川不仅冶金、化工、机械、电子、航空航天、核工业、建筑材料、食品、丝绸等部门在全国占有重要地位，而且新一代信息技术、高端装备制造、新材料、节能环保等新兴产业在近年来也得到快速发展。新挂牌的自贸区将助推四川打造成内陆与沿海沿边沿江协同开放的经济高地。未来，按照《关于加快构建“5+1”现代产业体系推动工业高质量发展的意见》规划，到2022年四川省将基本建立具有自身特色优势的“5+1”现代产业体系，即以电子信息、装备制造、食品饮料、先进材料、能源化工5个万亿元级支柱产业和数字经济为主体的产业体系。[①]

（2）重庆

重庆是西南地区最大的工商业城市、金融中心、创新中心和水、陆、空型综合交通枢纽，也是国家中心城市。重庆是中国重要的现代制造业基地。这里有全球最大电子信息产业集群，是全球最大的笔记本电脑生产基地和全球第二大手机生产基地。重庆高新区电子信息产业已纳入科技部创新型产业集群试点。重庆还形成了以汽车产业为龙头的装备制造、综合化工、材料、能源和消费品制造等产业集群。在对外开放方面，重庆自由贸易试验区、中新战略性互联互通示范项目、两江新区、两路寸滩保税港区、西永综合保税区、渝新欧和渝满俄国际铁路、铁路和公路保税物流中心等项目构建起了“国际陆海贸易新通道”。

（3）湖北

具有“九省通衢”之称的湖北是华中地区最大的水陆交通枢纽，武汉也是华中最大的综合性工业城市和经济中心。湖北在汽车、钢铁、电子信息、装备制造、化工、建材、有色金属等具有规模经济效益的重点领域既有以钢铁、化工为主的重工业，也有以汽车和装备制造为核心的现代制造业，以及以电子信息为主的信息技术产业。湖北省在《关于推进全省十大重点产业高质量发展的意见》中把集成电路、地球空间信息、新一代信息技术、智能制造、汽车、数字、生物、康养、新能源与新材料、航天航空选为重点发展产业，着力突破核心技术。这一产业发展方向既关注到了前沿产业领域，也结合了自身研发和人才优势，还紧扣民众对美好生活的诉求。[②]对此，湖北省将实施重点产业专项发展规划、创建武汉综合性国家产业创新中心、壮大汽车产业走廊和光谷“芯屏端网”等现有优势产业集群等举措。按照规划，湖北省汽车产业技术创新联盟已在武汉正式成立。

（4）湖南

湖南省是中部地区的重要省份，钢铁、机电制造、生物医药、高新技术

① 《关于加快构建“5+1”现代产业体系推动工业高质量发展的意见》，《四川日报》2018年11月29日。

② 《十大重点产业，将给湖北带来什么》，《湖北日报》2018年3月6日。

产业都比较发达。目前，湖南正由传统重化工业向高端制造和技术密集型产业演变。轨道交通和装备制造业发展迅猛，中车株机、三一重工、中联重科、铁建重工带动形成集中度最高的产业集群。以轨道交通为主的湖南铁路、船舶、航空航天和其他运输设备制造业在全国同行业中优势地位明显。汽车制造已成为推动全省工业经济增长的主要动力。

在全省4大区域工业中，长株潭地区发挥区位、技术和人才优势，成为全省工业核心增长极；环洞庭湖地区加快工业绿色发展；湘南地区通过承接沿海产业转移工业体系不断完善；大湘西发挥资源优势，培育了一批特色产业。

（5）江西

江西有色金属采冶工业较发达，逐步形成了“南钨北铜”为主体的国家重要有色金属生产基地。赣州的钨冶炼工业基地和赣北铜业基地成为江西重工业的聚集区。贵溪冶炼厂是中国规模最大的现代化炼铜企业。飞机制造、汽车制造、船舶工业、制瓷工业、电子工业、光伏产业、纺织及造纸工业在全国都占有重要地位。到2020年，全省开发区已形成100个重点产业集群，创新型集群占省级重点工业产业集群达到30%，形成了一批国家级产业集群。

（6）安徽

安徽是中国重要的农产品生产、能源、原材料和加工制造业基地，汽车、机械、家电、化工、电子、农产品加工等行业在全国占有重要位置。安徽省矿产资源的开发利用在国民经济中占有重要地位，已形成能源、建材、冶金、有色金属、化工5大基础产业，是国家级的原材料工业基地和能源供应基地。“十三五”期间，安徽加快发展壮大新一代信息技术、高端装备和新材料、生物和大健康、绿色低碳、信息经济5大产业，形成了在国内外有重要影响力的重大新兴产业基地①；在装备制造业领域，积极发展智能装备、航空装备、燃气轮机、智能电网和新能源装备、轨道交通和海洋工程装备、节能环保装备、工程机械和农机装备等高端智能装备制造业，加快电工电器

① 《安徽省出台战略性新兴产业“十三五”发展规划》，《安徽日报》2016年10月24日。

行业、重型矿山机械行业、石化通用机械行业、铸造行业等优势传统装备制造业转型升级，大力突破关键基础零部件，同时引导发展装备制造服务业。①

此外，长江中上游处于中国的中心地带，基础设施完善，水陆交通便利。虽然该地区分布着众多高山峡谷，但近年来随着中国基础设施建设能力的进步，长江中上游的陆铁交通也已经完全打通。目前，中国铁路大动脉南北“八纵”铁路通道中有六纵通过该地区联通南北，分别是京沪通道、京九通道、京广通道、大湛通道、包柳通道、兰昆通道；“八横”铁路通道中有三横［宁西通道、沿江通道、沪昆（成）通道］把该地区与中国东、西部联通起来。相应地，长江水系是中国内河航运最发达水系，通航河流共有3600余条，通航里程居世界之首。中上游6省市共有通航里程近万公里，成为联通西南和东部沿海及远洋的重要水上通道，同时通过支流辐射南北，一起形成了四通八达的水运网。在长江干流上，分布着重庆、武汉、长沙、南昌、芜湖5大港口和水运中心。

三、俄罗斯“向东转”与“一带一路”倡议的对接

金融危机推动了全球范围内权力政治秩序的重构。亚太地区的国际关系随着中国的快速崛起正在发生深刻的变化。为了适应当前全球权力转移的新态势，俄罗斯领导层越来越多地关注亚太地区。几乎在美国调整全球战略重心的同时，2009年9月中俄签署了《中国东北地区和俄罗斯远东及东西伯利亚地区合作规划纲要》。这标志着俄罗斯的亚洲政策已作出了安全与发展并重且发展优先的现实选择。相应地，确定新型亚太战略成为俄罗斯领导层和学界关注的核心问题。俄学界甚至提出，亚太地区正在取代欧洲成为世界经济的“发动机”，俄罗斯应该发挥自己独特的地缘优势，做一个新的“欧洲太平洋大国”，可以把首都迁往西伯利亚和远东地区或者通过在这一地区建立一个太平洋首都的方式，实现将政策从根本上转向亚太地区并

① 《关于印发安徽省“十三五”装备制造业发展规划的通知》，http://www.aheic.gov.cn/info_view.jsp?strId=14879210836481714。

使自己的经济与政治进程融入亚太地区。[①] 2012 年 2 月 27 日，普京在总统竞选前发表的一篇文章中，专门谈到了要提高亚太经合组织的作用并把俄与亚太国家的关系置于与欧美关系之前的问题，强调要通过举办亚太经合组织峰会带动远东和西伯利亚地区的发展，融入亚太地区充满活力的一体化进程。[②] 2012 年 9 月，亚太经合组织符拉迪沃斯托克峰会的召开标志着俄罗斯对亚洲的热情达到阶段性高潮。

乌克兰危机是俄罗斯与西方关系的结构发生逆转的外在动因，它推动俄罗斯既定"向东转"战略的全面实施。2016 年 12 月 1 日，普京总统在向俄罗斯联邦会议发表的国情咨文中表示，鉴于国家的长远利益和国际发展趋势，俄罗斯需要把更多的注意力投到东方，重视"向东"发展，推进"积极的东方政策"。[③] 与此同时，《俄罗斯联邦对外政策构想》针对日益全球化的世界形势正式提出："世界形势正在发生实力和发展潜力的去中心化，世界重心正在向亚太区域转移。西方在世界政治、经济领域的主导地位正在收缩。"[④] 俄罗斯的亚太政策包含了远东及西伯利亚开发与融入亚太经济一体化相对接的经济向度。尽管受全球金融危机、西方经济复苏乏力的影响，中国经济进入了新常态，但以"中国奇迹"为引擎的亚太经济仍能够维持在世界平均水平之上。而俄罗斯与西方关系因乌克兰危机而降至冷战结束以来的最低点表明，俄罗斯在其致力于西向发展战略受阻之后的"向东转"进程中，中国已成为其外交和经济的优选合作伙伴。

后金融危机时代，在反全球化和贸易保护主义抬头背景下，中国提出了

---

① Никонов В.А., Россия как евро-тихоокеанская держава: новые тенденции в Азиатской региональной архитектуре и роль России, https://istina.msu.ru/publications/article/4990634; К Великому океану, или новая глобализация России. Аналитический доклад Международного дискуссионного клуба《Валдай》, Москва, июль 2012 г, http://www.karaganov.ru/content/images/uploaded/a35455a80df7c2e23eba579d0f87665f.pdf.

② Владимир Путин, Россия и меняющийся мир// Московские новости, 27 февраля 2012 г.

③ Послание Президента Российской Федерации от 01.12.2016 г. б/н, 1 декабря 2016 г, http://www.kremlin.ru/acts/bank/41550.

④ Указ Президента Российской Федерации: Об утверждении Концепции внешней политики Российской Федерации, 30 ноября 2016 г, http://static.kremlin.ru/media/acts/files/0001201612010045.pdf.

“一带一路”国际合作倡议。接替叶利钦执掌大权后，普京曾计划通过组建欧亚经济联盟来重整后苏联空间，而中国“一带一路”国际合作构想的提出地恰是在哈萨克斯坦。一段时间内俄罗斯方面对此心存疑虑，担心中国在它的“后院”中亚展开争夺。在“丝绸之路经济带”倡议推进中，中国一直通过两国各层次平台积极与俄方进行对话和沟通。有鉴于乌克兰危机后中国对俄的坚定支持，莫斯科意识到只有拥抱“一带一路”国际合作和全面深化中俄关系才是摆脱困境的最好选择。当前，亚洲在俄罗斯外交中的定位明显提升，这不仅是俄基于对远东开发所需市场、资本和技术等经济因素的考虑，更多的是包括外交、政治在内的俄罗斯战略重心的全面“向东转”的结果。加大对亚太的能源出口，是俄罗斯实现能源出口多样化的重要目标。因为预计到2035年，亚太地区将占全球能源需求增长的64%，而中国则是能源需求增长的主要驱动因素。① 未来，俄罗斯进一步加快发展与亚洲国家的关系不仅限于防范西方给自身所造成的毁灭性制裁，其深层的战略考量其借力东亚和东南亚市场复兴俄罗斯。在此过程中，中俄在各领域的深入合作无疑是重中之重。

在克里米亚公投入俄后，普京明确宣布支持中国“一带一路”倡议。2015年4月，俄罗斯政府宣布以创始会员国身份加入亚洲基础设施投资银行；5月中俄发表《关于丝绸之路经济带建设和欧亚经济联盟建设对接合作的联合声明》，俄罗斯在“一带一路”国际合作倡议上的态度终于迈出了决定性且务实的一步。自2016年10月开始，中国与欧亚经济联盟通过五轮谈判、三次工作组会和两次部长级磋商，于2017年10月1日顺利实质性结束谈判。2018年5月，中国与欧亚经济联盟共同签署了《中华人民共和国与欧亚经济联盟经贸合作协定》（2019年10月25日生效）。该协定共13个章节，涵盖了海关合作和贸易便利化、知识产权、部门合作以及政府采购等多个领域，包含了电子商务和竞争等新议题，旨在强化政策和规则对接，进一步减少非关税贸易壁垒，提高贸易便利化水平，为产业

① Новак: поставки нефти в АТР в ближайшие 5 лет вырастут до 30% экспорта РФ, 4 сентября 2015 г, https://tass.ru/ekonomika/2234951.

发展营造良好环境。

俄罗斯既是中国最大的邻居，也是最紧密的战略协作伙伴。中俄合作以及中俄+第三方合作对“一带一路”建设具有重要意义。“一带一路”六大经济走廊中有三条与俄罗斯直接相关。第一，中蒙俄经济走廊体现了“丝绸之路经济带”与蒙古国“草原之路”倡议、俄罗斯跨欧亚大铁路计划的对接，有助于从华北、东北两条线到内蒙古，再到蒙古和俄罗斯（在赤塔可接入亚欧大陆桥）的经济融合。通过加强铁路、公路等互联互通建设，推进通关和运输便利化，探讨三方跨境输电网建设，开展旅游、智库、媒体、环保、减灾及救灾等领域务实合作，中俄蒙正在把这里打造成一个新的经济带。第二，新亚欧大陆桥（第二亚欧大陆桥）是从连云港到鹿特丹港的国际化铁路干线。这条经济走廊由陇海和兰新铁路组成，途经江苏、安徽、河南、陕西、甘肃、青海、新疆 7 个省区，到中哈边界的阿拉山口出国境后可经 3 条线路最终抵达鹿特丹港。其中，中线经友谊站接轨进入俄罗斯铁路网，途经斯摩棱斯克、布列斯特、华沙、柏林到达鹿特丹港，全长 10900 公里，辐射国家和地区 30 多个。新亚欧大陆桥是连接亚欧两大制造中心距离最短的陆路通道，相比西伯利亚大铁路缩短行程最多 5000 公里，比海运更是缩短近万公里，具有重要战略经济意义。第三，中国—中亚—西亚经济走廊从新疆出发，途径中亚五国、伊朗、土耳其等国，抵达波斯湾、地中海沿岸和阿拉伯半岛。众所周知，中亚是俄罗斯的传统势力范围，中俄合作对于打通这条经济走廊具有重要意义。2019 年 8 月 1 日，吉尔吉斯斯坦和乌兹别克斯坦两国元首在比什凯克举行会谈，双方重点指出修建中吉乌铁路干线的重要性和紧迫性，表示将尽快结束有关谈判。[①] 而且，俄罗斯也有兴趣参与中吉乌铁路的建设，这无疑有利于进一步加深中俄合作。中吉乌铁路的建成将完善新亚欧大陆桥南部通路，有利于中亚、里海石油的开发和利用，对

① 1997年，巴黎举行的“欧洲—高加索—亚洲运输走廊组织”会议提出了建设中吉乌铁路议题。当年，在中方的积极推动下，中吉乌签署了备忘录，但随后一直没有实质性进展，主要原因在于：吉尔吉斯斯坦国内尚未达成政治共识以及中吉双方在轨距与资金筹措问题上的分歧。根据规划，中吉乌铁路全长约 523 公里。其中中国境内 213 公里，吉尔吉斯斯坦境内 260 公里，乌兹别克斯坦境内约 50 公里。这是中国到欧洲、中东的最短货运路线。

促进该区域经济发展和调整能源发展战略都具有重要意义。相应地，伏尔加河沿岸联邦区可以发挥运输走廊中转枢纽的作用，而且部分中欧班列已经把伏尔加河沿岸联邦区和长江中上游地区连接起来，其潜力仍在进一步发掘。

四、俄罗斯创新发展战略与中国新发展理念高度契合

自全球金融危机以来，俄罗斯一直在推进经济增长方式由能源原材料驱动向创新驱动转型。特别是在乌克兰危机爆发后，这种转型的力度在不断加大。俄罗斯经济增长方式的调整与中共十八届五中全会所确立的实现“十三五”时期发展目标所遵循的创新、协调、绿色、开放、共享发展理念相契合，从而为两河流域地区间合作不断深入指明了方向、确立了原则。

1. 俄罗斯的创新发展战略

关于调整经济结构和经济增长方式，俄罗斯已经喊了很多年，但一直没有解决。在普京的前两个任期（2000—2007 年），在国际油价高企的背景下，俄国内生产总值增长平均达到了 7%，社会稳定，民众收入和退休金增长较快。但俄罗斯经济对能源的严重依赖和生产效率低下的痼疾依然存在。对此，普京有着深刻的认识并着手进行调整。2008 年 2 月 8 日，普京在俄罗斯国务委员会扩大会议上发表《俄罗斯联邦2020年前发展战略》①的讲话中说：“尽管近年来取得了一些成绩，我们还是未能摆脱能源型的经济发展模式。目前俄罗斯对进口商品和技术的依赖性不断增强，导致我们沦为世界经济的原料附庸，并被挤出世界领先国家的行列。同时也无法保障俄罗斯的国家安全和正常发展，国家还会面临存亡的危机，这丝毫没有夸大其词。为避免事态这样发展，国家创新发展战略是唯一现实的选择。”在讲话中，普京确定了俄罗斯到 2020 年前社会经济发展的主要方向，包括重返数字化技术领导者行列，经济主要领域的劳动生产率要增长 4 倍以及中产阶级的比例

① Выступление на расширенном заседании Государственного совета《О стратегии развития России до 2020 года》, 8 февраля 2008 г, http://www.kremlin.ru/events/president/transcripts/24825.

要提高到总人口的 60%—70% 等。

2011 年 11 月，俄罗斯经济发展部牵头正式出台了《俄罗斯联邦 2020 年前创新发展战略》。该文件对 2020 年前俄经济发展的目标、路径、方式等做了较为明确的规划，进一步提高了发展预期和国家支持力度。该文件还建议成立专门委员会来监察创新战略成果，并定期向总统经济现代化和技术发展委员会以及国家杜马提交年度报告。① 2012 年初，为迎接总统选举，普京在媒体上连续发表的多篇文章（如《俄罗斯集中精力：我们要应对的挑战》②《我们需要新型经济》③等）中详细阐述了俄罗斯经济发展目标和政策（其中包括要摆脱对能源和原料出口的依赖），提出俄罗斯经济总量在 2020 年进入世界前 5 名，人均 GDP 达到 3.5 万美元，成为世界经济的领导者等"硬指标"。第三次入主克里姆林宫后，普京马上改组了"经济现代化和技术发展委员会"和"政府高新技术和创新委员会"，并将隶属于总统的"经济现代化和创新发展委员会"提升为新时期俄罗斯加强创新宏观管理的战略决策机构；将原属于俄科学院的科研所管理权转交给总理直辖的联邦科研机构管理署，以加强对俄科学院资产和资金分配的管理，为实现国内科研设备共享和科研资金使用效率提高奠定基础，进而提高科研效率；成立高风险前景研究基金会，助力国防工业的创新突破并推动有关科研成果和知识产权的转化应用；出台《2013—2020 年国家科技发展纲要》，政府拨款支持实用技术研究并协助研发成果推广；提升有俄罗斯"硅谷"之称的斯科尔科沃创新中心的战略地位，并为其在高效能源、核技术、空间、生物医药及计算机等高新技术的科学研究提供特殊的科研条件；发挥国家财政补贴和税收优惠政策的创新引领作用，全面推进区域创新集群建设计划的实施，借以整合分散各地的科技园区、技术转移中心、科学城等创新基地。

乌克兰危机后，面对西方制裁的冲击，俄罗斯经济虽然挺过了严冬，但经

① Стратегия инновационного развития Российской Федерации на период до 2020 года, 8 декабря 2011 г, http://government.ru/docs/9282.

② Владимир Путин:Россия сосредотачивается–вызовы, на которые мы должны ответить// Известия, 16 января 2012 г.

③ Владимир Путин, Нам нужна новая экономика// Московские новости, 30 января 2012 г.

济转型进程因此受阻，经济缺乏结构性改革仍是面临的主要风险之一。[①]2015年1月和2016年3月，俄罗斯政府两次推出反危机计划，一方面旨在阻止经济下滑，稳定经济形势；另一方面则希望推动进口替代，刺激非能源原料部门生产及出口。除了专门成立由联邦总理亲任主席的进口替代委员会，普京还命令俄罗斯政府不得购买使用因特尔和AMD芯片的计算机，并要求官员以乘用自产汽车代替乘坐美国制造的汽车，同时“支持中小企业自行扩大”业务。[②]然而，在资金、技术、创新不足背景之下，进口替代政策对经济结构调整的效应必然有限，而俄罗斯经济依赖能源的惯性仍然存在。事实上，俄罗斯经济形势变化仍然与国际市场油价波动高度相关，俄联邦政府的经济增长和预算编制仍把石油价格作为关键变量，也被各方视为最便捷的危机解决方案。普京在2012年列举的经济发展目标大都没有能够实现，社会不满情绪也有所显现。更有学者尖锐地批评到：普京当政以来俄罗斯本来可以利用丰富的石油出口赚得的美元为未来数十年的经济腾飞夯实基础，但真实情况是这些石油美元没用于基础设施建设，承诺的摆脱石油依赖也落空，石油、石油产品及天然气在出口中占比从1999年的39.7%到2014年已高达69.5%。[③]

显然，俄罗斯经济面临的最大挑战仍然是结构性矛盾，没有经济结构的根本性调整，俄罗斯经济将无法从根本上克服基础脆弱和抗风险能力差的弱点。在2018年国情咨文、“新五月法令”、2019年国情咨文中，普京就未来6年的经济增长、民生保障、改造基础设施、教育、卫生事业等方面的目标和政策进行了详细阐述，并提出未来6年里要让贫困率减半、改造基础设施、增加住房供应以及加强民主体制。[④]其中，“新五月法令”提出俄罗斯

---

① Будет ли кризис в 2019 году в России, 28 апреля 2018 г, https://2019-god.com/budet-li-krizis-v-2019-godu-v-rossii.

② Послание Президента Российской Федерации от 03.12.2015 г. б/н, 3 декабря 2015 г, http://www.kremlin.ru/acts/bank/40542.

③ Владислав Иноземцев, Державное бессилие: каковы итоги 16-летнего правления Владимира Путина, 12 января 2016 г, https://www.rbc.ru/opinions/economics/12/01/2016/5694b0229a79473841558e1f.

④ Послание Президента Федеральному Собранию, 1 марта 2018 г, http://www.kremlin.ru/events/president/news/56957.

要进入世界前5大经济体，经济增长要超过全球平均水平，在加工业和农工综合体等基础产业领域形成以高新技术为依托的高效出口导向型部门并加速数字技术在经济和社会领域的应用等。① 同时提出要优先提高劳动生产率，增加非原料产品出口，加强交通和数字经济基础设施建设，使俄罗斯经济增速达到3%。② 俄罗斯战略研究中心主任库德林（Алексей Кудрин）表示，俄罗斯经济发展需要新的模式和框架，联邦政府应果断采取“相当重要的特别”措施，建立并启动新的经济模式。③ 著名经济学家阿甘别戈杨（Абел Аганбегян）认为，为了到2020年实现3%—3.5%的经济增长（即全球趋势），到2025年达到4%—5%的增长，俄罗斯需要大幅增加资本投资，特别是增加人力资本投资的比例，资源分配应该优先考虑将“知识经济”作为人力资本的主要组成部分，原因在于：首先，随着消费支出的大幅下降，人力资本在衰退中遭受的损失最大；其次，人力资本的回报非常快；再次，它的效率高于固定资本，需要更少的资金就能达到同样的效果（例如，提高工人工资比购买新机器花费更便宜）；最后，高科技产业的现代化和发展需要对人力资本进行投资，因为需要从现代技术中获得最大回报。④ 俄经济发展部部长奥列什金（Максим Орешкин）表示，未来几年，俄罗斯将逐步退出直接进口替代政策而转向开放型经济道路（也即转向以增加本国产品附加值的发展模式）。在这一过程中，俄罗斯商品对外出口将起到重要作用。⑤ 现实是，俄政府在人口、投资、技术、生产效率、国家管理等方面都面临严峻挑战。基于以上发展目标，结合创新发展战略，“新五月法令”实施所需财

---

① Президент подписал Указ《О национальных целях и стратегических задачах развития Российской Федерации на период до 2024 года》, 7 мая 2018 г, http://www.kremlin.ru/events/president/news/57425.

② Послание Президента Федеральному Собранию, 20 февраля 2019 г, http://www.kremlin.ru/events/president/news/59863.

③ Алексей Кудрин, Устойчивый экономический рост: модель для России, 14 января 2017 г, https://akudrin.ru/news/ustoychivyy-ekonomicheskiy-rost-model-dlya-rossii-vystuplenie-na-gaydarovskom-forume-13-01-2016.

④ Абел Аганбегян. Сокращение затрат на человеческий капитал снижает экономический рост, 31 июля 2017 г, https://profiok.com/news/detail.php?ID=4629#ixzz5wNEZ5gt9.

⑤ Орешкин рассказал об отходе России от политики прямого импортозамещения, 20 декабря 2017 г, https://news.myseldon.com/ru/news/index/180080592.

政预算将达到10万亿卢布（1650亿美元）。然而，在西方制裁背景下，俄罗斯的未来发展与中国的合作将成为重中之重，其中包括激发两国地方之间的合作潜力。

2. 俄罗斯创新发展战略与中国新发展理念高度契合

（1）中国长江经济带战略的实施

2015年10月29日，习近平在党的十八届五中全会上首次提出了“创新、协调、绿色、开放、共享”的发展理念；解决发展的动力、不平衡、人与自然和谐、内外联动、社会公平正义等问题成为指导“十三五”及更远未来的国家发展理念。[①] 相应地，深化供给侧结构性改革、加快建设创新型国家、实施乡村振兴战略、实施区域协调发展战略、加快完善社会主义市场经济体制、推动形成全面开放新格局等政策规划不断出台。中共十九大报告指出：“发展是解决我国一切问题的基础和关键，发展必须是科学发展，必须坚定不移贯彻创新、协调、绿色、开放、共享的发展理念”。[②]

几乎是在“一带一路”倡议提出的同时，中共中央就积极酝酿长江流域的发展战略。2013年7月，习近平总书记在武汉调研过程中指出，要把长江全流域打造成黄金水道；2014年9月，国务院印发了《关于依托黄金水道推动长江经济带发展的指导意见》。最终，2014年12月，在中央经济工作会议上，长江经济带与“一带一路”国际合作和京津冀协同发展并称为国家级“三大发展战略”。习近平总书记强调，长江通道在区域发展总体格局中具有重要战略地位，建设长江经济带要加强统筹协调，为全国统筹发展提供新的支撑。2016年1月，在重庆召开推动长江经济带发展座谈会上，习近平总书记发表重要讲话。他强调推动长江经济带发展是一项国家级重大区域发展战略，明确指出推动长江经济带发展必须坚持生态优先、绿色发展的战略定位。此后，习近平总书记又多次发表重要讲话，强调长江经济带发展必须走生态优先、绿色发展之路，涉及长江的一切经济活动都要以不破坏生

① 《习近平在十八届五中全会第二次全体会议上的讲话》，http://www.chinanews.com/m/gn/2016/01-01/7697573.shtml。

② 习近平：《决胜全面建成小康社会 夺取新时代中国特色社会主义伟大胜利——在中国共产党第十九次全国代表大会上的报告》，http://www.12371.cn/2017/10/27/ARTI1509103656574313.shtml。

态环境为前提。2016 年 9 月，国家发展和改革委员会正式印发《长江经济带发展规划纲要》，将长江经济带发展正式上升为国家战略，提出了“一轴、两翼、三极、多点”的格局，明确长江经济带发展的战略定位必须坚持生态优先、绿色发展，共抓大保护，不搞大开发。未来，长江经济带不仅要打造成中国经济新支撑带，还要内外联动，协同推进“一带一路”建设。长江中上游地区可以依托重庆、武汉、成都的中欧班列和中俄航线，深度融入“丝绸之路经济带”。

（2）“长江—伏尔加河”地方合作将进一步夯实中俄新时代全面战略协作伙伴关系的基石

在全球金融危机后，普京明确指出俄罗斯的能源经济模式潜能已经耗尽，希望转向东方，利用远东、西伯利亚广大地区多种多样的资源提升本国的制造能力。在俄罗斯看来，中国充分利用国内资源，经济变得更加平衡，为俄罗斯应对危机提供了借鉴。[①] 在这种背景下，俄罗斯的创新发展战略和中国的新发展理念相契合，而长江中上游地区和伏尔加联邦区也可以结合国家发展战略和自身优势扩大合作范围。中俄不仅在能源领域，而且在俄大规模基础设施建设和改造以及制造业、数字经济、高新技术发展等领域有着广阔的合作空间。这些合作有利于推动俄罗斯经济转型和出口多样化战略。正如华东师范大学俄罗斯研究中心主任冯绍雷教授所说：“乌克兰危机对俄罗斯转向东方、深化与中国合作起到了推动和促进作用。但那已经是 2010、2011 年之后的事情，所以不能简单地说中俄联手、俄罗斯转向东方，仅是美国一手造成的。中俄联手更多源于两国本身在现代化进程中互相支持、互相依傍的深层需求。”[②] 中国提供的不仅有资金，还有技术（例如 5G 通信技术）和广阔的市场。与此同时，俄罗斯正在推进具有竞争力的创新集群建设，在伏尔加河、远东和俄罗斯南部建立新的区域经济发展中心，克服地区落后现状。《伏尔加联邦区 2020 年前社会经济发展战略》着重强调了加强创新在社会经济发展中的作用，旨在实现伏尔加河联邦地区的竞争优势（地

① Депрессия великих. Как Россия встретит новый глобальный кризис, 4 марта 2018 г, https://ria.ru/economy/20180304/1515675686.html.

② 《中俄地方合作富有潜力》，《俄罗斯龙报》2018 年 5 月 15 日。

理、技术、智力)，从而促进经济发展和改善人民生活。伏尔加联邦地区的战略目标是成为俄罗斯创新技术发展的领导者之一。其在实体经济领域最重要的发展方向是：工业核心产业的技术现代化；科技基础的发展；在全球生产率水平上建立有竞争力的工业集群；提高农业综合企业的效率；发展先进的中小企业。[①] 从 2013 年起，俄联邦财政每年划拨资金 50 亿卢布，补贴各联邦主体财政，支持各创新集群基础设施建设及人力资源培养，吸引国立发展研究机构支持区域创新集群项目发展，推动大型国有公司参与创新集群试点项目，参照斯科尔科沃项目推行部分税收优惠等。同时，中国投资有限责任公司与俄罗斯直接投资基金商定将投资 10 亿美元成立中俄科技创新基金，为创新项目孵化提供融资支持。相关文件由俄罗斯经济发展部和中国科技部共同签署。中国保利国际控股有限公司有意为莫斯科市郊的斯科尔科沃创新中心二期建设提供资金。这是对“一带一路”国际合作倡议的积极响应，为双方在创新领域开展新的合作项目增添了新动力。

俄罗斯调整发展战略，进行产业结构升级，发展创新，与中国的创新、协调、绿色、开放、共享的发展理念有很高的契合度。在此背景下，长江中上游地区与伏尔加联邦区通过各自利用丰富的自然资源、交通便利条件、雄厚工业基础和高科技水平加快推进双方合作，无疑将为中俄新时代全面战略协作伙伴关系达到新的发展高度作出积极贡献。两河流域合作是中俄地方合作中的区域合作新模式，虽然双方在地理上不相邻，但有相似的以河流为载体的生态环境和产业结构，市场和生产要素互补性较大。这为两地合作开辟了广阔的发展空间。当前，双方共同执行的投资项目领域涉及科技和农业园区建设、建材生产、机械和汽车制造、造船、林业、制药业、高科技产业等诸多领域，正在研究和探讨的合作项目有几十个。

① Стратегия социально-экономического развития Приволжского федерального округа на период до 2020 года, http://www.city-strategy.ru/UserFiles/Files/Strategy%20PFO_2020.pdf.

五、顶层设计、机制和平台及人文交流的保障

1. 顶层设计

中俄之间元首互动频繁，政治和战略互信不断加深，为两国关系平稳发展指明了战略方向。“两国政治高层之间全面而密切、坦诚而有效的直接交往，为新时代中俄全面战略协作伙伴关系发展作出重要引领和铺垫。”①中俄政治互信达到了前所未有的高水平。两国高层对话渠道畅通为双边经贸合作的深化发挥了顶层设计和战略引领作用。中俄之间建立起了全面和完善的政府间合作机制。其中，中俄政府总理定期会晤机制和能源、经贸、金融、投资、农业、创新等各领域合作委员会对中俄经贸合作从顶层进行了详细规划，为双边经济交流与贸易合作创造了良好的平台与条件。值得注意的是，1998 年成立的中俄边境和地方经贸合作协调委员会是两国边境及地方合作交流的重要平台。针对 2015 年、2016 年双方贸易的大滑坡，两国高层和具体部门密切关注，不断加强政策沟通协调，发挥互补优势，共同研究提出扩大投资合作的政策举措，积极推动双方贸易和产业合作早日走出低迷状态。仅在 2017 年两国总理会晤中，双方共同拟定了数十项合作项目和任务，就相关领域的贸易与产业合作签署了一系列文件。中俄元首、首脑及各层次的会晤和会议都围绕一项重大核心议题展开，并就旨在大大增加两国贸易和投资合作提供解决方案。这是中俄关系的政治经济学。②目前，中俄交往模式自然应该被称为大国关系的典范。随着“一带一路”建设的深入，可以感受和看到各界人士对发展中俄合作、深化交流的热情。这种期待不仅源自工业发展、贸易合作和投资意向，还有文化界和教育界，当然也来自千千万万的普通民众希望看到这两位伟大的邻居成为真正合作伙伴的期盼。③

中俄区域合作在促使两国经济关系更加深入和牢固的同时体现了两国间

---

① 冯绍雷：《中俄关系 70 年的当代意义》，《当代世界》2019 年第 8 期。

② Владимир Нежданов, Торговля России и Китая бьёт рекорды, 4 сентября 2018 г, http://eurasia.expert/torgovlya-rossii-i-kitaya-bet-rekordy.

③ Feng Shaolei, China and Russia: Good Neighbours, Good Partners, http://valdaiclub.com/a/highlights/good-neibours-good-partners.

相互信任水平的不断提升以及两国经济和文化的日益融合。其中，“长江—伏尔加河”地方合作项目就是中俄新的区域合作模式。

2018 年初，中俄两国最高领导人决定在 2018—2019 年举办中俄地方合作交流年，地方合作被确定为这两年双方合作的主线。2018 年 2 月 7 日，中俄地方合作交流年开幕式在哈尔滨举行，国家主席习近平在贺辞中表示，“中俄两国都处于国家发展和民族复兴的重要时期，发展蓝图高度契合，地方合作大有可为。”① 俄罗斯总统普京在贺辞中指出，“中俄两国关系遵循全面伙伴关系和战略协作的精神迅速发展，双边议程不断扩大，越来越丰富。今天，我们开启了地区间合作的新时代。这一广泛的共同项目延续了传统的主题年实践，旨在加强中俄在不同层次主体之间的互利关系。这一项目计划在 2018—2019 年举办数百个不同的活动：投资展示、贸易、工业和农业展览、会议、艺术节、旅游……我相信，该项目将在不同领域实施诸多积极、有前途的举措，有助于充分发挥地区间合作的潜力，这是中俄合作的重要组成部分。”② 紧接着，在 9 月 11 日习近平与普京又共同出席在符拉迪沃斯托克举行的主题为“新时代的中俄地方合作”的中俄地方领导人对话会。来自中国四川等 9 个省、自治区的负责人和俄罗斯滨海边疆区等 13 个联邦主体的负责人参加了对话会。习近平主席指出，新时代的中俄地区合作面临着新的环境、新的挑战、新的要求和新的历史机遇，当前和未来几年双边合作的主题是各地区之间的合作。为了进一步发展中俄地区间合作，习近平主席提出了四点建议：第一，加强地方政府的作用和协调，改善政治保障和商业环境，鼓励建立更多的地方间交流，寻找并开辟新的合作模式和渠道，创造良好的商业环境；第二，创新合作思路，开辟新的合作领域，妥善利用合作平台，深入研究新的区域合作模式，寻找新的合作机会；第三，挖掘双方互补优势，发挥各地区特色，实现精准双边对接（例如四川，以肥沃的土地和丰富的农产品而闻名，可以与俄罗斯加强农业合作）；第四，加强人文交流，加强合作的社会根基，夯实两国关系的民意基础，促进文化、旅游、教

① 《中俄地方合作大有可为》，《人民日报》2018 年 2 月 8 日。

② Участникам и гостям церемонии открытия Годов российско-китайского межрегионального сотрудничества, 7 февраля 2018 г, http://www.kremlin.ru/events/president/letters/56812.

育、媒体等领域交流的机制化，增进相互理解。普京总统表示，地区合作是俄罗斯和中国全面战略协作伙伴关系的重要组成部分，为两国地方开展了密切的经贸和人文交流合作而感到高兴，俄罗斯政府欢迎中国企业来俄投资兴业，愿继续为加强两国地方合作提供良好条件和环境；新形势下，俄中双方要以地方合作交流年为契机，提升互联互通水平，推进贸易和投资自由化便利化，增进民间友好，推动两国地方合作取得更多惠及两国人民的成果。①

2. 机制与平台建设

在中俄双边关系不断深化的背景下，两国高水平运行的双边关系为地方交流合作提供了广阔平台。近年来，随着中俄两国地方合作从传统贸易向贸易投资联动转变，中俄博览会、中国—亚欧博览会、东方经济论坛、中俄地方合作交流论坛等为扩大地方和企业交流合作发挥了积极作用。在地方合作上，中俄缔结了近140对友好省州和城市关系，建立了“长江—伏尔加河”“东北—远东”两大区域性合作机制，毗邻及非毗邻地区都积极行动，以期巧借“一带一路”国际合作机遇实现跨越式发展。截至2019年9月初，俄罗斯有59个地区与中国各省达成了合作协议。② 2013年5月，中俄两河流域合作地方领导人圆桌会议在武汉举行，双方签署了《长江中上游地区与伏尔加河沿岸联邦区合作的议定书》。这标志着中俄两河流域合作机制正式建立，开创了两国非毗邻地区合作新模式。同年10月，中俄总理会晤后发表的《联合公报》明确声明建立中俄两河流域合作机制，支持进一步深化两地区经贸、投资和人文互利合作。

2016年7月，中国长江中上游地区和俄罗斯伏尔加河沿岸联邦区地方合作理事会首次会议在俄罗斯乌里扬诺夫斯克举行，两国签署了《中国长江中上游地区和俄罗斯伏尔加河沿岸联邦区地方合作理事会条例》，并将地方领导人座谈会机制提升为地方合作理事会。这为两地区合作的深入发展提供了机制保障，标志着两地区合作进入全新发展阶段。俄总统驻伏尔加河沿岸

① Встреча с участниками круглого стола по российско-китайскому межрегиональному сотрудничеству，http://www.kremlin.ru/events/president/news/58529.

② Партнерство развивается успешно, 2 сентября 2019 г, https://rg.ru/2019/09/02/u-59-regionov-rossii-est-soglasheniia-o-sotrudnichestve-s-knr.html.

联邦区全权代表米哈伊尔·巴比奇（Михаил Бабич）在发言中指出，这一新地位有助于高质高效地讨论双边地方合作在经贸和人文领域中的具体问题。[①] 2017 年 6 月，中国长江中上游地区和俄罗斯伏尔加河沿岸联邦区地方合作理事会第二次会议在合肥市召开。双方签署了《会议纪要》和《关于对〈长江—伏尔加河地方合作理事会条例〉进行修订的议定书》，并宣布启动“长江—伏尔加河”地方合作理事会网站和加快成立高校联盟。2017 年 10 月 27 日，中俄“长江—伏尔加河”高校联盟在成都正式启动。该联盟由四川大学与下诺夫哥罗德国立技术大学共同牵头组建，成员包括了 36 所俄方高校和 29 所中方高校。中俄“两河流域”地方合作理事会定期在两国轮流举行，地方领导人互相介绍各自区域的发展情况和投资机遇，并就进一步扩大两个地区之间的经贸、投资、人文合作提出具体建议。相应地，在该机制下双方组建了两地区经贸、人文合作联合工作组，打造了中俄地方合作论坛及两地区青年论坛、高校联盟论坛等人文交流品牌，定期更新两地区投资合作项目清单和人文合作路线图。俄总统驻伏尔加河沿岸联邦区全权代表米哈伊尔·巴比奇在接受采访时指出，“长江—伏尔加河”合作机制取得了巨大的发展，完成的项目符合两国经济利益，其动力在持续增长，成功解决问题的经验正在累积。[②] 为加快项目落实，未来还可能成立两河沿岸经济区合作委员会以及企业家联合会、智库、旅游论坛等合作交流机制。

2019 年 5 月 23 日，正值中俄建交 70 周年，“长江—伏尔加河”地方合作理事会第三次会议及第二届“长江—伏尔加河”高校联盟论坛在俄联邦楚瓦什共和国首府切博克萨雷市（Чебоксары）举行。双方积极评价理事会机制为推动两地区乃至两国合作所发挥的重要作用，一致同意以本次会议为新起点，加强沟通协调，完善机制建设，畅通交流渠道，推动合作进入更加快速高质发展轨道。在会议期间，双方共签署了 15 项新的合作协议。楚瓦什共和国与湖南省和江西省签署了有关经贸、科技和人文合作的框架协议，同

① В Ульяновске состоялось первое заседание Совета по межрегиональному сотрудничеству в формате “Волга–Янцзы”, 19 июля 2016 г, http://pfo.gov.ru/press/events/100350.

② Бабич: механизм сотрудничества ПФО с Китаем в формате “Волга–Янцзы” набирает обороты, 16 июня 2017 г, https://tass.ru/ekonomika/4341445.

时，切博克萨雷市与合肥市签署了合作意向书。在地区主体合作机制方面，安徽省取得较大成效，建立了推进与俄罗斯伏尔加河沿岸联邦区合作联席会议制度，成立了安徽中俄合作交流促进中心，为开展对俄合作提供了有力的组织保障。以承办中俄“长江—伏尔加河”地方合作理事会及青年论坛系列重大活动为契机，安徽与伏尔加联邦地方主体签署了20多个合作协议，形成了长效合作机制。湖南省也制定实施了推进中俄两河地方合作工作方案，成立了对俄合作推进中心，并举办了一系列合作交流活动。

3. 人文交流与科技经贸合作

地方合作是中俄关系发展的重要基石。在顶层设计与相应机制和平台建设保障不断完善的大背景下，中俄两河流域之间的合作不断深化，合作范围、规模及质量已得到全面提升。目前，在“长江—伏尔加河”机制下，双方地方政府之间共签署了38项有关经贸、科技和人文合作的框架协议。巴什科尔托斯坦共和国、莫尔多瓦共和国、楚瓦什共和国和萨马拉州作为俄方的领先者与中方有关方面签署了4份协议。中方最为积极的是四川省（9份协议）、安徽省（9份协议）、湖北省（7份协议）和重庆市（6份协议）。中俄双方在经贸、科技和人文领域正在执行的有20多个项目。投资合作是双方关系的重点，优先项目清单有13个项目，涉及农业、食品生产、建筑材料、机器、设备、冶金、物流等领域。例如，正在建设中的巴什科尔托斯坦共和国水泥厂、马里埃尔共和国工具钢制造厂、楚瓦什共和国和奔萨州的农业园区、彼尔姆边疆区的森林加工生产等联合项目。除此之外，伏尔加联邦各地区同中方伙伴还额外确定了51个投资项目。① 2018年，两地区之间的贸易额达50亿美元，增长了30%，超过了中俄双边贸易增长。对于个别省份来说，这一数字甚至超过了80%。伏尔加河联邦区主体从中俄关系和“长江—伏尔加河”框架合作中获得了巨大利益。例如，2018年楚瓦什与中国地方的贸易额同比增长1/3，达到创纪录的1.65亿美元，40%的农工综合企业产量出口到中国；奔萨州对华商品出口增长了6倍，进口增加了50%

---

① Алексей Сухов обсудил с регионами ПФО перспективы развития межрегионального сотрудничества в формате《Волга–Янцзы》, 18 июля 2018 г, http://pfo.gov.ru/press/events/102691.

以上。[①] 相应地，两地区之间的人文交流不断扩大。作为“武汉中俄文化交流馆”，修缮一新的汉口东正教堂已用于中俄间青年交流活动。“长江—伏尔加河”高校联盟扩大到了 75 所高等院校（45 所俄方高校和 30 所中方高校），并轮流在双方举行高校论坛，为中俄两国非毗邻区的进一步深入合作奠定了较为坚实的人文交流基础。

六、特色优势互补推动双方合作不断深入

长江中上游地区和伏尔加河联邦区是中俄两国的重要经济区。二者在生态环境、产业结构、发展阶段方面有类似之处。此外，它们都有较为雄厚的工业基础、发达的水路交通、相关领域突出的科研优势以及巨大的市场潜力。所有这些使两地合作拥有巨大的发展空间。

1. “长江—伏尔加河”地区合作互补性强

在经济危机的冲击下，伏尔加联邦地区制造业的衰退尤为明显。由于有效需求急剧收缩，积极吸引投资建立的汽车制造装配厂产量大幅度下降，仅有食品工业保持了轻微增长，因为俄罗斯的反制裁和卢布汇率的下跌将外国竞争者挤出了国内市场。同时，在困境之下，俄罗斯又不得不在 2017—2019 年联邦预算中对地方财政资助进行了削减。这意味着，俄罗斯地区经济发展不可能像以前那样得到联邦中央的支持。由此，积极吸引外资、深化对外交流与合作就成了该地区经济社会发展的必由之路。2016 年 7 月，在首次“长江—伏尔加河”地方合作机制理事会上，中俄双方确定的合作重点首先是带有高附加值的高科技以及创新方向项目，因为在这方面双方的潜力将在最大程度上得到发挥。同时，伏尔加联邦区的基础设施建设也成了中俄合作项目的热点。俄方表示，愿意在自身职权和俄罗斯法律框架内为外国投资者创造有利环境而出台补充举措，尤其是提供优惠地段、规定征税特惠、

① В Чувашии на заседании Совета в формате《Волга–Янцзы》подписано 15 межрегиональных соглашений о сотрудничестве, 23 мая 2019 г, http://www.minfin.cap.ru/press–centr/2019/05/23/v–chuvashii–na–zasedanii–soveta–v–formate–volga–yanc.

补偿部分贷款利息等。长江中上游6省市是中国重要的制造业、农业及高新技术产业基地，而伏尔加河沿岸联邦区也是俄重要的工业区和农业区并在努力向创新园区发展；双方应加强产能和装备制造合作，将高科技和创新合作作为重点开拓方向。武汉、重庆、成都等都有强大的汽车制造业，双方在这方面的合作有着很好的前景。为推动经济转型，伏尔加河沿岸联邦区和各联邦政府也制定了自己的创新发展计划，并与中央的创新计划配合实施。在伏尔加河沿岸联邦区有着全俄近1/3的创新型企业，对外技术出口量占全俄的1/2。在俄联邦的创新计划中，伏尔加河沿岸联邦区的创新集群有：莫尔多瓦共和国的“节能照明技术与节能仪器制造、照明智能控制系统”集群；鞑靼斯坦共和国下卡姆斯克市的“区域创新制造”集群（包括石油加工和石油化工、汽车制造）；下诺夫哥罗德州萨罗夫创新集群（包括核技术、超级计算机、激光技术）；萨马拉州“航空航天”创新集群（包括生产航空、航天飞行器）；下诺夫哥罗德“汽车制造与石油化工”集群（包括石油加工、石油化工、汽车制造）；彼尔姆边疆区“火箭发动机制造区域创新”集群（包括航空航天飞行器制造、发动机制造、新材料）；巴什科尔斯坦共和国石油化工区域创新集群（包括石油天然气深加工、石油天然气化工）；乌里扬诺夫州“乌里扬诺夫斯克航空”产学研集群联盟（包括航空航天飞行器、新材料）；乌里扬诺夫州季米特洛夫格罗德市“核技术”创新集群（包括核技术、辐射技术、新材料）。这样，结合创新集群建设，伏尔加沿岸联邦区相关主体可以加强与四川、重庆及武汉等地高科技产业园区开展相关技术及经验交流与合作，尤其是在航空航天、信息技术、新材料、核技术领域有着广阔的合作空间。在水电建设领域，双方也有较大合作空间。根据规划，在2020—2024年俄罗斯发电领域中最大投资项目数量最多的是伏尔加河沿岸联邦区和西伯利亚联邦区。在伏尔加河沿岸联邦区，项目数量最多的投资者是俄罗斯水电集团公司。该公司实施了水电设施综合现代化改造计划，伏尔加河沿岸地区正在对6个水力发电站进行改扩建。[①] 同时，双方在建筑材

① Борис Борисов. Лидерами по количеству крупнейших инвестиционных проектов в сфере генерации электроэнергии в 2020–2024 гг. стали Приволжский и Сибирский Федеральные округа, https://ria-news.ru/economics/liderami-po-kolichestvu-krupneyshikh-in.

料、设备、汽车制造和车床制造等领域中的合作也有着良好前景，很多项目正在落实之中。长江中上游城市集群和伏尔加河流域中游城市集群之间在城市规划与建设以及环境保护等领域的合作也具有重要意义。

2. 交通基础设施领域的地区间合作

伏尔加河沿岸联邦区地理位置优越，交通较为发达，铁路、公路在俄罗斯占有重要地位，是西伯利亚石油、库兹巴斯煤炭运往俄西部地区和港口的主要通道。但这里交通基础设施大都陈旧落后，需要投入大量资本进行改建和新建。在伏尔加河联邦区 2020 年前经济发展战略中，交通基础设施是优先发展目标。例如，彼尔姆边疆区能源过剩，其 20% 的能源提供给相邻联邦主体。萨马拉州地处俄罗斯中部地区，铁路、水运线路发达，被俄联邦政府设定为“一带一路”重要物流枢纽，正在探讨新建连接萨马拉州“别泽缅卡”站到中国的铁路线，莫尔多瓦和巴什科尔托斯坦共和国、萨拉托夫州和奔萨州也将参与该项目，而且萨马拉国立交通大学还与在轨道交通领域居国内外领先地位的西南交大签署了合作协议。除了莫斯科—喀山高速铁路干线，俄方还希望能够在萨马拉—陶里亚蒂铁路建设和远程宽体客机建造项目以及俄罗斯基础设施现代化建设中的多项机场、铁路、公路的新建和改建项目中进行合作。

3. 现代农业领域的合作

伏尔加河沿岸联邦区农业气候条件优良，种植业和养殖业发达。近年来，该地区农业食品工业逆势增长，农作物和畜产品发展比较均衡，产量均位居前列。其中牛肉、蛋类和奶类产量在全俄居领先地位并由此带动了较为发达的食品加工业。但由于人口的自然下降和迁移流出，伏尔加河联邦区的人口减少对农业发展形成掣肘。为了推动两地经贸合作，俄方也采取措施（如提供土地、税收、贷款优惠等）为中国投资者创造有利环境。中方感兴趣的有面粉、植物油、罐头、食品杂货、糖果和蜂蜜以及冰激淋和鱼制品（为保持合适的温度需要准备带有制冷机的特殊车厢）等产业。例如巴什科尔托斯坦的冰激淋、奔萨州的糖果和食品、萨拉托夫州的小麦和大豆以及植物油、蜂蜜、糖果都是双方合作较有前景的领域和商品。在这方面，中国已经对俄罗斯全境开放大豆市场以及大部分地区开放小麦市场。2014年以来，俄罗斯原料奶市场年实际增长超过10%，其中伏尔加河沿岸联邦区原料奶产量占到俄罗斯的30%。俄罗斯绿色农业产品进入中国市场，能够满足中国消费市场的需求，而中国绿色农产品也可以填补俄罗斯市场的空白。在“一带一路”国际合作框架下，巴什科尔托斯坦共和国的农产品出口迈出了第一步。伏尔加河沿岸联邦区不仅准备为中方伙伴提供产品和技术，而且尤其希望中方投资能够在“长江—伏尔加河”机制的框架下来到伏尔加河地区。这方面合作的成功案例有很多。江西金木建材有限公司在彼尔姆边疆区丘索沃伊超前发展区投资的俄罗斯木材加工园项目总额近100万卢布，推动彼尔姆边疆区出口至中国的锯材迅速扩大，超过700万美元；巴什科尔托斯坦共和国共有中方投资企业22家，其中5家企业被纳入“长江—伏尔加河”机制框架（分别是建筑材料工厂、轻便农业拖拉机装配工厂、糖用甜菜加工联合企业建筑工程以及旅游业项目）；在萨马拉州投资的中国企业有30多家。除此之外，中方伙伴在乌法市政府牵头的30层“乌法—长江”商务中心建筑工程中投资35亿卢布（该建筑中将布置巴什科尔托斯坦和中国厂家商品展览厅）。中资将为乌里扬诺夫斯克州创造近400个工作岗位；中方还在楚瓦什共和国肉牛和奶牛综合建筑中投资约1亿美元，还准备投资封闭土壤中蔬菜生产的智能温室建造。[①] 此外，两地人文领域合作不断扩大。其中，“红色旅游”项目和高校智库联盟都已经建立起来。教育产业合作也将蓬勃发展。作为列宁的故乡，乌里扬诺夫斯克州还为中国游客定制了“红色旅游线路”，游客增幅在20%—30%以上。[②]

相应地，中国长江中上游6省也结合自身优势，不断扩展与伏尔加沿岸联邦区各主体的合作。

四川是中国较早参与对俄经贸合作的省份。目前，四川已有超过20家企业与俄罗斯方面合资成立实体机构且主要集中在化工和交通领域运营。“四川—楚瓦什”农业园项目由四川铁投现代农业股份公司在楚瓦什共和国

① От Волги до Янцзы: чем готово делиться Поволжье с Китаем, 14 июня 2017 г, https://tass.ru/ekonomika/4336310.

② 《中俄地方合作驶入“快车道”》,《人民日报》2019年6月5日。

投资实施（该项目投资金额约为100亿卢布，是集牧草种植、奶牛养殖和乳制品肉制品加工于一体的全产业链综合性实体，被列入楚瓦什共和国优先发展项目库）。此外，蓉欧快铁从奔萨州经过，直接连通四川成都和奔萨州。这无疑促进了奔萨州的粮食和食品出口。乐山市与巴什科尔托斯坦共和国锡拜市签署了产能合作协议；资阳市和奥伦堡州奥尔斯克市签署了友好合作关系备忘录；四川省“一带一路”经贸促进会与奥伦堡州工业企业家联合会签署了战略合作协议。从自身资源特色出发，四川与伏尔加河沿岸联邦区各地方人文领域和旅游合作不断扩大。四川省与鞑靼斯坦共和国之间的公务员培训已成固定品牌；高校联盟已落户四川大学，成为中俄“两河流域”地方合作新的人文合作平台，校际合作不断扩大。

对中俄两河流域合作来说，“渝新欧”国际铁路联运通道具有重要意义。“渝新欧”从重庆出发，沿途经过伏尔加河沿岸联邦区的奥伦堡州、下诺夫哥罗德州等地，未来通过规划停靠有望进一步发挥与其他周边地区交流合作的辐射带动作用。随着“渝新欧”“渝满俄”以及中欧班列（重庆）上合组织国家专列的陆续开通，再加上直航莫斯科、伊尔库茨克航线的运营，将极大地推动重庆制造的笔记本等电子信息产品、汽车组散件、机械、轻工类产品等优质商品出口到俄罗斯；而俄罗斯优质的农产品、木材、纸浆等货物也出口到了重庆。除货物贸易领域的合作外，重庆与俄罗斯正在推进科技和产业方面合作。重庆锦绣北方实业集团与奔萨州、巴什科尔托斯坦共和国签署了关于农产品贸易和加工合作协议，并已在鞑靼斯坦共和国投资玻璃纤维生产线。四川外国语大学（重庆）在下诺夫哥罗德国立语言大学设立了孔子学院。

湖北省正在重点打造以农产品加工与贸易为主导的欧亚商品交易与产能合作中心，打造国家进口木材储备基地和中俄双向投资合作示范区的中俄自贸产业园，并建设武汉“中俄文化交流馆”。依托中欧（武汉）班列，武汉已建立起跨境俄罗斯进口商品展示交易中心和俄罗斯商品零售店。湖北省与奔萨州商定开展农业合作，建立双方农业企业间的直接接触（涉及畜牧业、蔬菜栽培大棚、农业产品的加工与销售、农业技术领域专家交流等）；武钢集团、三环集团分别向下诺夫哥罗德和陶里亚蒂市的汽车企业提供产品；东风扬子江与萨拉托夫州已开展了合资建设电动公交车的项目；湖北省农垦局与莫尔多瓦共和国发展集团也签署了农业项目合作协议。

在俄罗斯伏尔加河沿岸联邦区，湖南的中联重科、特变电工、山河智能、长丰集团以及相关农机企业与卡玛兹（KAMAZ）集团、伊拉兹（ELAZ）公司等伏尔加河沿岸联邦区企业达成了投资合作协议或意向。中联重科等企业还在莫斯科等地设立了分支机构。2015 年 8 月，湖南与鞑靼斯坦共和国签署了“潇湘—伏尔加”农机产业园合作项目（成为中俄两河流域合作的一个重要组成部分）。湖南师范大学与俄罗斯喀山联邦大学联合创办孔子学院。2019 年 7 月，湖南承办了第六届中俄“长江—伏尔加河”青年论坛。湖南省博物馆与列宁纪念馆就创建“苏联博物馆”文化旅游项目开展合作；湖南省卫生厅与鞑靼斯坦共和国在中医、基础医学、医疗设备和人才培训等方面达成了合作意向；湖南师范大学等高校与伏尔加联邦区内的多所高等院校建立了校际友好关系。湖南省还与乌里扬诺夫斯克州共同开发红色旅游项目。

江西积极拓展与伏尔加河沿岸联邦区的合作，先后成功举办彼尔姆江西特色商品展、江西乌法经贸文化周等活动，拓展了双方在农业、林业、医疗、教育等领域的合作。江西省在俄罗斯的投资企业也不断增长：江西直方数控动力有限公司投资 2.6 亿美元，拟购买 90 公顷土地，建设农机、煤机、拖拉机和农用车等组装厂；江西直方数控动力有限公司投资 4056 万美元，成立了俄罗斯巴什科尔直方国际集团公司，从事制造加工；江西万年鑫星农牧有限公司的奔萨州农业产业示范园项目，投资 1.45 亿美元，建设烘干厂、粮食存储区、饲料厂、蔬菜加工厂、屠宰场、冷库等相关农业设施；江西金木建材有限公司的俄罗斯彼尔姆边疆区金木木材加工基地项目，投资 3000 万美元，在彼尔姆边疆区开展木材加工产业园建设，园区占地 10 公顷，年加工木材 20 万立方米；江西远洋威利实业有限公司投资 1000 万美元，实施硅酸盐板生产线建设，项目建设后可实现年产 600 万平方米节能板材的生产目标。在教育交流方面，江西师范大学与奔萨国立大学实施的“改善俄罗斯和中国高等教育机构教学活动”项目，旨在建立基于现代创新教学方法的高校教师可持续职业发展体系，双方互换留学生。

安徽省近年来依托两河合作理事会平台，深化了对俄经贸、文化领域合作，借助俄罗斯高级公务员（安徽）研修班、“魅力安徽—图片和非遗展”

以及“安徽走进俄罗斯”经贸文化展扩大了在俄知名度。在这一框架下，利用俄罗斯乌里扬诺夫斯克州较好的水泥项目建设条件，安徽海螺集团与乌州发展集团合资建设了 1 条日产 5000 吨水泥熟料生产线以及配套燃气发电项目和必要的生产生活辅助设施项目，总投资约 5 亿美元。海螺水泥公司还与奔萨州亚洲水泥和生态资本公司就联合实施建设黏合剂与建筑材料生产工厂的投资项目进行谈判。

第七章

中俄"长江—伏尔加河"地方合作的投资困境研究

2013年10月22日，《中俄总理第十八次定期会晤联合公报》表示，建立中华人民共和国长江中上游地区和俄罗斯联邦伏尔加河沿岸联邦区合作机制，支持进一步深化两地区经贸、投资和人文领域互利合作。2014年10月10日，中国国务院总理李克强在《俄罗斯报》发表的署名文章《让中俄友好合作之路越走越宽》指出：中俄两国建立的"长江中上游—伏尔加河流域"合作机制是两国母亲河的历史性牵手。[①] 2016年6月25日，经中俄两国元首签署的《中华人民共和国和俄罗斯联邦联合声明》特别强调要更好地拓展和深化地方合作，积极运用"长江—伏尔加河"地方合作模式的经验，完善机制，以推动重点项目，培育新的合作增长点。

---

① 《长江与伏尔加河历史性牵手》，中国政府网，http://www.gov.cn/xinwen/2014-10/14/content_2764909.htm。

一、中俄“长江—伏尔加河”非毗邻合作的现状及问题

中国长江中上游地区和俄罗斯伏尔加河沿岸联邦区都具有较强的经济实力、科技水平和丰富的人文底蕴。本着优势互补、互利共赢的原则，为推动中国长江中上游地区和俄罗斯伏尔加河沿岸联邦区经贸与人文合作，2013年5月中俄“长江—伏尔加河”地方合作机制正式启动。2014年6月和2015年8月，双方分别在萨马拉和成都举行两地区地方领导人第三次、第四次座谈会。2016年初，为扩大和深化两地区合作，双方在原有两地区地方领导人座谈会机制基础上成立了中国长江中上游地区和俄罗斯伏尔加河沿岸联邦区地方合作理事会。这标志着中俄“长江—伏尔加河”地方合作再上新台阶，正式步入了一个机制化的稳定发展阶段。

目前，在中俄“长江—伏尔加河”地方合作中人文合作优于经贸合作。在两国中央及地方政府的推动下，人文合作有效推进，人员往来、教育与学位合作、旅游与文化交流等日益活跃，极大地推进了长江中上游地区与伏尔加河联邦区的相互认知与了解。在这一过程中，相互之间的认识与了解不断加深，双方合作的意愿与共识不断加强，相互合作的内驱力与适应力在不断提升。

1. 中俄“长江—伏尔加河”地方合作存在的问题

在“长江—伏尔加河”地方合作机制推动下，2015年以来中国长江中上游6省市与俄罗斯经济合作发展迅速，双方进出口贸易额增长幅度高于同一时期与欧美国家贸易额。以湖北省为例，2016年湖北省与俄罗斯进出口贸易额达到对俄罗斯进出口的53.6亿元，增长16.6%。同一时期，其与美国贸易总值280.9亿元，增长6.5%；与欧盟贸易总值368.8亿元，下降4.2%。[①] 2019年前三季度湖北省对俄罗斯进出口增长在20%以上，呈现良好发展势头。[②]但是，中俄“长江—伏尔加河”地方合作的落实过程中也暴

① 《2016湖北省外贸进出口值下降8.3% 2017年有望企稳回升》，中国武汉海关网，http://wuhan.customs.gov.cn/wuhan_customs/506378/506380/1212863/index.html，访问时间：2018年5月25日。

② 《2019年前三季度湖北省外贸保持较快增长》，中国武汉海关网，http://www.customs.gov.cn/wuhan_customs/506378/506380/2673511/index.html。

露出许多问题。其突出表现如下。

（1）长江中上游地区与俄罗斯伏尔加河沿岸联邦区经贸合作水平仍然较低

两区域间经贸合作水平仍然滞后于中俄经贸合作整体水平，表现为双方经贸额偏低、规模有限，经济合作形式仍然以传统贸易为主。根据长江中上游6省市有关部门提供的数据，2015年长江中上游六省市对俄进口额总计约35亿美元，仅占全国对俄双边贸易额5%，并且主要集中在莫斯科和圣彼得堡周边地区。在“长江—伏尔加河”地方合作机制推动下，长江中上游6省市对俄进出口总额2017年超过60亿美元。①但是，相对于2017年中俄进出口贸易总额840.7亿美元的规模而言，长江中上游地区所占比例仍然较低。继2018年中俄双边贸易额首次突破1000亿美元（达到1070.6亿美元）之后，2019年中俄双边贸易额再创新高，达到1107.6亿美元，同比增长3.4%，其中进口额约610.5亿美元，出口额约497亿美元。②

（2）中俄“长江—伏尔加河”地方合作机制下经贸合作项目落实情况不尽如人意

截至2018年，中俄先后举办了四次地方领导人座谈会。座谈会期间，双方均举行了经贸洽谈会并签署了大量投资意向。但是，大部分项目并没有

① 《2017年湖北省外贸进出口值首次突破3000亿元人民币创历史新高》，中国武汉海关网，http://wuhan.customs.gov.cn/wuhan_customs/506378/506380/1726211/index.html，访问时间：2018年11月27日；《2017年重庆市进出口持续稳步增长》，中国重庆海关网，http://chongqing.customs.gov.cn/chongqing_customs/515860/515862/515863/1724874/index.html，访问时间：2018年11月27日；《2017年湖南省进出口增幅全国第四》，中国长沙海关网，http://changsha.customs.gov.cn/changsha_customs/508922/508924/508926/1883325/index.html，访问时间：2018年11月27日；《2017年安徽省进出口创历史新高，外贸发展质量持续提升》，中国合肥海关网，http://hefei.customs.gov.cn/hefei_customs/479578/479584/479586/1723469/index.html，访问时间：2018年11月27日；《江西省进出口贸易统计（2017年12月）》，中国南昌海关网，http://nanchang.customs.gov.cn/nanchang_customs/496836/496842/496844/1726524/index.html，访问时间：2018年11月27日；《2017年四川外贸进出口值突破4600亿元增速创“入世”以来新高》，中国成都海关网，http://chengdu.customs.gov.cn/chengdu_customs/519405/519410/519412/1724151/index.html，访问时间：2018年11月27日。

② Russia-China Bilateral Trade Hit US$110 Billion in 2019 - What Is China Buying? Russia Briefing，January 14, 2020，https://www.russia-briefing.com/news/russia-china-bilateral-trade-hit-us-110-billion-2019-china-buying.html.

真正落实；即使某些企业已在俄投资了项目，也有撤回的意愿。这主要是因为中方对俄罗斯市场既缺乏了解，也很少进行充分的前期调查。

2. 中俄经贸合作整体水平低的原因

自2013年“长江—伏尔加河”地方合作机制建立以来，中国长江中上游地区和俄罗斯伏尔加河联邦区之间的经贸合作发展迅速，但是地区合作水平仍然低于中俄经贸合作整体水平。主要原因如下。

（1）俄罗斯宏观经济形势不稳对中俄地方合作造成一定负面影响

2014年起俄罗斯受到西方国家经济制裁和国际能源价格下跌的双重打击、国内经济改革举步维艰等多重因素的影响，俄罗斯经济陷入严重危机之中，卢布汇率短时间内大幅度下降基本抵消了中俄经贸项目可能的盈利。2014年两区域合作地方领导人座谈会期间，中俄签订的合作协议大多被俄方放弃或推迟实施。俄罗斯经济前景不明朗、投资环境较差、卢布汇率不稳定导致中国企业担忧在俄罗斯投资的前景。这期间，受2014年俄罗斯宏观经济形势的影响，伏尔加河沿岸联邦区的支撑产业汽车制造业（主要集中在鞑靼斯坦、萨马拉州等地）遭遇到困难，鞑靼斯坦等传统产油联邦主体受到西伯利亚地区新产油联邦主体竞争（汉特－曼西斯克）。经济形势的恶化加剧了部分联邦主体和城市的财政赤字问题，即便外资有意愿设立联合投资项目，俄罗斯联邦主体自身财政状况也限制了其参与的投资能力。①

（2）中国长江流域和俄罗斯伏尔加河沿岸地方缺乏合作传统

长江中上游和俄罗斯伏尔加河联邦区在地理位置上处于两国内陆腹地，位置相对封闭，两个地区之间没有紧密联系和交往的历史。最突出的问题是两区域间相互缺乏了解，信息交流不流畅，两国企业间因为缺乏了解而存在互不信任的现象。此外，俄罗斯大企业也没有做好外资进入联邦区的准备，俄罗斯大企业和金融系统对于联邦区内高科技产业长期发展计划参与程度不足。联邦区部分行政领导对基础设施项目的认知存在惯性思维，没有促成各类投资项目之间形成良性互动，更没有将投资项目与地区长期发展规划联系

① 〔俄〕C. 比留科夫：《俄罗斯伏尔加联邦区社会经济发展的现状与前景》,《俄罗斯研究》2017年第5期。

在一起，影响地区投资吸引力。俄罗斯金融系统对于伏尔加河联邦区内周期较长的投资项目和基础设施建设项目缺乏兴趣。这种消极的融资环境削弱了该联邦区对国外投资的吸引力。

（3）“长江—伏尔加河”地方合作机制下各省或联邦主体间彼此协调不够

长江中上游各省工业基础形成于20世纪60、70年代，工业趋同度高，信息技术、电子科技、汽车制造在多个省均有基础。为此，各省在对外合作时存在竞争关系，容易出现项目重复上马或恶性竞争的不利局面。伏尔加河沿岸联邦区同样存在缺乏有效协调与沟通机制。例如，伏尔加河联邦区14个联邦主体工业多为由国防工业体系转型的民用工业。它们不仅对外合作意愿趋同，而且也缺乏细化的社会经济发展计划和招商引资方案。此外，联邦区、联邦主体、城市之间的社会经济发展思路存在差异，有时彼此发生利害冲突。

（4）“长江—伏尔加河”地方合作尚未获各自国内财税政策支持

目前，中俄两国政府没有制定专门的、有利于“长江—伏尔加河”地方合作的税收优惠措施和商务便利化方案。长江中上游6省市均处于全面推进“一路一带”部署的重点区域中，但是相对于沿海地带和沿边地区，处于内陆的长江中上游6省市在引导企业开展对外经济合作方面仍然缺乏明确的政策引导。同样，俄罗斯方面对于伏尔加河沿岸联邦区的招商引资也缺乏配套优惠措施，中国企业家的投资主要流向了莫斯科周边地区和俄罗斯近年来着力开发的远东西伯利亚地区。

总的来看，近年来中国长江中上游6省市和俄罗斯伏尔加河沿岸联邦区合作框架下的地方经贸、人文合作呈现出一个较好的发展趋势。“长江—伏尔加河”地方合作机制属于两国战略层面上的合作，两国中央与地方政府积极推动，有利于两区域合作的不断发展。但是，由于种种原因，经贸合作远远不能适应形势的需要，尤其是投资领域的合作仍处在空白点，大型投资项目仅仅停留在协议签署层面，没有实质性进展，投资困境严重制约两地区间合作走深走实。

二、俄罗斯伏尔加联邦区的投资饥渴

1. 伏尔加联邦区的经济发展优势

俄罗斯伏尔加河联邦区下辖 14 个联邦主体，经济与社会发展基础较好。俄罗斯联邦政府确立的伏尔加联邦区 2020 年目标是区域生产总值占据全国第一，人均收入增长率全国领先。伏尔加河沿岸联邦区经济发展潜力巨大，经济比较发达，仅次于莫斯科和圣彼得堡两地区。比如，鞑靼斯坦共和国社会安定，民族关系和谐，经济发达，工农业全国领先。而且，俄罗斯工资水平低，劳动力成本低，但是，工作质量和劳动力素质高。经过短期培训，就能从零起点培训到熟练工人。[①] 总的来看，该地区主要优势如下。

（1）地理位置优越

从地理上看，伏尔加河联邦区有着有利的地理条件——位于连接西伯利亚、远东和东亚国家与俄罗斯欧洲部分和欧洲国家的十字路口。伏尔加河联邦区现在有 198 座城市，这些城市由发达的交通通信系统连接。除此之外，伏尔加河联邦区拥有较为发达的水路交通系统以及铁路和公路网络。喀山、乌法、下诺夫哥罗德、萨拉托夫、乌里扬诺夫斯克等城市铁路干线、公路线以及水运线路相互交织。长期以来，俄罗斯联邦政府集中力量推动建立喀山交通枢纽，以期利用鞑靼斯坦共和国的地理优势，使之成为欧亚和东西方之间航空、铁路、公路、水路运输节点。

（2）工业基础雄厚

尽管俄罗斯部分地区（如乌德穆尔特、基洛夫州、莫尔多瓦共和国）正在经历去工业化过程，但伏尔加河沿岸联邦区工业实力仍然雄厚。伏尔加河联邦区在俄罗斯工业生产总值中占到 23.9%。伏尔加沿岸联邦区在动力能源产业、农业、食品工业领域潜力较大。目前在化工和石化、林业和采矿业等领域的发展也取得了较好的业绩。此外，伏尔加河联邦区资源储量也非常丰富。联邦区内有大片未开发的原始森林和阔叶林，也有大面积草原。主要矿

---

① 2018 年 9 月，华东师范大学俄罗斯研究中心调研组在中国驻喀山总领馆的访谈。

产资源有石油（占俄罗斯储量 13%）、天然气（占俄罗斯储量 2%）、磷酸盐（占俄罗斯储量 60%）、锌（占俄罗斯储量 19%）、铜（占俄罗斯储量 16%）、银（占俄罗斯储量 14%）、金（占俄罗斯储量 7%）。① 伏尔加河联邦区正在积极开发矿产资源，但是进一步扩大开发要求大规模投资，特别是境外投资。

（3）科研水平高，人才储备充足

伏尔加联邦区长期稳定发展的关键是其科技基础。俄罗斯科学院在喀山、下诺夫哥罗德、萨马拉、萨拉托夫都设有研究中心。这些机构在科技基础研究和应用研究方面实力雄厚。尽管新世纪以来大批高素质的专业人才大量离开伏尔加河联邦区后流向了俄罗斯其他中心城市，但该地区的人才储备还是可以保障本地区的企业获得足够的工程人才和经济专家。此外，伏尔加联邦区劳动力素质较高，在一定程度上可以满足外资大规模投资联邦区的需求。

（4）注重社会经济发展战略的制定和实施

伏尔加联邦区层级和联邦主体都拥有制定社会经济发展战略的经验。21 世纪初，伏尔加联邦主体曾经讨论过 2020 年前后联邦区发展战略规划，每一个联邦主体都制定了以 10 年为周期的长期发展方案、以 5 年为周期的中期发展规划以及年度计划。同时，所有这些计划要求定期调整并根据俄罗斯当前不利的社会经济条件进一步细化。最近 20 年，高科技产业将成为俄罗斯增长最快的领域。考虑到伏尔加联邦区拥有雄厚的科技和教育综合实力以及丰富的人才储备与自然资源，中方对该地区的投资可以集中于信息技术、生物技术产业、电力设备和仪表制造产业、油气领域、森林工业综合体和农业等高科技、高附加值产业。

2. 伏尔加联邦区的经济发展劣势及“投资饥渴”状态

尽管伏尔加联邦区有着经济发展较好的条件，但是，与 2008 年经济危机后整个俄罗斯经济发展所遭遇的经济滑坡一样，伏尔加联邦区也面临发展

① 参见俄罗斯联邦水文气象与环境监测局伏尔加河沿岸联邦区司（Департамент росгидромета по При- волжскому федеральному округа）网，http://www.pfo.meteorf.ru/o-sluzhbe/spravochnaya-informacziya/xarakteristika-prirodnyix-resursov-v-pfo.html，访问时间：2018 年 11 月 26 日。

的种种不利条件。从政治方面看，伏尔加联邦区 14 个联邦主体之间存在着对政治影响力、社会经济特权的竞争，并在经济利益方面存在意见分歧。一些地区特别是鞑靼斯坦共和国和巴什科尔托斯坦共和国拥有某种特权。这些地区的精英一直试图在政治和经济领域内加强对其所属资源的控制，对外来投资者似乎自然排斥。

从经济方面看，伏尔加联邦区内部不同联邦主体的经济发展战略不同，各联邦主体之间的差距日益加大，特别是在工业发达地区（鞑靼斯坦、巴什科尔托斯坦、萨马拉、彼尔姆）和农业主导地区（奥伦堡、萨拉托夫）之间。此外，大部分特别是在农村地区和中小城市居民的生活水平低。除了地区中心城市和几个特大城市外，几乎所有地区都如此。这直接降低了伏尔加联邦区的消费需求和消费市场容量。联邦区内交通和能源基础设施发展存在局限，缺少长期投资的来源。即便是伏尔加联邦区富裕的地区也缺少资源来更新交通基础设施。一个更加直接的问题就是物流不畅。伏尔加联邦区州与州之间没有高速公路，不能（或很少）直接通航，需要到莫斯科中转。公路、铁路、航空基础设施更新程度差。快递运输方面，价格高、速度慢。人口外流严重，劳动力市场不平衡。人口主要外流到莫斯科和圣彼得堡市以及到临近工业发达的乌拉尔联邦区。

目前，除了鞑靼斯坦共和国外，伏尔加联邦区所面临的最根本的问题是投资不足，并直接导致其经济发展速度低于全国平均水平。由此，伏尔加地区就出现了：投资需求强烈，但现实投资不足的“投资饥渴”（инвестиционныйголод）现象。①

伏尔加联邦区投资饥渴局面的形成与整个俄罗斯的地区形势密切相关。当前，俄罗斯地区社会经济状况仍然复杂，表现为：在地方层面，俄罗斯联邦大部分联邦主体萧条和衰退，缺乏地区内经济增长点，预算赤字不断增加，投资不足，阻碍社会经济发展。在中央层面，联邦中央预算资金明显不足，援助地方意愿不足。2008 年金融危机之后，俄罗斯联邦地区发展部的调研揭示出了俄罗斯地区社会经济状况的一些值得关注特点。例如，

① ［俄］С. 比留科夫：《俄罗斯伏尔加联邦区社会经济发展的现状与前景》，《俄罗斯研究》2017 年第 5 期。

经济危机导致地区预算收入开始大幅度下降。根据地区发展部官方统计数据，受经济危机打击最严重的17个地区工业生产大幅度下降，投资积极性遭到抑制。在这种情况下，政府开始通过补贴和贷款积极援助俄罗斯联邦主体。预算援助能够帮助地区生存，但是远不足以支撑其恢复经济。事实上，一半以上的地区存在债务问题，并且不清楚何时能够清偿债务。2014年以来，在国内经济压力刺激下，俄罗斯以进口替代战略为指导加快国内经济结构调整，地方预算赤字规模有所缩小。2017年俄罗斯地方预算赤字总额达365亿卢布，但是相对于2009年，预算赤字的地区数量增加到60个。① 2017年俄罗斯地方国债规模虽然下降了1.6%，但在2018年1月1日仍然有2.315万亿卢布。②

当前伏尔加联邦区不利于外来投资的几大因素是：A. 伏尔加河沿岸联邦区部分行政官员、商人以及当地居民对于外国投资重要性认识不足。就伏尔加河沿岸联邦区而言，在联邦主体层面和城市层面存在非制度性的行政障碍，从而削弱了联邦区对国外资本的吸引力。B. 该联邦区内部分联邦主体在经贸政策上存在着较强的贸易保护政策。C. 联邦区内缺乏推动境外投资项目落地的制度，政府招商意识缺位。地方领导人在联邦层面游说时首先争取的是个人地位，但却缺乏有针对性地研究、制定和落实吸引国内外投资并实现社会经济发展的长期计划。

三、中国长江中上游地区的投资恐惧

1. 中国长江中上游省市在俄罗斯伏尔加联邦区的投资现状

长江中上游6省市所在的中西部地区是近年来国内经济发展最快的地区之一。2017年重庆、江西进入国内GDP增速前5名，安徽、四川、湖南进

① 参见俄罗斯联邦财政部报告，https://www.minfin.ru/common/upload/library/2018/02/main/Dannye_ob_ispolnenii_mestnykh_budzhetov_RF_-_01.01.2018.pdf。

② В 2017 году 49 российских регионов смогли снизить госдолг, 27 февраля 2018 г, https://ria.ru/economy/20180227/1515331800.html，访问时间：2018年11月26日。

入国内 GDP 增速前 10 名。伴随着各省市经济体量增加，长江中上游地区对外投资能力也在增强。2016 年长江中上游 6 省市对外非金融类直接投资流量相对于 2015 年增速超过 58%，高于全国平均增速（49.8%）。其中，四川省 14.12 亿美元，重庆市 18.14 亿美元，湖北省 13.19 亿美元，湖南省 20.96 亿美元，安徽省 10.31 亿美元，江西省 9.69 亿美元。①但是，在“长江—伏尔加河”地方合作机制下中方企业尤其是大企业都存在对俄投资恐惧。

自 2013 年长江—伏尔加河地方合作机制启动以来，中俄两国无论在政府层面还是在企业层面都开展了非常频繁的互动与交流，两国企业间也签署了众多的经贸合作与投资协议，初步展示了良好的合作意愿。俄方提出要制定优先合作项目清单，挑选了一些作为两地区合作优先实施的示范项目，表示欢迎东风汽车公司、三一重工、中联重科、远大住工等中方企业赴俄投资设厂，开展互利合作。接着，俄下诺夫哥罗德州就在俄建设年产 15 万辆汽车制造厂，与中方北汽福田公司洽商合作，希望中方协调企业确定项目，开展方案设计和建设动工；俄下诺夫哥罗德州就在俄建设年产 20 万辆汽车制造厂（预计投资 3.5 亿美元），与中方长城汽车公司洽商合作并请中国政府协调企业做出决定；巴什科尔托斯坦乌拉尔车厢制造厂也积极与中方企业洽商合作生产重型钻井设备项目。此外，俄罗斯正在筹建的欧亚陆路（公路）大通道全长 8000 多公里。其有 2000—2500 公里位于伏尔加河沿岸联邦区内，途经巴什科尔托斯坦共和国、奥伦堡州、鞑靼斯坦共和国，并经哈萨克斯坦与中国西部边界连接。该项目已启动方案设计工作，俄方表示欢迎中方企业参与工程建设或开展投资和融资活动。

迄今，中俄双方实际洽谈并签署的一些较大规模的合作协议主要有：2013 年，四川西林集团与楚瓦什共和国发展集团签订的《楚瓦什四川农业合作园区项目合作协议》，总投资 16 亿元（此为中俄首个农业合作园）。2015 年，四川省铁投集团入驻楚瓦什四川农业合作园区项目正式签约。项目涉及土地 5 万公顷，估算投资 70 亿元人民币（这是四川铁投在俄罗斯的第一个投资合作项目）。2015 年，江西直方数控动力有限公司在俄罗斯国家

① 参见《2016年度中国对外直接投资统计公报》，中国商务部网，http://images.mofcom.gov.cn/fec/201711/20171114083528539.pdf。

农业龙头企业巴什基尔农业技术公司的参与下，在巴什基尔进行农用拖拉机组装工作，投资项目总额约为200亿卢布。直方数控公司还与俄罗斯巴什基尔养蜂和蜂毒疗法科研中心签订了框架协议，计划在该地区吸引中国企业投资畜牧、育种、乳制品及蜂蜜等产业（投资金额约5000万美元）。2016年，安徽省海螺集团与俄罗斯乌里扬诺夫斯克州发展集团公司合作、总投资5亿美元水泥熟料生产线项目（落户乌里扬诺夫斯克市）。这标志着安徽省与俄罗斯伏尔加流域合作的第一个项目取得实质性进展。该项目为中俄两河合作重点项目，旨在建设新型干法水泥熟料生产线和配套燃气电站等项目，同步配套规划伏尔加河沿岸码头，中俄双方各占合资公司75%和25%的股权。此外，湖南省湘拖集团与鞑靼斯坦共和国AGRICERVICES联合体签署了湖南省首个中俄两河合作项目——潇湘农机产业园（喀山）投资协议。除上述签署的较大合作项目协议外，长江中上游各省市一些中小企业也参与了中俄两河合作进程（如设立筷子厂、面粉厂、水泥厂、汽车销售、钻机生产企业等）。

尽管长江—伏尔加河合作框架下签署了一系列合作协议，但是，总的来看，中俄两河经贸合作成效不明显，突出表现在：A. 签署的项目多，落实的项目少，落地项目仅占5%—10%。B. 中俄经贸合作盈利的都是小企业，反而不是大企业。这使在俄中方大企业普遍投资动力不足进而存在较大投资恐惧。C. 中方在俄中小企业由于很难从银行获得贷款，对俄投资有较大的投机性，赚到钱就汇回中国，难以扎根。第四，中方大型企业在俄罗斯的投资成本高，投资时限长，风险大。相比之下，中方企业更愿在白俄罗斯、哈萨克斯坦投资（比如湖南中联重科把生产基地放在白俄罗斯，销售市场在俄罗斯，表现出明显的对俄投资恐惧）。

2. 中方大型企业对俄投资恐惧的主要原因

（1）中俄双方的相互认知、思维方式与企业文化存在差异

长江、伏尔加河两个区域是中俄合作的空白点，长期缺乏往来，不了解。一位湖南企业家反映，去过两次俄罗斯，但是，伏尔加河联邦区在哪里（包括哪些联邦主体，发展方向是什么、重点是什么）都不清楚，看不出

在伏尔加河联邦区有什么商机。喀山鞑靼斯坦共和国贸易与工业商会负责人亚瑟·尼古拉耶夫认为，在鞑靼斯坦乃至伏尔加联邦区而言，重要的市场与对外合作伙伴是里海沿岸国家（如哈萨克斯坦、伊朗等，还有土耳其、意大利、德国等）。对于在中国上海举行的国际进口博览会，鞑靼斯坦方面没有做什么准备。他们认为这与广交会没有什么区别。而且，俄罗斯可以用于出口的产品很有限。中国的市场过于庞大，不知如何入手，俄罗斯只需要一个小小的市场即可，或者只需要在中国大市场上有一个小小的份额即可，没有面向整个中国市场的想法和实力。[①] 此外，中方企业普遍反映难以适应俄罗斯方面的思维方式、工作方式，认为俄方变化太快，难以捉摸。[②] 重庆的中欧班列——渝新欧方面是全天候（7 天 ×24 小时）工作，确保随时能够联系上，但俄方在非工作时间根本找不到人。[③]

（2）中俄双方在有关法律法规和市场发育程度等方面存在差异

在俄罗斯，如果银行破产，企业可一夜贫穷，风险较大。此外，尽管俄罗斯平均税率不高，但税务硬约束较严格，而且规定得比较死，中方企业避税难度较大。为了规避风险，在俄的中国企业习惯于尽快将在俄罗斯所获收益转回国内，这使企业难以在俄罗斯扎根。[④]

（3）缺少示范性项目的引领

中方大型企业对俄投资恐惧的其他动因在于缺少示范性支柱企业的带动，而且部分不成功的案例也影响其他企业的投资热情。安徽海螺集团在乌里扬诺夫斯克的项目是中俄两河合作 18 个重点项目之一。俄地方政府非常支持这一项目，但是项目的实施难度很大。当地居民担心环境问题，联合起来抗议，海螺集团被迫改变原初选址，进而导致一系列新的难题。这不仅导致拟投资工厂所在地的水、电、道路等基础设施需要重建，而且使该工厂尚未开始生产就遭遇当地另一家的同质竞争关系。这一项目的受阻无疑带来了诸多负面效应，使很多企业对于在伏尔加联邦区的投资望而止步。

① 2018 年 9 月，华东师范大学俄罗斯研究中心调研组在喀山贸易与工业商会的访谈。
② 2017 年 11 月，华东师范大学俄罗斯研究中心调研组在湖南中联重科的访谈。
③ 2017 年 11 月，华东师范大学俄罗斯研究中心调研组在重庆渝新欧公司的访谈。
④ 2017 年 11 月，华东师范大学俄罗斯研究中心调研组在湖南中联重科的访谈。

四、走出投资困境

中俄两河合作有着非常明显的优势（如政治优势、地理优势、资源优势等）。尤其是从政治上看，中俄两国高层都非常重视将长江与伏尔加河地区合作上升为国家战略，地区层面上的政府部门也积极推动，长江中上游各省市与俄罗斯伏尔加联邦区的政治经济与人文互动日益频繁。但是，中俄两河地区合作特别是投资合作远远跟不上实际需要。鉴于俄方有投资需求，中方有投资恐惧，如何实现中俄双方在投资领域的合作对接自然是两河合作的关键所在。

从中俄两河合作的实际来看，投资合作的根本性问题还是心理认知问题。中方企业普遍反映，俄罗斯的银行问题、汇率问题、投资环境差等制约着中方的投资。因此，做好基础性工作，摆正心态是中俄双方都必须首先解决的一个问题。为此，只有了解对方的发展战略、法律法规、投资指南等信息，才能做到有的放矢地去进行合作，实现双赢的目的。从外资在俄的投资情况来看，俄罗斯仍不失为可选择的投资目标国。比如德国企业在伏尔加联邦区的投资非常成功。德国企业在与俄方的合作中基本上都通过当地化变成了俄罗斯企业。其中有很多经验可供中俄两河合作来参考。在中国东北与远东西伯利亚的合作中，中国黑龙江的华信集团与俄罗斯远东地区的粮食项目合作中，中方的投资也非常成功。该合作中诞生的中俄合资企业变成了俄罗斯的生产性企业。对于拓展俄罗斯市场的海外企业来说，生产当地化非常重要。这也是俄罗斯政府采购标准的一项重要要求。据喀山鞑靼斯坦共和国贸易与工业商会负责人亚瑟·尼古拉耶夫介绍，一家意大利企业希望向俄罗斯销售自身的产品，但俄罗斯不购买。为此，该企业到俄罗斯投产，在俄罗斯采购零部件，结果就满足了俄罗斯政府采购的要求。①

从伏尔加联邦区中方大型企业的投资案例来看，海尔集团是为数不多、能在伏尔加联邦区发展较好的企业之一。2016 年海尔与俄罗斯方面签约投资 10 亿美元的项目当年就投产并盈利。其主要经验是使用当地的旧工厂加以改造，迅速投产。而且，海尔前期做了大量的市场调研并根据俄罗斯当地

① 2018 年 9 月，华东师范大学俄罗斯研究中心调研组在喀山贸易与工业商会的访谈。

居民的消费需求来生产电冰箱，很受市场欢迎。当地政府也大力支持并划给海尔127公顷的土地用于成立海尔工业园。海尔集团在鞑靼斯坦的成功，开创了中俄非能源合作的一个良好示范。为此，海尔又邀请中国其他企业进入园区一起开拓俄罗斯市场。这也是中国企业抱团出海，多家企业一起面对和解决在俄投资难题成功范例。①

此外，对于中方企业来说，要认识到长江伏尔加河流域合作要打持久战，要给予"长江—伏尔加河"地方合作足够的时间作为培育期，充分相信这种合作的未来前景。当前，"长江—伏尔加河"地方人文合作的快速推进有利于两区域的相互了解与民心相通，人文合作的顺利推进必将带来经贸与投资的开展。

2008年国际金融危机之后，俄罗斯地区社会经济状况恶化，迫切需要加快发展步伐特别是从邻国吸引投资。但是，莫斯科、圣彼得堡地区的中俄合作趋于饱和，远东西伯利亚与中国东北合作不尽如人意。在此背最下，中俄"长江—伏尔加河"地方合作的重要性在不断上升。当前，俄罗斯面临的国际局势十分严峻。特别是在乌克兰问题已使俄罗斯与西方关系陷入低谷的背景下，俄罗斯进一步转向东方势在必然，因此，包括地方合作在内的中俄战略合作将拥有更加强大的内在驱动力。未来，俄罗斯改善投资环境、缓解投资饥渴与中方走出投资恐惧、增强投资信心将值得期待。

---

① 2018年9月，华东师范大学俄罗斯研究中心调研组在中国驻喀山总领馆的访谈。

第八章

俄罗斯伏尔加联邦区农业问题研究

伏尔加联邦区占俄罗斯国土面积的6.1%、人口的21.3%（人口总量仅次于中央联邦区，但农村人口居俄全国最多）①。伏尔加联邦区生产总值占俄罗斯的15%以上。②在工业方面，伏尔加联邦区有着巨大的生产潜能，这里占俄罗斯全部工业生产的1/4。其中，汽车制造占俄罗斯的85%，飞机制造占65%，石油化工占40%，造船占30%，军工生产占30%，石油开采占20%（仅次于乌拉尔联邦区，居第二位）。在创新企业方面，伏尔加联邦区集中了俄罗斯1/3的创新企业和近1/2的技术出口。③

---

① 在俄罗斯范围内，伏尔加联邦区农村人口数量最多，为837万（2017年1月数据）。在伏尔加联邦区内部，巴什科尔托斯坦的农村人口超过150万，鞑靼斯坦共和国超过90万，奥伦堡州近70万。

② Приволжский федеральный округ, http://pfo.gov.ru/district.

③ 同上。

一、伏尔加联邦区农业经济总体概况

1. 伏尔加联邦区农业经济地理

伏尔加联邦区有14个联邦主体：6个共和国（巴什科尔托斯坦、马里埃尔、莫尔多瓦、鞑靼斯坦、乌德穆尔特和楚瓦什）；1个边疆区（彼尔姆）；7个州（基洛夫、下诺夫哥罗德、奥伦堡、奔萨、萨马拉、萨拉托夫和乌里扬诺夫斯克）。行政中心城市是下诺夫哥罗德市。

图1　伏尔加联邦区的行政区划（2019年1月1日）

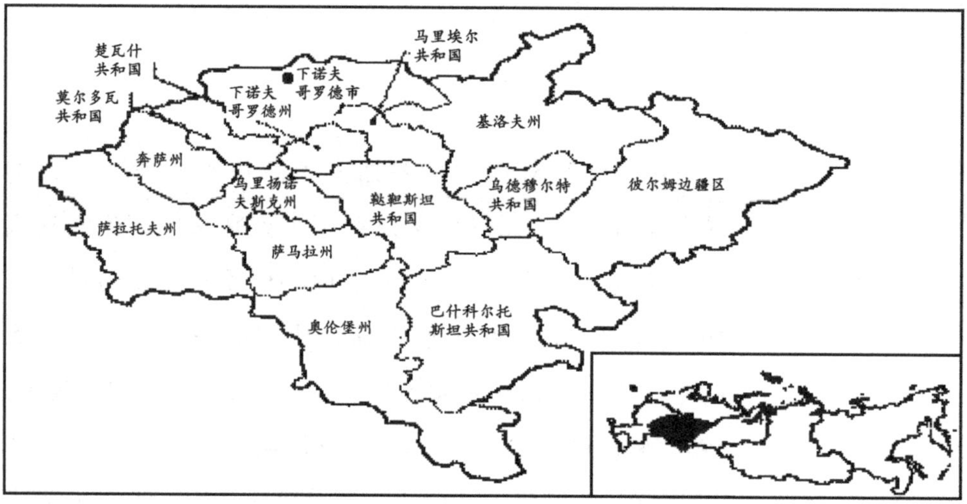

从农业经济地理上看，伏尔加联邦区的北部森林地带主要是养殖业占主导。伏尔加河中游地区（萨拉托夫、萨马拉和鞑靼斯坦）以及奥伦堡州与巴什科尔托斯坦的部分地区耕地面积庞大，是俄罗斯的粮食主产区之一。主要农作物是小麦，也种植黑麦、燕麦、大麦、甜菜、向日葵等。伏尔加联邦区南部地区（巴什科尔托斯坦、萨拉托夫和奥伦堡）养羊业发达（盛产羊肉、羊毛）。在巴什科尔托斯坦，养马和养蜂是传统的经济产业。①

在粮食生产方面，萨拉托夫、奥伦堡、鞑靼斯坦和巴什科尔托斯坦是伏

① Морозовой Т.Г.(ред.), Агропромышленный комплекс (Экономическая география России: учебник для студентов вузов, обучающихся по специальностям экономики и управления), 2011.

尔加联邦区乃至俄罗斯全境的主要产粮区。这些地区耕地面积广大且大部分是黑土地。但整体上，粮食单产水平不高，产量有很大提升空间。奥伦堡州的硬质小麦质量别具一格，享誉全俄。

伏尔加联邦区享有俄罗斯的“粮仓”美誉，其所生产粮食有很大部分在俄罗斯全境销售[①]。俄罗斯农业科学院农业问题和信息研究所曾对俄罗斯的粮食生产情况进行过一次比较全面的评估。[②]根据2011年俄罗斯各地粮食资源的整体情况（当时在8个联邦区内共有80个联邦主体），该评估报告认为俄罗斯全国可分为53个粮食对外出口地区和27个粮食消费地区，认为伏尔加联邦区被称为俄罗斯的“粮仓”仍然是名副其实的。实际上，单从种植面积上看，伏尔加联邦区在粮食生产方面的巨大潜力：在14个联邦主体中，有9个联邦主体的种植面积超过了100万公顷，其中4个超过了300万公顷（在俄罗斯全国范围内，种植面积超过300万公顷的总共只有10个）。除了粮食作物，伏尔加联邦区集中了俄罗斯近1/2的向日葵种植面积。

伏尔加联邦区农业职工平均月工资为1.9万卢布，低于俄罗斯全国农业职工的水平（2.3万卢布）；而俄罗斯农业领域内的平均工资又大大低于全行业综合平均水平。伏尔加联邦区农业职工工资水平低的客观因素是农村人口众多。2019年年初数据是821万，居8个联邦区的首位，远高于中央联邦区（698万）和南部联邦区（614万）、西伯利亚联邦区（441万）等俄罗斯农业发达地区的农村人口数量。

---

① 中央联邦区虽然占有俄罗斯最为肥沃的黑土区（粮食产量巨大），但是由于这个地区人口密度大、肉类生产发达，自身对粮食的需求（口粮和饲料）也大，因此中央联邦区的粮食主要是自产自销。南部联邦区的克拉斯诺达尔边疆区、罗斯托夫州、伏尔加格勒州以及北高加索联邦区的斯塔夫罗波尔边疆区都有产量超过1000万吨的能力。其粮食产量远远超过伏尔加联邦区的粮食主产区。但这些地区生产的粮食主要是用于出口。

② Отчёт О Научно-Исследовательской Работе по заданию 01.06.03《Разработать методологию формирования эффективного сельскохозяйственного производства на территории Российской Федерации с учетом биоклиматического потенциала региональных агропродовольственных систем》на период 2011-2015 гг. по теме: Разработать Экономико-Математические Модели Эффективной Производственной Структуры Региональных Агропродовольственных Систем (промежуточный), Москва, 2013.

表 1　俄罗斯联邦主体农村人口信息（2019 年 1 月 1 日数据）

俄联邦区	面　积（万平方公里）	总人口（万人）	其中农村人口（万人）	联邦区行政首府所在城市
中央联邦区	65	3938	698	莫斯科
西北联邦区	168	1397	216	圣彼得堡
南部联邦区	45	1645	614	顿河畔罗斯托夫
北高加索联邦区	17	987	492	皮亚季戈尔斯克
乌拉尔联邦区	182	1235	228	叶卡捷琳堡
西伯利亚联邦区	436	1717	441	新西伯利亚市
远东联邦区	695	819	222	符拉迪沃斯托克市
伏尔加联邦区	104	2940	821	下诺夫哥罗德市

数据来源：Регионы России. Основные характеристики субъектов Российской Федерации。

表 2　伏尔加联邦区农村人口信息（2019 年 1 月 1 日数据）

各联邦主体	面　积（万平方公里）	总人口	农村人口（占比）	联邦主体行政中心城市
巴什科尔托斯坦共和国	14	405	38%	乌法
马里埃尔共和国	2	68	34%	约什卡尔奥拉
莫尔多瓦共和国	2.6	80	36%	萨兰斯克
鞑靼斯坦共和国	6.7	389	23%	喀山
乌德穆尔特共和国	4.2	151	34%	伊热夫斯克
楚瓦什共和国	1.8	122	37%	切博克萨雷
彼尔姆边疆区	16	261	24%	彼尔姆
基洛夫州	12	127	23%	基洛夫
下诺夫哥罗德州	7.6	321	21%	下诺夫哥罗德
奥伦堡州	12.4	196	40%	奥伦堡
奔萨州	4.3	132	31%	奔萨
萨马拉州	5.36	318	20%	萨马拉

续表

各联邦主体	面 积 (万平方公里)	总人口	农村人口 (占比)	联邦主体行政 中心城市
萨拉托夫州	10	244	24%	萨拉托夫
乌里扬诺夫斯克州	3.7	124	24%	乌里扬诺夫斯克

数据来源：Регионы России. Основные характеристики субъектов Российской Федерации. 2019. No.1. C.16，166，264，334，396，400，408，416，424，432，440，448，456，464，472，480，488，496，504，514，572，658。

表 3 2018 年伏尔加联邦区各联邦主体农业总产值与地区总产值情况

伏尔加联邦区内联邦主体	2018 年农业产值（亿卢布）	农业总产值在俄联邦主体中排序	2018 年地区总产值（亿卢布）
鞑靼斯坦共和国	2260	4	2.11 万
巴什科尔托斯坦共和国	1575	7	1.39 万
萨拉托夫州	1291	10	6690
奥伦堡州	1079	17	8231
萨马拉州	889	20	1.35 万
奔萨州	825	23	3652
下诺夫哥罗德州	676	28	1.26 万
乌德穆尔特共和国	645	30	5562
莫尔多瓦共和国	637	31	2133
彼尔姆边疆区	442	37	1.19 万
马里埃尔共和国	434	41	1695
基洛夫州	412	42	3073
乌里扬诺夫斯克州	379	46	3406
楚瓦什共和国	375	47	2706

资料来源：Сельское и Лесное Хозяйство// Регионы России. Социально-экономические показатели. 2019. Supplement; Россия в Цифрах. 2019. №.1。

2. 比较数据中的伏尔加联邦区农业经济

伏尔加联邦区农业产值在俄罗斯八个联邦区内居第二位[①]。在诸多农产品分类指标中，伏尔加联邦区在俄罗斯处于第一位（详见下表4）。

表4 伏尔加联邦区重要农产品生产指标排序（2018年数据）

产品	俄罗斯全国产量（指标）	伏尔加联邦区产量（指标）	伏尔加联邦区在八个联邦区排名	伏尔加联邦区联邦主体在俄联邦排名
农业总产值	5.35万亿卢布	1.19万亿卢布	第2位（中央联邦区第1位，1.47万亿卢布）	鞑靼斯坦共和国（第4位），巴什科尔托斯坦共和国（第7位），萨拉托夫州（第10位），奥伦堡州（第17位）
农作物面积	7963万公顷	2392万公顷	第1位（排在第2位的是中央联邦区，1537万公顷）	种植面积前10名的联邦主体中，伏尔加联邦区有4个：奥伦堡州（第3位），萨拉托夫州（第4位），鞑靼斯坦共和国（第8位），巴什科尔托斯坦共和国（第9位）
粮食种植面积	4734万公顷	1304万公顷	第1位（排在第二位的是南部联邦区，908万公顷）	
粮食产量	11300万吨	2146万吨	第3位（南部联邦区第1位，2915万吨；中央联邦区第2位，2854万吨）	鞑靼斯坦共和国（第8位），萨拉托夫州（第11位），巴什科尔托斯坦共和国（第14位），奥伦堡州（第17位）

① 从农业总产值来看，在8个联邦区里中央联邦区产值最高。这里是俄罗斯传统的黑土地地区，又是俄罗斯政治、经济和人口中心。气候、交通、生产条件好，粮食产量、肉类产量都很高。特别是肉类，中央联邦区是俄罗斯肉类主产区。中央联邦区的别尔哥罗德州被誉为俄罗斯肉制品之都，库尔斯克、沃罗涅日、莫斯科州也是中央联邦区重要的农产品生产者。

由于温暖的气候条件，南部联邦区成为俄罗斯粮食、蔬菜、瓜果主产区，其农业产值在俄联邦区中居第三位。克拉斯诺达尔边疆区是俄罗斯第一大农业产区，其农业产值远超过其他联邦主体。罗斯托夫州、伏尔加格勒州也是俄罗斯的粮食主产区。这些地区的粮食种植规模巨大。

续表

产　品	俄罗斯全国产量（指标）	伏尔加联邦区产量（指标）	伏尔加联邦区在八个联邦区排名	伏尔加联邦区联邦主体在俄联邦排名
向日葵面　积	816 万公顷	359 万公顷	第 1 位	萨拉托夫州（第 1 位），奥伦堡州（第 2 位），萨马拉州（第 6 位）
向日葵产　量	1275 万吨	470 万吨	第 1 位	萨拉托夫州（第 1 位）
牛的存栏数量（2018 年年底）	1815 万头	502 万头	第 1 位	鞑靼斯坦共和国（第 1 位），巴什科尔托斯坦共和国（第 2 位），奥伦堡州（第 6 位）
生猪存栏　量（2018 年年底）	2373 万头	364 万头	第 2 位（中央联邦区第 1 位，1183 万头）	
肉类产量（含鸡肉）	1063 万吨	214 万吨	第 2 位（中央联邦区第 1 位，405 万吨）	鞑靼斯坦共和国（第 8 位），巴什科尔托斯坦共和国（第 13 位）
牛　奶产　量	3061 万吨	944 万吨	第 1 位（中央联邦区第 2 位，575 万吨）	鞑靼斯坦共和国（第 1 位），巴什科尔托斯坦共和国（第 2 位），乌德穆尔特共和国（第 8 位），萨拉托夫州（第 10 位）
禽　蛋产　量	449 亿枚	113 亿枚	第 1 位（中央联邦区第 2 位，100 亿枚）	
蜂　蜜	6.5 万吨	2.2 万吨	第 1 位（中央联邦区第 2 位，1.2 万吨）	巴什科尔托斯坦共和国（第 1 位），鞑靼斯坦共和国（第 4 位），奥伦堡州（第 10 位）

资料来源：Сельское и Лесное Хозяйство// Регионы России. Социально−экономические показатели. 2019. Supplement。

在耕地面积方面，奥伦堡、萨拉托夫、巴什科尔托斯坦、鞑靼斯坦都有约 300 万公顷，进入了俄罗斯前 10 名。这 4 个联邦主体占全国耕地面积的 17.7%。养殖业方面，鞑靼斯坦、巴什科尔托斯坦和奥伦堡在牛的存栏数上占全国的 13.9%。

但是，目前伏尔加联邦区农业经济在俄罗斯全国范围内，已经明显表现出疲惫状态。从农业总产值来看，虽然伏尔加联邦区作为一个整体，排名 8 个联邦区的第 2 位，但是在单个农业产值方面，相较于南部联邦区的粮食主产区、中央联邦区肉类主产区无论在总值上还是在发展速度上，其差距都很明显。从更大范围来看，伏尔加联邦区的整体经济状况特别是现代化发展速度都面临较大困境甚至出现倒退现象。① 只有鞑靼斯坦共和国是少数例外。

二、鞑靼斯坦共和国

1. 农业气候条件

根据农业气候、土壤和生产条件等因素分析，鞑靼斯坦农业部门将该共和国分为如下 5 个农业生产区（如图 2 所示）：Ⅰ. 前卡马河区域；Ⅱ. 前伏尔加河区域；Ⅲ. 后卡马河以西区域；Ⅳ. 后卡马河东南区域；Ⅴ. 后卡马河以东区域。黑土地占鞑靼斯坦农业土地的 42%，且主要分布于后卡马河东南区域和前伏尔加河西南区域。

---

① 〔俄〕С. 比留科夫：《俄罗斯伏尔加联邦区社会经济发展的现状与前景》，《俄罗斯研究》2017 年第 5 期；Тарасов В.Т, Бойко И.И, Харитонова В.Г. Неравномерность Модернизации Регионов Приволжского Федеральногоокруга// Социологические исследования, 2015, №.1.

图 2　鞑靼斯坦共和国种植业农业区

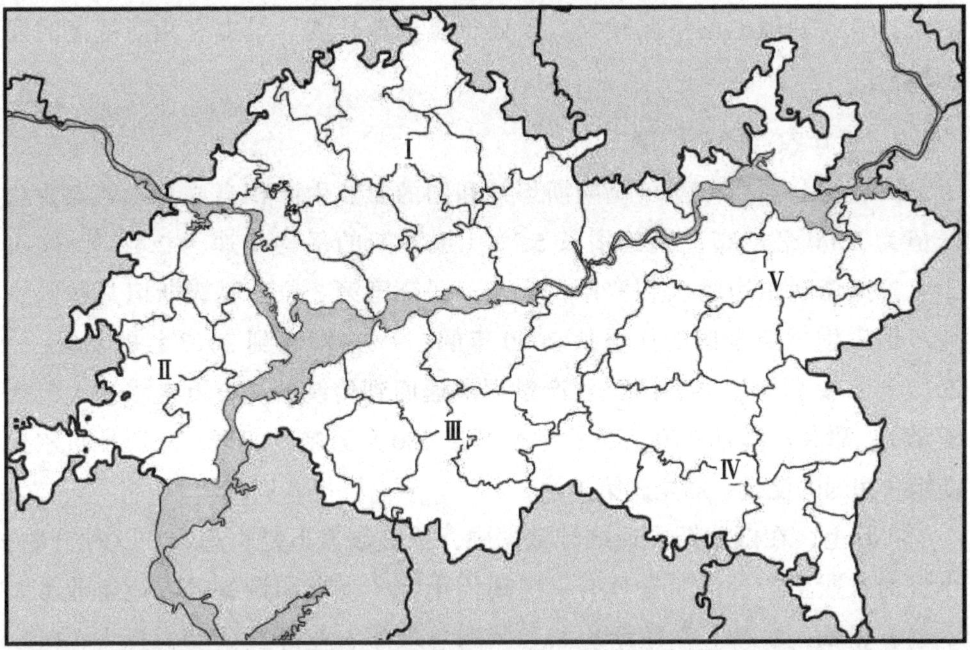

资料来源：Система Земледелия Республики Татарстан. Часть 1. Общие Аспекты Системы Земледелия. Министерство Сельского Хозяйства и Продовольствия Республики Татарстан. Казань, 2013. С.18。

表 5　俄罗斯鞑靼斯坦共和国与欧洲其他相关国家农业气候条件比较

国家或地区		年均气温（℃）	超过 10℃总气温度数	总降水量（毫米）
俄罗斯鞑靼斯坦共和国	前卡马河区域	2.5	2150	440
	前伏尔加河区域	3.1	2250	440
	后卡马河以西区域	3.0	2250	380
	后卡马河以东和东南区域	1.9—2.3	2100	400—440
欧洲国家	白俄罗斯	5.9	2312	655
	波　兰	9.0	2582	555
	德　国	10.2	3277	603
	法　国	12.9	3656	632
	英　国	10.9	2713	753

资料来源：Система Земледелия Республики Татарстан. Часть 1. С.19。

总体而言，鞑靼斯坦共和国以及整个伏尔加联邦区的农业发展受气候影响大。该共和国土壤情况较好，虽处于黑土地外围，但也有相当规模的黑土地。

2. 近年农业经济数据

从数据上看，2017 年鞑靼斯坦共和国的农业生产相当成功。其农业总产值为 2560 亿卢布，同比增长 5.2%（俄罗斯的平均增速为 2.4%），仅次于克拉斯诺达尔边疆区和罗斯托夫州，居全国第 3 位。鞑靼斯坦共和国农业产值占俄罗斯全国的比重从 2000 年的 2.9%，提高到 2017 年的 4.5%。①2017 年，鞑靼斯坦共和国粮食产量再次返回到传统的 500 万吨水平（包括玉米）；甜菜产量达 310 万吨；牛奶产量 180 余万吨，实现了对巴什科尔托斯坦共和国的反超，居全国第 1 位。

实际上，在俄罗斯农业统计数据中，关键数值不是家庭农户这种分散、小型的农业生产者，而是具有一定现代化生产规模和设备的农业企业（大中型）和私人农场。鞑靼斯坦共和国副总理兼农业部长阿赫梅托夫（М.Г. Ахметов）对农业企业的盈利能力非常不满。他曾说：

> 考虑到大部分的国家财政支持都被大型投资者获得了；他们也拥有现代化的生产方式，因此，我们有理由期望他们应该拿出更好的财政表现（盈利而非亏损）。指望国家补贴来盈利，这是没有前途的方式。应该在实际生产方面花力气……请我们的投资者们反思自身的商业管理体系。你们有数十万公顷的土地，分布在几个地区；如果只是在喀山发号施令，而不是下到基层，是不可能经营好的。我们通常怪罪天气或者市场因素，完美的天气和市场从来没有，它们该是怎样就是怎样。我们只能在这样的条件下学习。基洛夫、乌德穆尔特、奥伦堡的气候条件要比我们差很多。②

① Доклад заместителя Премьер–министра Республики Татарстан, министра сельского хозяйства и продовольствия РТ М.Г. Ахметова на коллегии Министерства 14.02.2018г, http://agro.tatarstan.ru/rus/file/ pub/pub_1283563.pdf.

② Там же.

如此批评，还是很中肯的。农业企业是预算补贴的主要受益者，但是效益仍然很差。与此密切相关，鞑靼斯坦农业工人的工资水平受到直接牵连：2017 年为 2.13 万卢布 / 月，是该共和国全行业平均工资的 67%（鞑靼斯坦平均工资是 3.15 万卢布 / 月）。[①]

鞑靼斯坦共和国农业部长很具有反思精神。他指出：虽然降雨量不同（别尔哥罗德州 650 毫米，鞑靼斯坦 420 毫米），但是鞑靼斯坦耕地面积是别尔哥罗德的 2 倍。言下之意很明显：别尔哥罗德州是俄罗斯真正的现代化农业代表，生产效率高，而鞑靼斯坦共和国并非如此。

但从农业企业总体上看，利润仍然很低（共 80 亿卢布，还不及 2017 年的水平）。在工资方面，2018 年农业领域的平均月工资是 2.28 万卢布，而全行业的平均水平是 3.4 万卢布。同时，个别地区的工资更低，最低为 1.55 万卢布。[②]

需要说明的是，农业企业盈利水平低，农业领域工人工资待遇差。这是俄罗斯的全国性问题。据此，从伏尔加联邦区乃至从俄罗斯全国范围来看，鞑靼斯坦的农业经济有很多的独特性。

3. 农业经济特点

地方政府的大力支持以及均衡的农业生产经营模式是鞑靼斯坦共和国农业经济的重要特色。另外，鞑靼斯坦的牛奶生产在俄罗斯也独树一帜。

（1）地方政府对农业的长期支持和投入

鞑靼斯坦与俄罗斯其他地区不同，受经济转型的整体影响较小，基本上保持了农业经济的平稳发展。鞑靼斯坦对农业的长期投入和支持，是被公认的。俄罗斯高等经济大学的一份研究报告指出：

> 与其他地区不同，鞑靼斯坦精英内部形成了发展本地区的共识。另外，与大多数其他地区不同，鞑靼斯坦在 20 世纪 90 年代就开始推行全方位、协调一致的产业政策。相当多的资源投入到了农业经济发展

① 这是鞑靼斯坦农业部长报告中的数据。数据来源 Там же。

② Там же.

中。这使得鞑靼斯坦避免了农业经济的大幅度衰落，并且承袭着苏联时期以来的农业生产实力……在鞑靼斯坦，优先支持的领域是农业和加工业……目前，农业经济仍是鞑靼斯坦地区经济发展中的长期优先方向，并一直获得不成比例的预算支持的份额。部分原因在于目前鞑靼斯坦精英层都是出身农村。[①]

在俄罗斯，对农业的支持和投入主要靠农业企业。因此，大规模、一体化的农业控股公司是主要获益者。这种弊端在鞑靼斯坦反映尤其明显。虽然当地政府投入了大量的资源，但该共和国境内的大型农业控股公司不但没有成为农业发展的依托，反而是拖累。对此，鞑靼斯坦共和国及时作出了调整，规避大型农业控股公司主导农业经济。由此，目前在鞑靼斯坦形成了一个相对均衡的农业生产格局。

（2）各种农业经营模式均衡发展

鞑靼斯坦共和国一方面拥有着发达的农业经济，另一方面这里的一体化、大型农业控股公司不是主导力量。造成这种情况的主要原因是：鞑靼斯坦共和国不允许联邦主体层面出现农业控股公司（在全国不同地区拥有生产线）。这是因为鞑靼斯坦曾有过用行政力量支持大型农业控股公司的尝试，但均以失败告终。[②] 因此，鞑靼斯坦共和国调整了相关的农业政策。

依靠大型农业控股公司的农业经济发展模式，在20世纪末21世纪初一度显现出过高效率和优势。[③] 比如，21世纪初鞑靼斯坦共和国曾有20

① Яковлев А.А., Фрейнкман Л.М., Макаров С.А., Погодаев В.С., Консолидация элит как предпосылка для формирования новой региональной модели экономического развития: опыт Республики Татарстан (Серия WP1《Институциональные проблемы российской экономики》, препринт WP1/2017/02), Нац. исслед. ун–т《Высшая школа экономики》, М.: Изд. дом Высшей школы экономики, 2017; 中文译本参见〔俄〕А. 雅科夫列夫等：《俄罗斯精英共识与地区经济发展——鞑靼斯坦共和国的经验》，《俄罗斯研究》2019年第1期，第86–117页。

② Фадеева О.П, Нефёдкин В.И., Вертикали и горизонтали сельского Татарстана// ЭКО, 2018, №.1.

③ Яковлев А.А., Фрейнкман Л.М., Макаров С.А., Погодаев В.С., Консолидация элит как предпосылка для формирования новой региональной модели экономического развития: опыт Республики Татарстан (Серия WP1《Институциональные проблемы российской экономики》, препринт WP1/2017/02), Нац. исслед. ун–т《Высшая школа экономики》, М.: Изд. дом Высшей школы экономики, 2017.

家大型农业控股公司使用着近 70% 的农业土地。其中，3 家最大的农业控股公司使用着近 1/3 的农业土地 [“鞑靼斯坦瓦明”（ВАМИН Татарстан，44 万公顷）；“巴尔斯农业”（Ак Барс-Агро），50 万公顷；“东方红农场”（Красный Восток-Агро），35 万公顷]，合计近 130 万公顷。在鞑靼斯坦的一些地区，农业控股公司产量份额一度相当高，占牛奶、肉和粮食产量的 70%—90%。2008 年世界范围内的金融危机逐渐传递到俄罗斯并对俄罗斯全国、各地区经济带来严重冲击。2011—2012 年，鞑靼斯坦大多数农业控股公司利润开始下降有多重原因：A. 2009 年开始的全球危机从根本上影响了俄罗斯实体经济。B. 俄罗斯加入世贸组织（2012 年）后调整了对农业的支持政策。① C. 鞑靼斯坦地方政府对大型农业控股公司的支持力度也发生了变化。情况最复杂和艰难的是“鞑靼斯坦瓦明”。这个农业控股公司旗下的农业企业分布在鞑靼斯坦共和国 15 个地区，共有 28 个奶制品加工企业、10 个面包厂和 26 个农业公司。然而，该公司于 2012 年因债务原因宣告破产。同年，“东方红农场”也出现支付工资困难、禽畜数量下降等问题。鞑靼斯坦这两家大型农业控股公司出现的问题表明：庞大的农业企业虽然靠地方政府的政策和财政支撑可以生存一时，但内外环境一旦发生变化，它们就无力应对困局了。

大型控股企业“巴尔斯农业”是相对成功的一个案例。这是一个集工业生产、建筑、农业、食品、运输、贸易于一体的控股公司。其成立于 1998 年，是鞑靼斯坦共和国规模最大的控股公司之一。目前，该公司旗下有 50 家企业，总员工 3 万多人，年营业额 1000 多亿卢布。在该控股公司中，农业是主营业务。该公司使用的农业土地面积 37 万公顷，其中耕地 31 万公顷。每年生产粮食 59 万吨、甜菜 51 万吨、面粉 41 万吨、粮食仓储 53 万吨。有 330 万只鸡、9.6 万头牛、8.2 万头猪。年产牛奶 14 万吨，猪肉 1.57 万吨。该公司的 17 家农业企业分布在鞑靼斯坦共和国 11 个区以及伏尔加联

① Нефёдова Т.Г. Агропромышленная концентрация в российских регионах// ЭКО. Всероссийский экономический журнал, 2014, №.4, С.64–82.

邦区的其他联邦主体。① 2017年，根据俄罗斯相关机构的调查和排名，该企业拥有的农业土地面积在全国农业控股公司中位列第5。②但是到2018年，其排名连跌了6位，降到第11名；2019年跌至12名。2017年4月—2018年5月，该公司所使用农业土地面积缩减了15.1万公顷。相比之下，俄罗斯其他地区的大型农业控股公司所使用土地面积呈不断扩大趋势。③目前，俄罗斯大型农业控股公司的前10名已经没有来自鞑靼斯坦的身影了。当然，鞑靼斯坦大型农业控股公司在俄罗斯范围内尚占有一席之地。比如“农业力量”使用32万公顷的农业土地，全国排名第14位；“东方红农场”使用26.8万公顷土地，排名第19位。④

除了大型农业控股公司外，鞑靼斯坦的大中型农业企业数量和规模也不小。根据2016年农业普查数据，鞑靼斯坦共和国共有485个大中型农业企业，平均每个农业企业使用的土地面积为6586公顷。鞑靼斯坦共和国大中型农业企业的数量在伏尔加联邦区最多。

无论从数量还是从使用的土地面积上看，鞑靼斯坦共和国的私人农场都无法与伏尔加联邦区其他主要农业产区的私人农场相比较。目前，鞑靼斯坦共和国的私人农场和个体经营者拥有牛的数量增加了35%，鸡的数量增加了5倍，而猪的数量下降了68%。

当前，鞑靼斯坦共和国对农业的政策又有新的变化，其不仅支持大型农业企业，也支持更有效的农业生产经营方式：针对私人农场、个体经营者，他们推出了优惠贷款措施。⑤鞑靼斯坦农业部长在一份报告中指出：“我们对小型生产者的支持是很高的，每年20多亿卢布，在俄罗斯的其他联邦主

---

① 数据来源：该公司的官方网页。需要说明的是，无法看出这些数据的时间，而且笔者两次查阅同一个网址时发现数据有较大更新。综上，可以大致确定这些数据是该公司2018年的年终数据。参见 http://www.abh.ru/index.php?page=static_page&DocID=69，访问时间：2019年3月7日。

② http://www.abh.ru/index.php?page=static_page&DocID=95，访问时间：2019年3月7日。

③ Крупнейшие владельцы сельскохозяйственной земли в России на 2018 год, Май 2018, http://www.befl.ru/upload/iblock/156/1569c6eaca3ba8a70f7fe8e3d423fc2c.pdf.

④ Там же.

⑤ Там же.

体都没有这样的政策。”①

不过，包括鞑靼斯坦共和国在内的俄罗斯全国，对于农业生产的组织形式还是更为青睐大型的农业企业。对于私人农场、个体经营者，特别是数量庞大、生产分散的家庭农户而言，俄罗斯全国都在推行农业合作社。②他们希望通过合作社，把小型农业生产者整合进来，一方面提高产品质量，另一方面打通农产品销售渠道，进而增加全国农产品的商品率。但是，在整合私人农场和家庭农户的农业合作社发展方面，鞑靼斯坦并不成功，俄罗斯全国也是如此。

（3）牛奶生产

牛奶生产在今天俄罗斯的农业经济和农业政策中无疑仍旧是优先发展方向。俄罗斯奶业方面的观察人士指出，鞑靼斯坦不仅在牛奶生产方面比俄罗斯大多数地区更高效，而且这里拥有非常具有地区自豪感的民众。在鞑靼斯坦共和国销售的奶制品中，80%是当地生产的，其他品牌难以进入和立足，因为该共和国消费者首选的是当地奶制品。

整体而言，鞑靼斯坦仍然是伏尔加联邦区乃至俄罗斯全国范围内农业生产领域的强者。虽然遭遇俄罗斯整体经济下滑的影响，但鞑靼斯坦对农业经济有比较高的管理水平。地方精英长期形成的对农业支持的共识可以确保各种农业发展规划的落实。

4. 农工综合体发展战略

2016年1月8日，鞑靼斯坦共和国副总理兼农业部长阿赫梅托夫签署了“鞑靼斯坦共和国2016—2021（以至2030）年农工综合体发展战略”③。

① Выступление заместителя Премьер-министра Республики Татарстан, министра сельского хозяйства и продовольствия РТ М.Г. Ахметова по вопросам развития малых форм хозяйствования на селе подведения итогов конкурса, Тетюшском район, 30 ноября 2017 г, http://agro.tatarstan.ru/rus/file/pub/pub_1186655.pdf.

② 农业合作社是俄罗斯农业部积极推动的一种把小型农业生产组织起来的联合形式，在全国范围内都在推动，并配有专门财政支持，但是目前还看不出明显的成效。

③ Стратегия развития агропромышленного комплекса Республики Татарстан на период 2016–2021 гг. с перспективой до 2030 года, http://agro.tatarstan.ru/rus/file/pub/pub_1041826.pdf.

（1）战略规划对鞑靼斯坦共和国农业劣势的分析

在气候方面，频繁的干旱对农业生产有消极影响。其中，冬季时间长、气温低使生产喜热农产品的成本高。在农产品加工方面，由于加工率低，鞑靼斯坦共和国的高附加值农产品比例低。在人力资源方面，农业职业依旧不具吸引力，大部分农业企业职工工资低，劳动效率低。在农村地区发展方面，农村居民外流，人口数量缩减，农村地区社会基础设施发展不足无法吸引高水平人才回流。在盈利收益方面，农业企业盈利水平持续下降和借贷增加的现象有可能导致大型农业企业财政困难甚至破产。“鞑靼斯坦瓦明”的破产事件，就是前车之鉴。

（2）战略规划所确定的发展目标

上述战略规划将鞑靼斯坦近期的农业发展目标确定为生产高质量、高附加值的农产品，提高农工综合体的竞争力和效率。比如，提高高质量农产品的产量和比重，提高农产品原料的加工比例；在地方政府的支持下，落实大型投资项目。

目前，鞑靼斯坦的农业经济还难以走出依靠地方政府支持的路径。这也是整个俄罗斯农业经济中的问题。各种农业规划和农业发展战略文件层出不穷，但核心在于：A. 政府补贴（这对俄罗斯各地的农业发展至关重要）。B. 完成上级下达的指标，完成度与补贴发放密切相关。比如，目前俄罗斯农业部下达鞑靼斯坦共和国的新任务是：完成普京总统 2018 年 5 月的命令［任务要求其从 1.8 亿美元出口额（2018 年）提高到 3.6 亿美元（2024 年）］，把农产品出口额提高 1 倍。

鞑靼斯坦共和国明尼哈诺夫总统（Рустам Минниханов）在总结鞑靼斯坦农业发展的经验时，提到了几个关键点。在此援引相关内容，作为对鞑靼斯坦农业经济问题分析的小结：

首先，鞑靼斯坦农业经济稳定增长的基础是鞑靼斯坦共和国把农业作为优先方向，对农业的支持占鞑靼斯坦共和国财政的 10%。其次，各种农业经营主体平衡发展，农业企业与小型农业经营主体平衡发展。最后，是创新。70% 的农业土地采用资源节约型技术耕种，15% 的播种面积使用的是优良种子（俄罗斯全国平均水平为 10%）；24% 的禽畜是良种（俄罗斯平均水平为 12%）；45% 的播种面积有保险。①

政府投入多，影响力就大。归根结底，鞑靼斯坦农业经济仍属行政主导型。好在这个地区的行政工作效率较高。仅从该共和国农业部网站信息②的丰富程度、数据更新频次、资料可获得性就能明显感受到：其工作状态要好于伏尔加联邦区其他联邦主体。

三、巴什科尔托斯坦共和国

巴什科尔托斯坦共和国土地面积 14.2 万平方公里，在俄罗斯联邦主体中居第 27 位。人口 410 万（第 7 位），其中农村人口 160 万，占 40%。巴什科尔托斯坦的农村人口在伏尔加联邦区人数最多，超过第 2 位的鞑靼斯坦农村人口近 70 万。

这里的农产品以牛肉、牛奶和蜂蜜为主。2017 年，该共和国有关牛的存栏数（102.8 万头）以及年产牛肉（19.6 万吨，占全国的 8%）、马奶酒（3200 吨）、蜂蜜（5400 吨）等方面在俄罗斯都居第 1 位。此外，年产牛奶（171.8 万吨）、扣棚蔬菜（9.4 万吨）在俄罗斯居第 2 位；马的存栏数（12.1 万头）在俄罗斯居第 3 位；年产马铃薯（97.8 万吨）在俄罗斯居第 5 位。③

① Аграрная Россия–2011. Итоги, Мнения, Комментарии. Москва. 2012. Сборник подготовлен Федеральным государственным бюджетным учреждением《Пресс–служба Минсельхоза России》.

② 鞑靼斯坦共和国农业部网站，http://agro.tatarstan.ru。

③ Агропромышленный комплекс Республики Башкортостан. Паспорт АПК РБ по итогам 2017 года. 27 Февраля 2018 г, https://agriculture.bashkortostan.ru/upload/iblock/fed/fed10426f3e043aa5a7a8de7acdc0d8d.pdf.

表 6　牛奶、牛肉等产量居俄罗斯前五位的联邦主体（2017 年）

产　品	第一位	第二位	第三位	第四位	第五位
牛　奶	鞑靼斯坦共和国（182 万吨）	巴什科尔托斯坦共和国（171 万吨）	阿尔泰边疆区（140 万吨）	克拉斯诺达尔边疆区（138 万吨）	罗斯托夫州（109 万吨）
商品化牛　奶	鞑靼斯坦共和国（127 万吨）	克拉斯诺达尔边疆区（99 万吨）	巴什科尔托斯坦共和国（71 万吨）	乌德穆尔特共和国（67 万吨）	阿尔泰边疆区（62 万吨）
牛　肉	巴什科尔托斯坦共和国（19.6 万吨）	鞑靼斯坦共和国（15.9万吨）	克拉斯诺达尔边疆区（11.9 万吨）	达吉斯坦共和国（11.6万吨）	阿尔泰边疆区（11.3 万吨）

数据来源：http://apkrb.info/sites/default/files/doc/pdf/lentakollegiya010220181.pdf。

表 7　巴什科尔托斯坦共和国农业生产变化情况表

产　品	2005 年	2010 年	2016 年	2017 年
总产值（亿卢布）	604	886	1688	1718
牛奶（万吨）	208	207	173	172
肉（万吨）	38	47	40	41
粮食（万吨）	288	78	332	378
甜菜（万吨）	117	38	136	159
向日葵（万吨）	13	5	22	27
蔬菜和马铃薯（万吨）	150	66	144	135

数据来源：Агропромышленный комплекс Республики Башкортостан. Паспорт АПК РБ по итогам 2017 года. 27 Февраля 2018。

此外，巴什科尔托斯坦是俄罗斯最大的蜂蜜产地，其蜂蜜在俄罗斯国内外远近闻名。但是，蜂蜜在这里尚未形成规模化生产，也没有形成欧洲式的“原产地”商标和商业价值。该共和国农业部长认为：“这是一个业余爱好型的农业，是一部分人在空余时间的业余爱好。高兴做就做，不高兴就不做。巴什科尔托斯坦蜂蜜主要是靠熟人关系进行产销。”

目前，这里一个养蜂人无法超过 100 个蜂房。整个共和国蜂蜜产量不高，年产不足 1 万吨。在工业养蜂模式下，借助专业技术和工艺，2 个人就可以打理 1000 个蜂房。目前，这里虽有 200 多个这样的企业家申请扶持，进行工业养蜂，但政府农业部门建议申请人组成合作社，以购买优质生产设备。

实际上，巴什科尔托斯坦的蜂蜜是尤其具有地方特色的椴木蜂蜜。据调研，欧洲其他地区早已经没有作为蜜源的椴树森林了。即便在俄罗斯，椴树森林只占整个森林的 0.4%，并且主要集中在巴什科尔托斯坦特别是布尔赞区（Бурзянский район）。为此，该共和国农业部长曾自豪地指出：“这就是我们的品牌，不是向日葵蜂蜜、不是荞麦蜂蜜，而是椴木蜂蜜。”不过，目前巴什科尔托斯坦蜂蜜还没有形成品牌效果。①

从数据上看，该共和国的农业数据虽然非常“好看”，但实际上其农业大而不强甚至吃老本。农业方面的一些重要生产指标有下降趋势。因此，该共和国领导人对其农业发展状况依旧非常不满和焦急。因为农业经济对于该共和国非常重要，毕竟农村人口占了其总人口的 40%。然而，庞大的农村人口与小农经济使该共和国农业在短期内转型的难度很大。

1. 小型农业生产者

在巴什基尔的农业经济中，家庭农户产出占比大。2017 年巴什基尔农业经济总产值为 1720 亿卢布（2019 年 1610 亿卢布②），家庭农户占 51.3%，贡献最大。③巴什基尔家庭农户使用的农用土地面积为 73.5 万公

① Там же.

② В Правительстве Башкортостана подвели итоги работы АПК региона, 13 января 2020 г.

③ Агропромышленный комплекс Республики Башкортостан. Паспорт АПК РБ по итогам 2017 года. 27 Февраля 2018 г, https://agriculture.bashkortostan.ru/upload/iblock/fed/fed10426f3e043aa5a7a8de7acdc0d8d.pdf.

顷，在伏尔加联邦区中远高于其他联邦主体（下诺夫哥罗德州是41万公顷，奥伦堡州是40万公顷，萨拉托夫州是37万公顷）。①

在养殖业方面，该共和国共生产牛奶172万吨。其中，农业企业及私人农场生产的商品化牛奶71.5万吨，其余为家庭农户生产（100万吨）。2017年，该共和国共生产41万吨肉，其中农业企业及私人农场生产21万吨，其余为家庭农户生产（20万吨）。②

家庭农户产量的增多降低了该共和国的农产品质量。为此鲁斯泰姆·哈米托夫（Рустэм Хамитов）总统希望把这两个生产力量（私人农场和富裕的家庭农户）组织到合作社当中，以提高生产效率和加工能力。他指出："对于农村而言，合作社是提高生产效率和增加生产规模的一个方式。如果农民想自己干，那么就请自己干。但也给你选择加入合作社的机会，并提供生产设备。现在粮食价格低，那么就加工面粉。为什么在价格低于成本的时候，还不加工呢？"③实际上，哈米托夫总统的想法是：通过合作社形式，把小型农业生产者组合起来，形成规模与合力，提高效益。组织合作社源于人们对合作社成功的历史记忆。哈米托夫总统指出：

> 对于我们而言，合作社的重要性不亚于大的项目。在俄罗斯，合作社运动有着深厚的历史渊源。在革命前，正是合作社是俄罗斯黄油的大型生产者，享誉世界。这类合作社当时数以千计。为何不能重回这样的传统，哪怕是在某些生产方向上。④

该共和国2018年的农业发展规划强调将继续推进合作社的工作，吸引家庭农户和私人农场加入到合作社中来。在这方面，该共和国有专门支持建

① Итоги Всероссийской сельскохозяйственной переписи 2016 года (в 8 томах): Том 3. Земельные ресурсы и их использование, Официальное издание Москва ИИЦ《Статистика России》, 2018, С.64.

② В Минсельхозе РБ прошло видеоселекторное совещание по итогам работы АПК РБ за 2017 год и задачам на 2018 год, 24 января 2018 г, https://agriculture.bashkortostan.ru/upload/iblock/a18/a1857a55df0c87 02e8a60ce4ac60a223.pdf.

③ Для нас это хорошая история// Эксперт Урал, №9 (758), 26 февраля 2018 г, http://www.acexpert.ru/archive/nomer-9-758/dlya-nas-eto-horoshaya-istoriya.html.

④ Там же.

立合作社的资助项目，其中包括从两级财政中拨款 1 亿卢布，平均对每个合作社资助 1500 万卢布。[①] 据该共和国农业部长介绍，为解决家庭农户小规模生产、产品质量低的问题，该共和国 2018 年成立了 100 多个合作社。[②]

2. 发展大型农业企业

2018 年 2 月 1 日，在乌法举行了讨论农业问题的扩大会议。哈米托夫总统、政府成员、议会代表出席。哈米托夫总统指出：目前的重要任务是提高农工综合体的整体盈利水平。[③] 如果去除政府补贴额度，该共和国农业企业整体的盈利水平是负值或者极低。

造成农业企业盈利水平低的原因很多。其中有价格因素。2017 年，该共和国农产品产量增加，但因需求不足，农产品价格低迷，以至于一些农业生产者无法抵消开支。部分粮食品种的价格降低了 50%，原奶价格降低了 6%。对此，哈米托夫总统直接批评道："如果企业自身没有战略规划，任何国家支持都是没有效率的。很遗憾，我们的农业生产者今天不总是能考虑到市场行情的变化。"俄罗斯大部分企业特别是农业企业的市场意识还相当薄弱。对于巴什科尔托斯坦这样一个身处俄罗斯内陆的地区而言，尤为如此。

表 8　巴什科尔托斯坦共和国农业企业的盈利率情况

项　目	2013 年	2014 年	2015 年	2016 年	2017 年
补贴的额度（亿卢布）	75	66	66	63	58
在补贴情况下的盈利率	6.4%	6.4%	13.0%	13.4%	7%
去除补贴的盈利率	−12.5%	−7.9%	0.9%	2.2%	−1.2%

数据来源：http://apkrb.info/sites/default/files/doc/pdf/lentakollegiya010220181.pdf.

① Прошла Коллегия Минсельхоза РБ, посвященная итогам деятельности АПК РБ за 2017 год и основным задачам на 2018 год, 1 Февраля 2018 г, https://agriculture.bashkortostan.ru/presscenter/news/706445.

② Интервью с министром сельского хозяйства республики Башкортостан Ильшатом Фазрахмановым// The The DairyNews. 15 января 2019 г, http://www.dairynews.ru/news/intervyu-s-ministrom-selskogo-khozyaystva-respubli.html.

③ Рустэм Хамитов провёл совещание по подготовке к весенне-полевым работам, 1 февраля 2018 г, https://glavarb.ru/rus/press_serv/novosti/70857.html.

与鞑靼斯坦有所不同，巴什科尔托斯坦对农业发展的期盼是发展包括大型农业控股企业在内的农业企业。哈米托夫总统在接受《俄罗斯报》采访时表达了他的想法：

> 2015 年的俄罗斯公司 500 强，其中有 36 家农工企业，但是没有一家是来自巴什科尔托斯坦的。也就是说，在农业经济领域，我们到目前为止，占主导地位的是小型商品生产者。我们的任务是在种植、养殖、农产品加工等环节建立大型农业控股公司。农业经济需要一些大型项目，小型商品生产者很难进入市场。……世界市场属于大型生产者和大型企业……大型公司生产效率更高，成本更低。比如，“俄罗斯农业”（Русагро）员工每人每年创造的产值是 300 多万卢布，而巴什科尔托斯坦共和国最好的情况是 70—80 万卢布 / 人 / 年。由此，工资水平也不同：大型控股公司的平均工资水平是 3.5 万卢布 / 月，而巴什科尔托斯坦共和国农业企业的平均工资不足 1.5 万卢布 / 月。①

哈米托夫总统认为，该共和国没有发展出像样的大型农业企业源于意识问题。“我们的农民有时像在社会主义时期工作那样，有些事做，有点儿工资就行。社会上还没有形成一种理念，即今天需要转向大规模的生产。”甚至我们一些最成功的农业企业（如“丰收”（Урожай）、“巴济”（Базы）拥有 3 万—4 万公顷土地）就生产规模而言，实际上仍属于中型企业，其产值也刚刚突破 10 亿卢布。在共和国层面，当然，他们是巨人，但是拿到俄罗斯全国层面（有几十家产值超过 300 亿卢布的企业），他们仍然是中型企业。

对于投资者来说，一个没有解决的问题就是土地所有权问题。他们希望获得大量的土地，但这会剧烈冲击当地民众的利益。这个问题实际上很难解决，即便是共和国总统，也很无奈：

---

① Рустэм Хамитов:《Надо объяснять инвесторам преимущества нашего региона》(интервью《Российской газете》), 27 сентября 2016 г, https://glavarb.ru/rus/press_serv/intervyu_news/65523.html.

在巴什科尔托斯坦共和国，土地主要是以租赁形式获得。而大型的生产投资项目倾向于落户到那些有可能购买土地的地方。大型投资者准备向项目投入300亿或400亿卢布，需要保证能够购买土地，这是可以理解的。但土地问题不是经济问题，而是政治问题。……今天，相当大部分的居民反对出售份额和土地，我们有着根深蒂固的观念，即自古以来，巴什科尔托斯坦共和国的土地就是公共财产。①

该共和国地方政府为了提高农业经济的回报，虽然希望解决土地所有权问题，但也不敢贸然行动。哈米托夫总统表示：土地所有权、土地出售的问题，“需要在社会上讨论，需要细致、全面考虑。”有关农业土地的所有权、租赁和使用问题已不是简单的经济问题，而是一个非常敏感的社会问题。特别是对外国企业租赁农业土地，该共和国还有很多限制。这也是制约中俄农业合作的因素之一。②

3. 农业发展后备支撑问题

巴什科尔托斯坦最紧迫的问题是具有农业科研和教育背景的人才特别是青年人才不愿意回到农村。农业领域工资过低，对年轻人没有吸引力。2017年，该共和国农业工人的工资水平同比增长了8%，达到1.8万卢布／月，但这仍只有整个共和国平均工资水平的60%（平均工资为3万卢布）。根据2016年全俄农业普查数据，巴什科尔托斯坦在10年间（2006—2016年），在农业企业内长期工作的工人数量减少了70%，18—29岁男性长期工作的工人比重在降低，60岁及以上男性长期工作的工人比重在上升。女性也有类似趋势。这个问题对于大型农业企业特别紧迫。③巴什科尔托斯坦出于发展农业经济的考虑已决定对年轻专家进行支持。从2018年起，将一次性支付给具有高等教育背景的专家50万卢布，中等职业教育背景的专家30万卢

① Там же.

② 参见〔俄〕И.А·马卡罗夫：《俄中农业合作：期望与现实》,《俄罗斯研究》2017年第2期。

③ Сельское хозяйство Башкирии – что изменилось за 10 лет, 11 Апреля 2018 г, Среда, Галина Бахшиева, ИА《Башинформ》, http://www.vshp2016.ru/publication/8439.

布（如果他们在农业经济中找工作的话）。[①]

实际上，除了在巴什科尔托斯坦共和国，整个伏尔加联邦区劳动力的教育和技能情况都不容乐观。2015 年的一项研究指出：“可以观察到一个不利的趋势，即在伏尔加联邦区的许多经济领域内，高技能工人的比例都在下降。这些人外流到了其他地区。本地区充斥着技能低或者无技能的工人。”[②] 留不住人，特别是年轻、高技能的农业专家。这不仅是巴什科尔托斯坦的问题，也不仅是农业经济的危机，而是整个俄罗斯广大农村的危机。这既具有普遍性，也有长期性。俄罗斯政府 2002 年推出了联邦“农村社会发展”目标性规划（2003—2013 年）；2010 年制定了农村地区稳定发展构想，为期 10 年（2010—2020 年）；2015 年初，农村地区稳定发展构想上升为战略，为期 15 年（2015—2030 年）[③]。

4. 小结

巴什科尔托斯坦是俄罗斯的一个传统农业主产区，农业产值在前 10 位。但是，近年来，这里的农业经济呈下滑趋势。目前，巴什科尔托斯坦在农业发展方面的战略是扶持大型农业企业，特别是大型农业控股公司。但是这个战略能否成功还需要实践检验。现在，地方政府同时希望把小型农业生产群体聚集到合作社之中形成规模优势。但是，大多数合作社有名无实，难以达到预期效果。

巴什科尔托斯坦的许多农产品（如牛肉、牛奶、蜂蜜等）生产俄罗斯全国仍然处于领先地位。虽然用“大而不强”可以概括巴什科尔托斯坦目前的农业发展特点，但是不能抹杀该地区农业发展的巨大潜力。毕竟，规模“大”也不是没有优势，只是优势没有被充分发挥。

---

① Рустэм Хамитов провёл совещание по подготовке к весенне–полевым работам. 1 февраля 2018 г,https://glavarb.ru/rus/press_serv/novosti/70857.html.

② Тарасов В.Т., Бойко И.И., Харитонова В.Г., Неравномерность Модернизации Регионов Приволжского Федеральногоокруга// Социологические исследования, 2015, №.1, С.14.

③ Стратегии устойчивого развития сельских территорий Российской Федерации на период до 2030 года. Утверждена распоряжением Правительства Российской Федерации от 2 февраля 2015 г. №151–о, http://mcx.ru/upload/iblock/ceb/ceb7e41243b72aa0637cf04177329d25.pdf.

四、萨拉托夫州、奥伦堡州

萨拉托夫州私人农场的发展一枝独秀，在粮食生产方面，与大型农业企业平分秋色。这在俄罗斯全国是很独特的现象。奥伦堡州的耕地规模全国第2位（仅次于阿尔泰边疆区），但是单产非常低。不过奥伦堡州出产俄罗斯乃至整个欧洲范围独特的硬质小麦。奥伦堡州在许多畜牧产品的生产指标上也居伏尔加联邦区和俄罗斯全国前列，毕竟这里的农业土地、草场规模庞大。

1. 萨拉托夫州农业

萨拉托夫州南接伏尔加格勒州，西临沃罗涅日和坦波夫州，北面是奔萨和乌里扬诺夫斯克州，东北方向是萨马拉州，东南是俄罗斯与哈萨克斯坦国界。根据2010年的人口普查结果，萨拉托夫州有252万人口，其中农村人口64万人。[①] 在农业总产值上，萨拉托夫州传统上是14个伏尔加联邦区中的第3位（在鞑靼斯坦和巴什科尔托斯坦之后）。

萨拉托夫州共有农业土地815.7万公顷，其中耕地582.5万公顷[②]，牧场219.8万公顷，草场10.7万公顷，果园2.6万公顷。近64%的农业土地属于公民所有（土地归属性质之一），26%属于国家和市政所有，10%属于企业法人所有。此外，萨拉托夫州还有大量可以投入生产用的闲置耕地。提高可耕地面积是萨拉托夫州制定的2016—2020年路线图任务之一。根据计划，在此期间应该新增25.6万公顷耕地，目前已经完成11万公顷。[③] 萨拉托夫州州长指出，萨拉托夫州主要农业经济生产方向是发展种植业。因此，这项工作需要成为优先工作，在2—3年内将未被使用的土地纳入流通领域内。[④] 耕地面积的扩大是种植业发展的重要基础。萨拉托夫州的种植业以粮食和向日葵为主。

① Саратовская область, http://saratov.gov.ru/region.

② 不是实际种植面积。2018年的实际种植面积为400万公顷。Губернатор Валерий Радаев обозначил задачи по развитию саратовского АПК, 5 февраля 2019 г, http://minagro.saratov.gov.ru/development/index.php?ELEMENT_ID=8569.

③ В Саратовской области увеличат площадь обрабатываемой пашни, 7 февраля 2018 г, http://minagro.saratov.gov.ru/development/index.php?ELEMENT_ID=7959.

④ Губернатор Валерий Радаев поставил задачи на новый сельскохозяйственный год. 12 января 2018 г, http://minagro.saratov.gov.ru/development/index.php?ELEMENT_ID=7923.

（1）粮食作物生产

萨拉托夫州是俄罗斯的粮食主产区，粮食产量、小麦产量在全国居前10位。在向日葵的种植面积和产量方面，萨拉托夫州一直居俄罗斯的最高水平。

2016年，萨拉托夫州粮食产量440万吨，在伏尔加联邦区居第1位、俄罗斯居第7位。其中，小麦270万吨，在伏尔加联邦区居第1位。向日葵140万吨，在俄罗斯居第1位。

2017年，萨拉托夫共生产了609万吨粮食，同比增加了近170万吨，在伏尔加联邦区居第1位，俄罗斯居第4位（同比提高了3位）。2017年生产向日葵108万吨，在伏尔加联邦区第1位。①

2018年，萨拉托夫的粮食产量是331万吨，在俄罗斯居第11位；向日葵产量157万吨，居俄罗斯第1位。

萨拉托夫州的粮食还大量出口。2017年1—12月，萨拉托夫州农产品出口额为3.32亿美元，同比增长10.8%，主要是粮食。根据俄罗斯农业部估算，2017年萨拉托夫出口了107万吨粮食，是2016年的2.3倍。小麦主要出口到阿塞拜疆；鹰嘴豆出口到土耳其、伊朗；大麦出口到伊朗和阿塞拜疆；扁豆出口到伊朗和土耳其；饲料玉米出口到伊朗。②

（2）私人农场迅速发展

私人农场在萨拉托夫州的农业生产特别是（粮食与向日葵）种植方面举足轻重。在2017年收获的600多万吨粮食中，私人农场的份额占50.5%（300多万吨）。③这说明私人农场生产的粮食较之大型农业企业生产的粮食产量持平甚至胜出。实际上，在萨拉托夫州，很多私人农场的规模和生产能力与大型农业企业不相上下。

---

① Годовой отчет о ходе реализации государственной программы Саратовской области (Отчетный год 2017), 15 февраля 2018 г，http://minagro.saratov.gov.ru/targetedprograms.

② Объем экспорта продукции АПК Саратовской области увеличивается, 16 марта 2018 г, http://minagro.saratov.gov.ru/development/index.php?ELEMENT_ID=8033.

③ Фермеры Саратовской Области Собрали 50,5% Урожая Зерновых, 20 декабря 2017 г, http://www.akkor.ru/statya/4504-fermery-saratovskoy-oblasti-sobrali-505-urozhaya-zernovyh.html.

萨拉托夫从事私人农场生产的工人数量在伏尔加联邦区是最多的。①萨拉托夫州私人农场使用的农用土地总面积为 307 万公顷，在俄罗斯全国范围内仅次于卡尔梅克共和国（354 万公顷）。从单个私人农场使用的农用土地面积来看，萨拉托夫州是 848 公顷（位列第 4 位，在亚马尔—涅涅茨自治区、卡尔梅克共和国和阿尔泰边疆区之后。）②

萨拉托夫州农业生产潜力巨大，而且发展态势良好。首先，萨拉托夫州长主抓农业。很多重要的农业发展会议、发展目标，都由该州州长亲自制定。其次，可新增数量可观的耕地。2018 年萨拉托夫州为弥补遭遇干旱天气的损失将粮食种植面积提高到了 400 万公顷。最后，萨拉托夫州粮食除供本地需要还可用于对外出口。其中，2018 年其粮食出口量（210 万吨）是 2017 年的近两倍。③

2. 奥伦堡州农业经济发展

奥伦堡州与哈萨克斯坦接壤，是哈萨克斯坦与俄罗斯伏尔加联邦区经济发达地区货物运输的通道。在俄罗斯与哈萨克斯坦的对外贸易中，奥伦堡州占 10%。哈萨克斯坦占奥伦堡州对外贸易的 30%。④奥伦堡也是连接中国西部与俄罗斯的国际走廊。

奥伦堡州农业土地面积 1050 万公顷，其中耕地 600 万公顷。在粮食作物的种植面积上，奥伦堡州在俄罗斯居第 2 位（仅次于阿尔泰边疆区），不过产量在全国居 15 位左右，主要原因在于单产水平过低。

关于奥伦堡州的农作物产量等信息详见表 9、表 10。

---

① Итоги Всероссийской сельскохозяйственной переписи 2016 года (в 8 томах): Том 2. Число объектов Всероссийской сельскохозяйственной переписи 2016 года. Трудовые ресурсы и их характеристика, Официальное издание Москва ИИЦ《Статистика России》, 2018, С.306.

② Итоги Всероссийской сельскохозяйственной переписи 2016 года (в 8 томах): Том 3. Земельные ресурсы и их использование, Официальное издание Москва ИИЦ《Статистика России》, 2018, С.302.

③ Губернатор Валерий Радаев обозначил задачи по развитию саратовского АПК, 5 февраля 2019 г,http://minagro.saratov.gov.ru/development/index.php?ELEMENT_ID= 8569.

④ В Оренбуржье второе по величине зерновое поле в России, 24 января 2018 г, http://www.oreninform.ru/list/detail.php?SECTION_ID=36&ID=119693.

表 9　奥伦堡州农作物产量　（单位：万吨）

项　目	2013 年	2014 年	2015 年	2016 年	2017 年	2018 年
粮　食	205	254	215	313	420	203
向日葵	70.1	48.9	52.8	66.2	79.8	95.9
马铃薯	18.8	17.6	16.9	14.6	13.6	14.6
蔬　菜	17.7	16.9	16.9	16.9	17.4	17.5

数据来源：http://orenstat.gks.ru/wps/wcm/connect/rosstat_ts/orenstat/resources/2f9db5004e6f3d86967ebebe711c69fc/n88.pdf; Регионы России. Социально−экономические показатели. 2019. supplement。

表 10　奥伦堡州农作物单产　（单位：千克 / 公顷）

项　目	2013 年	2014 年	2015 年	2016 年	2017 年	2018 年
粮　食	950	1030	1020	1210	1580	880
向日葵	1110	930	940	930	990	1060
马铃薯	1580	1580	1670	1580	1670	1790
蔬　菜	2680	2570	2790	2800	2840	2680

数据来源：http://orenstat.gks.ru/wps/wcm/connect/rosstat_ts/orenstat/resources/3114a2004e6f3ce09674bebe 711c69fc/n89.pdf; Регионы России. Социально−экономические показатели. 2019. supplement。

（1）奥伦堡州农业特色

奥伦堡州的小麦种植面积超过总种植面积的 50%。奥伦堡州的小麦质量远近闻名，特别是硬质小麦能够用于加工生产高筋面粉，其蛋白质含量为 20%—24%。相比之下，俄罗斯国内的克拉斯诺达尔、古比雪夫和伏尔加格勒小麦的蛋白质含量为 16%—17%；英国小麦的蛋白质含量为 11.5%，法国为 13.5%，瑞典 14.5%，美国 17%。另外，奥伦堡州的小米质量也非常好。① 奥伦堡州州长贝格（Юрий Берг）在 2018 年 3 月 13 日春季备耕工作会议上的讲话中强调要高度重视硬质小麦的质量，保证在俄罗斯人的餐桌上，是奥

① Земледелие Оренбургской области, 29 апреля 2016 г, http://orenobl.ru/agro/zemledelie.php.

伦堡的面食，而不是意大利面。①

在养殖业方面，奥伦堡州在传统上是一个饲养羊的地区。主要养羊区域在该州的西南、南部和东部地区。早在19世纪，就在此地饲养着俄罗斯最好的羊的品种——奥伦堡羊。奥伦堡羊绒以其精细、弹性和良好的纺纱品质而闻名，也是民间针织工艺的基础。② 2018年3月，在奥伦堡州国立农业大学举行了有关"奥伦堡州绵羊和山羊养殖业发展中的紧迫问题"的专题研讨会。奥伦堡州政府副总理兼农业部部长马斯洛夫（Михаил Маслов）介绍了该州绵羊和山羊养殖的状况。目前，奥伦堡州的任务是保留住奥伦堡羊的品种繁衍。③

（2）粗放型农业发展模式

在俄罗斯全国范围内甚或在俄罗斯主要农业产区，奥伦堡州可以与西伯利亚联邦区的阿尔泰边疆区齐名：一方面农业土地（耕地）面积庞大，另一方面单位产出极低，属于典型的粗放型农业经营模式。当然，这种情况与这两个地区的总体社会经济发展水平密切相关。

奥伦堡州横向长度大，加上该州整体社会经济发展水平和人口密度低，使得其边境地区更加关注周边地区的中心城市，而不是奥伦堡本地的中心城市。奥伦堡州地区中心城市人口密度不如临近的伏尔加、乌拉尔中心城市人口密度大。这使该州的营商、居住吸引力不大。在奥伦堡州的城市和地区中心，居住质量和舒适度也不高。俄罗斯与哈萨克斯坦边境设施落后，加大了奥伦堡州营商、劳动力和资本流动的成本。

---

① Юрий Берг, Нужно, чтобы на столе россиян были наши макароны, а не итальянские! 13 марта 2018, http://www.orenburg-gov.ru/news/main/yuriy-berg-nuzhno-chtoby-na-stole-rossiyan-byli-nashi-makarony-a-ne-italyanskie-/.

② Животноводство Оренбургской области, 29 апреля 2016 г, http://orenobl.ru/agro/zhivot.php.

③ На базе ОГАУ обсудили вопросы развития овцеводства и козоводства в Оренбургской области, 22 марта 2018 г, http://www.orenburg-gov.ru/news/apk/na-baze-ogau-obsudili-voprosy-razvitiya-ovtsevodstva-i-kozovodstv a-v-orenburgskoy-oblasti.

表 11 奥伦堡州农业生产情况信息

年份 项目	2008 年 （实际）	2015 年 （实际）	2020 年 （计划）	2025 年 （计划）	2030 年 （计划）
农业总产值 / 亿卢布	560	890	1050	1230	1430
农业从业人数 / 万人	20.2	18.7	17.4	14	11.5
工人年产值 / 万卢布	27	50	60	90	125
农业工人工资 / 卢布	6000	8500	12000	17000	22000

数据来源：Стратегия развития Оренбургской области до 2020 года и на период до 2030 года. Приложение к постановлению Правительства области от 20.08.2010. №.551−пп。

综上各种因素，奥伦堡州居民收入水平低于俄罗斯平均水平，农业经济领域内的工资更低（8500 卢布 / 月）。人口外流，造成人口数量下降。农业从业人数也逐年下降，预计到 2030 年，将比 2008 年少近 10 万人。奥伦堡州农业经济领域内劳动生产率极低（人均年产值 50 万卢布），这是农业经济发展的阻碍因素。还有一个问题是奥伦堡州南部地区的荒漠化、乌拉尔河流域径流量的显著下降，对农业影响大。

奥伦堡州政府制定的农业发展战略任务是提高农业对投资的吸引力，推动发展农村地区的中小型生产经营；在养殖业领域，最重要的优先方向是建立大型农业企业，专门养殖肉牛和奶牛；在种植业领域，需要把低生产效率的农业土地剥离出来，并划入其他类型的土地中。①

（3）小结

除去各地发展的主观原因，地理因素的重要影响在萨拉托夫州和奥伦堡州比较鲜明地体现了出来。

萨拉托夫州与南部联邦区的伏尔加格勒州、中央联邦区的沃罗涅日和坦波夫州相连。这些地方都是俄罗斯农业发达的地区。更为重要的是萨拉托夫州距离农产品的销售市场、外运通道近。这些有利因素客观上带动了萨拉托夫州的农业经济发展。

---

① Стратегия развития Оренбургской области до 2020 года и на период до 2030 года. Приложение к постановлению Правительства области от 20.08.2010 № 551−пп.

而奥伦堡州，可以说是伏尔加联邦区区位最差的一个联邦主体。其远离人口密集的国内市场中心，更远离港口城市。它虽然与哈萨克斯坦接壤，但是由于边境基础设施落后经济状况不佳。另外，奥伦堡州人口外流情况在伏尔加联邦区最为严峻。[①] 当然，奥伦堡州仍然拥有提高农产品产量和出口量的巨大潜力。2019 年 2 月 28 日，俄罗斯农业部长帕特鲁舍夫与奥伦堡州州长贝格举行会谈，专门讨论该州农产品出口问题。2018 年，奥伦堡州农产品出口额同比增加了 1.7 倍，达到 1.1 亿美元。其主要出口产品是葵花籽油和其他粮食产品。出口对象国是哈萨克斯坦、拉脱维亚、土耳其、伊朗、阿塞拜疆和丹麦等。[②]

五、其他伏尔加联邦区联邦主体的农业经济

伏尔加联邦区共有 14 个联邦主体，以上介绍了 4 个联邦主体的农业经济发展概况、问题和特点。下面将更加概要地介绍和分析剩余的联邦主体。由于乌里扬诺夫斯克州和基洛夫州的农业生产规模小，加之笔者掌握的资料和信息有限，在本部分研究中不包括这两个地区。楚瓦什的农业规模也很小，但这个共和国积极发展与中国四川的农业合作，需要加以关注。

1. 快速发展中的肉类生产地：马里埃尔共和国、莫尔多瓦州、奔萨州

马里埃尔特别是莫尔多瓦和奔萨的地理位置紧邻中央联邦区这个俄罗斯人口密集地区。这一区位优势对于发展肉类生产、吸引大型投资项目非常重要。同时，莫尔多瓦和奔萨得益于肥沃的黑土地资源，粮食产量都在 100 万吨以上（奔萨州在 200 万吨以上）。这为当地养殖业的发展提供了充分的饲料保障。另外，这里农村人口少、社会负担轻，依托若干大型的投资项目就足以带动整个农业经济。目前，马里埃尔共和国、莫尔多瓦共和国和奔萨州人口少、面积小，但是禽肉生产的发展非常迅速，即便是在产量的绝对值上在

---

① Тарасов В.Т., Бойко И.И, Харитонова В.Г. Неравномерность Модернизации Регионов Приволжского Федеральногоокруга// Социологические исследования, 2015, №.1, С.13.

② Экспорт АПК Оренбургской области в 2018 году вырос на 70%, 28 февраля 2019 г, http://mcx.ru/press- service/news/eksport-apk-orenburgskoy-oblasti-v-2018-godu-vyros-na-70.

伏尔加联邦区乃至俄罗斯全国都非常重要。这3个地区农业工人的工资水平在伏尔加联邦区位列前3位，充分凸显了其农业经济的效率和效益。这与鞑靼斯坦、巴什科尔托斯坦、萨拉托夫和奥伦堡州形成了鲜明的对比。

（1）马里埃尔共和国

马里埃尔在很大程度上是一个农业地区，人口密度低。农业经济占马里埃尔地方经济的19%。马里埃尔的农业产值占俄罗斯农业总产值的1%，排名第36位。但是考虑到马里埃尔仅68.4万人（农村人口23万），人均农业产值在俄罗斯居第8位。农业生产效率相当可观。

马里埃尔共和国的种植面积只有29万公顷，是伏尔加联邦区种植面积最小的联邦主体（2019年数据）。在绝大多数农产品的产量方面，该地区都居伏尔加联邦区最后位置（如粮食、马铃薯、蔬菜等）。但是如此体量小的一个联邦主体，在另外一些生产指标上却很突出。比如农业领域工人的平均月工资为2.3万卢布，在伏尔加联邦区居第2位，仅次于奔萨州。该共和国人均工资水平高不仅是因为其人口少，更主要的是其生产效率高。

马里埃尔共和国的农业经济中禽肉生产（养殖业）发展迅速。2017年该共和国农业产值与上年持平，为440亿卢布。2018年马里埃尔共和国农业产值下降到433亿卢布，其中生产牛奶17万吨、鸡蛋3.4亿枚。

整体而言，马里埃尔共和国农业经济明显偏重于养殖业（养殖业占66%的农业总产值）。近10年来，马里埃尔养鸡业迅速发展，鸡肉产量提高了15.5倍。当地领导人甚至还一度设想，马里埃尔共和国可供应俄罗斯全国一半的鸡肉消费。①

（2）莫尔多瓦共和国

莫尔多瓦农村人口虽只有30万，但是许多经济指标上的表现相当突出：肉类产量在伏尔加联邦区居第3位；猪的存栏数也居第3位；农民平均月工资第3位。目前，莫尔多瓦共和国不仅能满足自身的肉、奶、鸡蛋、糖、马铃薯和蔬菜需求，而且还有相关农产品出口到其他地区。部分农产品外运率

① Региональный обзор Milknews: Марий Эл, 18 сентября 2017 г, https://agrovesti.net/lib/regionals/region-12/regionalnyj-obzor-milknews-marij-el.html.

在40%—80%之间。

在2018年10月俄罗斯"金色秋天"农业展览会上，莫尔多瓦共和国首脑沃尔科夫（Владимир Волков）表示，目前在莫尔多瓦共和国有4个大型猪养殖场（每个达到了10万头的养殖规模）；2019年又兴建了3个类似的养猪场（也是10万头的养殖规模），每个投资15亿卢布。该共和国计划到2022年前后把同等规模的养殖场扩大到20个。[①] 2012年，莫尔多瓦肉类生产达14.5万吨，恢复到了1990年的水平（当时是苏联时期的最高水平）。2017年，莫尔多瓦肉类产量达29.5万吨，增加了1倍多。该共和国计划到2022年肉类产量达到40万吨。[②] 此外，在牛奶生产方面，该共和国计划在2017年42.5万吨的产量基础上再提高30%。

（2）奔萨州

奔萨州临近中央联邦区，地理位置好，65%的土地是黑土地，主要种植小麦、黑麦、燕麦和大麦。良好的种植条件和气候条件、临近消费市场在俄罗斯是非常重要的吸引投资因素，特别是在养殖业领域。

俄罗斯的大型肉类生产企业"切尔基佐沃"（Черкизово）集团是奔萨州农业经济的最大投资者。其主要从事猪肉生产。切尔基佐沃集团在奔萨州还有饲料工厂、养鸡场、肉类加工厂和粮食仓储中心。该集团在奔萨州掌控着10万公顷土地，与奔萨州政府关系良好。[③] 切尔基佐沃集团计划为自身在奔萨州的企业在近几年投入80亿卢布。其中，在生猪养殖和猪肉生产方面，该集团计划在奔萨州建设7个同类生猪养殖场（每个为2万头养殖规模）。如果项目进展顺利，并能够得到地方政府部门的支持（如拿到建设用的土地以及基础设施得到保障），甚至计划兴建20个厂区。

切尔基佐沃集团在奔萨州实现了跨越式发展。在进入奔萨州之前，该集团几乎没有任何猪肉生产项目。目前，该集团在奔萨州生产的猪肉已达到

① В Мордовии введут в строй три свинокомплекса на 300 тыс. голов, 15 октября 2018 г, https://agrovesti.net/news/indst/v-mordovii-vvedut-v-stroj-tri-svinokompleksa-na-300-tys-golov.html.

② Производство мяса в Мордовии увеличат до 400 тыс. тонн. 16 апреля 2018 г, https://agrovesti.net/news/indst/proizvodstvo-myasa-v-mordovii-uvelichat-do-400-tys-tonn.html.

③ Игорь Бабаев: Хватит ввозить – надо вывозить, 24 мая 2018 г, https://agrovesti.net/news/corp/igor-babaev-khvatit-vvozit-nado-vyvozit.html.

1.3 万吨 / 年，未来将超过 8 万吨 / 年。该公司指出，受益于当地行政部门和投资项目的支持，奔萨州有望在未来几年成为伏尔加联邦区猪肉生产的领头地区。①

奔萨州在牛奶生产领域也有业务量涉及全国的投资公司。如“俄罗斯牛奶（奥兰）”（Русмолоко Olam）从 2012 年起通过与新加坡奥兰国际有限公司（Olam International）开展业务合作关系，已发展成为俄罗斯全国第三大原料牛奶生产企业。其甚至还向许多大型牛奶加工企业（如法国达能公司）提供原料牛奶。奔萨州是一个地方政府大力支持商务活动的典范。二者之间的互动对于发展牛奶产业这样一个极具社会意义的生产活动具有极大的促进作用。② 例如，2017 年 7 月 12 日，来自俄罗斯各地区的奶制品企业的代表在奔萨州受到了州长别洛泽尔采夫（Иван Белозерцев）的亲自接见。

在火鸡肉生产领域，奔萨州也吸引到了大型的投资者。达马杰（Дамате）集团公司计划在奔萨州投资建设欧洲最大火鸡生产与加工企业。③ 如果这些大型项目能够顺利推进的话，奔萨州非常有望成为俄罗斯的一个主要肉类生产地区。

2. 以工业带动农业经济发展地：下诺夫哥罗德州、彼尔姆边疆区、乌德穆尔特共和国

下诺夫哥罗德、彼尔姆和乌德穆尔特的经济结构明显以工业为主且制造业发达。这些地区的农业组织模式也受到了整体经济结构的影响，即农业生产朝着工业化方向发展，农产品加工业发展迅速。

（1）下诺夫哥罗德州

下诺夫哥罗德市是俄罗斯伏尔加联邦区的行政中心城市。长期以来，其既是俄罗斯一个较为重要的农业地区（耕地面积 200 万公顷，在俄罗斯排名

① “Черкизово” инвестирует 8 млрд руб в свои пензенские предприятия, 18 августа 2018 г, https://agrovesti.net/news/corp/cherkizovo-investiruet-8-mlrd-rub-v-svoi-penzenskie-predpriyatiya.html.

② Губернатор Пензенской области встретился с ведущими Российскими переработчиками молока, 17июля 2017 г, https://agrovesti.net/news/corp/gubernator-penzenskoj-oblasti-vstretilsya-s-vedushchimi-rossijskimi-pererabotchikami-moloka.html.

③ http://www.acdamate.com/proizvodstvo-indeyki.

第 24 位），也是俄罗斯的改革先锋。

下诺夫哥罗德的改革精神鲜明地体现在农业经济领域，特别是在那些适宜大规模工业化生产的方向（比如，鸡肉和猪肉的生产方面）。下诺夫哥罗德州的谢莫夫斯卡娅养鸡场（Птицефабрика Сеймовская）是俄罗斯生产鸡蛋的前 10 强企业。

在该州 2035 年发展战略规划草案中①，农业发展目标是：保障下诺夫哥罗德州的食品安全和生态安全；提高农产品的商品率和质量，发展生态、清洁的农产品；发展"智慧农业"，提高技术装备水平，引进创新技术。具体而言，提升关键农产品（如肉类、禽肉、奶、蔬菜、鱼等）的产量和品牌竞争力并将农产品销售到莫斯科、鞑靼斯坦以及国际市场。

（2）彼尔姆边疆区

彼尔姆边疆区是伏尔加联邦区面积最大的地区，约 16 万平方公里；人口 261 万，其中农村地区人口 63 万（2019 年 1 月 1 日数据）。

在养殖业领域，发展最好的是养鸡业。2017 年，彼尔姆边疆区有两家养鸡工厂进入了俄罗斯养鸡业的前 50 强："彼尔姆家禽养殖场"（ПРОДО птицефабрика《Пермская》）和"共青团家禽养殖场"（Птицефабрика《Комсомольская》）。"彼尔姆家禽养殖场"占整个彼尔姆边疆区农业企业鸡肉产量的 89.6%。2017 年 11 月初，该公司共有 238 万羽鸡。2017 年前 10 个月，共产 2400 多万枚鸡蛋和 3.7 万吨鸡肉。"共青团家禽养殖场"是彼尔姆边疆区最大的鸡蛋生产企业。2017 年前 10 个月，共产鸡蛋 5.1 亿枚，鸡肉 1595 吨。②

彼尔姆边疆区虽然地理位置靠北，但却是俄罗斯的一个产奶区。在乳制品和奶酪的产量方面，彼尔姆边疆区在俄罗斯位列地区前 20 名。2016 年，彼尔姆边疆区生产了 38 万吨牛奶，占俄罗斯的第 20 位。重要的是，几乎所有的牛奶都是农业企业生产的（近 36 万吨）。这意味着彼尔姆边疆区牛奶的

---

① Проект Стратегии Нижегородской области до 2035 года, http://souzles-nn.ru/wp-content/uploads/2018/07/Proyekt_Strategii_Nizhegorodskoy_oblasti.pdf.

② Две птицефабрики Пермской области вошли в ТОП 50 крупнейших птицефабрик России, 27 ноября 2017 г, https://agrovesti.net/news/indst/dve-ptitsefabriki-permskoj-oblasti-voshli-v-top-50-krupnejshikh-ptitsefabrik-ross ii.html.

高品质。由此，该地区牛奶的商品率总是接近 80%（这在俄罗斯属于非常好的水平）。另外一个与俄罗斯大多数地区不同之处在于：近年来，彼尔姆边疆区的奶牛数量较之其他地区一直在增加。2014 年为 10.3 万头，2015 年为 10.46 万头，2016 年为 10.49 万头。在牛奶生产方面，最大的企业是“克柳奇”（Ключи）。该公司 2015 年销售收入为 2.3 亿卢布，净利润达到了 1 亿卢布。从 2005 年起，其从未亏损过。当地媒体认为该企业是彼尔姆边疆区最为现代化的企业之一。①

（3）乌德穆尔特共和国

乌德穆尔特工业发达，是俄罗斯军工业最为集中的地区。从某种程度上说，乌德穆尔特共和国的农业工业化水平更高。地方领导人熟悉工业化的管理方式，尤其支持大型农业企业。②

乌德穆尔特的地理位置和气候条件较为适宜养殖业而不是种植业的发展。俄罗斯的一份研究结果很值得深思：在俄罗斯，存在着牛奶和小麦之间的竞争。具体而言，在那些生产粮食和出口粮食更有利的地区，小麦（代表种植业）会胜过牛奶（代表养殖业），反之亦然。南部联邦区非常适宜粮食作物的种植，特别是出口便捷，粮食种植非常普遍。但在一些牛奶产区（比如列宁格勒州），小麦的生长不如南方地区的好，牛奶的生产更为普遍。像鞑靼斯坦和巴什基尔以及大部分伏尔加联邦区的联邦主体虽然粮食产量也很高，但是不影响养殖业（其中牛奶的生产甚至优先于小麦的种植）。这是因为粮食的价格主要取决于俄罗斯国内市场的价格，而这些地区距离港口远，粮食无法通过长途运输到达海港并用于出口。阿尔泰边疆区的情况也是如此。这里虽然粮食产量大，但只能在西伯利亚销售。为此，阿尔泰边疆区养殖业也很发达。其中奶酪生产而闻名遐迩。③

正是气候和远离港口这两个因素推动着乌德穆尔特发展养殖业，这是

---

① Региональный обзор MilkNews: “Пермский край”, 22 мая 2017 г, https://agrovesti.net/lib/regionals/region-59/regionalnyj-obzor-milknews-permskij-kraj.html.

② Аграрная Россия-2011. Итоги, Мнения, Комментарии. Москва. 2012. Сборник подготовлен Федеральным государственным бюджетным учреждением《Пресс-служба Минсельхоза России》.

③ Региональный обзор Milknews: Удмуртия. 04 июня 2018 г, https://agrovesti.net/lib/regionals/region-18/regionalnyj-obzor-milknews-udmurtiya.html.

农民的合理选择。乌德穆尔特牛奶生产者协会执行会长博布罗夫（Петр Бобров）指出，乌德穆尔特粮食种植不如克拉斯诺达尔和斯塔夫罗波尔那样有利，因为前者距离港口更远、运费更贵。但是，那里发展养殖业的条件优越，因为其气候寒冷、草场资源丰富。

乌德穆尔特的奶制品工业相当发达。奶制品质量高，已在俄罗斯全国 83 个地区销售。近年来，在乌德穆尔特新建和改建了不少牛奶加工厂，其中 2017 年就有 61 个。这些新的加工厂都符合现代化的要求并且能够带来丰厚的回报和盈利。另外，乌德穆尔特的牛奶质量高，几乎所有本地区生产的牛奶都可以用来加工。乌德穆尔特 2017 年生产牛奶原料奶 68 万吨（全部在本地深加工）；[①] 2018 年生产 78 万吨。

3. 农业发展颓势地：楚瓦什共和国、萨马拉州

在各类重要的农业经济指标上，楚瓦什、萨马拉与基洛夫和乌里扬诺夫斯克等联邦主体都处于伏尔加联邦区末后位置。这里主要介绍楚瓦什共和国和萨马拉州。

（1）楚瓦什共和国

楚瓦什共和国只有 1.8 万平方公里，是伏尔加联邦区面积最小的地区。该共和国总人口 122 万，其中农村人口 45 万（2019 年 1 月 1 日数据）。楚瓦什的森林在一些地区占地面积超过了 50%，这对农业土地的使用构成了较大影响。在农业产值方面，楚瓦什共和国仅高于乌里扬诺夫斯克州和基洛夫州。

2018 年楚瓦什农业产值 373 亿卢布，同比仅增长 1.7%。其中，粮食 63 万吨、马铃薯 40 万吨、蔬菜 12 万吨；肉、蛋、奶也基本与 2017 年持平。[②] 但是，楚瓦什共和国的酒花生产在俄罗斯居支配性的垄断性地位（占俄罗斯近 80%）。

楚瓦什共和国农业经济的另外一个特点是，大部分农产品（比如蔬菜和

---

① Региональный обзор Milknews: Удмуртия. 04 июня 2018 г.

② Итоги развития АПК республики за 2018 год, http://agro.cap.ru/news/2019/01/28/itogi-razvitiya-apk-respub liki-za-2018-god.

马铃薯近 80%、肉和奶也在 60% 以上）由家庭农户生产。为此，这里的农产品商品率低。比如，楚瓦什共和国牛奶年产 42 万吨中可以商品化销售和加工的只有 30 万吨。①

（2）萨马拉州

萨马拉州与鞑靼斯坦、乌里扬诺夫斯克、萨拉托夫和奥伦堡相连，与哈萨克斯坦交界。其总人口 321 万，其中农村人口 63 万，占 19.7%。行政中心是萨马拉市（117 万人）。萨马拉州共有 559 家农业企业，1951 家私人农场和 29 万多个家庭农户，近 780 家食品加工、农机服务企业。

萨马拉州是俄罗斯机械制造业中心。其中，汽车和航空航天机械制造为萨马拉州经济的核心。②然而，近年来萨马拉州经济一直止步不前。这是因为 2015—2017 年萨马拉州的投资总额缩减了 33.7%。③这里是伏尔加联邦区中唯一连续多年工业生产下降地区，直到 2017 年该州经济才实现了 1% 的增长。

为此，萨马拉州州长阿扎罗夫（Дмитрий Азаров）明确表达了担忧，认为该州出现了“事实上的治理危机”：A. 居民生活水平下降。从 2014 年起，萨马拉州居民收入水平开始走下坡路。例如，农业领域从业人员平均工资仅为全州各行业平均工资的 56%。B. 政府债务危机严重。近年来，萨马拉州在财政收入没有相应提高的情况下，财政支出却大幅增加。其中，每年仅偿还中央政府债务就需要支出近 50 亿卢布［这相当于陶里亚蒂（萨马拉州第二大城市）的全年财政收入］。C. 投资环境恶化。在俄罗斯投资环境排名中，萨马拉州因商业环境不佳④列第 65 位。

---

① Региональный обзор Milknews: Чувашия. 11 сентября 2017 г, https://agrovesti.net/lib/regionals/region-21/regionalnyj-obzor-milknews-chuvashiya.html.

② https://www.samregion.ru/economy/prom_potencial.

③ Дмитрий Азаров выступил с Посланием о положении и основных направлениях социально-экономического развития Самарской област, 10 апреля 2018 г, http://www.samregion.ru/external/adm/files/c_ 94873/POSLANIE_Vremenno_ispolnyayuschego_obyazannosti_Gubernatoroa_Samarskoj_oblasti_D.I.Azarova_2018_ITOG.pdf.

④ Там же.

表 12 萨马拉州居民实际收入变化（以 2013 年为基准）

2013 年	2014 年	2015 年	2016 年	2017 年
100%	90%	83%	75%	72.8%

数据来源：Дмитрий Азаров выступил с Посланием о положении и основных направлениях социально-экономического развития Самарской област. 10 апреля 2018.

在农业经济方面，萨马拉州以种植业见长。粮食、向日葵、马铃薯、蔬菜、水果等不仅能够满足当地需求，而且还能部分外销。在一些稀有农产品方面，萨马拉州的产量在俄罗斯居前 10 名（比如藏红花和小米的生产）。① 萨马拉州目前推出的“萨马拉质量”计划旨在树立、增强和推广各有关农产品品牌。

萨马拉州目前预算紧张、政府负债率高，事实上已经无力向农业进行再投入。阿扎罗夫州长明确表示：“萨马拉州经济增长依靠财政已经不可能了。我们已经不能再扩大债务了。在过去 5 年，萨马拉州政府的债务增加了近 2 倍，从 2012 年年初的 338 亿卢布，增加到 2017 年的 674 亿卢布。” ② 即便在粮食外运上，萨马拉州都非常需要依靠中央的财政支持。2017 年，俄罗斯全国粮食丰收，但价格下跌。俄联邦政府决定支持 13 个地区的粮食出口，萨马拉州被列入其中。阿扎罗夫州长强调：“对粮食的铁路运输加以补贴在萨马拉州是极其紧迫的。” 2018 年，萨马拉的粮食产量下降到了 183 万吨，下降幅度非常大。

按照农业总产值而言，萨马拉州在伏尔加联邦区中一直居第 5 位左右。另一个值得注意的现象是，萨马拉州种植业虽占绝对优势，但养殖业发展落后。在该州，种植业产品一旦出现价格下跌和销售利润下降的情况，其禽肉、牛奶和加工食品还需要进口，农业经济也会由此变得十分艰难。萨马拉州在种植业方面的优势在于有 280 万公顷的耕地。特别是其向日葵种植面积接近 60 万公顷，这在伏尔加联邦区内仅次于萨拉托夫和奥伦堡。

① https://www.samregion.ru/sam_region.

② Дмитрий Азаров выступил с Посланием о положении и основных направлениях социально-экономического развития Самарской област, 10 апреля 2018 г.

六、结束语

伏尔加联邦区距离港口远，不利于农产品出口到国际市场；距离核心销售市场远，不利于农产品在国内市场上的拓展。这两个因素长期叠加又造成了该联邦区大部分联邦主体的农业经营者市场意识和品牌意识低的问题。项目组在喀山调研期间①，鞑靼斯坦共和国商务代表在回答为何不来参加中国进口博览会的提问时说：中国的市场过于庞大，鞑靼斯坦出产的产品数量非常有限，不需要这么大的市场，只要有一个小市场就够用了。作为伏尔加联邦区包括农业在内的社会经济发展最好的联邦主体，鞑靼斯坦尚且存在这样的经营思维，那其他地区（比如较为传统的巴什基尔）的经营思维就可想而知了。实际上，伏尔加联邦区内的大型农业控股公司、大型农业企业，就其使用土地的规模而言，已经是“世界级别”的了，但是从其产品产量、盈利水平、营销能力和国际视野等方面来看，基本上不具备国际竞争力。其主要出口产品仍然是原料型的粮食和植物油。而俄罗斯的中型农业企业、私人农场虽然有着与欧洲私人农场类似的规模，但是产品质量不高且缺少被认可和接受的驰名品牌。小型农业生产者、家庭农户虽然有很多产品在俄罗斯具有独特性，但基本上属于自产自销。整体而言，伏尔加联邦区的农业仍属于内向型的传统产业。

目前，来自俄罗斯中央政府、农业部的明确压力（设定指标和完成期限）已使伏尔加联邦区各联邦主体无法安于传统和现状了。俄罗斯的国家农业政策②近年来逐步从进口替代转向出口导向。虽然肉类生产在某些联邦主体发展迅速，但是伏尔加联邦区具有大规模出口优势的产品仍然在种植业方面（比如粮食和向日葵以及植物油等）。

2019 年 2 月 22 日，在喀山举行的伏尔加联邦区农业问题会议上，俄罗斯农业部长德米特里·帕特鲁舍夫（Дмитрий Патрушев）专门提及的一些

① 2018 年 8 月中旬。

② 关于俄罗斯农业政策的取向，可以参考俄罗斯高等经济大学巴尔苏科娃教授的精彩分析。参见 C. 巴尔苏科娃：《俄罗斯经济与社会政策的当代选择——以农业政策为例》，《俄罗斯研究》2018 年第 5 期。

数量指标[①]中提到：到2024年，把伏尔加联邦区的农产品出口额从目前的12亿美元（2018年俄罗斯全国农产品出口额为259亿美元）提高到28亿美元。从该指标可以看出，俄罗斯农业部对伏尔加联邦区的农业出口情况不满意。因为这个联邦区的农业产值在8个联邦区中占第2位，但是农产品出口额不到全国的5%。帕特鲁舍夫部长还具体指出：伏尔加联邦区需要在2024年前把粮食的产量提高1.5倍，达到3180万吨；油料作物（主要是向日葵）提高40%，达到730万吨；肉类产量应该提高10%，达到340万吨，牛奶达到1020万吨。鉴于俄罗斯各地区的农业发展都高度依赖联邦政府的补贴[②]，因此，农业部的指令是相当有影响力的。伏尔加联邦区各联邦主体未来的工作重点是完成农业部的指令任务：提高产量，扩大出口。可以预料，在俄罗斯伏尔加联邦区与中国长江中上游的地区合作中，俄方将会更多地提及和推动其农产品的对华出口问题。根据俄罗斯农业部的出口规划，到2024年向中国的农产品出口额将达到77亿美元。近年来，俄罗斯农产品对华出口也确实增幅明显。其中，2019年前10个月对华农产品出口同比增长了25.1%，出口额为26亿美元。其主要出口产品是鳕鱼、葵花籽油、螃蟹、大豆、鱿鱼和菜籽油。[③]

由于受地理位置因素的影响，到目前为止，从整体上看，伏尔加联邦区的主要对外贸易伙伴还不是中国。但是从个别联邦主体以及作为俄罗斯重要农产品产地的伏尔加联邦区来说，与中国的农产品贸易应该会不断加强（比如楚瓦什共和国）。目前，是中国消费者不断熟悉俄罗斯农产品（包括伏尔加联邦区的农产品）阶段。值得注意的情况是：2020年1月1日至2月16日，俄罗斯对中国出口的农产品总额是3.99亿美元，同比增长48%。由此可见，即便是在这样特殊的时期内（疫情），也没能影响俄罗斯对中国农产

① К 2024 году ПФО должен увеличить экспорт продукции АПК более чем в 2 раза, 22 февраля 2019 г, http://mcx.ru/press-service/news/k-2024-godu-pfo-dolzhen-uvelichit-eksport-produktsii-apk-bolee-chem-v-2-raza.

② 注：2019年，俄罗斯财政预算将向农业投入3036亿卢布，2018年是2541亿卢布。这在俄罗斯全国财政紧张的情况下，是很大的投入了。Рост АПК по итогам 2018 года составил 2,3%, 8 февраля 2019 г, http://mcx.ru/press-service/news/rost-apk-po-itogam-2018-goda-sostavil-2-3.

③ Минсельхоз РФ: экспорт сельхозпродукции в Китай к 2024 году вырастет вдвое, 15 ноября 2019 г, https://ria.ru/20191115/1560980780.html.

品的出口。[①]

2019年，鞑靼斯坦共和国对外贸易额为157亿美元，其主要贸易伙伴是波兰（20亿美元）、荷兰（17亿美元）、德国（15亿美元）、白俄罗斯（10亿美元）、英国（7亿美元）。鞑靼斯坦与中国、哈萨克斯坦、斯洛伐克、匈牙利的贸易额都在5亿美元左右。[②]这样，可以推算，鞑靼斯坦这个伏尔加联邦区第一大经济主体与中国长江中上游地区的经贸额度就更为有限了。在农产品贸易方面，鞑靼斯坦共和国主要面向哈萨克斯坦、吉尔吉斯斯坦、白俄罗斯等国出口鸡肉、鸡蛋、牛奶等；面向白俄罗斯、格鲁吉亚、阿塞拜疆、伊朗等国出口谷物及其制成品。[③]与鞑靼斯坦一样，欧盟也是巴什科尔托斯坦共和国的最大对外贸易伙伴，但是对外贸易伙伴的结构不同。对于巴什科尔托斯坦共和国而言，根据2019年上半年的数据，拉脱维亚（占17.9%）、中国（17.1%）、白俄罗斯（7.7%）、芬兰（6.5%）、哈萨克斯坦（6.3%）、荷兰（4.9%）、德国（3.9）、印度（3.8）。[④]可以看出，中国是巴什科尔托斯坦共和国非常重要的对外贸易伙伴。巴什科尔托斯坦共和国的蜂蜜是出口中国的重要产品。

马里埃尔共和国2019年全年农产品出口到25个国家和地区，出口额是960万美元。其主要出口国是乌兹别克斯坦（占20%）、白俄罗斯（18.4%）、塔吉克斯坦（占13.5%）和意大利（11.7%）。需要指出的是，马里埃尔共和国从2019年开始向中国出口鸡肉。[⑤]萨拉托夫州也是从2019年12月开始向中国出口大豆220吨；2020年1月又向中国出口大豆46吨。[⑥]

---

① Экспорт продукции АПК Чувашии в Китай с начала года превысил 1 млн. долл. США, 21 февраля 2020г, http://www.agro.cap.ru/news/2020/02/21/eksport-produkcii-apk-iz-chuvashii-v-kitaj.

② Внешнеторговый оборот в Республике Татарстан в январе-декабре 2019 года, 28 февраля 2020 г, https://tatstat.gks.ru/storage/mediabank/i010016r(1).pdf.

③ Республика Татарстан. Сельское Хозяйство: Инвестиционный Гид, http://tida.tatarstan.ru/file/File/%D0%93%D0%98%D0%94%20%D0%A0%D0%A2.pdf.

④ Мониторинг внешней торговли Республики Башкортостан по итогам I полугодия 2019 года.

⑤ Марий Эл планирует увеличить экспорт сельхозпродукции до $45 млн. ЙОШКАР-ОЛА, 4 марта 2020 г, https://regnum.ru/news/economy/2875589.html.

⑥ Из Саратовской области впервые экспортировали сою в Китай, 4 февраля 2020 г, https://om-saratov.ru/social/04-february-2020-i82459-iz-saratovskoi-oblasti-vpe.

2019年，莫尔多瓦农产品主要出口国家是哈萨克斯坦（占28%）、白俄罗斯（16%）和中国（9%）。① 此外，其也准备大规模向东南亚出口包括鸡肉在内的相关农产品。乌德穆尔特共和国也大力推动向中国的农产品出口。特别是奶制品出口，其2019年年初已经与中方代表团签署了产品出口议定书。②

2019年，奔萨州向中国运输了4个批次的葵花油，共3000吨。其货地运路线是从奔萨运到符拉迪沃斯托克，然后经海路运到中国的青岛、上海和重庆。相关贸易由奔萨州驻重庆分公司经营管理。此外，奔萨州的生产者还希望向中国供应罐头制品、猪肉和鸡肉等。③ 2019年，楚瓦什共和国农产品出口额为2400万美元，其主要出口国是中国（41.8%），其次是德国（9.1%）、乌克兰（7.8%）、波兰（7.5%）和哈萨克斯坦（5.5%）。④ 2020年1–2月，楚瓦什共和国向中国出口农产品的额度为110万美元，同比提高了2.8倍。⑤

在俄罗斯全国大力推动农产品出口的背景下，随着中国消费者不断熟悉和认同俄罗斯的农产品，在长江—伏尔加河地区合作机制的推动下，两的农产品贸易（主要是伏尔加地区向中国方面出口）已经呈现出快速发展的趋势，越来越多包括伏尔加联邦区的农产品在内的俄罗斯农产品将进入中国市场。

---

① Внешняя торговля Республики Мордовия в 2019 году, 25 февраля 2020 г，https://www.tks.ru/news/nearby/2020/02/25/0004.

② Удмуртский Агрохолдинг Вышел на Крупный Экспорт, 22 марта 2019 г, http://www.udmurt.ru/about/info/news/?ELEMENT_ID=320918.

③ В Пензенской области вырос экспорт продукции АПК, 27 ноября 2019 г, https://rg.ru/2019/11/27/reg-pfo/v-penzenskoj-oblasti-eksport-vyros-eksport-produkcii-apk.html.

④ В 2019 году Чувашия экспортировала сельхозпродукции на 24 млн. Долларов, 24 декабря 2019 г, http://www.agro.cap.ru/news/2019/12/24/v-2019-godu-chuvashiya-eksportirovala-seljhozprodu-1.

⑤ Экспорт продукции АПК Чувашии в Китай с начала года превысил 1 млн. долл. США, 21 февраля 2020г, http://www.agro.cap.ru/news/2020/02/21/eksport-produkcii-apk-iz-chuvashii-v-kitaj.

第九章

中俄“长江—伏尔加河”流域铁路货运合作

随着中俄全面战略协作伙伴关系的持续发展，中俄两国的合作领域不断扩展，合作内容不断深化，合作形式不断丰富。在中俄两国互办国家主题年的传统框架下，2018 年 2 月 7 日，中俄地方合作交流年正式启动。习近平主席在致交流年开幕式的贺辞中强调，中俄两国都处于国家发展和民族复兴的重要时期，发展蓝图高度契合，地方合作大有可为。[①] 在中俄地方合作交流年的举办过程中，中俄两国政府通过设立特定机制、举办专项活动、进行定向交流等举措，进一步发掘出了两国地方合作的潜能，为地方合作增添了新动力与新内涵。近年来，中俄双方建立了“长江—伏尔加河”“东北—远东”两大区域性合作机制，其中“长江—伏尔加河”地方合作机制是中国长江中上游地区安徽、江西、湖北、湖南、四川和重庆 6 省市与俄罗斯伏尔加河沿岸联邦区 14 个联邦主体之间的地区合作机制。该机制的建立与逐步完善标志着中俄两国的地方合作正在由边境地区向非毗邻地区扩展。在中

① 《习近平同俄罗斯总统普京分别向中俄地方合作交流年开幕式致贺辞》，新华社网，http://news.cnr.cn/native/gd/20180207/t20180207_524128386.shtml。

俄非毗邻地区间的合作中，地理距离和交通便利是影响地区间经贸往来的重要因素，运输畅通对于实现中俄“长江—伏尔加河”流域地区贸易、产能等多个重大领域的合作意义重大。

与此同时，在“一带一路”国际合作深入推进背景下，中国中欧班列的发展方兴未艾。中欧班列作为“一带一路”的延伸触角，身兼对外政治意义与经济价值的双向互动。这是由中国铁路总公司组织，按照固定车次、线路、班期和全程运行时刻开行的集装箱等铁路国际联运列车。其运行于中国与欧洲以及“一带一路”沿线国家间的首趟班列始发于2011年，是深化中国与沿线国家经贸合作的重要载体和推进“一带一路”建设的重要抓手。俄罗斯作为欧亚地区大国，正是中欧班列的重要合作对象国。近年来，在连接中俄地方货物往来的多种运输方式中，铁路货运正呈蓬勃发展之势。中欧班列的全面发展为中俄铁路货运合作注入了新的活力与动力，也为中俄地方合作特别是为长江—伏尔加河非毗邻地区的合作创造了新的便利条件。在中欧班列7年发展历程中，重庆、湖北、四川等长江中上游地区省市在中俄铁路货运中进行了诸多探索与尝试，也取得了一定的突破与进展，但囿于铁路货运问题的复杂性，中俄“长江—伏尔加河”流域地区的铁路货运合作开展仍然面临诸多挑战。本文将在中欧班列蓬勃发展的背景下，以梳理问题现状和建立分析模型为基础，探讨中俄铁路货运合作如何向非毗邻地区合作层面推进，为中俄“长江—伏尔加河”流域地区持续有效开展铁路货运合作寻求可行路径。

一、新时期中俄铁路货运合作发展特征

自2013年习近平主席首次在哈萨克斯坦提出共同建设丝绸之路经济带以来，中国与俄罗斯所在的亚欧大陆发生了诸多新的变化。随着国际与地区局势的变化以及沿线国家对“一带一路”倡议的逐步认知，“一带一路”的合作内容与合作方式都呈现出多样化与复杂化的特点，这其中就包含中国与

中欧班列沿线国家的铁路货运合作。在俄罗斯方面，自乌克兰危机发生以来，俄罗斯战略的东向调整开始显现。随着大欧亚伙伴关系的提出，欧亚地区合作的形态、方式与内容在多方力量的推动下都在经历着改变与创新。与此同时，欧亚地区的货运发展展现出巨大潜力，从西伯利亚大陆桥、新亚欧大陆桥到中欧班列，欧亚地区贸易与货运通道的开辟符合地区多方利益，成了新时期发展的密切关注点。加之，近年来中俄全面战略协作伙伴关系的不断升温，中俄贸易往来蓬勃发展。在此背景下，中俄铁路货运合作在“一带一路”倡议、中欧班列、欧亚地区区域合作以及中俄政治经贸关系的多重推动中逐步向前发展，呈现出了新时期的发展特征。

自 2011 年开始运营以来，中欧班列的开行数量逐年稳步大幅增长。2018 年上半年班列开行数量已达到 2490 列。截至 2019 年 10 月底，中欧班列累计开行已近 20000 列，运行线路达到 65 条，通达欧洲 15 个国家的 44 个城市。2019 年中欧班列开行 8225 列，同比增长 29%；发运 72.5 万标箱，同比增长 34%。①

目前，中欧班列现已有东、中、西三条通道：东通道由内蒙古满洲里口岸出境，接入俄罗斯西伯利亚铁路，通达欧洲各国；中通道由内蒙古二连浩特口岸出境，途经蒙古国与俄罗斯西伯利亚铁路相连，通达欧洲各国；西通道由新疆阿拉山口及霍尔果斯口岸出境，经哈萨克斯坦与俄罗斯西伯利亚铁路相连，途经白俄罗斯、波兰、德国等，通达欧洲其他各国。尽管中欧班列还规划了两条途径吉尔吉斯斯坦、哈萨克斯坦，由中亚、高加索地区、土耳其通达欧洲的通道，但目前其所依托的运输资源主要还是西伯利亚大陆桥和新亚欧大陆桥。从现有的东、中、西三条运输通道均需过境俄罗斯情况可以判断：俄罗斯在中欧班列发展中具有举足轻重的作用。

① http://zjydyl.zj.gov.cn/text/ghsl/zkyj/202001/303938.html.

图 1　中欧铁路通道规划图 ①

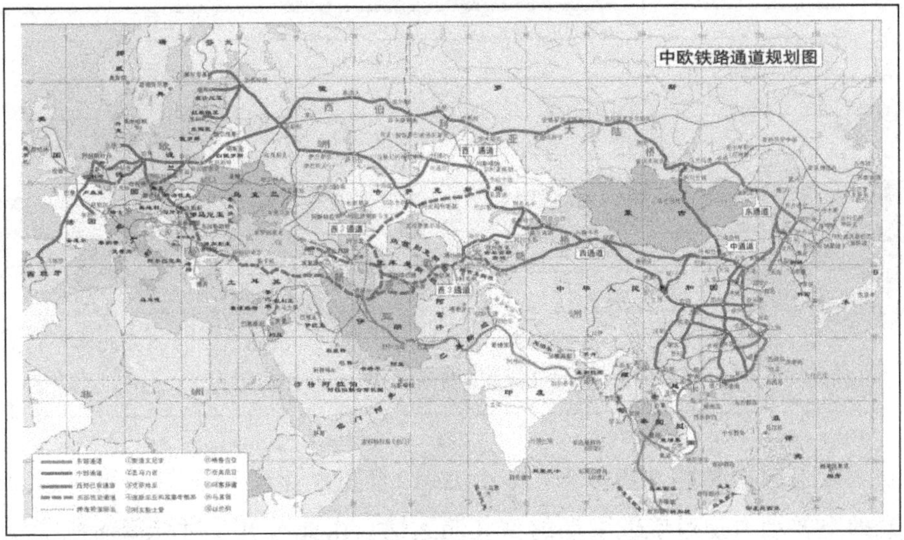

1. 过境运输成为中俄铁路货运合作的新向量

据俄罗斯铁路公司与俄罗斯交通部数据统计 ②，俄中集装箱货运总量由 2012 年的 37.97 万标准集装箱增长到 2016 年的 57.41 万标准集装箱，平均年增幅为 11.5%，2016 年增幅达到 30.6%；在俄中集装箱货运总量中，俄罗斯进口中国的集装箱总量从 2012 年的 23.96 万标准集装箱小幅跌落至 2016 年的 21.69 万标准集装箱，俄罗斯出口中国的集装箱总量则由 2012 年的 10.89 万标准集装箱小幅增长至 2016 年的 17.14 万标准集装箱。其中表现最为突出的则是经由俄罗斯过境的俄中集装箱货运总量从 2012 年的 3.13 万标准集装箱大幅增至 2016 年的 18.57 万标准集装箱（增幅达到 88.9%）；2017 年达到 26.1 万标准集装箱。过境集装箱数量占中俄集装箱货运总量的比例从 2012 年的 8.24% 上升到 2016 年的 32.34%，以上数据可用图 2 示意表示。

① 《中欧班列建设发展规划（2016–2020）》。

② Лапидус Л., Лапидус Б., Мишарин А., Обеспечение гладкости бесшовной транспортной системы на евразийском пространстве при реализации инициативы “Один пояс – один путь”, Научная конференция “Китайско–российское сотрудничество в рамках проекта Один пояс – один путь”, 23 июня 2017 г, С.66.

图 2　2012—2016 年俄中集装箱货运量示意图

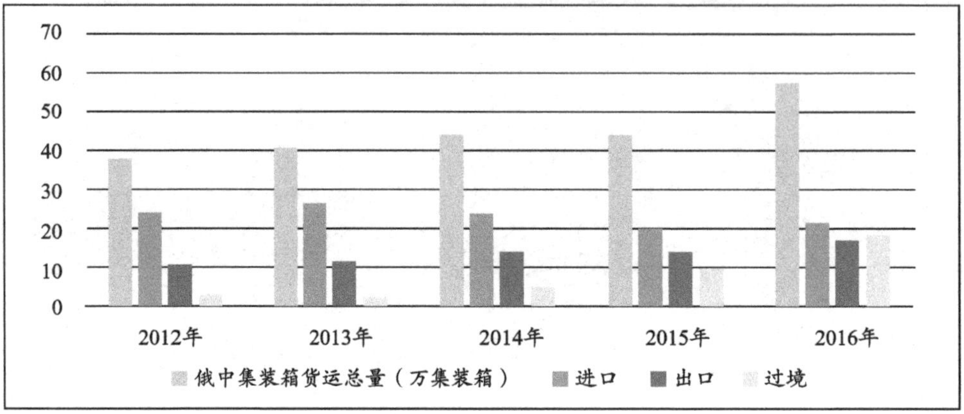

从以上数据和图 2 可以看出，从 2012 年起，带动中俄集装箱货运总量提升的重要动力是过境俄罗斯的集装箱运输。由此可见，过境运输成了拉动中俄集装箱货运的“第三架马车”。这显然与中欧班列的蓬勃发展密不可分。自从中欧班列开通以来，过境铁路运输为中俄铁路货运合作添加了新的合作内容。中俄铁路货运合作的性质也从过去较为单纯的双边行为转变成了一种复杂的双、多边融合行为，并且在客观上已成为欧亚地区陆路铁路货运合作的有机组成部分。在中欧贸易往来和中欧班列的带动下，过境运输作为新的合作向量为中俄铁路货运发展注入了强大的新动力。

2. 中俄过境、双边铁路货运班列行驶线路存在明显差异

如表 1 和图 3 所示，以 2017 年数据为例，从中欧班列东、中、西 3 条通道 3 个过境口岸（阿拉山口、满洲里和二连浩特）的统计数据来看，2017 年共有 3847 趟班列完成出入境（其中包含 2017 年中欧班列全年开行的 3673 趟班列），由阿拉山口出入境的班列总数达到 1970 列，出入境班列与集装箱总数分别占 3 个口岸过境总量的 51.2% 和 50.8%，稳居第一；由满洲里出入境的班列与集装箱总数约占 3 个口岸过境总量的 1/3，位列第二；在二连浩特出入境的班列与集装箱总数占比则为 14.9% 与 15%。据此，在现行中欧班列中，按照班列出入境线路的频繁程度从高到低可排序如下：西通道（过阿拉山口）> 东通道（过满洲里）> 中通道（过二连浩特）。

表 1　2017 年阿拉山口、满洲里和二连浩特口岸出入境班列运输数据统计表①

出入境口岸	出入境班列总数（列）	占比（%）	出入境运输集装箱总量（标准集装箱）	占比（%）
阿拉山口	1970	51.3%	164663	50.8%
满洲里	1302	33.8%	110798	34.2%
二连浩特	575	14.9%	48700	15.0%
总　量	3847	100%	324161	100%

图 3　2017 年阿拉山口、满洲里和二连浩特口岸出入境班列运输占比示意图

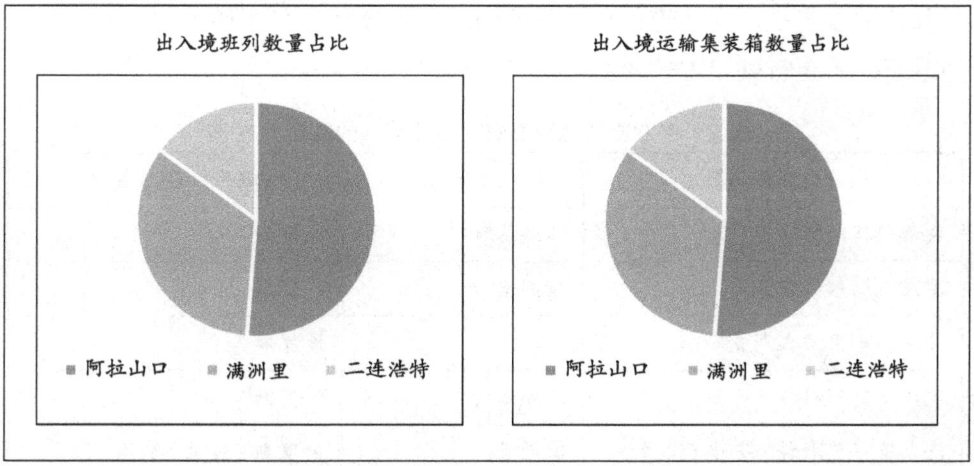

如前文所述，尽管中欧班列西、东、中三条通道皆过境俄罗斯，但按照中欧班列过境俄罗斯铁路里程由多到少排列，顺序则为东通道（过满洲里）>中通道（过二连浩特）>西通道（过阿拉山口），中欧班列西通道与东、中通道在过境俄罗斯中的最大不同就在于：东、中通道皆经贝加尔后途经西伯利亚大陆桥，在俄罗斯的过境里程约可达到全程的 2/3，而西通道途经哈萨克斯坦直接进入俄罗斯的欧洲部分，在俄罗斯的过境里程则只占全程

① 根据阿拉山口、满洲里、二连浩特口岸官方数据计算绘制，具体数据来源：http://www.elht.gov.cn/zhxw/kadt/kadt/201801/t20180110_131424.html；http://www.nmciq.gov.cn/fzjg/mzlciq/xwdt_752/201801/t20180115_96355.html；http://www.rmhb.com.cn/zt/ydyl/201803/t20180307_800120702.html.

的 1/4 左右。在当前中欧班列过境俄罗斯的班列数量为百分之百相对稳定的情况下，过境里程已成为影响中俄过境铁路货运合作的重要可变因素。

在中俄双边铁路货运方面，随着中俄经贸的密切往来，在中欧班列的带动下，铁路货运开始成为中俄贸易特别是非边境贸易的新选择。如表 2 所示，经过整理中欧班列境外发到站（包括终点站与经停站）为俄罗斯的线路可以发现：在中国铁路总公司的统一管理下，中俄双边铁路货运合作已经成为中欧班列的有机组成部分；由中国城市开往俄罗斯的中欧班列线路的一个最为显著的特征是皆经过满洲里或二连浩特口岸（也就是只走中欧班列的东、中通道，而不走中欧班列的西通道）。除中欧班列驶到俄罗斯亚洲部分的城市只能走东、中通道外，为何到俄罗斯欧洲部分莫斯科的中欧班列要舍近求远，不走行驶里程较短的西通道，也走东、中通道呢？

表 2　中欧班列境外发到站为俄罗斯的线路列表①

班列线路	口岸站	境外发到站国别
成都—莫斯科	二连浩特	俄罗斯
重庆—切尔科斯克	满洲里	俄罗斯
义乌—车里雅宾斯克	/	俄罗斯
沈阳—莫斯科	二连浩特	俄罗斯
哈尔滨—莫斯科 / 华沙 / 汉堡	满洲里	俄罗斯 / 波兰 / 德国
天津—莫斯科	满洲里 / 二连浩特	俄罗斯
赤峰—车里雅宾斯克 / 萨列普塔 / 克列希哈	满洲里	俄罗斯
乌兰察布—莫斯科	二连浩特	俄罗斯
广州—莫斯科	满洲里	俄罗斯
厦门—莫斯科	二连浩特	俄罗斯
厦门—莫斯科 / 华沙 / 明斯克 / 杜伊斯堡	满洲里	俄罗斯 / 波兰 / 白俄罗斯 / 德国

① 《丝路班列》，新华丝路网，http://silkroad.news.cn/tags/silubanlie.shtml。

续表

班列线路	口岸站	境外发到站国别
莫斯科—成都	二连浩特	俄罗斯
托姆斯克—武汉	满洲里	俄罗斯
托姆斯克—重庆	满洲里	俄罗斯
沃尔西诺—集宁	二连浩特	俄罗斯
伊尔库茨克—厦门	二连浩特	俄罗斯

通过对中欧班列运营企业的调研获悉，俄罗斯对于发到站或经停站为本国城市的中欧班列在东、中、西过境线路的报价上存在极大差异。事实上，俄方对于过境满洲里和二连浩特并经西伯利亚大铁路的班列给予合理价格，而对于过境阿拉山口，途经哈萨克斯坦再入境的俄罗斯班列提出了几乎不可能被接受的报价。因此，中欧班列运营企业在线路规划中出于经济利益考量都会选择东通道或中通道。

从俄罗斯的立场分析，出于自身利益考量，俄方自然希望中欧班列过境或驶经俄罗斯的铁路里程较长。而发到站为欧洲国家的中欧班列，因合作中牵涉多国利益的多边合作，当前俄罗斯在其中的话语权和影响力有限，因此可以看到，由于各种因素的共同作用，2017 年约 1/2 的中欧班列经由阿拉山口出入境；但在中俄双边性质的中欧班列合作中，因为较少牵涉他国利益，俄方在定价和线路规划的关键环节拥有较大主动权，其有意抬高西通道过境价格，力推东、中通道的行为可以从以下两个角度进行理解。

（1）俄罗斯希望通过增加西伯利亚地区铁路运输量推动西伯利亚大铁路的现代化改造，借以巩固俄罗斯运输强国的地位

西伯利亚大铁路和贝加尔—阿穆尔铁路（贝阿铁路）的现代化改造工程于 2014 年 7 月 8 日由俄罗斯总统普京宣布启动。西伯利亚大铁路修建于 20 世纪初期且横贯俄罗斯东西，是世界上最长的铁路干线；贝阿铁路则是第二条横贯西伯利亚的铁路。这两条铁路对于俄罗斯西伯利亚和远东地区的发展具有重要的经济和战略意义。普京强调，提升铁路运力将巩固俄罗斯运输强

国的地位。俄罗斯改造西伯利亚大铁路是为了提升列车运行速度和列车货运能力。按计划，到 2020 年前，贝阿铁路和跨西伯利亚大铁路运力应提高 6600 万吨，其中应有 3000 万吨运力用于远东企业需求，远东企业应获得货运服务优先使用权。① 俄罗斯集装箱公司总经理格里沙金表示，俄罗斯铁路经过现代化改造以后，到 2024 年铁路集装箱运量将增长 3 倍以上，火车平均运行速度将显著提高，从远东到俄罗斯西部边境的运输时间将限制在 7 天以内或更短。② 但由于工程建设速度缓慢，原计划于 2017 年完成的贝阿铁路和西伯利亚大铁路现代化改造方案推迟到 2019 年才完成。不难看出，俄罗斯改造西伯利亚大铁路与远东开发战略密切相关，其将优先服务于远东企业的货运需求。目前，过境运输已成为俄罗斯铁路集装箱货运的重要组成部分。

表 3　2017 年俄罗斯铁路标准集装箱货运总量及分类列表 ③

分　　类	境内运输	出　　口	进　　口	过　　境	总　　量
标准集装箱数量（万）	180	100	70	40	3907
同比增长（%）	7.4%	33.2%	20.1%	59.2%	18.9%

在表 3 中可以看到，2017 年俄罗斯的铁路集装箱货运总量激增 18.9%，增长率较 2016 年的 10% 显著提高。根据 2017 年统计的货运集装箱化比例，俄罗斯为 6.2%，欧盟为 14%，印度为 16%，美国为 18%。在俄罗斯专家看来，这正说明俄罗斯在集装箱货运方向上具有巨大的发展空间。④ 更需要值得注意的是，在 2017 年俄罗斯的铁路集装箱货运中，过境集装箱运输达到

① 《普京强调按计划推进贝阿铁路和跨西伯利亚大铁路改造》，中国商务部网，http://www.mofcom.gov.cn/article/i/jyjl/e/201708/20170802622041.shtml.。

② 《俄铁：建立中俄欧统一高铁网有助于增加集装箱运输量》，俄罗斯卫星通讯社 2018-5-25，http://sputniknews.cn/economics/201805251025482455/。

③ Из Китая с любовью. РЖД Партнер, 1–2 январь 2018 г, С.40.

④ Контейнеромания–2017. РЖД Партнер, февраль 2018 г, С.42.

了 59.2% 的增长率。尽管过境集装箱总量尚且不大，但却表现出了蓬勃的发展潜力。俄罗斯专家普遍认为，在海运价格的上涨、跨境电子商务持续发展的背景下，跨欧亚的铁路集装箱货运将成为更多企业的选择。对于俄罗斯而言，这是巨大的铁路过境运输市场。俄铁物流公司总经理维阿切斯拉夫认为，当前市场对于国际过境运输的需求是历史上从未有过的，有需求就会有供给，俄罗斯不仅应重视过境运输的增量，而且要重视丰富过境运输的线路选择。因此，铁路基础设施的现代化和边境通关程序的完善极为迫切。①

对于俄罗斯而言，铁路集装箱过境货运可以为改造后的西伯利亚大铁路和贝阿铁路提供运量保障。这不仅意味着可观的经济利益，而且可成为俄罗斯完善远东和西伯利亚基础设施建设以及持续开发东部地区的推动力。在当前中欧班列日益兴起的背景下，欧亚之间的铁路货运除了俄罗斯的西伯利亚大陆桥外，西出新疆过境哈萨克斯坦的通道也是不错的选择，因此，俄罗斯已认识到提升西伯利亚大铁路的货运竞争力迫在眉睫。考虑到俄罗斯在多边铁路货运合作中并不具备优势，其当前在中俄双边铁路货运中有意抬高西通道过境价格、力推东、中通道的行为可以被理解为是在利用双边合作补偿多边合作中的利益缺失，同时也是意在保留西伯利亚大铁路的货运资源，为铁路改造完成后争取更多欧亚地区间的过境货源做铺垫。

（2）俄罗斯希望在欧亚地区铁路货运合作中谋求最主要过境国的地位及更大的合作话语权

俄罗斯作为苏联的继承国和一个世界大国，在当代国际政治事务特别是后苏联空间事务中历来有着较为强烈的主导意识，不甘被动。在中欧班列兴起之前，俄罗斯坐拥西伯利亚大陆桥的先天优势，但因为自身经济、资金、技术等原因并未明确将切实推动欧亚地区铁路货运合作置于重要战略地位。中国在“一带一路”倡议实施过程中提出全面建设穿越中亚、联通中国与欧洲的铁路大通道后，俄方积极参与和推动欧亚地区铁路货运合作的姿态愈加清晰。对于俄罗斯而言，在新的铁路通道建设中使用俄罗斯现有铁路资源，联合俄铁及配套力量共同完成跨欧亚大陆的交通线路建设是十分重要的。俄

① Из Китая с любовью. РЖД Партнер, 1–2 январь 2018 г, С.39.

罗斯也相信，俄方的货运实力以及西伯利亚和远东地区的地理条件能为加速欧亚大陆的货物往来提供巨大推动力。[①] 俄罗斯在当前参与欧亚铁路合作的进程中也充分体现了这个思路。

2016 年 6 月 25 日，在普京来访中国时，俄罗斯铁路公司与中国铁路总公司签署了关于全面战略合作的协议，其中明确中俄双方将共同致力于发展过境俄罗斯及其他国家的中欧铁路运输通道建设，共同促进形成稳定的货运市场需求，共同提升中欧地区间铁路集装箱货运的吸引力。从地图上可以看到，俄罗斯西伯利亚铁路邻近中国东北部地区，可以辐射至中国华北及部分华东地区；途经中国新疆、中亚地区到达欧洲的西部线路则可辐射至经济活动活跃的华中、华南及东部沿海地区。

从中欧班列的现有运输情况也可看出，西通道的行驶次数是东、中通道之和，对于这样的情况，俄罗斯采取了两种策略：A. 在中欧班列东、中通道方向的西伯利亚铁路方面，俄罗斯提出联合铁路、公路、航空、河海多种运输方式，以形成统一的交通物流网络。为实现这个目标，高速度、高运力的铁路过境通道、高密度的西伯利亚和远东交通基础设施以及货运市场的发展都是必不可少的条件，而这一目标也正切合俄罗斯的远东开发战略。在这一方向上，俄罗斯已投入大量资金、人力与物力进行铁路现代化改造。B. 在中欧班列的西通道方向，2013 年年初俄罗斯开始计划推进高铁项目。2014 年 10 月，中国国务院总理李克强同俄罗斯总理梅德韦杰夫共同主持中俄总理第十九次定期会晤。李克强表示，中方愿与俄方加强经贸合作，推进构建北京至莫斯科的欧亚高速运输走廊，优先实施莫斯科至喀山高铁项目。自此，莫斯科—喀山高铁项目成为欧亚高速运输走廊的试点项目。在莫斯科—喀山高铁项目的合作中，中方为俄方提供技术支持与资金贷款。该项目建成后将对俄罗斯沿线地方经济发展产生巨大的带动作用。2014 年俄罗斯联合白俄罗斯、哈萨克斯坦成立的联合交通物流公司（UTLC ERA）是中

---

① Лапидус Б., Мишарин А., Создание грузовой и пассажирской высокоростной железной дороги “Евразия” : новые возможности для развития транзитных мощностей евразийских стран. Научная конференция “Китайско-российское сотрудничество в рамках проекта Один пояс – один путь” , 23 июня 2017 г, С.58.

欧班列俄、白、哈铁路段的重要服务运营商。俄罗斯铁路公司联合学术委员会主席拉比杜斯还提出，在现有的铁路线路基础上还可新建乌鲁木齐—新西伯利亚线路，以开辟最短的铁路通道，为货运提供多种选择。此外，俄罗斯当前也正在修建深入北极圈的“北纬通道”铁路干线。这将为未来的铁海联运创造更多的可能性。①

由此可以看出，俄罗斯乘中欧班列开通契机，正在积极推动实施远东开发战略，一方面对原西伯利亚铁路进行改造升级，另一方面则在西通道方向通过建立合资公司的方式实现了俄、白、哈三国铁路货运资源的整合，从而在一定程度上掌握了该地区俄罗斯境外过境货物承运业务。俄罗斯在中欧班列西通道和中、东通道两个方向上采取的合作策略都依据自身的经济、战略利益在原有的合作框架内提出了新的建设性内容，且始终在双边及多边合作中通过新的提议主动探求自身利益的最大化。据此，我们不难理解俄罗斯当前在中俄双边铁路货运中有意抬高西通道过境价格的行为。可以预见，在未来的欧亚地区铁路货运合作中，俄罗斯仍将保持这种惯有的主导意识，继续谋求更大的合作话语权。

通过对俄罗斯对当前中俄与欧亚地区铁路货运合作的策略与思路的分析，并结合“一带一路”和中俄关系蓬勃发展的大背景看待新时期中俄铁路货运合作时，我们有必要认识到：新时期的中俄铁路货运合作不是单纯的双边合作或多边合作的一部分，而是混合了两种合作的特性，而且还富有经济要素与地缘政治要素交织共存的元素。其蕴含的第一层内涵是合作，第二层内涵是博弈。发展跨欧亚铁路货运网络可以为地区国家企业的贸易往来提供极大便利，对起始站点国与沿线国家的经济发展具有极大的带动作用。此外，发展跨欧亚铁路货运网络是一次以中国为起点、为中心的新时期欧亚通商道路建设，是中国尝试建立陆路货运规则的一次重要举措，是中国彰显地区领导力的契机。也就是说，中欧班列的发展融合了经济意义与地缘政治意

① Лапидус Б., Мишарин А., Создание грузовой и пассажирской высокоростной железной дороги “Евразия” : новые возможности для развития транзитных мощностей евразийских стран. Научная конференция “Китайско-российское сотрудничество в рамках проекта Один пояс – один путь” , 23 июня 2017 г, С.63.

义。俄罗斯作为横跨欧亚地区的第一大国，在参与地区及铁路货运合作时自然也不会单纯从经济利益角度进行考量，俄罗斯的表现已经证明了这一点。俄罗斯有学者也认为：俄罗斯才是最早提出发展欧亚跨境铁路运输的国家，当前中国不是在建设过境铁路通道，而是在欧亚地区打造以中国为中心的统一经济空间，进而逐步实现自己的全球化架构。① 在西伯利亚大陆桥现存的情况下，中国新建新亚欧大陆桥、大力发展中欧班列对俄罗斯的欧亚空间构想形成了现实冲击。就中方而言，中欧班列的顶层设计实际上不可避免会触及俄罗斯的地缘政治利益，在欧亚地区陆路货运规则的形成中我们离不开也绕不过俄罗斯。因此，中俄铁路货运合作的良好开展既需要经济思维，也需要政治智慧。只有建立在这种认识基础上，中国和俄罗斯才有可能在双边及欧亚地区铁路货运合作中共商共赢。

二、中欧班列（重庆）在中俄地区间铁路货运合作中的探索与实践

自 2011 首列“渝新欧”班列从重庆开行以来，成都、郑州、武汉、苏州、广州等城市也陆续发出了开往欧洲的集装箱班列。此前，在中国与欧洲地区的经贸往来中商品运输主要依托海运，平均运输时间需要 30—40 天。中欧班列的开行大大提高了中欧之间的货物运输速度（目前由中国开往欧洲班列的运输时间都在 10—14 天）；中欧班列运输效率的提升对于促进中欧地区的贸易往来起着积极的促进作用，从机械设备、电子产品、木材、（机动车）整车进口到服装鞋帽、日用百货，中欧班列装载的货物品类日益丰富，贸易规模逐渐扩大；中欧班列便利了中欧贸易，也惠及了沿线国民众的日常生活：其帮助中国内陆城市找到了新的外向型发展出口，带动了城市物流中心与贸易中心的新建，发挥着越来越强的经济集聚与辐射作用。

随着中欧班列重要作用的不断凸显，国家也开始逐步加强对中欧班列的

① Из Китая с любовью. РЖД Партнер, 1–2 январь 2018 г, С.40.

统一布局与管理。2016 年 10 月 8 日，推进“一带一路”建设工作领导小组办公室为促进中欧班列健康有序的发展，根据《中华人民共和国国民经济和社会发展第十三个五年规划纲要》《推动共建丝绸之路经济带和 21 世纪海上丝绸之路的愿景与行动》《中长期铁路网规划》，印发了《中欧班列建设发展规划（2016—2020 年）》，全面部署 2020 年前中欧班列建设发展任务。这是有关中欧班列建设发展的首个顶层设计。2018 年，国家发展改革委副主任宁吉喆在出席中欧班列建设现场会暨专题协调会时指出，中欧班列的开通强化了亚欧大陆的陆路联系，推动了中国开放空间从沿海向内陆延伸、由东向西拓展，成为构建陆海内外联动、东西双向互济全面开放新格局的重要推动力，也为国际产能合作奠定了良好基础；中欧班列已经站在新的发展起点上，正处在“爬坡过坎”的关键时期，要坚持新发展理念，秉持共商共建共享的原则，以市场运作、政府引导为基本遵循，以提质增效为总目标，努力实现更高质量、更好效益、更可持续发展，推动中欧班列走深走实、行稳致远。① 随着国家的全面布局规划，中欧班列在国内的发展开始井然有序，渝新欧、蓉欧快铁、汉新欧等名称已被统一为中欧班列（重庆）、中欧班列（成都）、中欧班列（武汉）等。

在始发于中国不同城市的众多中欧班列线路中，中欧班列（重庆）作为最早开行发往欧洲班列的线路，其不仅开创了中欧班列的先河，而且从“渝新欧”时代起，就一直是中欧班列中开行数量最多、服务质量最好、国际认可度和影响力最大的中欧班列代表。在众多中欧班列队伍中，中欧班列（重庆）在货运数量与质量方面均处于前列。2018 年 6 月，中欧班列（重庆）成为全国首个突破 2000 班的中欧班列；在货值方面，中欧班列（重庆）的累计货值已超过 200 亿美元，其中 2017 年中欧班列（重庆）的货物进出口总值占全国所有中欧班列的 35%。② 中欧班列（重庆）的发展主要具备以下 4 个特征。

① 《国家发展改革委副主任宁吉喆出席中欧班列建设现场会暨专题协调会》，国家发改委网，http://www.ndrc.gov.cn/gzdt/201810/t20181017_916581.html.

② 《中欧班列（重庆）开行数位居全国中欧班列第一》，重庆市政府网，http://www.cq.gov.cn/zwgk/zfxx/2018/5/2/1567745.shtml.

1. 以地方经济发展需求作为驱动力

重庆作为深居中国内陆中西部腹地的直辖市，距出海口和边境线均有2000公里以上的距离，运输瓶颈曾经是影响重庆招商引资和企业走出去的一块短板。由于生产要素成本较低和政策优惠等因素，从2009年起，惠普、宏碁、华硕的笔记本电脑出口制造基地先后落户重庆，惠普首年与重庆市政府签订了年产2000万台外销笔记本电脑的落户协议。而由于重庆地理位置的独特性，通过海铁联运方式将笔记本电脑发往欧洲在交货期和物流成本上都不具有明显优势，惠普等企业自身也曾尝试研究通过南线、北线欧亚大陆桥实现陆路铁路运输，但由于该问题的复杂性，企业力量不可能实现这一目标。

在这种情况下，重庆市政府对惠普等企业的切实需求与迫切期予以高度关注。2010年8月，重庆市时任市长黄奇帆代表重庆市向海关总署、铁道部提出开行重庆至欧洲铁路大通道“五定”班列（指“定点、定线、定车次、定时、定价”的快运货物列车）的请求，并获得海关总署及铁道部领导的支持。随后，重庆市政府又陆续建立起了与俄罗斯、哈萨克斯坦等国家铁路公司及政府部门的联系，形成了“五国六方联席会议”的多边磋商机制。2010年10月，重庆市政府与铁道部进行了“渝新欧班列”［2016年称：中欧班列（重庆）］国内段试运行。随后，中国、俄罗斯、哈萨克斯坦联合签署了相关海关便捷通关协议，确定协议国海关对从重庆发往欧洲，过境哈萨克斯坦、俄罗斯的货物，只需1次海关检查。2011年年初，渝新欧班列首次将重庆力帆的摩托车配件及少量惠普及宏碁的电子产品运到了俄罗斯的莫斯科与切尔克斯克。2011年3月19日，“渝新欧班列”首次将在重庆制造的电子产品由重庆铁路西站运抵德国杜伊斯堡，由阿拉山口出境，途经哈萨克斯坦、俄罗斯、白俄罗斯和波兰，全程运行16天，从此拉开了铁路联通中国内陆地区与欧洲的序幕。

为进一步发挥渝新欧铁路沿线各国铁路部门的优势，提高各段服务水平，降低运价，缩短运行时间，增强货源的集结能力，2012年4月，渝新欧（重庆）物流有限公司（简称：渝新欧公司）在重庆成立。该公司是专营亚欧国际铁路联运大通道的平台公司，由中国、哈萨克斯坦、俄罗斯、德国

4 国铁路部门和重庆交运控股有限公司共同合资组建，主要开展重庆和欧洲之间双向铁路集装箱货运“站到站”服务。该公司的成立为渝新欧通道快捷高效、安全稳定的运营提供了有力保障。往返于中国内陆地区与欧洲、欧亚地区之间的班列随着渝新欧公司的成立开始逐渐开行和发展。2013 年 2 月底，首趟服务于重庆长安福特的“渝新欧班列”从德国的杜伊斯堡发出，成了渝新欧国际铁路联运大通道的首趟回程班列。2013 年 7 月 10 日，“渝新欧班列”正式启动安智贸项目试点。这是中欧安智贸项目首次针对海运以外的运输方式开展试点，其对“渝新欧班列”全面落实监管互认、信息共享、执法互助具有重要意义。

由此，重庆政府为落户在重庆的笔记本电脑企业建立了一条通往欧洲主要销售地区的畅通、相对海运更为高效、相对空运成本更加低廉的物流通道，切实丰富和完善了自身招商引资的政策措施，将重庆打造成了西部优秀的投资目的地，吸引了富士康等众多中国台湾代工企业及 300 多家电子零部件企业落户重庆，形成了笔记本电脑产业集群，为重庆 IT 产业和整体经济发展做出了巨大贡献。随着渝新欧班列的开通，中国传统以东部沿海城市为重镇的对外贸易格局被打破。专家指出，地处内陆腹地的重庆打破了重庆的区位劣势以及传统以东部沿海城市为主的对外贸易格局，重庆因为“渝新欧”的出现成为中国面向欧洲出口商品的重要中转站，成了内陆地区开放发展的重要基地。

2. 重视集装箱铁路货运便利化提升与货运技术创新

在运行初期，关务问题、卫生防疫检查、货物丢失与损坏是影响“渝新欧班列”运行效率和安全的主要问题。在 10 多年的发展过程中，“渝新欧班列”作为“一带一路”建设的推动者、参与者和受益者，其开始运营以及后来各条新欧线路的涌现促使班列沿途国家间铁路、口岸、海关等部门的合作日趋密切，沿线国家达成的“一体化”通关模式在很大程度上提升了铁路国际货运的便利化程度，提高了铁路货运的效率。与此同时，“渝新欧班列”还积极致力于完善物流货运服务，向客户提供一站式、全过程监管的高效服务，并通过使用“电子锁”、实时监控等具有针对性的信息技术，解决了之前欧亚铁路运输中常见的货物丢损问题，提升了物流服务质量。

2017 年 11 月，“海关—铁路运营商推动中欧班列安全和快速通关伙伴合作计划”（简称：“关铁通”项目）在中欧班列（重庆）国际段应用成功。通过该技术，进口国海关只需读取集装箱上加挂的安全智能锁，即可查验箱内的图像和相关数据，不需再实施开箱侵入式查验，同时，通过北斗平台，启运地、进出境地、指运地还可通过安全智能锁及手持阅读机传递和查验货运结果等信息，从而进一步提高了中欧班列的通关时效，提升了铁路集装箱运行的安全监管水平。

在技术创新方面，渝新欧公司还通过技术研发与合作，解决了陆路铁路货运中经常遇到的恒温运输问题。由于渝新欧班列在冬季需过境地区的温度经常处于零下 20—40 摄氏度，而笔记本电脑等电子产品对低温敏感，无法长途承受如此低温，因此渝新欧班列初期在冬季无法开行。为此，在各级部门的支持下，渝新欧公司联合巴斯夫、霍尼韦尔等公司以及重庆大学、四川大学等高校科研机构着手相关研究，最终研发成功“独立蓄热控温集装箱”技术，并在班列开行 3 年后首次在冬季实现集装箱电子产品货运。这样，渝新欧班列成为首个终年不停运的中欧班列，为自身的常态化运行奠定了坚实的技术基础。经过多年的测试与反复实践，这项自主技术日趋成熟。2018 年，渝新欧班列为所有需要控温的产品都可提供“独立蓄热控温集装箱”服务。

除此之外，渝新欧公司 45 尺冷藏箱运输技术也不断完善，并且推动了重庆冷链物流服务的发展。除食品、肉类货物外，2017 年 10 月，“渝新欧班列”从德国杜伊斯堡首次承运满载药品的集装冷藏箱。“渝新欧班列”药品冷藏箱的运输成功为高货值、对温度和时效性要求高的进口医药开辟了新的可靠物流运输通道。同年 11 月，重庆市福立公用型保税仓库正式对外提供冷链仓储服务，其与渝新欧班列联通，为进口肉类及海鲜产品进入重庆市场提供了完整的冷链物流服务。以往，包括重庆在内的中西部地区的进口肉类大多是通过海运方式，先运送到天津、上海、青岛等沿海城市，再分流到内陆城市，现在进口肉类则通过“渝新欧班列”直达重庆。这种冷链运输服务大大缩短运输周期和降低运费，相比海运产品价格能够减少 10% 以上。

冷链运输为“渝新欧班列”去回程的货源提供了更大的开发空间，推动了双向班列运输匹配，且降低了物流成本，为客户提供更高效和优质的铁路运输服务打下了坚实的物质基础。冷链运输也为“一带一路”沿线的商贸带来了新的发展机遇，也为“一带一路”共建事业的发展提供了重要的运力保障。

3. 探索铁路国际货运多元化发展

渝新欧（重庆）物流有限公司作为最早运营中欧班列的企业，在探索中欧班列发展路径的道路上一直秉持多元化的原则。

（1）发掘和保障铁路货源

“渝新欧班列”通过在铁路联运、国际邮包运输、集装箱散装业务、整车进口、跨境电商等领域的积极拓展以及自身稳定的发展，使中欧班列普遍面临的回程货源组织困难问题得到很好的解决。2018 年 1—9 月“渝新欧班列”的去回程比例已达到 1.15 ∶ 1。

2016 年 5 月，“渝新欧班列”与重庆机场实现了铁空联运。欧洲货物通过“渝新欧班列”中转空运可直接运抵新加坡。除此之外，“渝新欧班列”还积极拓展同长江水道运输、公路拖车运输的联运合作。这种多元化合作一方面有助于重庆成为连接欧洲与中国西部地区、南方地区以及东南亚地区贸易往来的重要节点，另一方面也有力地促进了回程货源种类和数量的提升。

在国际邮包运输领域，“渝新欧班列”通过同中国邮政及沿线国家邮政部门的开拓合作，开行了重庆—德国中欧班列运邮测试班列，突破了国际货协禁止铁路通过集装箱运输国际邮包的规定，成为中国第一个将国际邮包运输至欧洲的中欧班列，使国际邮包运输业务实现了常态化发展。这一举措在当前国际电子商务蓬勃发展的背景下，为回程货源提供了充分的保障。2017 年中欧班列（重庆）已经实现国际邮包的常态化、规模化运输，可分拨至欧洲 14 个国家，全年发运国际邮包约 60 万件。[①] 除此之外，从 2016 年底起，渝新欧公司还开始计划成立专门运作集装箱散装业务的分公司，而在此之前渝新欧公司都是以运作集装箱整装业务为主。

① 《2017 年中欧班列（重庆）开行 663 班》，中国政府网，http://www.gov.cn/xinwen/2018-01/09/content_5254778.htm.

在整车进口方面，2014 年重庆向国家相关部委申请设立整车口岸。在进口的车辆种类上，重庆整车口岸采取了平行进口车、大货车并举的策略，以此确保车源充足。值得一提的是，在通过“渝新欧班列”进口的整车中，摩托车是重要组成部分。欧洲整车通过“渝新欧班列”进入中国时间上要比海运节约 1 个月的时间，有利于快速进入内陆市场。2016 年全球最大汽车物流企业捷富凯就通过“渝新欧班列”组织了 600 台宝马汽车整车进口，全年有超过 2000 台整车搭乘“渝新欧班列”进入重庆。

在跨境电商领域，重庆作为全国跨境电商的全业务试点城市，为了提高成交效率，主动尝试“渝新欧班列”铁路替代海运电商商品。2015 年，“渝新欧班列”同国内知名母婴跨境电商企业“蜜芽宝贝”开启合作，首次通过铁路运输跨境电商回程货物。随着重庆跨境电商行业的快速增长，“渝新欧班列”成为越来越多的跨境电商企业的物流选择。2017 年 9 月，首趟中欧班列（重庆）跨境电商专列在重庆正式开箱，这是中欧班列首次以专列形式运回国内最大跨境电商平台“网易考拉海购”跨境电商货物。“网易考拉”借助中欧班列（重庆），把重庆作为其在西部地区的集散分拨中心，并固定每周通过中欧班列（重庆）组织货物运输。渝新欧公司及重庆市职能部门在以上领域的创新发展都成了回程货源的可靠保障。

（2）积极推动“渝新欧 +”产业布局

伴随着近年来的蓬勃发展，渝新欧公司除了继续专注铁路货运外，也在围绕欧亚地区陆路大通道挖掘沿线国家的贸易潜力，推进“渝新欧 +”的产业布局。2016 年 9 月，重庆交通运输控股有限公司和民生实业有限公司共同出资成立了渝新欧（重庆）供应链管理有限公司。该公司的成立旨在为渝新欧（重庆）物流有限公司提供供应链信息管理平台支持，负责信息化、跨境电商平台、“一带一路”直播平台的建设及运营，推进“渝新欧 +”相关产业发展，承接与渝新欧品牌相关的产品服务和建设。“渝新欧 +”的产业布局对运贸一体化、金融、旅游及文化产业都表现出了浓郁的兴趣。渝新欧正在努力实现为客户提供贸易、物流、金融等一体化的集成服务，以逐步形成以运带贸、以贸促运的良性产业互补发展格局。

4. 配合国家与地方宏观布局，积极谋划全局发展

（1）国家层面

自2016年《中欧班列建设发展规划》出台以来，渝新欧公司秉持该规划的原则与任务，发挥市场在资源配置中的决定作用，努力提升货运数量与质量，不断优化运输组织，并根据市场需求增加班列线路。同时，在国家中欧班列的统一布局下，按照《中欧班列品牌建设方案》的要求，共同推进中欧班列品牌建设并创新运输服务模式，推进便利化通关，扎实发展国际铁路货运大通道建设。

（2）在地方层面

重庆地处丝绸之路经济带、海上丝绸之路和长江经济带的联结点上。作为中国中西部唯一的直辖市，重庆是长江上游地区的商贸物流中心，是西南地区的综合交通枢纽。近年来，伴随“渝新欧班列”线路和功能的延伸与拓展，重庆坚持“空水铁公”联动布局，逐步形成了“Y”字形国际物流大通道体系。其中，东向上，重庆果园港成为“渝新欧班列”的第二始发站，中欧班列与长江黄金水道正式相通，丝绸之路经济带与长江经济带实现了无缝连接；北向上，渝新欧公司开辟了由满洲里口岸出境，直达俄罗斯的“渝满俄线路”；南向上，渝新欧公司实现了与“渝黔桂新”南向铁海联运通道的连接，货物从重庆出发可抵达新加坡等东盟国家，初步实现了丝绸之路经济带与海上丝绸之路的有机衔接。事实证明，“渝新欧班列”对于重庆的发展定位及战略布局重大意义。其在全力配合重庆推动多式联运打造智慧物流网络体系、建设中国西部物流枢纽以及构建“物流＋金融”现代服务业体系的过程中发挥了无与伦比的融合作用。

（3）探索陆路贸易新规

依托中欧班列探索陆上国际贸易规则是重庆自贸试验区的核心任务之一。随着中欧班列的蓬勃发展和铁路口岸开放程度的不断加深，重庆市政府和渝新欧公司于2017年下半年积极探索开展运单融资押汇业务，圆满地将大型机电设备运抵重庆铁路口岸，实现了铁路信用证贸易结算方式的零突破。这不仅使企业资金周转效率大大提升，而且最大限度地发挥了中欧班列

比海运在运输时间更具性价比与竞争力优势。铁路货单融资押汇的实现成了重庆自贸试验区改写陆上国际贸易规则的第一步。

三、对中俄地方铁路货运合作主体互动模型分析

通过对中欧班列整体发展、中俄铁路货运合作现状以及中欧班列（重庆）探索举措的梳理与分析可以发现，以“渝满俄线路”为代表的中俄铁路货运合作是以过境运输为合作起点，逐步扩大到双边经贸铁路货运合作，其突出特征即为将中俄铁路货运合作由边境地区延伸拓展至中俄非毗邻地区，具有值得期待的发展潜力。在中欧班列（重庆）线路诞生、发展的案例中，我们可以得出以下结论。

1. 中欧班列发展的原动力来自企业的国际货运需求

随着中国内陆地区开放进程的推进，各个内陆地区地方政府加大了招商引资力度，并推出各类商贸便利与优惠政策。在跨国企业、港台企业、沿海地区企业进入内陆地区后，这些企业自身的发展为地区国际货运需求的提升给予了重要的推动力。与此同时，随着各地方企业“走出去”步伐的加快，在不具备海运便利优势的情况下，内陆地区的商品亟须开辟相应的货运通道进入海外市场。由此催生了负责企业与国内外各级政府在铁路货运领域沟通的桥梁——中欧班列。

2. 中欧班列链接着企业发展需求与国家战略发展需求

在最早发出中欧班列的渝新欧（重庆）物流有限公司的成立过程中可以看到，重庆市政府是积极争取国家相应部门支持、推动国际合作达成以及给予公司政策、资金支持的关键角色，中欧班列（成都）等线路的兴起同样由地方政府大力推动。对于地方政府来说，推动当地中欧班列运营企业的发展兼具经济意义与政治意义。一方面中欧班列可以满足企业发展需求，助力企业外向型发展，带动地方经济结构转型升级；另一方面中欧班列的开通有助

于提升城市在区域经济发展中的地位和在国家“一带一路”国际合作与对外开放格局中的战略定位，以更好地配合国家整体布局。

3. 国家的协调与支持是中欧班列事业持续推进的重要保障

从最初渝新欧线路的开辟到中欧班列的蓬勃发展都离不开国家政府各部门以及中国铁路总公司的大力支持。在越来越多的地方政府聚焦中欧班列发展时，中欧班列同质化竞争问题曾一度凸显。从2016年起，中国铁路总公司曾对中欧班列进行了行业整合与统一品牌管理，指出“统一中欧班列品牌建设、班列命名、品牌标识、品牌使用和品牌宣传，有利于集合各地力量，增强市场竞争力，将中欧班列打造成为具有国际竞争力和信誉度的国际知名物流品牌。”①推进“一带一路”建设领导小组办公室于2016年10月在国家层面出台了针对中欧班列的顶层设计文件——《中欧班列建设发展规划（2016—2020年）》。该领导小组办公室通过协调交通运输部、海关总署、质检总局、国家铁路局、国家邮政局、外交部、财政部等相关单位，完善了有关中欧班列对外磋商、资本金融建设、政策支持、技术创新等领域的工作。迄今，在中欧班列运输协调委员会的指导下，中欧班列的运营已建立起中欧班列发展协调机制。

图4　中欧班列四联动金字塔体系图

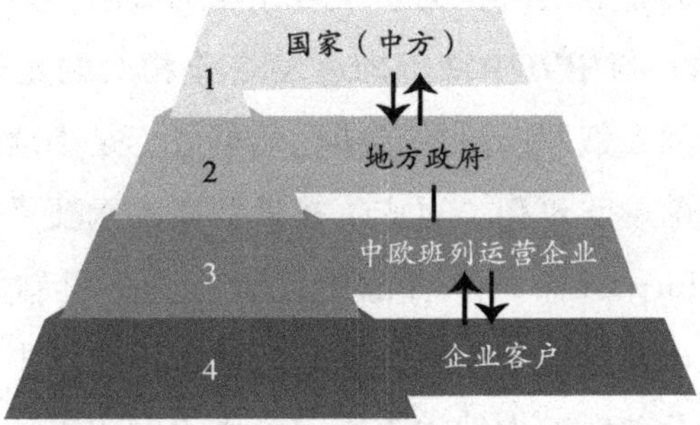

① 《中国铁路启用中欧班列统一品牌》，《人民日报》2016-6-10，http://js.people.com.cn/n2/2016/0610/c360301-28483620.html。

以上三点关于中欧班列发展动力与保障的关系可以用图 4 中欧班列四联动金字塔体系图表示。该体系图由四层主体——国家、地方政府、中欧班列运营企业及企业客户构成，四者之间有机互动。企业客户作为中欧班列发展的源动力位于金字塔底层，随着企业客户层的壮大，中欧班列发展也将获得源源不断的动力；国家层面包括国家政府部门及中国铁路总公司，其为全国中欧班列的协调发展提供顶层设计与宏观支持，是把握中欧班列未来发展走向的金字塔尖；地方政府及中欧班列运营企业所在的第二层与第三层是金字塔的核心区域，是保障金字体体系健康运行的关键力量，承上完成国家战略部署，启下满足企业需求，助力地方经济转型升级，二者内部紧密相连（中欧班列运营企业是地方政府的发展支点，地方政府为中欧班列运营企业提供全方位支持）。

在新时期中国与俄罗斯的铁路货运合作方面，中欧班列的兴起为中俄铁路货运合作带来了新的向量。过境运输正在成为中俄铁路货运合作的重要组成部分。与此同时，中欧班列过境运输也带动了中俄双边“站到站”铁路货运合作的发展，并且在新时期中俄地方合作广泛开展的背景下体现出巨大的发展潜力。据此，以上述中欧班列四联动金字塔体系可以向俄罗斯方向进行类推得出图 5。在中俄铁路货运合作中，国家皆位于金字塔互动的顶层，互动内容同时涉及两国政治与经济宏观领域并为两国铁路货运合作指引大的方向；位于中俄两国的企业同时作为金字塔互动的底层，是中俄铁路货运合作持续发展的源动力；与中方中欧班列运营企业相对的是俄方的物流承运企业，其负责中欧班列在俄罗斯段的具体运营事务，是中欧班列运营企业的重要合作对象［如当前中欧班列（重庆）在俄罗斯的重要承运商是俄罗斯铁路物流公司（РЖД Логистика）］；伴随中俄地方合作机制的建立，中国地方政府在合作路径上可对应俄罗斯地方政府。地方政府、中欧班列运营企业及承运企业的加入正是新时期中俄铁路货运合作不同于以往、不同于欧亚大陆桥运作的特别之处。

图 5 新时期中俄铁路货运合作金字塔互动体系图

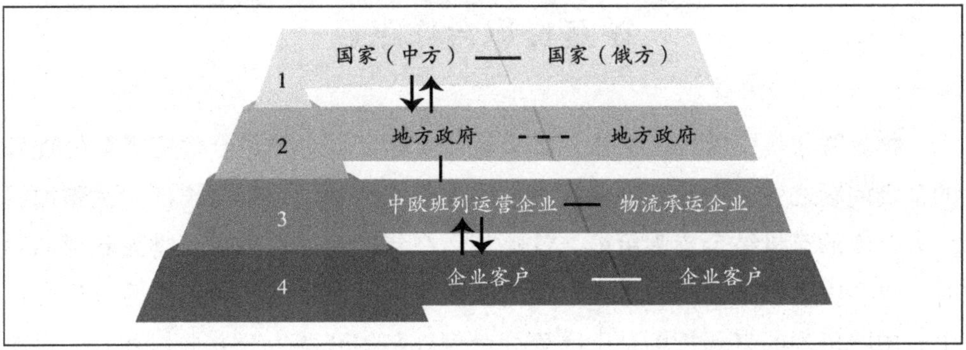

以中欧班列为基础的中俄非毗邻地区间铁路货运合作通常以过境运输为合作起点，逐步扩大到双边经贸铁路货运合作。在此过程中，中俄国家层面、中欧班列运营企业与俄方承运企业、中俄地方企业之间都已存在实质互动；在地方政府层面，从当前“长江—伏尔加河”地方合作机制来看，其暂时还未涉及铁路货运领域，因此在金字塔互动体系图中，中俄地方政府之间的关系暂以虚线连接，是未来金字塔体系完成全方位互动的一个重要推进方向。同时，因为有着国家支持、中欧班列与企业支撑以及“长江—伏尔加河”地方合作机制的宏观架构，中俄地方政府在铁路货运领域开展合作已经具备了良好基础。

在图 5 中可以看到，目前中俄铁路货运合作在四个层面的互动中主要仍以同层面的平行互动为主，跨层面的互动还较少出现。例如，对于中欧班列运营企业解决俄罗斯班列回程货源问题来说，开拓俄罗斯市场，寻找俄罗斯当地客户企业完全具有现实可操作性。但目前由于人力资源及发展规划等原因，国内中欧班列运营企业均仍依托俄罗斯的承运商或代理商承接客户，而未在客户开发上亲力亲为。这种多主体间的平行互动相较于跨层互动更为便利，也更易于实现，但合作主体间单一的平行互动势必也会局限合作成效的聚合与合作潜能的激发。在当前中俄铁路货运合作中，激发各主体的跨层互动对于打开合作新局面来说是值得探索的。特别是在地方政府层面加入的情况下，未来中俄铁路货运合作主体多层面互动的聚合效应值得期待。

四、中俄“长江—伏尔加河”流域铁路货运合作路径

物流联通是中俄长江—伏尔加河流域实现区域合作聚合效应需要处理好的关键问题之一。中欧班列的发展使得中俄铁路货运合作与长江—伏尔加河地方合作的有机结合成为可能。铁路货运在帮助中俄地方实现物流联通的同时，也会因地方力量的加入获取新的发展动能。在新时期中俄铁路货运合作中，中欧班列的兴起特别是中欧班列赴俄线路的开辟为双方合作开启了崭新的局面。基于前述对新时期中俄铁路货运合作特征、中欧班列俄罗斯线路的发展状况以及中俄铁路货运合作主体互动模型的分析，笔者认为中俄“长江—伏尔加河”地区铁路货运合作应遵循以下发展路径。

1. 国家逻辑应先于市场逻辑，地方逻辑应为国家逻辑与市场逻辑的实现提供策应

中欧班列作为当前可以连接长江—伏尔加河流域的唯一双边铁路货运通道，其兼具经济和政治双重属性。中国地方政府与国家层面在中欧班列发展中起到承上启下、宏观管控、政策资金支持等极为重要的作用，通过发展中欧班列，疏导和利用经济活动，二者重要的意图即为使其为地方和国家战略的发展服务。在中欧班列的发展中，政治因素既是决定性的推动力量，也在一定程度上是其走向市场化的羁绊，而且由于中欧班列国际货运通道的属性，其中的政治因素还包含更为复杂多变的国际政治因素。从中欧班列发展的市场逻辑出发，其服务于市场需求，追求运营效率与经济利益；中欧班列发展的国家逻辑范畴则不仅涉及中方的战略利益，还需考虑到沿线国家特别是俄罗斯等多方的政治利益。在中俄当前铁路货运合作中，俄罗斯中欧班列过境国的角色日益突出，这对一直试图主导欧亚空间一体化进程的俄罗斯来说，是很难甘愿接受的。鉴于当前中俄和谐关系对中国的重要意义，在中欧班列俄罗斯方向的发展思路中，考虑俄方地缘政治利益的国家逻辑应优先于追求效率最大化的市场逻辑，并努力通过国家逻辑在铁路货运范畴外的多领域动态调节，保持中俄铁路货运合作意向趋同的稳定性。在此过程中，中国

国家与地方政府之间的协调一致就尤为重要。地方政府在助推当地中欧班列发展应以国家逻辑为红线，与国家的战略及中俄关系发展路线保持高度的协调一致，同时也要充分满足中欧班列的经济属性需求，成为能够平衡中俄铁路货运合作国家逻辑与市场逻辑，让二者相辅相成的关键主体。这一原则不仅适用于当前中俄铁路货运合作的整体发展，也适用于中俄非毗邻地区间特别是现有长江—伏尔加河地区铁路货运合作。

2. 多主体、跨层互动激发铁路货运市场需求与两地区企业合作热情

当前，相较于中欧地区之间铁路货运往来，中俄不断提升的贸易总量并未在两国地区间的铁路货运市场加以体现。这是由于当前铁路货运成本仍然远高于海运成本且高附加值货源比例不高，中俄铁路货运市场仍处于培育阶段。对于中俄长江—伏尔加河地区间铁路货运合作来说，缺乏大体量的货源支撑和市场需求将无法实现市场逻辑的规模化运转，地区间货运班列也只会以当前零星发班或专项项目的非常态化方式运转下去。随着未来中俄长江—伏尔加河地区合作机制的全面推进，两地区在铁路货运合作方面也应早做规划，并在继续努力降低运营成本的同时，重点加强对地区铁路货运市场的培育，强化铁路货运的货源支撑。为此，长江—伏尔加河地区合作可以突破当前中俄铁路货运合作中同层面主体平行互动的现状，不再被动等待中俄企业自身达成的货运需求，而是主动调动地方政府、中欧班列运营企业、俄方承运企业同时跨层面开发目标客户企业的铁路货运需求。例如，地方政府可以联合贸促会、行业协会的力量同对方当地企业实现意向沟通；中欧班列运营企业可在伏尔加河沿岸联邦区设立分公司开拓当地市场；俄方承运企业也可将拓展在华业务纳入经营主体范围。当然，中欧班列运营企业在选择俄方承运商时也应谨慎布局，避免对方垄断市场，从而最大限度地保证中俄地区间铁路货运合作的市场开放，尽快让铁路货运为长江—伏尔加河地区的全方位合作发展作贡献。

3. 以地区铁路货运合作策应两地区经贸、投资与产能合作

铁路货运作为运输服务是传统服务贸易。从发展服务贸易的基础和前景看，长江经济带和伏尔加河沿岸联邦区均为两国内陆枢纽地区。长江中

上游各省市作为长江经济带的重要构成，是连通“一带一路”建设的重要环节。其内陆开放型经济的建设离不开铁路运输服务的发展；伏尔加河沿岸联邦区地处欧亚交汇处和新丝绸之路经济带建设的关键节点，其地理位置重要性突出。在中欧班列的联通背景下，拓展与河运并行的铁路运输服务将会有力提升地区经济开放水平。因此，两地区在推进开放型经济发展和谋求地区间务实合作过程中，铁路运输服务的发展不仅必要，而且具有广阔前景。当前，长江—伏尔加河地区在装备制造、现代农业、新兴产业等领域有着实现更深层次经贸、投资与产能合作的共同需求。同时，在中欧班列发展进程中，两地区间已经具备了进行铁路集装箱货运的客观条件。优选地点并专项发展以铁路为基本脉络的长江—伏尔加河地区物流联运枢纽建设可以帮助实现地区铁路河道、铁路公路以及铁路航空联运。这既是地区间基础设施合作的组成部分，也可切实助力地区间合作便利，为两地区的持续开放发展提供长久动力。

4. 推动中欧班列运营与中俄“长江—伏尔加河”流域铁路货运合作融合，实现运贸一体化

当前，中欧班列及其联运发展已经在长江—伏尔加河地区之间为货流搭建了物流网络框架。以中欧班列为基础推进长江—伏尔加河两地铁路货运合作时，应走出传统的铁路运输思维，重新审视铁路货运与商贸活动关系，并通过中欧班列运营企业的努力，实现“以运促贸”“以贸带运”“运贸一体”的目标。

运贸一体化的策略之一是建立商贸运输一体化信息平台。信息是贸易、运输与资金实现整合的重要支撑。中欧班列运营企业在地方政府的支持下可通过建立商贸信息平台，合理开发中俄地区间的互补贸易与产业需求，为客户提供贸易全程物流、仓储、加工、金融等一体化服务。运贸一体化的策略之二是开展供应链金融服务。供应链金融是站在供应链全局的高度，协调供应链资金流，降低供应链整体财务成本的系统性金融解决方案，可有效解决供应链上下游流动资金不足的问题。通过国家、地方政府与中欧班列运营企业的多方努力，现在铁路货单融资押汇已逐步实现，中欧班列运营企业在进行运贸一体化服务时也引入了金融机构为贸易资金往来提供配套金融服务。当前，成都国际铁路港投集团已依托中欧班列搭建了区域木材交易平台，为客户定制设计贸易、物流、金融一体化的服务模式已成功运作；郑州国际陆港也利用中欧班列的优势建立了郑欧商城，实现了铁路国际货运同跨境电商、个体消费者的贸易融合；渝新欧（重庆）供应链管理有限公司的成立也表明渝新欧（重庆）物流有限公司正在向运贸一体化发展。这些企业的探索与实践证明了运贸一体化的可操作性与良好的发展前景。长江—伏尔加河流域铁路货运合作借力中欧班列运营企业运贸一体化发展，通过其搭建的贸易服务平台，可帮助不同层面合作主体进行跨层面的平台互动，从而激发更大的合作潜能。

中俄“长江—伏尔加河”流域铁路货运合作从根本上服务于两地地方经济的发展与两国合作关系的深化。在中欧班列大发展背景下，“长江—伏尔加河”流域铁路货运合作应始终以符合国家政治利益为红线，同时激发地方政府与企业的多方潜能，实现合作多主体的联动共振，为合作发展带来更多的新维度。相信在中俄的努力下，“长江—伏尔加河”流域铁路货运的未来发展值得期待。

第十章

中俄“长江—伏尔加河”流域人文合作的实施及进展

1949年10月2日，苏联政府宣布承认中华人民共和国。3日，中苏建立了外交关系。两国自建交以来，中俄关系呈现不同的阶段性，双边关系的性质与定位有了明显的变化。世纪之交，在两国元首的战略决策下，“世代友好、永不为敌”的和平理念以法律形式载入《中俄睦邻友好合作条约》。

中俄两国人民有着历史凝成的战斗情谊和传统友好关系。人文交流是中俄全面战略协作伙伴关系的重要组成部分，其健康发展对丰富中俄关系内涵、夯实中俄关系基础、提升中俄关系水平具有积极意义。

一、中俄“长江—伏尔加河”流域人文交流机制建立背景

近年来，中俄人文交流在两国政府和社会的共同努力下不断发展。其形式、程度、机制、影响等与此前相比均有重大突破，从而为中俄全面战略协作伙伴关系的深入发

展作出了新贡献。首先，中俄人文交流的精品不断增多。其中，中俄“国家年”获得巨大成功，中俄“语言年”活动已全面展开，两国人民相互了解和友谊不断加深。[①]其次，中俄人文交流的程度不断加深。再次，中俄人文交流的机制不断完善。此外，中俄人文交流的影响也在不断提升。[②]2013年9月，中国国务院副总理刘延东指出，人文交流是双边关系的前提和基础。双方继续认真落实中俄人文合作行动计划，深化内涵，丰富形式，扎实推进教育、文化、卫生、体育、旅游、媒体、电影、档案、青年等各领域的交流合作；重点办好2014—2015年中俄青年友好交流年；办好俄罗斯“中国旅游年”闭幕式，实施好10万人留学计划，启动中共六大纪念馆修建工作，不断深化电影产业合作等，全方位推进中俄人文合作并使之机制化、常态化，推进中俄友好代代相传。[③]

事实上，中俄关系的每一步前行都伴随着增信释疑、建立互信、拉近情感、弥合分歧的艰辛努力。不可否认，中俄战略协作伙伴关系建立之初，两国民意基础仍显薄弱。为更好地落实中俄两国元首达成的共识，推动中俄战略协作伙伴关系的全面发展，统筹规划有关领域的合作并使其机制化，经中央批准，在中俄总理定期会晤机制框架内成立了中俄教文卫体合作委员会。该委员会下设教育、文化、卫生、体育四个合作分委会，从建立至今经历了中俄教文卫体合作委员会（2000—2006年）和中俄人文合作委员会（2007年启动）两个阶段。

然而，虽然两国高层交往日趋热络频繁，但具体合作却长期走不出“上层热、下层冷”的怪圈。高层共识和政府决策在基层经常遭遇“落地难”。两国民众特别是青年人彼此知之不多，兴趣索然。[④]有部分学者质疑甚至唱衰中俄关系。比如在中俄建交70年之际，谢尔盖·卡拉加诺夫主张俄罗斯

① 胡锦涛：《共创中俄关系美好未来——在中俄建交60周年庆祝大会上的讲话》，中国政府网，http://www.gov.cn/ldhd/2009-06/18/content_1343307.htm.

② 马斌：《人文交流丰富中俄关系内涵》，《光明日报》2018年9月14日，第11版。

③ 《刘延东24日在桂林会见俄罗斯副总理戈洛杰茨》，中国政府网，http://www.gov.cn/ldhd/2013-09/24/content_2493949.htm.

④ 欧诣：《中俄友好：穿越世纪的时代呼声》，《光明日报》2019年12月15日，第8版。

应该纪念珍宝岛战争50周年，并从俄罗斯的叙事角度指责中国军队的“残忍入侵”，认为俄罗斯在远东问题上没有足够重视。他说：从远古时代开始，弱肉强食是历史发展的规律；如果俄罗斯不想重蹈东欧剧变的覆辙，就应该时时刻刻提防中国。[①]也有学者认为，对中国而言，俄罗斯是能源和武器的主要供应国，但因其傲慢自负和恃强凌弱的沙文主义，其邻国在历史上无一不深受其害。因此，关于中俄关系的宣传远远超过其真正的影响力。目前，中俄因反美而走在一起，随着中俄与美国关系的缓和，中俄两国必然走向竞争，两国的伙伴关系自然形同虚设。[②]从目前中俄能源合作、军售、中国在中亚的投资以及在亚洲地区的防务表现来看，中国一直在利用俄罗斯。斯蒂芬·布兰科认为中国凭借强势且慷慨的经济战略布局击垮了俄罗斯的欧亚战略，使俄罗斯不可能再崛起。中国“丝绸之路倡议”带来的巨大地缘战略利益不仅可能会导致俄罗斯在欧亚大陆的战略性失败，而且还可能让俄罗斯沦为中国的原料产地。[③]

受历史和现实因素尤其是负面舆论宣传的影响，部分人对中俄关系的猜忌和偏见短时间难以清除。这犹如无形的藩篱，阻碍着人们彼此靠近和坦诚相见。正是在这一背景下，中俄友好、和平与发展委员会在两国元首的倡议下应运而生。其初衷就是增进理解、深化友谊、推动合作，团结凝聚两国广大友好力量，为中俄关系提供契合时代需要的民意支撑。多年来，在两国政府的大力支持下，中俄教文卫体合作委员始终秉持上述宗旨，深植友好理念，广纳有识之士，力促交往合作，为切实增进人民间的感情、夯实两国关系民意基础做了大量润物无声的工作，发挥了重要而独特的作用。如今，该委员会已从初创时的几十个委员，发展成八方聚拢、精英荟萃、传递民声、

① Караганов С.А., Забытаякровь, 50 лет советско-китайскому пограничному конфликту на острове Даманском// Огонёк, 2019, №9, С.8.

② Lo, Bobo, *Axis of convenience: Moscow, Beijing, and the New Geopolitics,*（Brookings Institution Press, 2009）, p.134, p.194.

③ Blank, Stephen, “Russo-Chinese relations in strategic perspective,” in *International Relations and Asia's Northern Tier*, Palgrave, Singapore, 2018, pp.93–108.

献力献策的大型民间交往平台。尤为令人欣慰的是，在经历风雨考验和几代领导人以及众多友好人士的不懈努力之后，中俄两国人民手拉手、心连心的良好局面已不可逆转。[①] 在“国家年”“语言年”“旅游年”“青年友好交流年”“媒体交流年”“地方合作交流年”等一系列国家级大型活动带动下，两国友好气氛持续高涨，各界交往空前活跃，文化交流、商界洽谈、民间对话、学术互动蔚然成风，生机盎然。两国民众深深地被中俄强大的民族性格和文化魅力所吸引，发自内心地相互认同、彼此欣赏、互学互长。[②] 时代的发展呼唤更坚实的民意基础，两国关系的高位运行需要全社会更广泛的参与。

二、中俄“长江—伏尔加河”流域人文合作的实施

1. 从地方合作机制到地方合作理事会

地方合作一直被视为中俄关系的重要力量和新增长点。从贸易、投资到教育、文化，从政府、企业家到青年学子，中俄地方合作形式日益丰富，合作领域不断扩大。位于长江中上游沿岸的6省市，经济快速发展，资金雄厚，市场潜力巨大。绵延千里的伏尔加河，哺育了两岸城市，联邦区面积103.8万平方公里，下辖14个联邦主体，是俄罗斯综合实力较为雄厚的地区。

伏尔加联邦区于2012年开始与中国展开积极合作。同年4月，时任中国国务院副总理李克强与时任俄罗斯总统驻伏尔加河沿岸联邦区全权代表巴比奇在喀山商定建立和完善两国地方间合作机制的意向。2013年5月，中国国务委员杨洁篪与巴比奇在武汉共同主持召开了长江中上游地区和伏尔加河沿岸联邦区地方领导人座谈会。在会上，两国领导人宣布正式建立中俄地区合作机制，且每年轮流在两国举办两地区地方领导人座谈会。

① 欧诣：《中俄友好：穿越世纪的时代呼声》，《光明日报》2019年12月15日，第8版。
② 同上。

中俄“长江—伏尔加河”地方合作机制的建立是两国母亲河的历史性牵手。最早与中国省份建立合作关系的是下诺夫哥罗德、萨拉托夫和乌里扬诺夫斯克州。巴什科尔托斯坦共和国、鞑靼斯坦共和国和彼尔姆边疆区随后也与中方签署了合作协议①。中俄“长江—伏尔加河”地方合作机制主要合作范围包括中方长江中上游6省（市）及俄罗斯伏尔加河沿岸联邦区14个联邦主体，重点是促进两大区域经贸和人文交流合作。2014年6月和2015年8月，中俄双方分别在萨马拉和成都举行两地区地方领导人第三、第四次座谈会。

2016年，为扩大和深化两地区合作，双方在原有两地区地方领导人座谈会机制基础上成立了中国长江中上游地区和俄罗斯伏尔加河沿岸联邦区地方合作理事会。为加强双方协调对接工作，双方在此前两地区地方领导人座谈会和现有地方合作理事会机制框架下设立联合工作组［成员包括双方各地区的副州（省）长级官员以及外交部、地区发展部、科教部、文化部和联邦旅游署等俄政府代表］。中方工作组组长为外交部部长助理李惠来，俄方工作组组长为俄总统驻伏尔加河沿岸联邦区副全权代表苏霍夫。同年7月19日，中国国务委员杨洁篪在俄罗斯乌里扬诺夫斯克同俄罗斯总统驻伏尔加河沿岸联邦区全权代表巴比奇举行会晤并共同出席中国长江中上游地区和俄罗斯伏尔加河沿岸联邦区地方合作理事会首次会议。2017年6月16日和2019年4月10日，中俄两河地方合作理事会第二次和第三次会议分别在安徽省合肥市和俄罗斯切博克萨雷市召开，会议由中国国务委员杨洁篪和俄罗斯总统全权代表巴比奇共同主持。

2. 中俄“长江—伏尔加河”高校联盟

长江—伏尔加河地区教育基础雄厚，人文积淀丰富。两地区覆盖的学生数高达150万人。2017年6月，经中俄双方外交部批准，由四川大学作为中方牵头单位、下诺夫哥罗德国立技术大学为俄方牵头单位，共同成立了

① 《地方合作传佳音：俄伏尔加联邦区与中方加强合作》，透视俄罗斯网，http://tsrus.cn/jingji/2014/07/15/35563.html。

“长江—伏尔加河”高校联盟。32所中方高校、50所俄方高校，加入该联盟。两年不到，联盟已在教育、科技、文化等方面展开一系列合作，助推两国人文交流：举办了由中俄32所高校参与的“首届大学生文化推广视频大赛”，成立了中俄高校智库联盟并举办了首届智库论坛；伏尔加沿岸联邦区14个联邦主体和湖南签署协议，派遣本科学生赴湘学习；四川省高校与伏尔加河沿岸联邦区17所高校签署了23个涉及留学生交换、国际课程班、教师交流的合作协议……①

2017年10月27日，中俄“长江—伏尔加河”高校联盟在成都正式启动，共计65所中俄高校加入联盟。四川大学与下诺夫哥罗德国立技术大学为高校联盟的牵头高校。该联盟是中俄两国领导人亲自倡导建立的长江—伏尔加河地区合作机制的重要内容，承担着深化两国人文交流、拓展中俄高校高端国际合作、助推“一带一路”建设的重要使命，致力于打造促进中俄两国教育、科技、人文交流合作的重要平台。本着“相互尊重、平等互利、合作共赢”的原则，该联盟成员高校将致力于把中俄“长江—伏尔加河”高校联盟打造成为加强中俄高等教育合作、推进中俄人文交流以及“一带一路”建设与“长江—伏尔加河”地方合作的高端智库；共同推进中俄高校建设世界一流大学的有力支撑；面向全球有效汇聚创新优势资源、协同促进中俄创新创造的开放平台以及共同培养中俄未来领袖人才的高地。

近年来，该联盟一直积极推动联盟成员高校以中俄合作远景、持续研究双方地区合作为基础，在人文交流、人才培养、科技创新等方面开展务实合作，并发挥联盟知识和人才的密集优势，共建多学科交叉的开放型国际高端智库，为助推“一带一路”建设和中俄“长江—伏尔加河”地方合作提供前瞻性、战略性决策咨询；完善联盟发展机制，建立联盟成员高校定期磋商交流制度，构建联盟开放、共建、共享的交流合作和多元支持机制，广泛吸收中俄“长江—伏尔加河”流域地区高校、科研院所、社会组织、创新型企业等优质资源；加强联盟与世界同类共同体的对话与合作，打造“一

① 吴焰、屈佩：《地方合作助推中俄关系高水平发展》，《人民日报》2019年5月28日第17版。

带一路”高校合作网络，共同寻求深入推进创新人才培养和创新发展的有效路径，将高校智慧对接社会发展需求，有力推动实现人类命运共同体的美好愿景。①

现在，该联盟已经成为“长江—伏尔加河”地方合作框架下助推双方教育、科技、人文深度交流合作的有效平台②。未来其必将带动其他领域的合作向纵深发展③。据俄罗斯的统计数据显示，截至2019年，有150所俄罗斯高校与约600所中国高校建立了伙伴关系，签署了950项合作协议，仅莫斯科一地的高校就与200多所中国高校建立了伙伴关系，合作专业涉及音乐教育、美术教育、化学工艺、计算机专业、土地资源管理、金融学、工商管理、农林经济管理等④。当今，中俄两国关系处在历史最好时期，文化和旅游交往频繁。仅2019年中国赴俄游客就达130万。2019年，在俄中国各类学生突破4万人，在华俄罗斯各类学生接近6万人。目前，中俄各自赴对方留学的学生总人数已超过10万人⑤。

中俄人文交流日益频繁，文化交融互鉴润物无声。两国民众每年往来人数已达到300多万人次。俄罗斯西起圣彼得堡、东到符拉迪沃斯托克，中国北起哈尔滨、南到三亚，两国广袤土地上的多个城市间都开通了直飞航线，而且还在不断增加。当两国民众唱着《莫斯科郊外的晚上》和《在那桃花盛开的地方》的时候，不只是追忆过去，更多的是憧憬未来。⑥

① 《“长江—伏尔加河”高校联盟在成都启动并举行智库论坛》，http://uayangtze-volga.org/pages/new.html?id=50。

② 《“长江—伏尔加河”高校联盟关于新入盟院校的通报》，http//uayangtze-volga.org/pages/new.html?id=84。

③ 崔铮,《读懂中俄“两区+两河”地方合作》，新华网，http://www.xinhuanet.com/globe/ 2018-06/01/c_137212412.htm。

④ 姜晓燕，《中俄教育合作现状与愿景》，载《光明日报》2019年06月13日14版。

⑤ 《驻喀山总领事吴颖钦接受俄罗斯〈商务在线〉采访》，中华人民共和国外交部网，https://www.fmprc.gov.cn/web/dszlsjt_673036/t1763014.shtml。

⑥ 《李克强总理在〈俄罗斯报〉发表署名文章〈让中俄友好合作之路越走越宽〉》，人民网，http://politics.people.com.cn/n/2014/1010/c1001-25806666.html。

3. 中俄“长江—伏尔加河”青年论坛

中俄两河青年论坛自 2014 年开始到 2019 年，一共举办了 6 届，每次论坛持续 10 天以上。先后共有来自中国 6 省市 1010 名中国青年代表和伏尔加联邦区 960 余名俄罗斯青年参加论坛。

2014 年 6 月 23 日，中俄“长江—伏尔加河”地方合作青年论坛在俄罗斯萨马拉举行，共有 150 名中国大学生参加该论坛。①2015 年 7 月 29 日，以“友谊、青春”为主题为期 12 天的中俄“长江—伏尔加河”地方合作第二届青年论坛在成都正式开幕。160 名俄罗斯青年和来自中国长江中上游地区 6 省（市）180 名青年代表在此间展开参观交流活动，亲身领略四川历史名胜，感受中国高校特色课堂。

值得一提的是，继 2015 年成都与莫斯科直航的开通，2018 年 12 月合肥开通了直飞俄罗斯航线。这是安徽自 2017 年首开赴埃及洲际直飞航线后，开通的第二条洲际直飞航线。由俄罗斯乌拉尔航空执飞，每周一班往返，周五发班，自合肥新桥国际机场始发，在俄罗斯新西伯利亚停靠后飞往莫斯科，旅客途中无须换机，中俄交流交往更为便捷。中俄青年借此机会互相学习借鉴，共同成长进步，进一步加深了解、增进友谊。②

2016 年 6 月 16 日，中俄“长江—伏尔加河”地方合作第三届青年论坛在俄罗斯萨马拉市举行。来自中国长江沿岸 6 省市的约 150 位青年代表与 150 位俄罗斯伏尔加河沿岸地区青年代表参加论坛。2017 年 6 月 7 日，以“两河情 · 徽风韵”为主题的第四届中俄“长江—伏尔加河”青年论坛开幕式在中国科学技术大学举行，中俄约 400 名青年代表参加论坛。2018 年 7 月 26 日，第五届中俄“长江—伏尔加河”，青年论坛在俄罗斯萨马拉州举行，由来自中国长江流域沿岸 5 省市（江西、四川、重庆、湖北、湖南）的 200 多名青年和俄罗斯伏尔加河畔各大小城市的 300 多名青年共同参与。其中湖北省派出 27 人。2019 年 7 月 16 日第六届中俄“长江—伏尔

① 《透视俄罗斯》网，http://tsrus.cn/kuaixun/2014/06/23/-_35079.html。

② 《中俄“两河流域”论坛吸引160名俄罗斯青年》，新华网，http://www.xinhuanet.com//world/2015-07/29/c_1116079657.htm。

加河”青年论坛以“青春‘湘’遇、逐梦两河”为主题，在为期 12 天的活动中，中俄青年分成 5 个小组，全方位体验中国和湖南的历史文化、民俗风情、科技创新、工业发展、红色基因等，在交流互动中进一步加深了解、增进友谊。长江中上游 6 省（市）的 180 名青年代表和俄罗斯伏尔加河沿岸联邦区 14 个联邦主体的 132 名青年代表参加。

4. 中俄“长江—伏尔加河”地方合作结好情况

自中俄“长江—伏尔加河”地方合作机制建立以来，结对合作已经成为两河合作的重要举措之一。截至 2020 年 1 月，两地累计结好 24 对，其中四川省有 15 对，湖北省 1 对，江西省 2 对，安徽省 6 对。目前看，省州（共 12 对）和省会与首府城市（共 6 对）层面结好成效显著，地市层面（共 6 对）结好相对较少。长江流域 6 省市：湖北省共辖 12 个地级市、1 个自治州、4 个省直辖县级行政单位；安徽省下辖 16 个省辖市；湖南下辖 13 个地级市、1 个自治州；江西辖 11 个地级市；四川省辖 18 个地级市、3 个自治州；重庆全市下辖 26 个区、8 个县、4 个自治县。伏尔加河沿岸联邦管辖区面积 103.8 万平方公里，总人口 3115.47 万（2002 年），人口 100 万以上的城市有 4 个，分别是：巴什科尔托斯坦共和国首府乌法（107.23 万）、下诺夫哥罗德州首府下诺夫哥罗德市（125 万）、萨马拉州首府萨马拉（116 万）、鞑靼斯坦共和国首府喀山（125 万）。人口 10 万以上的城市共有 28 个，其中，巴什科尔托斯坦共和国 4 个、基洛夫州 1 个、马里埃尔共和国 1 个、莫尔多瓦共和国 1 个、下诺夫哥罗德州 2 个、奥伦堡州 2 个、奔萨州 1 个、彼尔姆边疆区 2 个、萨马拉州 3 个、萨拉托夫州 3 个、鞑靼斯坦共和国 3 个、乌德穆尔特共和国 1 个、乌里扬诺夫斯克州 2 个、楚瓦什共和国 2 个。这也成为今后这些地方将成为中俄非毗邻区地方合作的努力方向。

表 1　中俄“长江—伏尔加河”地方合作结好城市

省/直辖市	结对数	中　国	俄罗斯	时　间
四川省①	15	四川省	奥伦堡州	2014年6月1日
			奔萨州	2014年12月1日
			下诺夫哥罗德州	2015年8月1日
			基诺夫州	2016年3月1日
			鞑靼斯坦共和国	2016年5月4日
			萨马拉州	2016年10月1日
			巴什科尔托斯坦共和国	2017年6月1日
			莫尔多瓦	2017年6月1日
			乌德穆尔特共和国	2019年5月23日
			萨拉托夫州	2019年5月23日
		成都市	喀山市	2015年11月13日
		绵阳市	奥布宁斯克市	2017年6月6日
			新西伯利亚市	2018年10月11日
		宜宾市	奔萨市	2014年6月17日
		资阳市	奥尔克斯市	2018年9月19日
湖北省②	1	武汉市	萨拉托夫市	2015年8月7日
江西省③	2	江西省	巴什科尔托斯坦共和国	2015年11月10日
		南昌市	乌法市	2016年9月8日

① 中共四川省委外事工作委员会办公室网，https://www.scwsb.gov.cn/xwzx/yhjw/gx/202112/t20211215_17073.html。

② 中共湖北省委外事工作委员会办公室网，http://www.fohb.gov.cn/yhjw.html。

③《江西省与俄罗斯巴什科尔托斯坦共和国举行视频连线工作交流会》，江西省外事办公室网站，http://jxwb.jiangxi.gov.cn/art/2020/11/26/art_29944_2913395.html；《江西省人民政府关于我省对外交往和国际友城工作情况的报告》，江西省人大常委会办公厅网，https://jxrd.jxnews.com.cn/system/2015/07/30/014096105.shtml。

续表

省 / 直辖市	结对数	中　国	俄罗斯	时　间
安徽省[1]	6	安徽省	下诺夫哥罗德州	2014 年 7 月 25 日
		合肥市	乌法市	2016 年 6 月 17 日
			切博克萨雷市	2019 年 6 月
			下诺夫哥罗德市	2019 年 6 月
		芜湖市	乌里扬诺夫斯克市	2018 年 11 月 6 日
		安庆市	切博克萨雷市	2019 年 10 月 14 日
湖南省[2]	无			
重庆市[3]	无			

5. 中俄“长江—伏尔加河”地方合作进展

（1）安徽省与俄罗斯伏尔加河沿岸联邦区人文合作交往情况

作为中俄“长江—伏尔加河”地方合作框架下省份之一，中国安徽省自 2013 年启动对俄合作以来，通过开展高层互访、经贸文化交流、拓展友好城市关系和举办两期高级公务员研修班等活动已经取得了良好成果。“长江—伏尔加河”地方合作机制建立时，安徽省便成立了相应合作联席会议办公室并与下诺夫哥罗德州确立了友好省份关系。

2015 年 8 月成都会议以来，安徽省务实推进与俄罗斯伏尔加河沿岸各联邦主体的交流合作并取得了积极进展。A. 加强政府合作，进一步畅通联系管道。在充分沟通协商基础上，安徽与俄彼尔姆边疆区政府签署了关于开展经贸科技文化合作的协议。目前，安徽省已与 12 个俄联邦主体建立了直接合作交流关系。B. 开展人文交流，进一步促进人员往来。在高等教育、文化、艺术、旅游、科技等方面进行一系列交流活动，开展了卓有成效的合

① 《安徽省缔结友好城市情况一览表》（截至 2019 年 12 月），安徽省人民政府外事办公室网站，https://ahfao.ah.gov.cn/ztzl/yhcs/110332261.html。

② 未查到相关信息。

③ 未查到相关信息。

作。其中2015年接待俄罗斯来访团组39批254人次，安徽出访俄罗斯团组99批1776人次。C.搭建合作平台，进一步创新合作方式。通过举办“俄罗斯高级公务员研修班”，安徽全方位介绍其经济、社会、文化、科技、教育、旅游等方面情况，与俄方加强政策、法律、发展理念等方面交流；来自伏尔加河沿岸联邦区政府、高校、企业、媒体的57名代表参加了研修活动。当前，中俄全面战略协作伙伴关系不断深化。中俄两国战略互信和战略合作的不断增强，特别是“一带一路”国际合作和长江经济带建设战略的深入推进，为两国加强合作、共同发展带来了新的机遇。①

2016年在俄罗斯举办“安徽走进俄罗斯”经贸文化展，是安徽省深入参与“一带一路”建设的具体行动。此次活动通过黄梅戏演出和“魅力安徽摄影和非遗展”“安徽名特优农产品展”和“安徽中医药展”以及“安徽省与巴什科尔托斯坦共和国经贸合作推介会”等活动，进一步提升了安徽参与中俄“长江—伏尔加河”人文交流的合作水平，传播了安徽优秀文化艺术，展现了安徽民营企业特色，进一步拓展了国外市场空间。2016年7月19日，中俄“长江—伏尔加河”地方合作理事会首次会议在俄罗斯乌里扬诺夫斯克市召开。安徽省政府副省长刘莉代表安徽省政府分别与楚瓦什共和国州长伊格纳吉耶夫签署了《中华人民共和国安徽省人民政府与俄罗斯联邦楚瓦什共和国政府经贸、科技和人文领域合作协议》；与莫尔多瓦共和国副总理马泽夫签署了《中华人民共和国安徽省人民政府与俄罗斯联邦莫尔多瓦共和国政府经贸、科技和文化合作协议》；与萨马拉州副州长科边科签署了《中华人民共和国安徽省人民政府与俄罗斯联邦萨马拉州政府开展经贸科技人文合作协议》。②

2017年5月17日，在出席俄罗斯部分联邦主体经贸投资推介会时，安徽中俄合作交流促进中心主任戴建华说：“当前，围绕国家‘一带一路’倡议的实施，我们将利用中心自身优势，让更多的会员企业‘走出去’，特别是利用皖俄合作交流的契机，将重点开展为皖俄间经贸、企业家互动、招商

① 《刘莉副省长率团赴俄罗斯参加中俄“两河流域”地方合作理事会首次会议》，http://ahfao.ah.gov.cn/WSBNewsxl.aspx?Id=15190&TypeId=11080。

② 同上。

引资、人才交流等服务。”①

到2018年11月，安徽省已与俄罗斯伏尔加河沿岸14个联邦区中的12个联邦主体建立了直接联系，为企业和民间交流交往搭建了桥梁。在人文合作方面，安徽对俄合作重点放在教育、文化艺术、旅游和科技等领域。

俄罗斯高级公务员（安徽）研修班

俄罗斯高级公务员（安徽）研修班是安徽省政府首次专门对俄罗斯政府公务人员开展的研修活动，是安徽省对俄合作的创新之举。研修班的举办得到了中国国务委员杨洁篪、俄罗斯总统伏尔加河沿岸联邦区全权代表的充分肯定。研修班成员走进安徽省多个市、县、企业以及高校、科研院所、社区和乡村进行考察，深入了解安徽经济社会发展情况。该研修班自2015年首期开班以来到2020年1月共举办5次（具体时间分别为2015年11月、2016年5月、2017年5月、2018年10月和2019年12月），每次历时2周，累计培训俄罗斯伏尔加河联邦区政府官员、科教机构专家学者、企业家、随团媒体等140人左右。

教育合作

2014年7月，安徽省委书记、省人大常委会主任张宝顺率安徽省经贸友好代表团访问下诺夫哥罗德州，并与该州州长尚采夫共同签署了《中华人民共和国安徽省与俄罗斯联邦下诺夫哥罗德州关于开展经贸、科技、人文合作的协议》，双方正式建立友好省州关系。代表团还出席了安徽师范大学与下诺夫哥罗德州米宁大学合作的“中国语言文化研究中心”揭牌仪式和夏令营开营仪式，见证了安徽理工大学与下诺夫哥罗德州国立技术大学签署校际合作协议。

2018年12月17日—22日，由省教育厅组织的安徽大学、安徽师范大学、安徽财经大学、安徽建筑大学、安徽铜陵学院等7所高校代表团赴俄罗斯开展访问交流活动。12月18日和20日，代表团分别在俄罗斯下诺夫哥罗德市和切博克萨雷市举办了两场“留学安徽”高等教育展，吸引了大批俄罗斯青年学生参加，增进了俄罗斯青年学生对安徽省高校的了解。安徽建筑

① 《安徽对俄交流合作“渐入佳境”》，中国新闻网，http://www.chinanews.com/gn/2017/05-17/8226885.shtml。

大学与下诺夫哥罗德建筑和土木工程大学、安徽铜陵学院与下诺夫哥罗德国立大学和楚瓦什国立大学签署了合作备忘录，从而进一步推进了中俄高校间的合作交流。

2021 年 6 月，萨马拉国立航空航天大学中国中心与来自中国安徽的伙伴大学联合举办了俄中语言—文化夏令营。按照惯例，安徽大学的代表团 6 月份来萨马拉参加俄中“伏尔加河—长江”论坛。随后，萨马拉大学的大学生和研究生将前往安徽省参加汉语和中国文化学习的夏令营。

文化旅游合作

2014 年 4 月 21 日，由安徽省外办组织的人文交流团、发改委组织的经贸交流团和农委组织的农业企业交流团联合赴俄推进中俄“长江—伏尔加河”地方合作。该省共分两批次推出了各类合作项目 48 个。其中，人文类合作 13 项，涉及教育、科技、旅游等方面。此外，这次安徽省与俄罗斯的交流活动还包括在俄罗斯萨拉马州召开的地方领导人会议；开展安徽省与俄罗斯伏尔加河沿岸联邦区的文化活动交流；举办“中俄语言文化周”系列活动；在俄罗斯下诺夫哥罗德州举办“2014 安徽青年动漫创意展交会”。2017 年 7 月，为进一步加强与俄罗斯伏尔加河沿岸联邦区文化交流与合作，应俄罗斯楚瓦什共和国文化部邀请，安徽省文化厅副巡视员倪肥宾率安徽省泗州戏剧院演员一行 25 人于 6 月 20—27 日赴俄罗斯楚瓦什共和国参加第 25 届“俄罗斯之源”全俄艺术节活动；其间，泗州戏剧院演员共演出 7 场并与俄方开展相关文化交流活动。同年 7—8 月，安徽省图书馆与俄罗斯楚瓦什共和国国立图书馆共同举办了“童话世界的友谊”国际少儿绘画作品展并分别在安徽省图书馆、楚瓦什共和国国立图书馆展出。[①] 本次展览由安徽省图书馆与俄罗斯联邦楚瓦什共和国国立图书馆共同主办，旨在鼓励楚瓦什与安徽的少年儿童广泛阅读和熟悉对方的童话故事，了解对方的风俗习惯和文化传统；并通过阅读童话故事发现彼此特有的文化内涵之时，根据阅读的童话故事创作绘画作品。展览共汇聚了安徽省和楚瓦什共和国少儿绘画作品 69 幅。这些充满童真、童趣的作品，淋

① 安徽省图书馆与楚瓦什国立图书馆于 2016 年结为友好馆。继本次展览后，2019 年 11 月 26 日，“中国安徽与俄罗斯楚瓦什民俗文化”图片展在安徽省图书馆西一楼大厅开展。

漓尽致地展现了中俄少年儿童丰富的想象力和创造力，描绘了童话故事陪伴的童年乐趣，铭记了他们的快乐阅读和成长历程。11月7—10日，应中国人民对外友好协会邀请，俄罗斯国家近卫军模范舞蹈团附属儿童舞蹈团一行20人来安徽省友好交流访问。此次俄罗斯青少年艺术团来华演出交流是中国人民对外友好协会与俄中友好协会传统青少年交流项目之一，旨在推动中俄青少年交流，增进两国青少年的相互了解与友谊，通过“聆听中国”和“感知中国”加深俄青少年对中国历史、文化和现状的了解，培养中俄友好接班人。除在安徽省交流访问外，俄青少年艺术团还受邀在俄中友协成立60周年招待会上演出。

2019年5月29日—6月2日，安徽省委书记、省人大常委会主任李锦斌应俄罗斯下诺夫哥罗德州邀请，率领安徽省经贸代表团访问俄罗斯。安徽和俄罗斯下诺夫哥罗德州是友好省州，2019年正值双方缔结友好省州关系5周年，双方遂州共同举办“下诺夫哥罗德州安徽日”系列庆祝活动。代表团访问期间，李锦斌与下诺夫哥罗德州州长尼基京进行了会晤。双方总结回顾了两省州在工商、教育、人文等领域取得的丰硕合作成果，并商定深入推动科技、生态、经贸等领域务实合作，不断开创两省州合作新篇章。李锦斌与下诺夫哥罗德州代理州长克拉斯诺夫共同出席了“下诺夫哥罗德州安徽日”开幕式暨魅力安徽图片展和中国（安徽）—俄罗斯（下诺夫哥罗德）经贸合作对接会，见证了一批新的合作协议和项目现场签约。下诺夫哥罗德州电视塔还举行了以“中国红”和“汉字安徽”等元素为主体的灯光秀。①

此外，在旅游方面，安徽天柱山管委会公布的数据显示，2016年天柱山景区共接待境外游客8.2万人次，其中，俄罗斯游客1.45万人次。2017年4月12日，在外交部蓝厅举办的“开放的中国：锦绣安徽迎客天下”全球推介活动上，安徽省委书记李锦斌向世界友人介绍说：安徽不仅有名山大川，而且是养生宝地，天柱山下有一个“俄罗斯村”，许多俄罗斯人来此习武养生。为积极响应省委、省政府及市、县旅游工作决策部署，同年4月22日天柱山景区积极行动，在俄罗斯联邦驻上海总领事馆会议厅隆重举行

① 《李锦斌率省经贸代表团圆满结束对西班牙、俄罗斯的访问》，安徽新闻网，http://www.anhuinews.cc/p/506246.html。

了专场旅游推介会。这是全国山岳型景区走进外国驻华总领事馆开展专场推介的成功范例，俄罗斯等国驻上海总领事馆嘉宾代表、上海旅行社及媒体界代表共百余人参加会议。

地市合作

2017 年 10 月中旬，安庆市代表团曾成功访问了俄罗斯楚瓦什共和国首府切博克萨雷市，并举办了“安庆市地方名优特产品展”和“安庆市投资环境和外贸产品说明会”，向俄方宣传安庆市农业、轻工等产业优势，展示安庆地方名优特产品。2018 年 1 月 16 日—18 日，俄罗斯楚瓦什共和国经贸代表团到安庆市进行友好访问交流和经贸洽谈。

（2）湖南省与俄罗斯伏尔加河沿岸联邦区人文合作交往情况

2013 年，中俄“长江—伏尔加河”地方合作启动。湖南省开展系列活动积极参与“长江—伏尔加河”流域合作（如挂牌成立了湖南省对俄合作推进中心，建立专项扶持基金和对接制度等），积极促进湖南与俄罗斯鞑靼斯坦共和国进一步交流合作。2014 年开始，湖南与鞑靼斯坦共和国开展了越来越多的交流。两地签署了合作协议，深化在经贸、科技、人文等领域的交流合作。2015 年 8 月，在中俄“长江—伏尔加河”流域合作地方领导人第三次座谈会上，湖南与鞑靼斯坦共和国签署了“潇湘—伏尔加”农机产业园合作项目，鞑靼斯坦成为湖南参与中俄“长江—伏尔加河”地方合作的重要伙伴。①

文化旅游方面

中俄红色旅游合作交流系列活动于 2015 年在湖南正式启动。其中，第一届活动在毛泽东主席家乡湖南韶山成功举办，第二届于 2016 年在刘少奇主席家乡宁乡举办。2015—2017 年湖南连续 3 年举办了自驾赴俄游活动，打造了从毛泽东家乡到列宁家乡中俄红色国际自驾游精品线路。2017 年 4 月起，湖南开通了第五条国际航线——长沙直飞莫斯科洲际旅游航线。2015 年湖南省接待俄罗斯游客 26602 人次，同比增长 55.57%；湖南省通过旅行

① 《湖南与俄罗斯鞑靼斯坦共和国深化“两河合作”》，http://wqb.hunan.gov.cn/tslm/mtgz/201702/t20170227_4019967.html。

社组团赴俄罗斯游客4497人次，同比增长26.18%。2016年湖南省接待俄罗斯游客35025人次，同比增长31.66%；湖南省通过旅行社组团赴俄罗斯游客7747人次，同比增长72.27%。2017年1—6月，湖南省接待俄罗斯游客14523人次，同比增长13.08%；湖南省通过旅行社组团赴俄罗斯6377人次，同比增长200%。湖南与俄罗斯的红色旅游国际合作交流谋在深处、走在前列，显示出蓬勃的生机与广阔的潜力。①

（3）重庆市与俄罗斯伏尔加河沿岸联邦区人文合作交往情况

重庆作为中国中西部地区唯一直辖市，区位优势突出、战略地位重要，在国家区域发展和对外开放格局中具有独特而重要的作用。作为中国长江中上游地区和俄罗斯伏尔加河沿岸联邦区合作机制建设的重要参与方，重庆与俄罗斯伏尔加河沿岸联邦区在经贸、人文等领域合作交流日益深入并取得初步成效。在已有合作基础上，重庆将丝绸之路经济带建设和欧亚经济联盟建设紧密接合，积极融入中俄“长江—伏尔加河”地方合作大势，积极推动双方交流合作纵深发展，进一步拓展加强双方在商贸、物流、电子信息、装备制造、基建、医疗、现代农业、中小企业、金融投资等领域合作，深入推进在科技、教育、文艺、卫生、体育、青年等方面交流。2017年6月20日，重庆市刘桂平副市长还与马里埃尔共和国第一副主席马休金共同签署了重庆市与马里埃尔共和国经贸、科技、人文合作协议，与萨马拉州、莫尔多瓦共和国、楚瓦什共和国等俄地方高层互动交流，深入商讨未来合作事宜。

重庆市与俄罗斯方面保持着密切的高层交往，代表团互访频繁，地方友好关系蓬勃发展。截至2019年4月，重庆市已与包括沃罗涅日市、萨马拉州、巴什科尔托斯坦共和国、车里雅宾斯克州、斯维尔德洛夫斯克州等在内的俄罗斯12个地方政府签署了建立地方友好合作关系协议，与莫斯科市、圣彼得堡市、弗拉基米尔州、鞑靼斯坦共和国等地的友好交往深入发展，地方交流蓬勃发展。此外，重庆与俄罗斯在文教、媒体、卫生、青年、地方议会、专家、智库等领域有着广泛交往。双方建立校际友好交流关系12对，师生互派、教学科研、人才培训项目合作深入发展。四川外国语大学（重

① 《2017中俄红色旅游合作交流系列活动开幕 中俄红色情再升温》，人民网，http://hn.people.com.cn/n2/2017/0920/c195194-30754472.html。

庆）在下诺夫哥罗德国立语言大学设立了孔子学院，重庆大学加入了中俄“长江—伏尔加河”地方合作高校联盟。重庆市人民医院设立了全国首家中俄友好医院。

（4）四川省与俄罗斯伏尔加河沿岸联邦区人文合作交往情况

文化方面

2018 年 2 月 7 日—13 日，四川省人民政府、中国驻圣彼得堡总领馆和圣彼得堡市政府在圣彼得堡举办了“欢乐春节·四川风采”文化展演活动。2018 年 5 月，俄罗斯专家来川参加丝绸之路国际图书馆联盟成立暨“阅读·城市·文化”图书馆、书店融合发展学术研讨会；俄罗斯非遗团组和专家来川参加文化部和四川省人民政府主办的每两年一届的“第五届国际非物质文化遗产节”；俄罗斯青年音乐家来川参加成都市人民政府举办的每年一届的“成都国际友城青年音乐周”。2018 年 7 月 25—29 日，锦城艺术宫赴圣彼得堡执行演出任务；8 月 22—27 日，成都市文化广电新闻出版局组团赴俄罗斯开展文化交流活动；10 月 10—22 日，内江师范学院张强等 4 人赴俄罗斯举办个人画展。2019 年 2 月 16—21 日，四川省文化代表团赴俄罗斯克里姆林宫开展文化交流演出。同年 6 月 6 日，大熊猫“如意”和“丁丁”抵达俄罗斯，开启为期 15 年的旅居生活。

旅游方面

四川省现已开通成都—莫斯科、圣彼得堡、伊尔库茨克三条航线。四川省文化旅游厅和鞑靼斯坦共和国旅游局签署了旅游合作协议。2018 年俄罗斯入境游客 4.34 万人次，同比增长 86.9%；四川赴俄罗斯游客 5.65 万人次，同比增长 44.93%。①

教育合作方面

四川省教育厅与鞑靼斯坦共和国教育部、滨海边疆区教育厅签署了建立友好合作关系协议，与“海洋”全俄儿童中心签署了合作协议。自 2014 年以来，四川省高校与伏尔加河沿岸联邦区高校先后签署了 23 个高校合作协议，以开展留学生交换、科研等合作。西南石油大学已为来自喀山联邦大学、伏

① 《四川省与俄罗斯人文领域合作情况》，http://yangtze-volga.org/index.php?c=msg&id=1863&。

尔加水运交通大学、乌里扬诺夫斯克国立大学、楚瓦什国立大学等高校52名俄罗斯学生提供了政府奖学金。四川师范大学向下诺夫哥诺德师范大学派出了67名中方学生，西南石油大学向伏尔加水运交通大学和乌里扬诺夫斯克国立大学派出了26名师生。此外，四川省已先后4次组织四川省青年参加中俄“长江—伏尔加河”青年论坛，特别是2015年四川省承办了青年论坛系列活动。截至2019年3月，四川省共计有400多名青年参加了活动。①

从2014年开始，西南石油大学启动了暑期赴俄夏令营项目，为在校俄语及相关专业学生提供赴俄学习语言和体验文化的机会。2015年9月以来，在中俄两河流域人文交流机制背景下，该校一直大力推进与俄联邦国家重点高校开展四川省政府留学生奖学金项目，分别与喀山联邦大学、萨马拉国立工业大学、乌里扬诺夫斯克大学、乌法国立石油技术大学等一系列俄方高校签订了互换学生项目合作备忘录，并致力于在2016年度开展互派学生项目。②

人员培训方面

自2016年以来，鞑靼斯坦共和国已先后派遣了6批92人次公务员来川培训，其中包括鞑靼斯坦共和国63个行政区中51个地方行政区“一把手”、鞑靼斯坦共和国档案局代表团（1期）。目前，四川发展经验已被鞑靼斯坦共和国运用到社会经济发展工作实践并正在发挥积极作用。这是四川省与鞑靼斯坦共和国之间成效最为显著的友城交流项目。③

（5）湖北省与俄罗斯伏尔加河沿岸联邦区人文合作交往情况

文化方面

武汉市汉口东正教堂为100多年前云集汉口的俄国茶商集资修建。2013年，俄罗斯全权代表巴比奇与中国国务委员杨洁篪签订《关于共同努力和修复汉口东正教堂的协议》。为修复该教堂，湖北先后斥资4500万元改造周边环境。2015年8月，巴比奇全权代表访鄂期间出席教堂修复竣工仪式，并亲自为在此基础上成立的“武汉中俄文化交流馆”启用揭牌。湖北希望日后在交流馆内举办一系列有利于加深两地人民理解和感情的文化展览活动，并

① 《四川省与俄罗斯人文领域合作情况》，http://yangtze-volga.org/index.php?c=msg&id=1863&。

② 西南石油大学官网，https://www.swpu.edu.cn/hzjl/gjhzjl1.htm。

③ 《四川省与俄罗斯人文领域合作情况》，http://yangtze-volga.org/index.php?c=msg&id=1863&。

已向伏尔加河沿岸联邦区的部分地方政府发出邀请。[①]

为贯彻中俄两国领导人关于共同维护第二次世界大战（简称：二战）成果的倡议精神，促进“中俄地方合作交流年”框架下中俄人文交流，湖北拟在武汉市解放公园建设中国境内第一个苏联空军援华烈士主题陈列馆。该项目建设已获得湖北省委宣传部、省文化旅游厅、武汉市委宣传部的批准，并得到中国外交部积极支持。目前，陈列馆文物征集、建设、布置等工作已基本完成。[②] 2013 年湖北省开始陆续赴俄寻访苏联空军志愿队烈士遗属。2015 年 6 月，湖北省寻访团还原了 29 名参与武汉空战的苏军烈士英勇事迹，并获得了普京总统亲自签发的“1941—1945 年卫国战争胜利 70 周年纪念奖章”。12 月，寻访团根据在赴俄寻访苏联空军志愿队烈士后裔遗属所获得材料基础上整理编辑而成的《武汉上空的鹰》一书在北京首发。该书系中国首部跨国寻访抗战期间苏联援华烈士的专著。湖北省委托俄驻华大使杰尼索夫将此书转赠普京总统。该书俄语版已于 2016 年 8 月底在莫斯科首发，中文版与俄文版均于 2016 年 9 月被作为礼物赠送来鄂参访的俄联邦委员会主席马特维延科。[③] 此外，湖北省还举办各类精彩纷呈的文化交流活动。为推动荆楚文化走进俄罗斯，湖北省先后在俄罗斯举办了为期 1 年的以“荆楚风、中俄情”为主题的系列活动，包括“灵秀湖北图片展”“湖北书架”以及在伏尔加河地区彼尔姆、喀山举办的“最美母亲河——长江与伏尔加河对话”等活动，极大地展现了荆楚文化魅力，深受当地群众好评。湖北省湖北艺术团赴乌德穆尔特共和国参加“第二届国际布兰诺沃艺术节”，被乌文化部长称赞为“给我们带来了巨大的惊喜”。2017 年 1 月，乌德穆尔特共和国“布兰诺沃大妈”民谣组合应邀来鄂参加了“第六届全国农民春晚”，并受到当地民众的热烈欢迎。2019 年为庆祝中华人民共和国建国 70 周年和中俄建交 70 周年，推动中俄民间交往与民心相通，中国驻喀山总领馆组织由俄罗斯喀山地区画家、摄影家组成的采风团于 7 月 24—28 日访问了湖北；同年

---

① 《湖北省与俄罗斯及伏尔加河沿岸联邦区人文合作交往情况》，http://yangtze-volga.org/index.php?c=msg&id=1864&。

② 同上。

③ 同上。

11月19—24日，为更好地推动中俄两国在文化旅游、文物保护、博物馆合作办展等领域的合作，以俄罗斯鞑靼斯坦共和国文化部副部长达米尔·纳特福林为团长的代表团应邀来鄂考察访问。

体育方面

自2014年起，湖北武当武术代表团每年连续参加莫斯科红场军乐节，并受到俄社会各界和民众的热烈欢迎。武当武术协会莫斯科分会自2014年底在莫斯科落成以来，一直在俄罗斯民众中开展广受欢迎的培训教学活动。① 近年来，萨拉托夫州连续派出青年运动员参加了武汉市一年一度的横渡长江比赛。

媒体方面

2016年“中俄媒体交流年”期间，湖北省委常委、省委秘书长傅德辉访俄期间在圣彼得堡出席“走进俄罗斯”文化合作座谈会，与俄方文化、教育、企业界人士就推进中俄人文交流合作交换意见。2017年5月，俄罗斯“湖北新闻出版广电传媒周”在俄罗斯成功举办。该活动通过举办展览展销、图书翻译、作家对话、版权贸易、招商引资和文化互动等多种形式活动，全方位展示了荆楚文化的独特魅力，荣获中俄媒体交流年大型活动类优秀项目奖（在地方获奖单位中排名第一）。②

高校合作与青年交流方面

华中科技大学、武汉大学及武汉理工大学与莫斯科、圣彼得堡等地多所大学长期保持密切合作关系。武汉纺织大学利用自身专业优势聘请了大批俄罗斯专家授课。2018年，湖北省高校代表团访问俄罗斯，与普希金俄语学院、托木斯克国立大学等俄知名高等学府代表举行座谈，积极推动有关教师交流、学生交流、科研合作、联合办学、互派免费留学生等领域的合作交流。③ 萨拉托夫州派出中学生代表来鄂参加为期三个月的“国际友城高中生来汉交流学习”项目。2018年6月，湖北省青年代表团赴萨马拉出席第五

① 《湖北省与俄罗斯及伏尔加河沿岸联邦区人文合作交往情况》，http://yangtze-volga.org/index.php?c=msg&id=1864&。

② 同上。

③ 同上。

届中俄青年论坛。[①]

地市交流方面

2015年8月7日，武汉市与俄罗斯萨拉托夫市结成友好城市关系。2017年6月16日，武汉市与俄罗斯乌德穆尔特共和国伊热夫斯克市缔结友好城市关系。2019年2月，湖北孝感市云梦县楚剧团组织了以楚剧《赶会》、皮影戏《武松打虎》、京胡伴舞《槐荫情思》、戏曲《变脸》等为代表的孝感地方特色的文艺节目赴俄访问，向圣彼得堡人民展示了孝感“孝”文化魅力。[②]

（6）江西省与俄罗斯伏尔加河沿岸联邦区人文合作交往情况

作为中俄“长江—伏尔加河”地方合作机制成员省份之一，江西省自2013年起与俄罗斯伏尔加河沿岸联邦区开展交流与合作。目前，其与该联邦区巴什科尔托斯坦共和国、彼尔姆边疆区及奔萨州合作成果显著，并逐步拓展与该联邦区其他联邦主体之间的交往。近年来，江西加强了与俄罗斯各有关方面的合作，分别与俄罗斯巴什科尔托斯坦共和国及彼尔姆边疆区签署了经贸、科技和人文合作协议。

省州互访

2014年11月，俄罗斯巴什科尔托斯坦共和国第一副总理马尔丹诺夫率团访赣，与江西省在工农业、基础设施建设和商贸旅游等方面达成多项合作共识。巴什科尔托斯坦代表团由80多位政商界人士组成，其中包括50多位企业家。访问期间，马尔丹诺夫一行考察了南昌市及九江市的企业，并就农业、工业及基础设施方面的项目开展了有关市场对接交流，签署了江西铜业集团与巴什科尔托斯坦尾矿回收综合利用合作、江西中格集团与巴什科尔托斯坦建设中俄国际商贸城等多份合作协议。除多项商贸合作项目持续推进之外，两地院校也签署了合作协议。双方通过互派留学生项目合作，加强两地在文化、科技方面的往来，深化年轻人之间的理解互信。

科技合作方面

江西省先后通过举办巴什科尔托斯坦共和国江西商务日、彼尔姆边疆区

① 《湖北省与俄罗斯及伏尔加河沿岸联邦区人文合作交往情况》，http://yangtze-volga.org/index.php?c=msg&id=1864&。

② 同上。

南昌经贸推介会等大型经贸活动，扎实推进中俄现代农业示范园、乌法蔬菜大棚、金木彼尔姆木材加工等项目，支持汉腾汽车与俄罗斯德尔维斯汽车生产合作，积极开展“江西风景独好”旅游推介会，组织实施多批南昌大学等江西高校与俄方高校学生互派合作项目。此外，在先后举办“海智惠赣鄱——赣俄人才交流与科技合作推进会”活动过程中，邀请俄罗斯科学院苏希赫院士、安德鲁·利希院士来赣，推进赣俄科技与人才合作；支持江西省东华理工大学与俄罗斯联邦卫生部妇产围产学研究中心合作，签订三方合作协议，在莫斯科挂牌成立“质谱科学与仪器俄罗斯研发中心”，中心建设已纳入中俄双边政府间科技和人才合作的重要内容。①

文化交流方面

2015 年 7 月，江西省《千年瓷都——中国景德镇精品陶瓷展》赴莫斯科、彼尔姆边疆区和巴什科尔托斯坦共和国巡展。2015 年 11 月，江西省杂技团携杂技剧《我们的生活比蜜甜》赴俄罗斯演出 6 场，参加中俄“长江—伏尔加河”文化交流合作巡演活动及在乌法市举办的“江西经贸文化周”活动。2016 年 6 月，江西省共派出 27 人参加在俄罗斯萨马拉州举办的中俄“长江—伏尔加河”青年论坛，并在论坛结束后访问了彼尔姆边疆区，与当地青年代表举办了联合文艺晚会。2018 年 5 月，江西省（俄罗斯）教育巡展在彼尔姆边疆区开幕并展出，吸引了众多彼尔姆教育界代表、学生及家长等前来咨询、观展，展出效果明显。时隔 4 个月，彼尔姆边疆区高校教育展在南昌开幕，集中展出了该边疆区 7 所高校与中学的学科建设、科研、教学管理、学校历史等情况。2018 年 5 月，江西黎川（彼尔姆）油画展在彼尔姆边疆区开幕并展出，给彼尔姆当地民众带去了黎川余长华、严文明等画家的 39 幅作品。其中包括江南三大名楼之一滕王阁、抚州的拟岘台以及黎川洲湖船屋等具有文化代表性的建筑油画。2018 年 7—8 月，江西省负责牵头长江中上游六省市派出 31 人参加了在萨马拉州举办的第五届中俄长江—伏尔加河青年论坛。2018 年 9 月，彼尔姆芭蕾舞与歌剧院派团赴赣出席汤显祖国际戏剧节并表演芭蕾舞剧《天鹅湖》。

① 《我省在第十八届中国国际人才交流大会俄罗斯主宾国活动启动仪式上作推介》，江西省科学技术厅网，http://kjt.jiangxi.gov.cn/html/230/2019-11-04/content-11810.html。

教育方面

2018年9月，南昌大学与彼尔姆国立药学学院、江西农业大学与彼尔姆普雷亚什尼科娃国立农业科技大学、江西理工大学与彼尔姆国立科研理工大学、江西中医药大学与彼尔姆瓦格纳国立医科大学、抚州职业技术学院与彼尔姆国立文化学院、南昌市外国语学校与彼尔姆第二中学分别签署了合作协议。俄罗斯彼尔姆边疆区州长雷谢特尼科夫·马克西姆·根纳季耶维奇表示，此次俄罗斯彼尔姆边疆区高校在江西举办教育展得益于中俄双方的友好交往，得益于江西省和彼尔姆边疆区的深入合作交流；希望通过双方互办教育展、缔结合作协议，进一步巩固和拓展双方的合作交流。①

三、中俄“长江—伏尔加河”地方人文合作前景

1. 中俄“长江—伏尔加河”人文合作成果

近年来，中俄人文各领域务实合作不断深化，地方合作持续推进，为中俄关系发展奠定了坚实的民意基础。当前，中俄人文合作委员会已步入健康稳定发展成熟期。鉴于中俄已发展成为新时代全面战略协作伙伴关系，双方一致同意将人文交流作为两国关系的五大重点领域之一，彼此应持续发力，巩固深化已有合作成果，不断拓展新合作空间，打造更多有影响力品牌，着力传承世代友好，为发展两国关系作出新的更大贡献。②

中俄“长江—伏尔加河”地方合作机制建设逐步完善

2013年5月，中俄地方领导人圆桌会议在湖北武汉举行。这标志着中俄“长江—伏尔加河”地方合作机制正式建立。2016年7月19日，中俄“长江—伏尔加河”地方合作理事会首次会议在伏尔加河畔的乌里扬诺夫斯克召开。随着《中国长江中上游地区和俄罗斯伏尔加河沿岸联邦区地方合作

① 《俄罗斯彼尔姆边疆区高校在江西举办教育展》，中国日报网，https://www.chinadaily.com.cn/interface/yidian/1138561/2018-09-26/cd_36983660.html。

② 《孙春兰与戈利科娃共同主持中俄人文合作委员会第二十次会议》，新华网，http://www.xinhuanet.com/world/2019-09/17/c_1125006449.htm。

理事会条例》的签署，中俄地方合作机制得以进一步完善，并推动着中俄两国地方合作从边境毗邻地区向纵深发展。2016 年 7 月 19 日，在乌里扬诺夫斯克举行了伏尔加联邦区与中华人民共和国长江中上游地区地方合作理事会第一次会议。俄罗斯联邦总统全权代表在伏尔加联邦区米哈伊尔·巴比奇（Mikhail Babich）指出，在科学、技术和人道主义领域，“长江—伏尔加河”地方合作正在积极发展。① 2017 年 6 月 16 日，中国长江中上游地区和俄罗斯伏尔加河沿岸联邦区地方合作理事会第二次会议在安徽省合肥市召开，时任中国国务委员杨洁篪和俄罗斯总统全权代表巴比奇启动“长江—伏尔加河”地方合作理事会网站，签署《会议纪要》和《关于对〈长江—伏尔加河地方合作理事会条例〉进行修订的议定书》，并见证两地区地方政府签署多项合作文件。目前，中俄在教育、文化，旅游和青年政策领域的 34 个联合活动已经实施，另外 51 个活动正在制定中。其中，俄中青年论坛在这个榜单中占有特殊位置。

高校与青年交流成果显著

2012 年，中俄签署的《中俄人文合作行动计划》提出：到 2020 年两国互派留学学生人数要达到 10 万人，并从国家政策层面对中俄留学生及人员交流给予一系列支持。2019 年，是中俄建交 70 周年和中俄人文合作委员会成立 20 年。2019 年 6 月 6 日，俄罗斯总统普京在圣彼得堡国立大学授予中国国家主席习近平名誉博士的仪式上发表讲话，对俄中高校交流频度加大给予了高度评论。普京表示：当前，俄中高校交流日益扩大，约 9 万名学生、研究生和教师交叉访学。这一成果离不开中俄“长江—伏尔加河”地方合作机制给予的有力支持。他认为，所有这些都“明确地证明，俄中青年、科研和学术界有互相接触的愿望，对研究对方的丰富的历史文化遗产和现代成果具有持续的兴趣”。② 莫斯科国立罗蒙诺索夫大学校长维克多·萨多夫尼奇接受俄罗斯卫星通讯社专访时表示，自俄中于 1949 年建交以来，双方在教

① В Ульяновске состоялось первое заседание Совета по межрегиональному сотрудничеству в формате “Волга–Янцзы”，19 июля 2016 г, http://pfo.gov.ru/press/events/100350.

② 《普京：俄中高校交流持续扩大表明双方互相关注》，俄罗斯卫星通讯社 2019 年 6 月 7 日，http://sputniknews.cn/society/201906071028689850/。

表2　长江流域六省市在俄伏尔加联邦区的孔子学院

设立时间	中方大学	俄方大学	网址
2010年5月5日	四川外国语大学	下诺夫哥罗德国立语言大学	http://www.lunn.ru/confucius
2007年4月24日	湖南师范大学	喀山联邦大学	https://kpfu.ru/imoiv/institut-konfuciya

资料来源：孔子学院总部/国家汉办网，http://www.hanban.org/confuciousinstitutes/node_10961.htm。

育领域的合作不断加强，目前两国高校间开展的合作项目数量已达近千个。俄中在外语教学方面也开展了非常积极的合作。目前，在俄罗斯共有22个孔子学院，在中国共有22个俄语中心和相关的办学机构。①

中俄“长江—伏尔加河”地方人文合作不断扩大

从中俄“长江—伏尔加河”地方合作高校联盟到校长论坛，从安徽省俄罗斯高级公务员研修班、四川省公务员培训到地方高校合作、旅游产品推介和艺术团定期互访，中俄“长江—伏尔加河”地方合作不断下沉，深入民间，惠及两国地方民众。2017年3月25日，中俄“长江—伏尔加河”地方合作智库联盟启动仪式暨首届智库论坛在华东师范大学举行。中国外交部欧亚司司长桂从友就中俄“长江—伏尔加河”地方合作机制倡议的提出与建立进行了简要介绍。他指出，中俄“长江—伏尔加河”地方合作机制自建立以来，在外交部和国家发改委等部门的大力支持与指导下，各省市积极发挥主观能动性，相继开展了经贸和人文领域的多项合作并取得了丰硕成果。② 2017年5月，鞑靼斯坦共和国创建并开通了面向中国投资者的中文网站（www.invest.tatarstan.ru/ch）。根据俄权威民调机构列瓦达中心和“全俄社会舆论调查中心”近年来的数据，俄罗斯人把中国视为“最有价值的伙伴”的原因主要是经济驱动和政治联合。③

① 《莫斯科国立大学校长：俄中建交70年来教育合作不断加强》，俄罗斯卫星通讯社2019年1月4日，http://sputniknews.cn/politics/201901041027273483/。

② 《“中俄两河流域合作首届智库论坛”成功举办》，https://rus.ecnu.edu.cn/t/7628。

③ 许华：《中俄文化交流可待“官民共热”》，环球时报2019年7月9日，https://opinion.huanqiu.com/article/9CaKrnKlpcG。

2. 中俄“长江—伏尔加河”地方人文合作前景

近年来，中俄关系持续高位运行，双方在各领域的密切合作得到两国人民的广泛认同和支持，可谓深得民心。2018 年 12 月 17 日，《中俄关系民意调查报告》以翔实、客观的数据呈现出中俄民众对彼此的认知现状。调查报告显示，两国民众对中俄关系及两国务实合作均给予了乐观积极的评价，但两国民众的相互认知和交往还远未达到应有的水平，有待进一步培育和提升。当然，中俄人文合作也面临着不少挑战，最突出的问题就是“两河流域”之间的人们缺乏相互了解，信息交流不畅，导致双边经贸和人文交流合作过程中频频遇阻。目前，当务之急是在中俄“长江—伏尔加河”地方合作框架下，高校智库和科研机构发挥自身优势，整合长江中上游 6 省市的科研力量，为政府部门提供具体对策建议，为各省市对俄合作企业单位提供智力支持。俄罗斯是“一带一路”建设的重点国家，也是中国产能合作走出去的重点对象。“两河流域”合作，无论是从国家的整体关系、发展需要来说，还是从推动两国之间的经贸合作的必要性来看都具有巨大潜力。如何挖掘这些潜能，需要智库的大力支持。目前看，智库专家的研究应围绕以下 3 个方面展开：第一，在政治层面，需要更多地总结两地区地方发展经验，开展深入交流；第二，对俄方 14 个联邦主体的市场经济发育程度进行深入了解，包括地方的法规和经济管理模式，为中国企业家与俄方开展合作提供指导；第三，研究中国长江中上游地区 6 省市和俄罗斯 14 个联邦主体之间在产业结构和产能等方面的互补性。① 在此背景下，中俄应继续坚持以人民为中心的价值取向和实践原则，进一步加速人文交流合作模式的转型升级，促进两国民众之间进一步相互了解和往来，为中俄关系不断向前发展夯实牢固根基。②

（1）丰富中俄两河人文合作交流渠道

加强影视交流与推广

中俄关系近年来不断深化和发展，两国人文合作的成绩有目共睹，但从

① 《“中俄两河流域合作首届智库论坛”成功举办》，https://rus.ecnu.edu.cn/t/7628。

② 钮菊生，马景阳：《民心相通：新时代中俄关系的民意基础》,《当代世界与社会主义》2019年第 5 期。

影视交流所折射的情况显示：两国民众对对方文化的认知水平与“文化融通”“民心相通”尚有距离。影视交流是人文交流的重要组成部分，中俄互办影展、合作拍摄、引进片源的机制初步形成。俄罗斯已成为国内进口片的重要来源国之一，引进影片的数量逐年增加。整体来说，俄罗斯电影在中国的票房收益、口碑等方面仍存在上升空间。截至目前，俄罗斯电影在中国票房最高的《冰雪女王 3》收入 7412.7 万元人民币，其他从俄进口影片的票房则在千万左右徘徊，在影评网站上的美誉度位居中游。中国电影在俄罗斯的影响力也尚待加强。中国影史票房冠军《战狼 2》在俄罗斯的评分为 5.9，从观众的评论中可以看出，中国式的爱国主义情怀和勇敢精神尚未在俄罗斯人中获得共鸣。俄罗斯进口的中国影片一直较少。数据显示，1997—2015 年这 18 年间只有 47 部中国（含香港特别行政区）电影在俄罗斯上映，票房总计 1760 万美元。除去《十二生肖》贡献的 940 万美元，其余 46 部电影票房为 820 万美元，平均票房为 17.8 万美元。“俄罗斯电影节”和“中国电影节”是中俄两国政府共同推动的人文合作品牌，在电影节上涌现出的好作品需要进一步悉心推广，以增加对方文化在对方媒体和民众间的影响力。①

加强体育竞技方面合作与交流

中俄均为体育大国和强国，而且在体育竞技领域均有各自明显优势。通过地区间互办体育竞技交流、大型体育赛事和产业合作等形式，有助于扩大两地民众的参与度，并增进地区合作。

加强地方媒体宣传与交流

目前，中俄两国媒体在报道内容的选择上存在差异。中国媒体报道的俄罗斯新闻有将近 90% 是正面信息；而俄罗斯报道的中国新闻中有 45.6% 的信息是正面的，42% 的信息是持中立态度。② 中俄双方可以在两地区间互设影视与传媒站点，结合地区间民众的日常喜好，具有针对性地扩大影视、广告、纸媒和电子媒体的投放力度，以增加宣传尤其是正面宣传。

① 许华：《中俄文化交流可待“官民共热”》，环球时报 2019 年 7 月 9 日，https://opinion.huanqiu.com/article/9CaKrnKlpcG。

② 钮菊生，马景阳：《民心相通：新时代中俄关系的民意基础》，《当代世界与社会主义》2019 年第 5 期。

（2）加强中俄“长江—伏尔加河”流域旅游合作

2019年中国接待俄罗斯游客量同比增长13.5%，达260万人次。据边防局统计，入境中国目的为旅游的俄罗斯公民占35%。与此同时，在中俄团队旅游互免签证制度框架下出行的俄游客达到38.1万人次，仅占赴华总人数的14.6%。有数据显示：大多数入境独联体其他国家、芬兰、波罗的海国家和中国的俄罗斯公民的访问目的具有私人性质，主要为个人购物、探亲和小型贸易。2019年，接待俄罗斯游客最多的国家或地区依次为土耳其（690万人次）、阿布哈兹（480万人次）、芬兰（390万人次）、哈萨克斯坦（340万人次）、中国（260万人次）。排名前10的国家或地区还有乌克兰、爱沙尼亚、德国、意大利和泰国。访问上述国家的俄罗斯旅客人数占2018年全年俄出境人数的近63%。俄安全局数据显示，2019年俄公民出境人数达到4807万人次，较2018年的4450万人次增长7.9%。[①] 据了解，2013年安徽对俄贸易已突破7亿美元，俄来皖游客近5万人次。

表3　长江流域六省市5A级景区、世界遗产地和国家级非物质文化遗产项目

省、市	5A级景区	世界遗产地	国家级非物质文化遗产项目（个）
安徽省	黄山风景区、九华山风景区、天柱山风景区、皖南古村落—（西递宏村）、天堂寨旅游景区、龙川景区、八里河风景区、古徽州文化旅游区、三河古镇景区、方特旅游区、万佛湖风景区	皖南古村落（西递宏村）、中国大运河（淮北）、黄山	88
江西省	庐山风景名胜区、冈山风景旅游区、三清山旅游景区、龙虎山风景名胜区、江湾景区、古窑民俗博览区、共和国摇篮景区、明月山旅游区、大觉山景区、龟峰景区、滕王阁旅游区、武功山景区	庐山、三清山、中国丹霞（龙虎山和龟峰）	70

① 《中国入选2019年最受俄游客欢迎的国家前五名》，俄罗斯卫星通讯社2020年2月17日，http://sputniknews.cn/russia_china_relations/202002171030672367/。

续表

省、市	5A 级景区	世界遗产地	国家级非物质文化遗产项目（个）
湖北省	黄鹤楼公园、三峡大坝—屈原故里文化旅游区、三峡人家风景区、武当山风景区、神龙溪纤夫文化旅游区、神农架生态旅游区、清江画廊景区、武汉—东湖生态旅游风景区、木兰文化生态旅游区、恩施大峡谷景区、三国赤壁古战场景区、古隆中景区	武当山古建筑群、土司遗址（恩施） 神农架	127
湖南省	武陵源—天门山旅游区、衡山旅游区、韶山旅游区、岳阳楼—君山岛景区、岳麓山—橘子洲旅游区、花明楼景区、东江湖旅游区、崀山景区、炎帝陵景区	武陵源 土司遗址（湘西）、中国丹霞（崀山和万佛山）	118
重庆市	大足石刻景区、小三峡—小小三峡旅游区、喀斯特旅游区、桃花源旅游景区、万盛黑山谷—龙鳞石海风景区、金佛山景区、四面山景区、龙缸景区、阿依河景区	大足石刻、中国南方喀斯特	44
四川省	青城山—都江堰旅游景区、峨眉山景区、九寨沟景区、乐山大佛景区、黄龙风景名胜区、羌城旅游区、汶川特别旅游区、阆中古城旅游景区、邓小平故里旅游区、剑门蜀道剑门关旅游景区、朱德故里景区、海螺沟景区、碧峰峡旅游景区	青城山—都江堰、峨眉山—乐山大佛、黄龙、九寨沟、大熊猫栖息地	139

资料来源：中华人民共和国文化和旅游部网站（https://www.mct.gov.cn）；中国艺术研究院·中国非物质文化遗产保护中心网站（http://www.ihchina.cn/project.html）。

同样，俄罗斯伏尔加联邦区拥有丰富的旅游资源，既有欧洲风格的教堂、阿拉伯风格的清真寺，也有亚洲格调的喇嘛庙。在那里，人们可以体验难得的多教和睦并存的景象。在喀山建筑群中，有斯拉夫式的拱门、罗马式的尖顶、蒙古包形的圆穹和中国式的雕梁画栋，还有16—18世纪的古塔和教堂等古迹。喀山地处东欧平原，地势平坦，自北向南贯穿喀山的卡赞卡河（Kazanka）将整座城市一分为二，最终汇入欧洲最长河流——伏尔加河。谢里夫清真寺（Мечеть Кул-Шариф）则是喀山的地标性建筑。在这座东正教与伊斯兰教和谐共存的城市中，可以看到一边是东正教堂，另一边则是风格华丽的清真寺。位于奥卡河（Oka River）注入伏尔加河交汇处的下诺夫哥罗德城建于1221年，是俄罗斯境内第五大城市。因曾拥有俄国最主要的集市——亚马尔卡，故而一直以来被誉为“俄罗斯的钱袋子”。这里是俄罗斯著名作家高尔基（Maxim Gorky）的故乡，早在苏联时代这座城市被命名为高尔基城；苏联解体后又恢复至曾经的名字——下诺夫哥罗德。如今的下诺夫哥罗德是联合国教科文组织列出的世界上一百座文化城市之一。建城已有数百年历史的萨马拉远在彼得大帝时期，其粮食产量位居俄罗斯之首。19世纪时，萨马拉已成为俄罗斯最大的粮库及工业中心；20世纪初，萨马拉又开始积极发展建材业，后又逐渐发展为俄罗斯的石油开采中心及航天中心。由于萨马拉建城后多数建筑为木质结构，城内古遗迹虽不多但独具特色的欧式建筑与东正大教堂交相融合，让整座城市看起来别有一番风情。萨马拉拥有历史悠久的萨马拉州立博物馆（Историко-краеведческий музей им. П.В. Алабина）和别具一格的雕塑花园及底蕴丰富的歌剧院。2018年世界杯赛事期间，喀山、下诺夫哥罗德和萨马拉都是球赛承办城市之一。

（3）推动中俄两河地市、县市合作

由于中俄“长江—伏尔加河”地方合作机制建立不久，地市与县市合作还在摸索期，因此，推动地市、县市人文交流与合作以及培养更多青年学子传承中俄友谊无疑应该成为今后中俄地区合作的发展方向。如下诺夫哥罗德州立技术大学校长德米特里耶夫（Sergey Dmitriev）所说，“高校联盟是伏尔加河—长江合作机制的第一步，而今天这个机制可以迅速推动两地区青年交流，学生就是未来”。[①] 此外，可以充分挖掘地市独具特色的品牌文化，

① От Волги до Янцзы: чем готово делиться Поволжье с Китаем, ТАСС, 14 июня 2017 г, https://finance.rambler.ru/economics/37147931-ot-volgi-do-yantszy-chem-gotovo-delitsya-povolzhe-s-kitaem/?updated.

使品牌文化交流长期化、机制化发展，并力求从“一市一品”向“一市多品”扩展。

随着“长江—伏尔加河”地方合作机制不断完善和深化，该机制在发展中俄全面战略协作伙伴关系和推动“一带一路”国际合作与欧亚经济联盟对接中的“新桥梁”作用将会日益凸显。在双方共同努力下，两地区务实合作必将持续扩大和深入。杨洁篪指出：中俄全面战略协作伙伴关系在习近平主席和普京总统战略引领下正保持高水平运行。[①]地方合作是中俄务实合作的关键领域。长江流域6省市和伏尔加河联邦区要积极运用两国元首确认的“长江—伏尔加河”模式经验，在地方合作层面不断拓展内容、丰富内涵。在此背景下，人文交流更应该扮演不可或缺的作用，推动两地区合作结出更多硕果。

① 《中俄“两河流域”地方合作理事会首次会议在俄罗斯乌里扬诺夫斯克举行》，http://ahfao.ah.gov.cn/WSBNewsxl.aspx?Id=15183&TypeId=11080。

第十一章

中俄“长江—伏尔加河”地方人文合作现状

在《辞海》里“人文”一词被解释为“人类社会的各种文化现象”。人文合作就是不同民族文化现象之间沟通交流、相互配合、共同繁荣。中外人文交流与合作有助于为深化国家之间的双边或多边合作奠定坚实的民意基础和社会根基。正如习近平主席所说：“文明交流互鉴是推动人类文明进步和世界和平发展的重要动力。文明因交流而多彩，文明因互鉴而丰富。”

中国与俄罗斯有着深厚的人文交流基础，两国间的文化交流始于1715年彼得一世派遣传教团来华，随后在京建立俄罗斯馆。尽管历史走过了剧变的300年，中俄文化始终相互借鉴，彼此影响。进入21世纪，中俄人文交流在促进两国经贸往来、提升政治互信、增进两国民众相互了解、传承中俄世代友好、共同打造国际文化交流品牌等方面发挥了举足轻重的作用。

21世纪中俄两国的人文合作特点是由国家主导、突显顶层设计和战略眼光；有计划、有重点地全面推进；大规模、全方位、宽领域落实各项活动[①]。2000年，两国成立了中俄人文合作委员会。该机制自建立以来，中俄在涵盖教育、文化、卫生、体育、旅游、媒体、电影、档案、青年九个领域的高效合作构建了彼此人文合作的宏大图景。一般来说，国家间的合作往往需要落实到具体地区；而地区间的合作则是国家全方位合作的重要基础和支撑。二者相互依存、互动发展。近年来，中俄地方合作方兴未艾，双方建立了“长江—伏尔加河”“东北—远东”两大区域性合作机制。

2013年5月，正式启动的“长江—伏尔加河”地方合作是中俄合作的新高地。合作参与者包括中国长江中上游的四川、重庆、湖北、湖南、江西、安徽6省（市）以及俄罗斯伏尔加河沿岸联邦区14个联邦主体。这两个地区分别位于各自国家的中部，为非毗邻地区。由于这两个地区以前相互了解不够多、信息互通有限，合作项目、合作模式的规划乃至合作伙伴的选择都在探索之中。如何在“一带一路”倡议的指引下，加快与俄罗斯伏尔加沿岸联邦区的人文合作交流是一个非常现实而又迫切的课题。

湖南省与俄罗斯伏尔加河沿岸联邦区的人文合作起步较早，在纳入“长江—伏尔加河”地方合作机制后进一步拓展了人文交流的维度。湖南师范大学（以下简称：湖南师大）作为湖南省最早开设俄语专业的高校一直是湖南对俄交流的主力军，并且取得了一定的成绩。这里我们将分享湖南师大与俄罗斯高校人文交流合作的经验，同时探讨两地区人文合作机制的现状、存在的问题，对两地区人文合作机制的创新提出建议，推动区域性合作的深化，助力“一带一路”与俄罗斯倡导的欧亚经济联盟对接。

一、湖南省与俄罗斯人文交流回顾

湖南省人民与俄罗斯人民的文化交往具有鲜明的时代特征。十月革命在俄国胜利之后，1920年8月，毛泽东与何叔衡等新民学会骨干会员发起成

① 文记东：《21世纪中俄人文交流与展望》，《中国社会科学院研究生学院学报》2016年第6期。

立了湖南俄罗斯研究会，向中国民众介绍新生的俄国，并组织刘少奇、任弼时、萧劲光等进步青年赴俄勤工俭学①。新中国成立后，第一个访湘的外国友人是苏联作家西蒙诺夫。1949 年，他以苏联文化艺术科学工作者代表团副团长身份访湘。20 世纪 50 年代，苏联向中国提供了大量的经济技术援助项目。其中，在湖南有 11 项。当时，大批苏联专家来湘援建。1951 年 8 月，湖南成立了中苏友好协会湖南分会。1952 年 4 月，湖南省总工会筹委会主席随中华全国总工会代表团参加莫斯科“五・一”劳动节庆祝活动。1952 年 11 月，纪念十月革命 35 周年之际，湖南及长沙各界人士 2500 多人出席庆祝大会，举办各种座谈会、中苏友好作文演讲赛、歌咏比赛、中苏友好常识测验和苏联电影展活动。长沙市区 13000 多名观众观看了 10 部苏联影片。此外，湖南在其他城市积极开展有关中苏关系的宣传工作（如组织宣传队到农村向农民宣传中苏友谊等）。这段时期，苏联的友好访问团到湘参观、访问、旅游，双方交流密切。不过，后来由于中苏关系恶化，1960 年 8 月苏联撤回全部了在湘专家。直到 20 世纪 80 年代末，随着中苏关系的改善，湖南人民与苏联东欧国家人民的交流才逐渐复苏。例如，1987 年苏联东欧国家访湘人数占总访湘外宾人数的 4.8%；1990 年湖南出访苏联东欧的人员占本省出国人数的 3.5%②。

跨入 21 世纪，随着 2001 年《中俄睦邻友好合作条约》的签署，湖南人民与俄罗斯人民的交流与合作进一步深化。其中，由湖南省政府主办的“2006 俄罗斯空军张家界飞行表演”就是中俄文化交流年中的第一个重头项目。继 2006 年 1 月湖南省与俄罗斯乌里扬诺夫斯克州在长沙签订了建立友好省州关系意向书之后，2009 年湖南省代表团访问了俄罗斯乌里扬诺夫斯克州，并与乌州签署了《关于经贸、科技和文化方面的合作协定》，正式建立了友好省州关系，开启了两地友好交往的新篇章。湖南是一代伟人毛泽东的故乡，乌里扬诺夫斯克州是伟大导师列宁的故乡，两省州的合作承载了红色传统和记忆。两地虽然相隔甚远，但红色情怀却让两地人民倍感亲切。

① 湖南省志编撰委员会编《湖南省志・湖南近百年大事记述》（第 1 卷）修订本，湖南人民出版社，1962。

② 湖南省地方编撰委员会编《湖南省志・政务志・外事》（第 4 卷），湖南出版社，1996。

2015 年 6 月，首届中俄红色旅游合作交流系列活动在湘潭市韶山毛泽东广场启动。随后，20 位中国人从韶山驾车北行，穿行亚欧大陆、寻访历史和往事，最后抵达俄罗斯乌里扬诺夫斯克，完成了世界上第一次从毛泽东故乡到列宁故乡的红色自驾之旅。2016 年 11 月，在第二届中俄红色旅游合作交流系列活动暨中国（湖南）红色旅游文化节上，“重走刘少奇留学路，从花明楼到莫斯科”中俄红色自驾游活动将两地人民的友谊再往前推进了一步。在这 2 次大型活动中，湖南省与俄罗斯旅游合作在政府、企业、媒体和游客 4 个层面交流频繁而密切，促进了双方众多行业的相互了解。2019 年 7 月，湖南省承办了第六届中俄“长江—伏尔加河”青年论坛。来自俄罗斯伏尔加河沿岸联邦区 14 个联邦主体的 132 名青年代表与中国长江中上游 6 省（市）180 名青年代表参加了为期 12 天的交流互动。活动分为湖南省情、湖南科教、湖南文化艺术、湖南地理 4 个体验板块，使中俄青年在全方位体验湖南的历史文化、民俗风情、科技创新、工业发展、红色基因等过程中增进了友谊。

在社会科学、医疗合作方面，湖南省社科院与俄罗斯科学院远东研究所、湖南省职业病防治院与俄罗斯国家医学科学院职业卫生研究所保持了长期的合作关系。在高校层面，湖南师范大学与俄罗斯高校合作始于 20 世纪 50 年代，历史悠久，人员交流规模最大，合作形式最丰富；中南大学继 20 世纪 80 年代开始与俄罗斯相关科研机构在铝合金等材料学科领域开展合作之后，2018 年 9 月又先后与俄罗斯国立交通大学、莫斯科航空航天大学、巴甫洛夫医科大学签署合作协议，以推动双方在人才培养、教学科研和国际项目等方面的深度合作；中南林业科技大学与巴什基尔国立大学于 2015 年开始俄语专业学生联合培养合作；湖南外语职业学院 2012 年与托木斯克理工大学、2017 年与奔萨国立大学开始专升本联合培养合作；株洲铁道职业学院 2017 年与圣彼得堡国立交通大学开展运行合作办学，并在铁道机车专业、城市轨道交通车辆技术专业、机械设计与制造专业 3 个高等专科领域进行人才联合培养。此外，2017 年，湖南中医药大学与俄罗斯科学院喀山中心附属医院以及喀山国立医科大学、湖南人文科技学院与（俄罗斯）南部联邦大学、湖南第一师范学院与乌里扬诺夫斯克师范大学先后签订了合作协议。

二、湖南师范大学与俄罗斯人文合作历史与现状

湖南师大有着深厚的俄语教学传统。该校于 1956 年开设了两年制俄语专科，1958 年升级招收俄语本科生，俄语教师一度多达 40 余人。1980 年，该校恢复招收俄语本科生时，其专业俄语教师和公共俄语教师 18 名。此后，该校于 1990 年与俄罗斯喀山大学①、2006 年与乌里扬诺夫斯克国立大学、2013 年与圣彼得堡国立交通大学、2016 年与下诺夫哥罗德国立音乐学院、2017 年与莫斯科州国立大学等签订了友好合作协议，并实施了联合培养学生计划。尤其是其与喀山大学的合作友谊已经有 30 多年历史；双方合作方式不断丰富扩大，平台不断提升，成为中俄高校合作的典范。目前，湖南师大与俄罗斯高校合作的重中之重在伏尔加河沿岸联邦区。这得益于湖南师大与喀山大学长期牢固的友谊基础以及湖南省与乌里扬诺夫斯克州友好关系的发展。两个非毗邻地区的合作主体真诚友好、互惠互利，共同繁荣的教育和文化事业促进了中俄地区间的人文交流。

1. 师生互换机制成熟，人才国际化培养模式形成

（1）与喀山大学、乌里扬诺夫斯克大学的师生交流

湖南师大与喀山大学的教育合作始于 1990 年。早在 1989 年湖南师大俄语系有 2 位教师在喀山大学和莫斯科访学；他们学习之余关心学校的国际交流与合作。那时候国内学校对莫斯科趋之若鹜，于是他们把重点放在喀山大学。1989 年 12 月，湖南师大与喀山大学达成合作意向。1990 年 5 月，喀山大学副校长科诺普廖夫（Коноплев）率团首次访问湖南师大，双方正式签订合作协议；1990 年 10 月，湖南师大校长张楚廷率团回访了喀山大学。1990—2019 年，双方交往日益频繁，其中 2007 年起双方相关部门领导每年进行年度会晤。

1991 年，湖南师大派出了 1 名青年教师赴喀山大学进修，并在喀山大

① 这是俄罗斯继圣彼得堡大学、莫斯科大学之后成立的第三所大学，也是俄罗斯东部地区最好的高等学府。其于 1804 年 11 月 5 日建校，原名喀山皇家大学；1925 年更名为喀山国立大学；2010 年升格为喀山联邦大学，简称：喀山大学。

学攻读副博士学位。同年湖南师大迎来了第1位喀山大学的外教。1994年9月，湖南师大5名大三俄语专业的学生与喀山大学东方学院的6名学生作为首批交换生赴对方学校进行为期1年的学习。1995—2004年，双方学生交流虽有所中断，但喀山大学派出的老师一直在湖南师大任教。

2005年7月，喀山大学校长萨拉霍夫先生访华时与湖南师大签署的相关科学教育文化合作补充协议规定：自2005年9月起，湖南师大每年派出6名大三学生到喀山大学交换学习1年，喀山大学每学期派出6名学生来湖南师大学习汉语；喀山大学同时还接收湖南师大在校生自费留学。随着中国政府对外派留学生资助力度的加大，2017—2019年湖南师大赴喀山大学的交换项目获得国家留学基金委员会的项目资助后，湖南师大赴喀山大学学习的学生日益增多。据统计，自2005年以来，湖南师大已有超过140名俄语专业本科生赴喀山大学插班学习且成绩优异。

得益于湖南与乌里扬诺夫斯克州友好省州关系的建立，湖南师大与乌里扬诺夫斯克国立大学的合作于2007年开始启动。2007—2016年共有4批26名本科生通过校际合作途径在乌里扬诺夫斯克国立大学学习1年，3名硕士研究生在乌里扬诺夫斯克大学完成学业并获得国内外硕士学位。

自“长江—伏尔加河”地方合作机制运行以来，2013—2019年湖南师大俄语专业学生留学俄罗斯的人数为132人，占总学生比率60%，其中留学伏尔加河沿岸高校的学生占出国学生的71%。他们的留学途径有：校际交换、中国政府国家留学基金委优秀本科生项目、俄罗斯政府奖学金等。

（2）享受教育交流机遇来湖南师大的俄罗斯留学生

湖南师大是教育部“来华留学示范基地”“来华留学生眼中的十大名校”之一。湖南师大的国际汉语文化学院已有50余年对外汉语教学历史，国务院侨办“华文教育基地”和国家汉办HSK考点等均设在该院。该院已形成留学生教育、华文教育、研究生教育“三教并举”的格局。随着中俄学生交流规模的扩大，汉语在俄罗斯的火热，“长江—伏尔加河”地方合作机制为俄罗斯学生来湖南留学增添了新机遇。

2013—2019 年来湖南师大学习的俄罗斯学生有 135 人次。交流途径包括：校际交换、中国政府奖学金等。

2. 精诚合作，共建喀山大学孔子学院，打造中俄教育合作样板

孔子学院是中外教育单位合作建立的非营利性机构，其宗旨是增进世界人民对中国语言和文化的了解，发展中国与外国的友好关系，促进世界多元文化发展，为构建和谐世界贡献力量。

继 2004 年全球首家孔子学院在韩国首尔落户之后，2006 年底湖南师大开始谋划在喀山大学开办孔子学院。2007 年 4 月 24 日，中国驻俄罗斯大使刘古昌代表国家汉办在中国驻俄罗斯大使馆与喀大大学萨拉霍夫校长签署了关于在喀山大学合作建设孔子学院的协议。同年 5 月，湖南师大刘湘溶校长率团赴喀山参加孔子学院的挂牌仪式；9 月，喀山大学孔子学院正式开始教学和文化活动。

10 多年来，湖南师大向喀大孔院派出了 6 任中方院长、10 名汉语教师。目前，该院已成为伏尔加河流域汉语教学和中国文化研究中心、汉语水平考试中心、汉语教学和中国文化推广的重要平台。其现有 7 个汉语中学教学点、3 所孔院分校，拥有专兼职教师 10 人，学员人数超过 1000 人。其每年举办的"俄罗斯—中国：历史与文化国际学术研讨会"已成为中俄人文交流的国际名片。每次年会上，湖南师大都会派出学者参加，进行大会主旨发言并为学生们讲授课程。与此同时，来自俄罗斯、中国、白俄罗斯、保加利亚、波兰、乌兹别克斯坦、哈萨克斯坦、乌克兰等国的专家学者还就中国文化、汉语教学、中俄关系等专题展开学术交流。

湖南是文化大省，湖湘文化尤具特色，所谓"惟楚有才，于斯为盛"。对于"长江—伏尔加河"地方合作而言，喀山大学孔子学院的发展和壮大不仅为中俄地方教育交流合作搭建起了有益的沟通桥梁，而且对于把湖湘文化推向俄罗斯创造了无以复加的便利条件。2011 年，喀山大学孔子学院荣获"全球先进孔子学院"荣誉称号。

喀山大学孔子学院于 2014 年、2017 年、2019 年 3 次组织喀山市中小学校长以及教育系统官员组成的教育研修团到北京、长沙进行文化考察，并参观长沙、株洲中小学的教学，了解中国基础教育的特点，与湖南的中小学签订了相关合作协议（如喀山第132中学与株洲南方中学签订了合作协议，喀山第183中学与湖南师大附属中学建立友好学校）。在喀山孔子学院大力推动下，中国文化进入了俄罗斯的中小学校课堂。其中，鞑靼斯坦共和国有9所中小学、幼儿园开设了汉语课。

2019年4月，湖南建立了“喀山联邦大学孔子学院湘菜文化体验基地”“喀山联邦大学孔子学院中国红瓷器和红色文化体验基地”，并通过在喀山举办湖南籍画家何立伟的儿童画画展以及借助公众号播送湖南文化名人韩少功的小说，让俄罗斯的孩子了解中国孩子看世界的视角。

正如中国驻俄罗斯大使李辉出席在出席喀山大学孔院十周年庆典致辞中所说：“（喀山）孔子学院已赢得良好声誉，成为中俄高校互利共赢合作的典范。”①

3. 借力俄罗斯艺术优势合作办学，为中国培养国际化音乐表演人才

高等教育国际化是21世纪世界教育发展的主导方向，这不仅是一种崭新的教育理念，更是一种正在全球大力推进的教育实践。在这个大趋势下，世界各国和各地区高等教育在教育理念、培养模式、运行机制、管理方式、教学内容与方法等方面相互借鉴和渗透，教学资源整合共享。在这过程中，除留学生在国际范围内开展双向或多向交流之外，合作办学也蔚然成风。中外合作办学目前存在两条渠道。A. 中外合作办学机构。这是指经教育部批准的外国高校同中国高校在中国境内合作举办的以中国公民为主要招生对象的教育机构；B. 中外合作办学项目。这是指中外合作办学者不设立专门的教育机构，而是直接在某个大学的某一学科或某个专业直接开展合作。湖南师大与俄罗斯下诺夫哥罗德音乐学院的合作办学就属于合作办学项目的形式。

下诺夫哥罗德国立音乐学院（格林卡音乐学院）成立于1946年，坐落于俄罗斯下诺夫哥罗德市中心，是以传统音乐教学见长的艺术院校，在俄罗

① 《俄罗斯喀山大学孔子学院成立十周年》，http://news.cri.cn/20170422/72797b4c-b8d2-e138-d0d9-ee9579d097d0.html。

斯艺术类学校属于领军者之一。湖南师大音乐学院建院60多年来为湖南本地、中南地区、华南地区输送了大量优秀音乐人才，并通过文化软实力服务于区域经济发展和文化艺术发展。中俄高校强强联手，为中国培养具有国际视野的音乐人才。

中外合作办学项目规定：外籍教师讲授的课程、承担的课时均占总课程、主干课程和总课时的1/3；学生在中方学校的4年学习中，优秀学生可经选拔派到俄罗斯插班学习。

2016年2月，中国教育部批准同意湖南师大与俄罗斯下诺夫哥罗德国立音乐学院合作开设“4+0”音乐表演专业本科教育项目。为此，湖南师大成立了中外合作办学工作领导小组，负责项目的组织领导和监管。合作双方设立了联合管理委员会，负责制定项目的发展规划和管理制度。音乐学院设有专门主管中外合作办学项目副院长并成立了专门的项目管理办公室。该项目自启动以来双方已经召开了4次合作办学联合管理委员会联席会议。

2016年该项目录取了49名新生，2017年、2018年、2019年录取人数超过100人。迄今，已有10多名外籍教师先后在中外班任教。他们对合作教学充满了热情，非常专业也非常敬业。中外班每学期举办艺术实践周，学生们和外教同台演出。学生们在国内享受到世界一流音乐学院的专业培养，感受到了合作项目的优势，专业思想上升到一个新的台阶，学习目标更明确，进步更大。下诺夫哥罗德国立音乐学院每学年度都举办“音乐教育与表演国际奥林匹克竞赛”。在2017—2019年国际音乐竞赛中，湖南师大中外合作办学音乐表演专业有18名同学获奖。在2020届49名毕业生中有4名被保送本校读研究生、7人赴俄罗斯读研究生。合作办学不仅在社会上产生了积极影响，而且促进了具有国际视野的音乐人才的培养。

4. 艺术交流魅力无限，赴俄巡演播撒潇湘情

国与国之间的关系不能只靠各国领导人的会面来维系，也无法仅凭各种会议来加强各国之间的和平与友谊。那么，通过艺术交流这样一种轻松活泼的方式来传达浓厚的文化气息有助于跨国民众的心灵沟通，因为艺术是民族的，更是世界的。艺术交流是加强政治互信的一种有效的外交手段。

2010 年 5 月，湖南师大艺术团受国家汉办委派和资助，参加了 2010 年俄罗斯汉语年系列活动。该艺术团以“中国风 · 潇湘情”为主题，在俄罗斯 4 座城市、6 所知名大学进行了为期 13 天的演出和交流，先后到访叶卡捷琳堡广播孔子课堂、俄罗斯国立职业师范大学、喀山大学、喀山第 18 中学、圣彼得堡广播孔子课堂、圣彼得堡大学、莫斯科国立人文大学等地。

本次出访的艺术表现形式主要有：文艺演出、“魅力湖南”图片展、广场文化展以及联谊交流等。整个活动展示了中国传统文化尤其是潇湘特色文化，让俄罗斯人民领略了中国文化的多姿多彩和湖湘文化的独特魅力，加深了俄罗斯人民对中国文化的了解。艺术团受到了俄罗斯青年学生和民众的热情欢迎，多家俄方媒体对艺术团的演出活动做了重点采访报道。

2012 年 3 月，该艺术团再次受国家汉办和孔子学院总部的委派，带着国内春节的温暖奔赴严寒料峭的俄罗斯，以“孔子学院大联欢——中俄友谊之春”为主题在叶卡捷琳堡、喀山、伏尔加格勒、新西伯利亚等地的 7 所著名大学、中学和孔子学院进行了为期 14 天的巡回演出和文化交流。悠扬古朴的古琴、行云流水的太极、热情奔放的民族舞蹈再次向俄罗斯人民展示了中国传统文化及湖南师大的办学实力和师生风采。

2018 年 9 月，该艺术团第三次受国家汉办委派，应俄罗斯伊尔库茨克国立大学、托木斯克国立大学、喀山大学、卡尔梅克国立大学、白俄罗斯戈梅利国立大学邀请进行了为期 14 天的文艺巡演。巡演团行程 2 万余公里，辗转俄罗斯、白俄罗斯的 8 个城市，演出 6 场，为观众们献上了高水准的视听盛宴。此次巡演适逢俄罗斯托木斯克国立大学举办建校 140 周年庆典活动，巡演团全体成员受到卡尔梅克共和国副总理鲍瓦 · 瓦西里耶维奇的亲自接见。

上述巡演活动队伍庞大，行程满满，节目精湛，演技高超。特别是多姿多彩的中华文化和湖湘风情在俄罗斯、白俄罗斯人民心中留下了深情厚谊和美好的回忆。

5. 中俄青年交流活动丰富多彩，友谊接力棒代代相传

1957 年 11 月 17 日，毛泽东在莫斯科大学礼堂接见留苏的中国学生时

说：“世界是你们的，也是我们的，但是归根结底是你们的。你们青年人朝气蓬勃，正在兴旺时期好像早晨八、九点钟的太阳。希望寄托在你们身上。”那个时代的青年如今已是有着中俄友谊情结的老一辈，而今天的青年必将是今后两国关系长远发展的社会根基，友谊接力棒需要他们传承下去。只有两国青年不断扩大交流，增进彼此了解和友谊，包容文化的差异性，欣赏文化的多样性，才能接好上一辈的接力棒。因此，中俄青年的交流承载了历史使命，承载了未来，中俄高校交流合作就是为青年友谊搭建平台，而且高校具有得天独厚的人力资源。湖南师大充分发挥了这一优势，利用一切机会让两国大学生相识相知，让青春碰撞，共叙未来。

（1）精心组织学生参加“长江—伏尔加河”青年论坛

中俄“长江—伏尔加河”青年论坛是中俄“长江—伏尔加河”地方合作理事会重要活动之一，从 2013 年起至今已经举办了数届。其中，第一届、第三届、第五届在俄罗斯萨马拉州举行，第二届在四川省、第四届在安徽省、第六届在湖南省举行。每届中俄方参加的人数超过 300 人。这是一个规模庞大、内容丰富、独具地方文化特色、凝聚中俄青年朝气与活力的人文交流平台。

2019 年 7 月，第六届中俄“长江—伏尔加河”青年论坛在长沙举行。这次论坛由湖南的五所高校承接具体工作，湖南师大负责来自俄罗斯马里共和国、鞑靼斯坦共和国、莫尔多瓦共和国的 27 名代表以及湖北省、湖南省的 52 名代表组成的分营。为了办好分营活动，湖南师大精心策划“中国日”“俄罗斯日”以及圆桌会议等 5 个活动的具体方案。俄语专业 30 名志愿者和全系的老师承担了此次论坛的大量资料翻译、活动主持、志愿服务、会务组织等工作，为论坛的成功举行做出了积极贡献，展示了湖南师大俄语专业人才培养的成果。在“新时代中俄友谊发展中的青年”圆桌会议中，中俄青年学子踊跃发言，思考自己肩负的责任与使命。通过圆桌会议、体育比赛、文艺演出、外出游览等活动，中俄大学生们深入交流各自思想，建立了美好情谊。风华正茂的他们成了中俄文化的积极传播者及世代友好的接力人。

（2）喀山大学孔子学院“华夏·潇湘之旅”夏令营

“华夏·潇湘之旅”夏令营是湖南师大青年交流的文化品牌。自2011年以来，该活动已成功举办了9次。其间，200多名俄罗斯鞑靼斯坦共和国的中学生、大学生参加了夏令营活动。俄罗斯的学生们在北京参观游览历史名胜古迹，感受了博大精深的中华文化；他们在长沙学习汉语，到工厂做陶瓷，了解湖湘文化。其中，2014—2016年连续举办了3期“中国家庭生活体验”。比如，株洲的家庭让客人们与自家同龄的孩子同居一室，并安排了满满的行程。这使俄罗斯的青少年在真实轻松的环境下感受了中国家庭文化。目前，湖南师大在韩国、美国还开办了孔子学院。有时候来自不同国度的学生聚集在同一个夏令营，使多种文化交流的意义获得进一步升华，并成为活动参与者一生的美好回忆。

（3）丰富多彩的中俄青年友好交流年

2014年是中俄青年友好交流年，湖南省教育厅主办了4项活动，分别是中俄青年“最美故乡”摄影大赛、中俄文化交流家庭体验活动、俄罗斯钢琴艺术家巡演、中俄师生艺术巡演。湖南师大承办了中俄青年“最美故乡”摄影大赛、中俄文化交流家庭体验活动并参加了其他2个活动。

6. 举办俄罗斯艺术大师班，助力本民族艺术发展

艺术是民族的，更是世界的，取长补短，民族艺术才会进步。从2007—2017年湖南师大承办了7期由教育部资助的国际艺术教育交流项目“俄罗斯艺术大师班”，先后邀请俄罗斯油画、钢琴、芭蕾舞、指挥等领域的8名大师级艺术家来湖南为学校及省内艺术院校的师生授课讲学，同时引进俄罗斯的优质教育资源，为提高湖南高校艺术教师的专业水平搭建了新的合作交流平台。身处内地的湖南师生近距离接触了世界一流的俄罗斯艺术，受益匪浅。

7. 基础学科联合，为青年打造学术交流平台

由于语言障碍，湖南师大与喀山大学的合作很长一段时间限于语言生的交换。其实，两校在物理、生物、化学、数学基础学科方面都有各自优势。为了开辟自然学科间的合作，2017年由湖南师大倡议，在喀山大学双方联合举办了首届交叉科学青年论坛，借以推进双方在科学研究、研究生培养等方面的交流与合作。随后，双方又分别在长沙（2017 年 12 月）、喀山（2018 年 10 月）组织了第二、第三届交叉科学论坛。双方来自生物学、化学、医学、环境科学、化工等学科的青年学者参加了交流与讨论。

此外，2018 年 5 月，第一届“伏尔加河—长江”流域中俄大学生在线科研论坛在喀山大学成功举办。论坛以喀山大学国际关系、东方学院为主会场，湖南师大、安徽大学和安徽师大为分会场。论坛主题为“俄罗斯—中国：回顾与展望”，内容涉及中俄关系、语言教学、文化历史、哲学经济等各个方面。论坛收到了 20 多篇学生科研论文。此次活动展示了大学生们的科学精神，是创新中俄教育合作方式的一次尝试，也开创了中俄大学生交流的新模式。

三、湖南师范大学对俄人文交流合作经验

综合所述，湖南师大与俄罗斯高校人文交流颇具特色，成绩斐然。这些成绩的取得可以归纳为以下几点。

1. 紧跟中俄人文合作步伐，积极参与国家合作机制下各项活动

2001 年“中俄双方在全面总结两国关系历史发展经验和成果的基础上，签署了《睦邻友好合作条约》，将两国不结盟、不对抗、不针对第三方的新型国家关系和世代友好的理念用法律形式固定下来，为两国关系在 21 世纪长远发展奠定了坚实法律基础。在条约宗旨和原则指导下，彻底解决了历史遗留的问题，进而建立起平等信任、相互支持、共同繁荣、世代友好的全面战略协作伙伴关系。在条约精神指引下，中俄全面战略协作伙伴关系在高水平上快速向前发展，各领域合作取得丰硕成果”①。正是有了国家层面的清晰线路图和强有力的政策支持，人文合作得以如火如荼地开展起来。双方举办的国家年、国家语言年、青年友好交流年、旅游年、地方合作年等大型活动调动了两国人民的积极性，增进了两国人民的了解。湖南师大紧跟中俄两国

① 习近平：《共创中俄关系更加美好的明天——在〈中俄睦邻友好合作条约〉签署15周年纪念大会上的讲话》，http://politics.people.com.cn/n1/2016/0626/c1001-28478448.html。

人文合作的步伐，积极参加国家合作机制以及“长江—伏尔加河”地方合作机制下的各项人文交流活动，与伏尔加河畔的高校建立了深厚的友谊，极大地推动了湖南对俄罗斯的人文交流合作。

2. 建立校级合作机制，举全校之力，实现合作交流制定的目标

中俄两国世代友好的顶层设计为彼此全面合作描绘了清晰的路线图，各级部门群策群力是落实路线图的基本保障。作为地方学校的湖南师大积极响应中俄世代友好发展的倡议，重视国际化发展，务实推进各个项目，完善学生交流机制、孔子学院中外方院长负责机制、夏令营运行机制、中俄合作办学理事会机制等，同时开辟各种交流渠道，比如学术会议、代表团、学者互访等。在包括国际交流合作处、科技处、外国语学院、音乐学院、国际汉语与文化学院、美术学院等在内的基层单位的协同配合下，湖南师大的老师们全力以赴投身于人文交流的各项活动当中，并取得了骄人的业绩。

3. 极大发挥孔子学院的辐射能力，带动中俄文化交流

如果说创办孔子学院是中国对外文化宣传顶层规划、宏伟蓝图，那么完成孔子学院的各项具体任务需要共建机构的双方领导高瞻远瞩、全面协调，各部门人员敬业爱岗、无私奉献。如果没有国家汉办的鼎力支持，孔子学院不可能有那么庞大的师资队伍，更谈不上提供开展各种活动的物质。反过来，如果没有具有强烈责任心和使命感的人员去策划、落实各项活动，国家的财力也是一种浪费。孔子学院既是了解中国的窗口，也是开拓文化交流的桥头堡。我们可以从湖南师大孔子学院经验总结中看到，湖南师大与喀山大学共建的孔子学院以语言为媒、文化为桥，积极开展汉语教学，同时努力推进中国文化、地方文化的传播，所开展的文化活动非常有特色，一方面扎根于俄罗斯土地，另一方面对接湖南，同时与俄罗斯的其他孔子学院相关联，辐射面非常广。

4. 语言为合作交流插上腾飞的翅膀

2013 年，习近平主席在哈萨克斯坦首谈丝绸之路经济带时就高瞻远瞩地提出“五通”，即政策沟通、道路联通、贸易畅通、货币流通、民心相通。要实现“五通”，首先需要语言互通。语言之路不通畅，其他方面将

难以通畅。

湖南师大与喀山大学的合作始于俄语学生交流。正是由于拥有一支专业的俄语师生队伍，湖南师大随后在湖南省对俄人文交流中发挥了独当一面的作用。无论是湖南省级对俄外事活动，还是校际对俄交流，湖南师大的俄语队伍一直提供了高质量的语言服务和最有力的人员支持。同样，中国文化在俄罗斯的宣传也得到了很多学习汉语的俄罗斯学生的助力。从湖南省与俄罗斯合作的学校来看，开设俄语、汉语专业的学校合作都比较顺利而持久。尽管英语全世界通行，但具体到与非英语国家合作交流，使用对方语言不仅能尽快拉近双方的关系，而且能更好地了解合作方的内心需求。汉语、俄语在中俄两国的人文交流中相互成就、共同繁荣。对于中方来说，有一只强大的俄语人才队伍可以为中俄人文交流插上腾飞的翅膀。

四、中俄“长江—伏尔加河”地方人文交流合作建议

尽管湖南师大在对俄人文交流中取得了一定成绩，但也有一些项目的落实遭遇到困难，比如高层次的科研合作、联合开展大型课题研究等方面还没有取得突破，合作还有上升的空间。这里既有经济方面的原因，也有研究方向无法统一的原因。现基于湖南师大对俄交流的成功实践，特就目前“长江—伏尔加河”地方人文合作提出以下几点建议。

1. 加速两地区多层级人文交流合作机制的建立与创新

合作机制可以理解为双边或多边的合作模式和措施，这种模式和措施执行了一段时期、形成了规律并产生了成效的才可以算作机制，否则只是一次单独的活动而已。

目前，中俄合作形成了自上而下的多级合作机制。其中以中俄总理定期会晤和中俄人文合作委员会为牵引的中俄国家层面的合作机制有效地指导和推动着两国经贸、投资、能源、人文、地方等各领域的务实合作。“长江—伏尔加河”地方合作机制下的“长江—伏尔加河”地方合作理事会在

2017—2019年先后召开了三次理事会议，并在宏观规划两地区的合作路线图方面发挥着决策作用。但长江中上游区域的合作机制、行业合作机制以及校级合作机制还有待完善。

从两地区的内部协调机制来看，长江中上游地区没有统一的协调机构，而伏尔加河沿岸联邦区设有俄罗斯总统驻伏尔加河联邦区全权代表处。[①]代表处下设多个部门处理该地区国内国际事宜，并定期举办各种青少年科技、文化、创新活动，中俄青年论坛在俄方的轮值举办即源自于本地区的青年项目《iВолга》。长江中上游地区似乎还只是一个地理概念，并没有一个具有行政属性的管理机制统筹规划、协同行动。各省市尚处于各自寻找伏尔加河沿岸联邦区的合作伙伴。这种情况虽然能发挥各地的主动性和优势，但也存在争抢热点资源的竞争。在长江中上游地区没有统一的组织机构情况下，建议组成行业性的联盟（比如媒体联盟、卫生健康联盟、旅游联盟等）来组织和协调长江中上游地区对俄的交流合作。比如，“长江—伏尔加河”高校联盟实际上发挥了推动两地区高校进行教育、科研合作的机制作用。

当前，中国各级机关、企业和各类高校组团访问俄罗斯的非常多，但很多情况下访问之后就没有了后续进展。高校的国际交流合作处是一个管理机构，是学校对外联络的总窗口，接触的国家多、任务繁杂，礼节性的迎来送往容易对项目的关注缺乏连续性和持久性，导致协议签订后的许多合作项目仅停留在纸上且难以落实到二级学院，结果是海外合作伙伴数量在增加，实质性的合作却没有进行。建议高校外事部门不以签订书面合同为终止目标，努力联合学校二级单位、院系一同落实项目的执行，一直跟踪到项目落地生根和后续发展。

总之，中外合作不是短平快的事业，过程长、手续复杂，各个环节都需要及时推进。那么，项目负责制很重要，明确责任，明确任务，才有可能收到成效。在目前“长江—伏尔加河”地方人文交流刚刚起步的状况下，需要我们广交朋友，寻找契机；坚持不懈，达成合作。

---

① 俄罗斯总统驻伏尔加河联邦区全权代表处官方网，http://pfo.gov.ru/。

2. 加强对伏尔加河沿岸联邦区的民族文化研究，为合作交流提供参考

伏尔加河沿岸联邦区面积占俄罗斯1/6，人口占全国21.3%，是第二大人口密集区。这是一个多民族地区，俄罗斯族人占70%，鞑靼斯坦共和国的鞑靼人和楚瓦什共和国的楚瓦什人超过各自以本民族名字命名国居民人口的一半。此外，这里还生活着巴什基尔人、乌德穆尔特人、莫尔多瓦人、马里人、科米—彼尔米亚克人以及其他民族。宗教信仰主要是东正教和伊斯兰教，伊斯兰教主要集中在鞑靼斯坦共和国和巴什科尔托斯坦共和国，与穆斯林有关的机构分布在本地区各联邦主体。每个民族有自己的文化渊源，不同宗教信众心目中都有神圣的教义。在跨文化交际中尊重对方文化习俗、宗教信仰非常重要。中国的民族文化与地方文化、俄罗斯的民族文化与少数民族的文化都拥有自己独特的个性，差异明显，但共性也很明显。研究“长江—伏尔加河”两地区的民族心理，弄清各自文化异同，以对方容易接受的方式讲好中国故事、以开放欣赏的姿态了解他们的民族文化，是两地区开展人文合作交流的基础，也是文化交流持续推进的保障。目前，我们对伏尔加河沿岸联邦区的民族文化了解还不够深入，需要设计一些课题进行研究并以相关研究成果供需要者借鉴。

3. 借打造世界一流大学契机，创新中俄高校合作机制

伏尔加沿岸联邦区的教育水平处于俄罗斯的中上游，14个联邦主体首府城市的教育综合实力排名均进入了俄罗斯前75名，2020年高校排行榜中有15所学校进入前100名①。根据俄罗斯教科部“TOP5+100”的规划，到2020年将有5所大学进入世界一流，100所大学建设成为国内一流。目前，除了莫斯科国立大学、圣彼得堡国立大学之外，还有21所高校通过竞争获得了联邦财政资助。伏尔加沿岸联邦区有3所学校入围，他们是喀山大学、下诺夫哥罗德国立大学、萨马拉国立大学。②俄罗斯高等教育的基础学科实力雄厚，有深厚的历史积淀，值得我们深入分析挖掘合作伙伴和合作方向。

---

① Рейтинг всех вузов России, http://vuzoteka.ru/.

② Проект 5–100, https://5top100.ru/.

当前，中国正在推进“双一流”大学和本科一流专业的建设。鉴于中俄双方教育发展有着共同的愿景，把中俄教育交流合作的工作与学科建设、师资队伍建设、人才培养等工作有机整合起来，无疑可以为两国日后深化合作打下坚实的基础。一方面，借助中俄高校学科专业的优势，以高质量、特色突出的国际课程吸引对方学生，“长江—伏尔加河”联盟成员高校之间开放和共享课程资源，培养具有国际化视野的人才；另一方面，根据学科建设需要，突出科学研究、协同创新的理念，建设国际性的科技、文化交流与合作基地和技术中心，加强项目合作，在数据信息、科研方法、研究成果等方面互鉴共享，协同攻关，促进中俄两国教育、研究、决策和创新力的提升。

2020年春季发生的全球新冠肺炎大疫情迫使所有学校采用远程线上教学，催生了网络课程的广泛应用。在一场灾难中诞生的授课方法使我们看到了非毗邻地区高校教育合作的新模式，也为两地区远程学术交流提供了经验。互联网技术不仅提供了远程交流的便利，也节约了大量经济成本和时间成本。

高校是青年的世界。做好了青年学生的交换与青年学者的科研合作将在很大程度上促进中俄青年人才的培养，同时也将使中俄人文合作具有持续的动力。

4. 加强长江中上游地区高校联系，形成高校联盟内本土合作格局

2017年成立的“长江—伏尔加河”高校联盟是两地区高校合作的规划、管理、运作机制。截至2019年7月，联盟成员的中方院校达到32所，俄方院校为50所。联盟内的中俄高校师资力量雄厚、社会威望较高，在学术研究方面专业性和权威性较强，在语言教育和文化交流方面资源充沛。迄今，“长江—伏尔加河”高校联盟虽然已举办了2次双边高端论坛，但联盟内长江中上游高校间的互动不够密切，信息互通不够流畅。建议该高校联盟中方成员院校主动联合起来，开展“长江—伏尔加河”地方人文交流合作的课题研究，定期召开本地区的学术研讨会（或在线会议），共享资源、共促发展，协同课题攻关、创办学术刊物。

5. 发挥俄罗斯孔子学院的桥梁作用，推动中俄“长江—伏尔加河”地方人文交流

俄罗斯目前有19所孔子学院、4所孔子课堂。伏尔加河沿岸联邦区开办了2所孔子学院，分别是湖南师大与喀山大学、四川外国语大学与下诺夫哥罗德国立语言大学共建的孔子学院。这2所孔子学院都成立了10年以上，工作卓有成效。它们的工作不仅繁荣了伏尔加河沿岸联邦区的汉语教学，而且促进了“长江—伏尔加河”地方人文交流。建议这2所孔子学院进一步将活动范围拓展到伏尔加河沿岸周边没有孔子学院或课堂的城市并在那里开展汉语教学，同时与俄罗斯其他孔子学院联合举办学术会议、文化活动，甚至邀请周边城市、高校中对中俄文化交流有兴趣的人员参加，借以形成以喀山和下诺夫哥罗德为中心带动其他地区的中俄文化交流，有效发挥孔子学院的辐射作用。

6. 发掘本省市对俄合作优势，实现人文领域内各行业的相互促进

人文合作交流的领域比较广泛，涉及教育、媒体、旅游、文化、卫生、档案、电影、青年等方面。长江中上游地区6省市在这些领域都处于国内领先地位。各省市可以根据自身的优势和已有的对俄人文交流项目，关注伏尔加河沿岸联邦州有潜力的主体，选择优先合作方向。例如，湖南省目前对俄合作的优先发展方向是深化与鞑靼斯坦共和国、乌里扬诺夫斯克州的合作。其中与鞑靼斯坦共和国的经贸合作已经起步，经贸与人文也在相互促进；与乌里扬诺夫斯克州共同开启的红色旅游合作日益加固彼此的友谊根基。

此外，中俄各省州还可将人文范围内的各领域结合起来，相互促进。比如通过推动“长江—伏尔加河”流域地区的媒体、教育以及青年工作的联动，更好地加强中俄民众之间的相互了解，使中俄世代友好的愿景深入人心。

随着中俄关系提升为“新时代中俄全面战略协作伙伴关系”，特别是2018年中国驻喀山总领事馆的设立，中国与伏尔加河沿岸联邦区的联系有望得到进一步加强，“长江—伏尔加河”地方人文合作交流也必将日益走向深入，取得更多务实的成果。

第十二章

中俄“长江—伏尔加河”地方人文合作问题与前景

扩大和发展人文交流是中俄提高国家经济、地区、人民、政治和文化合作水平的有效途径之一，其已得到两国领导人和政府的肯定。2016年俄罗斯联邦总统令中明确指出要“发展包括利用公共外交资源在内的国际人文合作建立文明对话，达成人民间共识和相互理解”。①俄罗斯与包括中国在内的国际合作伙伴之间的人文交流互动旨在为本国树立客观良好的国际形象，“有利于俄罗斯扩大交际圈，抵制实施新的分界线，缓和政治意识形态上的反俄情绪”。②俄罗斯在亚太地区实行的人文政策应考虑到该地区在现代国际关系中日益增长的作用。亚太地区坚实的文化基础为广泛开展人文合作开辟了新的可能，其中包括通过地区伙伴关系开展合作。③中俄总理第21次

① Концепция внешней политики Российской Федерации (утверждена Указом Президента России от 30.11.2016 № 640), 5 декабря 2016 г, https://www.garant.ru/products/ipo/prime/doc/71452062/.

② Основные направления политики Российской Федерации в сфере международного культурно–гуманитарного сотрудничества, https://legalacts.ru/doc/osnovnye–napravlenija–politiki–rossiiskoi–federatsii–v–sfere/.

③ Основные направления политики Российской Федерации в сфере международного культурно–гуманитарного сотрудничества, https://legalacts.ru/doc/osnovnye–napravlenija–politiki–rossiiskoi–federatsii–v–sfere/.

定期会晤联合公报中纳入了时任俄罗斯政府总理梅德韦杰夫和中国国务院总理李克强有关愿意全面扩大人文交流，深化中俄全面战略协作伙伴关系的声明。① 中国驻俄前大使李辉曾指出：“民相亲在于心相知。文化交流让不同文化之间消除误解，是各国人民增进相互了解和友谊的重要桥梁和纽带。人文交流与合作不仅是中俄双边关系中的重要组成部分，也是扩大与深化其他各领域交流的长久动力。加深中俄两国间的文化交流与合作，有利于两国关系的长远发展和两国人民的世代友好，为两国社会、经济发展带来实实在在的好处。”② 由此可见，俄罗斯与中国在文化领域不断扩大合作得到了中国与俄罗斯两国政府的高度重视。

当前，共有约 50 个俄罗斯联邦主体与城市参与了中俄地区间合作。中俄地区间合作以边境地区（俄罗斯的滨海边疆区、哈巴罗夫斯克边疆区、阿穆尔州、赤塔州以及犹太自治州，中国的黑龙江省、辽宁省、吉林省以及内蒙古自治区）合作为主，俄罗斯西部地区也有部分主体参与其中，鞑靼斯坦共和国为其中之一。中俄两国已建立了中国东北地区和俄罗斯远东地区，中国长江中上游地区和俄罗斯伏尔加河沿岸联邦区两大区域性合作机制。③ 中俄地方政府共签订了 52 份经贸、科技和人文合作框架协议，其中楚瓦什共和国共签订了 6 份协议，位居俄方首位。中方在签订协议过程中最活跃的是四川省，共签订了 11 份协议。

---

① Совместное коммюнике по итогам 21-й регулярной встречи глав правительств России и Китая, 7 ноября 2016 г, http://government.ru/info/25224/.

② Ли Хуэй: Благодаря культурным контактам между Китаем и Россией идея дружбы, передающейся из поколения в поколение, глубоко укоренилась в сердцах людей – Посол Ли Хуэй дал интервью агентству Синьхуа, 7 марта 2016 г, http://ru.china-embassy.org/rus/whjl/zgwhzers/t1348629.htm.

③ Межрегиональное сотрудничество Китая и России вступило в стадию ускоренного развития, 18 июня 2019 г, https://news.rambler.ru/other/42354855/?utm_content=news_media&utm_medium=read_more&utm_sourc e=copylink.

一、中俄人文合作基础

中华人民共和国和俄罗斯联邦基于中俄两国人民睦邻友好的历史传统，于 2001 年 7 月 16 日在莫斯科签署了《中俄睦邻友好条约》。该条约规定了中俄关系遵循的主要原则以及双边合作的主要方向和领域。中俄双方坚信巩固两国各个领域的友好、睦邻与互利合作符合两国人民的根本利益，有利于维护亚洲乃至世界的和平、安全与稳定。双方致力于将两国关系提高到新的水平，决心使两国人民间的友谊世代相传。双方相互尊重对方根据本国国情所选择的政治、经济、社会和文化发展道路，确保两国关系长期稳定发展。①

2013 年 1 月，国务院批准长江中上游地区 6 个省市（安徽、江西、湖北、湖南、四川、重庆）和俄罗斯伏加尔河沿岸联邦区 14 个联邦主体开展合作，并将其纳入中俄地方领导人定期会晤机制。这是继中国东北地区与俄罗斯远东及东西伯利亚地区合作机制之后中俄两国建立的又一重要地区合作机制。② 2013 年 6 月起，在俄总统弗拉基米尔·普京下令进一步加强中俄全面战略协作伙伴关系的框架下，由俄总统驻伏尔加河沿岸联邦区全权代表巴比奇和中国国务委员杨洁篪主持的俄罗斯伏尔加河沿岸联邦区与中国长江中上游地区合作联合工作组开始在经贸、人文交流领域开展活动。

为进一步提高两国地区间合作水平，中俄两国于 2015 年专门成立了中国东北地区和俄罗斯远东地区地方合作理事会，2016 年将其改组为政府间委员会并纳入中俄总理定期会晤机制。2018 年 11 月 7 日，《中俄在俄罗斯远东地区合作发展规划（2018—2024 年）》正式获批。该规划较之 2009 年批准实施的《中国东北地区同俄罗斯远东及东西伯利亚地区合作规划纲要（2009—2018 年）》基础更加牢固，内容更加细化，更加具体。新规划全面规划阐释了在远东地区的中俄经济合作发展机制。③

---

① Преамбула, ст. 3// Собрание законодательства РФ, 27 мая 2002 г, №21, Ст. 1922.

② 同上。

③ Перспективы межрегионального сотрудничества России и Китая в новую эпоху, 5 июня 2019 г, http://russian-chinese.com/2019/06/05/perspektivy-mezhregionalnogo-sotrudnichestva-kitaya-i-rossii-v-novuyu-ep oxu/.

二、中俄人文合作领域

近年来，“长江—伏尔加河”地方合作模式成了中俄合作中的有效机制。中俄双方的地区领导和公司代表积极交流，人文等领域的诸多项目正处于不同实施阶段。①伏尔加河沿岸联邦区各主体正在制订7项有关在经贸、科技和人文领域开展国际和对外经济交流的协议草案。“长江—伏尔加河”人文合作路线图中共有107项活动，其中包括：教育和青年政策领域活动69项、文化领域活动14项、旅游领域活动20项、信息领域活动1项、体育领域活动2项、卫生领域活动1项②。

1. 中俄在文化艺术领域的合作

2000年，中俄在总理定期会晤机制框架下成立了中俄教文卫体合作委员会。随着合作领域的不断扩大，该委员会于2007年更名为中俄人文合作委员会。中俄人文合作委员会下设教育、文化、卫生、体育、旅游、媒体、电影、青年合作分委会和档案合作工作小组。在各分委会和工作小组的努力下，中俄各领域的文化交流持续发展且生机勃勃。文化节、电影节等活动在中俄两国交替举办，并吸引了两国人民的密切关注。各项活动切实推动了中俄两国人文关系的发展。比如，中俄系列“主题年”活动持续发力，其中有2006年的中国“俄罗斯年”和2007年的俄罗斯“中国年”、2009年的中国“俄语年”和2010年的俄罗斯“汉语年”、2012—2013年的“中俄旅游年”、2014—2015年的“中俄青年友好交流年”和2016—2017年的“中俄媒体交流年”。

在中俄艺术领域的合作框架下，2018年沙帕耶夫马里国家歌剧与芭蕾舞剧院的芭蕾舞团在中国巡演成功；法国作曲家比才的《卡门》和拉威尔的《波莱罗》在四川省省会成都市的当代艺术演出季演出成功。2018年9月柴可夫斯基彼尔姆歌剧和芭蕾舞剧院的芭蕾舞团在江西进行了演出。来自萨马拉州的米洛斯拉夫国立俄罗斯民族伏尔加合唱团于2018年11月参加了中

---

① Правительство Самарской области, https://www.samregion.ru/economy/knr/.

② Сотрудничество между регионами Приволжского федерального округа Российской Федерации и Верхнего, Среднего течения реки Янцзы Китайской Народной Республики (формат《Волга-Янцзы》), http://auvy.nntu.ru/content/obzor-sotrudnichestva/obzor-sotrudnichestva.

国长江三峡国际旅游论坛（重庆）框架下举办的“世界大河歌会”国际音乐节。此外，伏尔加河沿岸联邦区和长江中上游地区的博物馆、图书馆互动不断。2018 年在楚瓦什共和国国立图书馆的中国信息资源中心举办了“远近中国”常设书展，并制作了名为“学习汉语”的网络资源清单。列宁下诺夫哥罗德国立百科图书馆也已与安徽、四川和湖北图书馆开展信息交流。

2013 年 5 月，莫斯科及俄罗斯东正教大牧首基里尔访华，在各个宗教经历了 20 世纪苏联的无神论时期后，基里尔大牧首是第一个与中国最高领导人会晤的俄罗斯教会领导人。[①] 习近平表示，基里尔大牧首此次访华是中俄人文合作的重要组成部分，有助于加深中俄人民的相互了解与信任。[②] 2013 年，根据莫斯科及俄罗斯东正教大牧首基里尔提议，俄总统驻伏尔加河沿岸联邦区全权代表巴比奇和中国国务委员杨洁篪签订了关于共同保护和修复汉口亚历山大 · 涅夫斯基东正教教堂的协议。在此之前，由于该教堂因位于长江隧道建设区，曾一度被计划拆除。中国专家从 2013 年 10 月起开展教堂修复工作。2013 年 12 月，俄罗斯教堂修复专家代表团应湖北省政府邀请访问武汉，按照协议共同修复教堂。访问结束后，俄罗斯专家将准备好的修复材料转交中方，并就圣像壁和教堂绘画的修复等问题向中国专家提出了建议。中方根据俄罗斯专家的建议对修复工程进行了部分调整。2014 年 10 月，中国修复专家代表团回访俄罗斯。下诺夫哥罗德及阿尔扎马斯都主教格奥尔吉同中俄专家们共同讨论了教堂内部绘画，圣像壁的制作与安装及其他内部装饰问题。

2014 年 12 月，中国外交部副部长程国平与俄罗斯总统驻伏尔加河沿岸联邦区副全权代表苏霍夫出席中国长江中上游地区和俄罗斯伏尔加河沿岸联邦区经贸、人文合作工作组组长会议。会议期间，俄方向中方转交了汉口东正教堂——圣亚历山大 · 涅夫斯基教堂圣像壁建造的有关文件；同时强调，该教堂内部装饰的修复工作需按有关文件进行，俄方专家将参与教堂的外观与内部修复工作，以求最大程度恢复教堂的历史原貌，保持东正教传统。

---

① Романова В.Н., Визит Патриарха Московского Кирилла в Китай – эпохальное событие, 16 мая 2013 г, https://riss.ru/analitycs/3418/.

② 同上。

2015 年中方共投入了 4700 万人民币（2.65 亿卢布）用于修缮教堂和整治周边环境。2015 年 8 月，中俄文化交流馆在修复竣工的教堂中揭牌成立。俄总统驻伏尔加河沿岸联邦区全权代表巴比奇、下诺夫哥罗德及阿尔扎马斯都主教格奥尔吉、伏尔加河沿岸联邦区地方领导人以及其他抵达中国的伏尔加河沿岸联邦区代表团成员出席了揭牌仪式。2018 年 10 月—2019 年 2 月，由中国湖南毛泽东同志纪念馆出资在乌里扬诺夫斯克州列宁纪念馆内举办了纪念毛泽东诞辰 125 周年的“中国出了个毛泽东”主题展览。此外，在中俄文化交流馆中还举办了“万里茶道”展览。①

2. 中俄在教育领域的合作

20 世纪 80 年代末到 20 世纪 90 年代初，中俄（苏）政治关系的正常化为两国教育交流的新发展奠定了基础。1990 年，俄罗斯远东国立大学东方系的汉学部升级为汉学系。此后，俄罗斯远东国立技术大学（从 1995 年起）、符拉迪沃斯托克国立经济服务大学（从 1996 年起）、哈巴罗夫斯克国立师范大学、阿穆尔国立大学和布拉戈维申斯克国立师范大学先后开设了汉语研究。以上高校还为包括中国留学生在内的外国学生开设了俄语培训班。1997—1998 年共有 157 名中国学生在哈巴罗夫斯克边疆区学习。② 从 2007 年起，喀山大学就成了举办中国文化活动的主要平台。其每年所组织的 10—15 个针对不同年龄阶段受众群体的大型活动吸引了越来越多来自鞑靼斯坦共和国及伏尔加沿岸联邦区其他地区的参与者。这些活动包括中国文化日、中俄歌曲节、汉语知识大赛等，还开设各类进修班和公开课，以帮助俄罗斯参与者了解中国语言、书法、绘画、音乐和书籍。③ 中国驻俄罗斯大

① Сотрудничество между регионами Приволжского федерального округа Российской Федерации и Верхнего, Среднего течения реки Янцзы Китайской Народной Республики (формат 《Волга–Янцзы》), http://auvy.nntu.ru/content/obzor–sotrudnichestva/obzor–sotrudnichestva.

② Касимова А.Р., Российско–китайские отношения в области науки и образования на современном этапе// Статистика и экономика, 2013, №4, https://cyberleninka.ru/article/n/rossiysko–kitayskie–otnosheniya–v–oblasti–nauki–i–obrazovaniya–na–sovremennom–etape/viewer.

③ Аликберова А.Р., Татарстано–китайские отношения в гуманитарной сфере: формы взаимодействия // Общество и государство в Китае, 2016, https://cyberleninka.ru/article/n/tatarstano–kitayskie–otnosheniya–v–gumanitarnoy–sfere–formy–vzaimodeystviya.

使馆一等秘书蔡晖指出：中国教育部将中俄合作视为优先方向。[①]

（1）在俄孔子学院发展简况

俄罗斯是中国推动孔子学院项目发展的重点国家之一。孔子学院在俄罗斯的建设发展速度正在超越其他类似机构的境外拓展。有意开设孔子学院的俄罗斯高校须与中国高校签署合建协议，协议须获得国家汉办批准[②]。在俄罗斯设立最早，最具代表性的孔子学院就是喀山国立大学孔子学院（源自喀山大学鞑靼语文系东方语教研室所开设的汉语课程。2000年东方语教研室更名为东方学研究所，汉语成为本专业本科生学习的主要东方语言之一。2007年5月30日，喀山大学孔子学院正式成立，同年9月开始组织汉语教学活动。湖南师大参与了该孔子学院的建设。与湖南师大开展的学生交换项目是喀山大学同类项目中最为活跃的项目之一。喀山大学与湖南师大同时还开展教师交流（双方每学年至少分别派出1名中文和俄文教师前往对方大学）。从2008年开始，喀山大学每年10月举行“俄罗斯—中国：历史与文化”主题国际研讨会。该研讨会聚集了包括来自中国合作伙伴大学的近50位汉学家和东方学家[③]。自2010年起，湖南师大开始每年举办夏令营活动。此外，自2002年起喀山大学与中国新疆大学开始互动合作。2010年，新疆大学生命科学与技术学院与喀山大学基础医学与生物学院（前身为生物土壤系）签署了合作协议；2014年，双方正式签署校际合作协议。据2014年数据统计，中国在喀山大学的留学学生中共有42名来自新疆维吾尔自治区。

（2）在俄中国留学生学生会简况

2013年，在中国驻俄大使馆领导的支持下，在俄中国留学生学生会正式成立。该组织是一个非政治、非宗教、非营利的社会组织，其主要目标和

---

① 中国驻俄罗斯大使馆：《中俄教育领域合作达到了最高水平》，每日经济2020年9月27日，http://cn.dailyeconomic.com/roll/2020/09/27/127578.html。

② Бельченко А.С. Деятельность институтов Конфуция в Российской Федерации // Вестник РУДН. Серия Всеобщая история, 2010, №1, С.67.

③ См., например: Аликберова А.Р., Ли Ланьи. IX Международная научно-практическая конференция《Россия – Китай: история и культура》// Учен. зап. Казан. ун-та. Сер. Гуманит. науки, 2016, Т.158, кн.6. С.1636–1641.

任务如下：A. 帮助中国留学生适应鞑靼斯坦共和国文化与传统；B. 巩固加深中俄和其他国家本科生、研究生以及进修生之间的理解和友谊；C. 促进人民间相互理解和友谊的加强；D. 建立发展与其他社会组织、教育组织以及高校的联系；E. 吸引更多中国本科生和研究生参与大学生活。[①] 该留学生会的建立有助于提升中俄人民对彼此历史文化的兴趣，扩大俄语和汉语学习的规模，增加互访游客人数以及留学生数量。

（3）“长江—伏尔加河”高校联盟合作机制

“长江—伏尔加河”高校联盟的俄方牵头高校为下诺夫哥罗德国立技术大学，中方牵头高校为四川大学。2017 年 6 月 16 日，“长江—伏尔加河”地方合作理事会第二次会议在安徽合肥举行，中俄双方共同签署了《关于成立俄罗斯伏尔加河沿岸联邦区和中国长江中上游地区高校联盟的协议》。目前，该联盟已经吸纳了 50 所俄罗斯高校及 29 所中国高校加入，其中包括萨马拉国立大学、萨马拉国立医科大学和萨马拉国立技术大学[②]。2017 年 10 月，第一届中俄“长江—伏尔加河”高校联盟智库论坛由四川大学主办并在成都举行。30 名俄方区域高校代表以及来自 30 所高校的 60 名中方代表参与了论坛活动。与会期间，代表们就教育、科技、青年人文交流的国际关系发展问题畅所欲言，各抒己见。在 2017—2018 学年，共有 1300 多名中国公民到伏尔加河沿岸联邦区高校学习，有 250 多人从伏尔加河沿岸联邦区到中国高校学习。[③] 2019 年 5 月 23—24 日，第二届“长江—伏尔加河”高校联盟论坛在俄罗斯切博克萨雷市举行，20 所俄方高校的代表与 12 所中方高校的代表参会。本届论坛主题为“‘长江—伏尔加河’高校联盟——中俄地方合作的坚实基础”。师生交换计划、开办暑期学校（针对在中国高校学习的伏尔加河沿岸联邦区学生和在伏尔加河沿岸联邦区高校学习的中国学生）、

① См., например: Аликберова А.Р., Ли Ланьи. IX Международная научно-практическая конференция《Россия – Китай: история и культура》// Учен. зап. Казан. ун-та. Сер. Гуманит. науки, 2016, Т.158, кн.6. С.1636-1641.

② Правительство Самарской области, https://www.samregion.ru/economy/knr/.

③ Сотрудничество между регионами Приволжского федерального округа Российской Федерации и Верхнего, Среднего течения реки Янцзы Китайской Народной Республики (формат《Волга-Янцзы》), http://auvy.nntu.ru/content/obzor-sotrudnichestva/obzor-sotrudnichestva.

出版学术著作和联合制定培养方案是中俄“长江—伏尔加河”地方高校层面发展最快的合作方式。

在中俄地方合作框架下，“长江—伏尔加河”地方合作理事会会议在各地区领导的参与下定期举行。鞑靼斯坦共和国是与中国开展教育合作最积极的地区之一。高等职业教育和科学研究是其与中国开展合作的主要领域。当前，共有200余名中国留俄学生在鞑靼斯坦共和国高校（包括：喀山大学、喀山国立研究技术大学、喀山国立医科大学、喀山国立动力大学和喀山国立文化艺术大学等）交流学习，其中有44名学生是中国新疆的塔塔尔族学生[①]。喀山大学正在与中国高校积极发展科学交流项目合作，其主要合作伙伴有四川大学、上海大学和湖南师大等[②]。鞑靼斯坦共和国的多所高校都与中国高校建立了合作伙伴关系并长期保持着师生交流（如喀山大学与喀山国立研究技术大学）。

各高校之间定期开展师生交流，实施联合教育计划，学生们积极参加中俄“长江—伏尔加河”青年年度论坛。不过，就中俄教育合作现状特征来说，A.P. 卡西莫娃认为：第一，目前，俄罗斯高校主要是与学术潜力不及自身的中国东北地区高校开展合作。第二，中国高校并非俄罗斯高校开展合作的优先发展方向。

3. 中俄在医疗卫生领域的合作

中俄两国早已在医疗卫生领域开展合作。中俄卫生合作涵盖地区卫生防疫、传染性及非传染性疾病防治、传统医药、药物与食品添加剂监管、康复疗养和居民卫生防疫保障等内容。中俄两国致力于发展地方医疗卫生合作。2015年，在“长江—伏尔加河”机制框架下，应马里埃尔共和国卫生部邀请，安徽省卫计委外事处处长王锐率本省卫生代表团前往马里埃尔共和国进行考察访问。代表团成员参观了约什卡尔奥拉市的大型医疗机构，并积极探

① Пресс релиз. Встреча Президента РТ Р.Н. Минниханова с делегацией Пекинского университета. 28 мая 2010 г., http://tatarstan.ru/rus/press/video.htm/press-release/162490.htm.

② Аликберова А.Р., Татарстано-китайские отношения в гуманитарной сфере: формы взаимодействия// Общество и государство в Китае, 2016, https://cyberleninka.ru/article/n/tatarstano-kitayskie-otnosheniya-v-gumanitarnoy-sfere-formy-vzaimodeystviya.

讨双方可开展的项目合作及发展前景。[①]目前，中俄双方正在探索成立救援和卫生服务联盟的可能性[②]。中俄双方高度评价了中俄医科大学联盟的工作。由37所俄罗斯与45所中国高水平医科大学组成（数据统计截至2017年3月）的中俄医科大学联盟（РКАМУ）在儿科、眼科等领域就再生医学、干细胞产品和生物医学细胞产品新医疗技术的联合开发与应用开展了相关务实合作。在四川省中医药科学院代表团到访鞑靼斯坦共和国后，四川省与鞑靼斯坦共和国在当地签订了卫生合作协议。四川省中医药科学院代表团的访问旨在推动鞑靼斯坦共和国的中医药发展。中医是中国的传统民间医学，在包括一系列药物和非药物疗法方面具有独特的理论和实践基础。非药物疗法主要有针灸、按摩、拔火罐、刮痧以及耳针疗法等。赴俄期间，四川省中医药管理局11名代表还到访了阿尔梅季耶夫斯克。到访代表有四川省中医药管理局直属机关党委书记方清、四川省中医药科学院院长赵军宁、四川省中医药科学院副院长兼四川省中西医结合医院院长王超、四川省中医院院长谢春光等其他管理部门和医院领导。四川省中医药科学院代表团还会见了鞑靼斯坦共和国石油工农联合公司（ПАО《Татнефть》）总经理奈尔·马加诺夫。马加诺夫表示期待与四川省合力推动发展卫生合作项目。四川省中医药科学院（四川省中药研究所）始建于1930年，是集中西医结合诊疗、科研与教学一体的大型医院[③]。四川省中医药科学院代表团对鞑靼斯坦共和国儿童临床医院进行了工作访问，了解医院部门结构并交流分享经验，同时与鞑靼斯坦共和国儿童临床医院签订了合作协议[④]。鞑靼斯坦共和国卫生部召开了中方到访期间的工作总结会议，副部长伊里达尔·法蒂霍夫出席了会议。

---

① Состоялся визит в Республику Марий Эл представителей сферы здравоохранения провинции Аньхой Китая, 14 февраля 2015 г, https://mari-el.mid.ru/news/-/asset_publisher/f4uO1jaKi4eO/content/sostoalsa-vizit-v-respubliku-marij-el-predstavitelej-sfery-zdravoohranenia-provincii-an-hoj-kitaa?inheritRedirect=true.

② Положевич Р.С., Гуманитарное сотрудничество Российской Федерации с Китайской Народной Республикой на современном этапе// Государственное управление. Электронный вестник. Выпуск № 63, Август 2017 г, С.156, https://cyberleninka.ru/article/n/gumanitarnoe-sotrudnichestvo-rossiyskoy-federatsii-s-kitayskoy-narodnoy-respublikoy-na-sovremennom-etape.

③ 四川省中医药科学院网，http://www.sacms.com.cn/about.aspx?mid=63&sid=。

④ Делегация из Китая посетила ДРКБ, 20 ноября 2018 г, http://minzdrav.tatarstan.ru/rus/index.htm/news/ 1330228.htm.

为交流医学经验，鞑靼斯坦共和国公立医疗机构——鞑靼斯坦共和国儿童临床医院与四川省中西医结合医院签订了合作协议[①]。鞑靼斯坦方主任医师穆尼尔·扎基尔加诺夫主持召开医疗卫生部门座谈会。他介绍了该机构成立和发展历史并公布了各部门的主要绩效指标。中方代表播放了四川省中西医结合医院的介绍视频。2016年12月17日，中国"黑河中俄友好医院"揭牌。黑河市委书记秦恩亭先生指出：黑河市作为"一带一路"重要门户城市，把医疗卫生事业放在优先发展位置，积极推进国内高端医疗合作和中俄医疗合作，不断提升医疗服务能力和技术水平，更好地满足边疆人民群众就医需求。中俄友好医院揭牌也标志着中俄双子城医疗合作步入了新阶段，为中俄地方医疗合作提供了示范。把黑河打造成既面向周边又面向俄罗斯的区域性医疗卫生中心、养老中心和康老中心，为中俄两国各界人士共同分享医疗健康产业带来的机遇和财富。俄罗斯阿穆尔州政府副主席顾问布尔拉科娃女士和俄布拉戈维申斯克市副市长科索拉波夫先生也表示，中俄友好医院的揭牌标志着中俄边境地区医疗合作进入实质性实施阶段。这对两国之间开展更加广泛的医疗合作具有很好的借鉴作用。中国"黑河中俄友好医院"是依托黑河市第一人民医院成立的。[②] 2018年，在中俄医科大学联盟框架下，哈尔滨医科大学举办了临床药学国际会议。与会期间，俄罗斯医疗工作者与哈医大同行交流了科研经验并讨论了科教合作前景[③]。2020年，新冠疫情席卷全球，中俄两国联合抗疫树立了大国关系的典范。2020年5月20日，俄驻华大使杰尼索夫强调：中俄在抗击疫情方面的合作再次凸显了两国的高度互信，两国双边关系将推动双方医疗领域合作的进一步发展。[④]

---

① Сотрудничество между регионами Приволжского Федерального округа Российской Федерации и Верхнего, Среднего течения реки Янцзы Китайской Народной Республики (формат 《Волга–Янцзы》), http://auvy.nntu.ru/content/obzor-sotrudnichestva/obzor-sotrudnichestva.

② 《中国官员："黑河中俄友好医院"的揭碑为两国地方医疗合作提供示范》，俄罗斯卫星通讯社，http://sputniknews.cn/china/201612171021425392/。

③ Россия–Китай: сотрудничество в сфере клинической фармации, 1 февраля 2018 г, http://www.sechenov.ru/ pressroom/news/rossiya-kitay-sotrudnichestvo-v-sfere-klinicheskoy-farmatsii/.

④ 《外交部：中俄抗疫合作成为两国关系新亮点》，人民日报海外网，https://baijiahao.baidu.com/s?id=1667292340215430092&wfr=spider&for=pc。

4. 中俄在国际旅游领域的合作

国际旅游是国家社会经济和政治生活的重要组成部分。中俄旅游合作的发展进程较为特殊。中俄两国游客互访规模巨大。21世纪初，俄罗斯访华旅游团是中俄旅游交流的主体，但目前中国访俄旅游团的比例出现了巨幅增长。列宁故乡——俄罗斯乌里扬诺夫斯克州更是开辟了吸引中国游客的旅游路线。此条路线跨越俄罗斯包括乌里扬诺夫斯克、巴什科尔托斯坦、喀山、莫斯科、萨马拉、圣彼得堡、列宁格勒州、图拉和乌兰乌德在内的9个地区和城市。该旅游项目下设多条旅游支线，其中“莫斯科—乌里扬诺夫斯克—喀山—列宁格勒州”8日游是主要旅游线路。沿此线路，中国游客可以参观俄罗斯的“3个首都”和列宁的故乡，并了解俄罗斯历史，感受俄罗斯当代文化。游客参观的博物馆有：“列宁山”国家历史博物馆保护区（莫斯科）、列宁克里姆林宫办公室和故居（莫斯科）、列宁故居博物馆（乌里扬诺夫斯克）、苏联生活博物馆（喀山）和俄罗斯国家政治历史博物馆（圣彼得堡）①。2015年5月，鞑靼斯坦共和国旅游事务委员会在中国四川、河南、山东、新疆和北京等省市举办了旅游线路推介活动。在推介过程中，鞑靼斯坦共和国旅游事务委员会与中国旅行社和航空公司进行了沟通交流，举行了鞑靼斯坦共和国旅游资源推介会，并与以上中国省市签订了旅游合作协议。2015年10月13日，第五届中俄地区旅游合作交流会议在哈尔滨举行。双方在会上签署了9项合作共识纪要，就“促进中俄地区间旅游交流与合作发展中俄跨境旅游及自驾旅游”这一主题深入探讨并实施推进。

此外，中国和俄罗斯远东边境地区的游客往来已在两国旅游合作中占据重要地位。当前，“中俄边境地区游客互访已经成为常态”②。这不仅有利于扩大两国毗邻地区间交流、巩固双方友谊，而且有助于两国边境地区的经济和社会发展。在分析中国赴俄罗斯远东地区的客流特点时，我们可以注意到各地区的游客数量具有显著的差异性。就中国游客数量而言，赴哈巴罗夫斯

① Программа тура《Красный маршрут》, http://redrouterussia.com/rus.pdf.

② Хорие Н., Позиционирование приграничных районов Дальнего Востока России в экономической и социальной структуре региона: происходящие перемены // ЭКО, 2017, №3, С. 21–36.

克边疆区的游客数量比赴滨海边疆区的游客数量少 83%—86%，比赴阿穆尔州的游客数量少了近 75%。这显然不符合 3 个地区旅游休闲业发展的产业需求。发生这种情况的原因在于：A. 滨海边疆区拥有数量众多的具有吸引力的旅游景点和路线；B. 哈巴罗夫斯克边疆区在基础设施、交通道路的数量和承载力以及边境检查站运行机制等方面明显缺乏保障①。

中俄双方正在就跨区旅游项目“红色旅游线路”（涉及鞑靼斯坦共和国、乌里扬诺夫斯克州、下诺夫哥罗德州和萨马拉州等地区）开展合作。2016 年 7 月 4 日，中共六大会址常设展览馆建成仪式在莫斯科五一村举行。中国国家主席习近平和俄罗斯总统普京致贺辞，中国国务院副总理刘延东和俄罗斯政府副总理戈洛杰茨出席仪式，宣读两国元首贺辞并发表讲话。目前，中国济南、广州、西安、福州、重庆、长沙、合肥、成都、南京、武汉和哈尔滨正在与乌里扬诺夫斯克市商讨开始直航包机事宜。鲁斯塔姆·明尼哈诺夫表示：旅游业是中国和鞑靼斯坦共和国互利合作最具发展前景的领域之一。为此，鞑靼斯坦共和国国家旅游事务委员会和中国国际旅行社针对中国游客联合开发了鞑靼斯坦共和国新的旅游产品。该项目正在进入中国旅游市场。

2020 年暴发的新冠疫情给中俄双方旅游业带来了巨大冲击，但未来可期。虽然签证中断、口岸关闭、航班停飞等一系列出于防疫需要的限制措施确实使中俄游客往来人数锐减，但双方并未因此停止在旅游领域务实合作的步伐。目前，中俄旅游主管部门一方面正积极开拓国内旅游市场，制定各项扶持政策，为疫情后行业更快复苏和更高水平合作打下坚实基础；另一方面，中俄旅游合作分委会、上合组织旅游部长会在双边和多边框架内积极开展高层对话，鼓励旅游企业创新经营思维和旅游产品，加强旅游基础设施建设和人才联合培养等。中方愿同各方一道，为早日恢复正常的人员往来创造条件。②

5. 中俄在媒体领域的合作

在中俄双边关系长期停滞后，20 世纪 80 年代末两国媒体交流得以解冻

---

① Хорие Н., Позиционирование приграничных районов Дальнего Востока России в экономической и социальной структуре региона: происходящие перемены // ЭКО, 2017, №3, С. 21–36.

② 《疫情对中俄贸易造成多大影响？旅游市场不乐观？驻俄大使回应》，环球网，https://baijiahao.baidu.com/s?id=1680480215134957842&wfr=spider&for=pc。

并恢复了交流活动。在21世纪初，为适应新时期和新环境，中国对媒体及其他舆论机构进行了结构性改革。多媒体和社交网络的广泛应用成为社会信息传播的主流趋势和方式。当前，中俄媒体合作的密切程度远超世界其他国家。

伏尔加河沿岸联邦区拥有介绍该地区信息的中文网站，而俄罗斯的其他联邦区均没有此类信息资源。伏尔加河沿岸联邦区总统全权代表相信，该网站将有助于两国合作。在促进媒体合作发展的框架下，巴什科尔托斯坦共和国广播电视公司、中国国际电视台俄语频道（CGTN Russian）和安徽广播电视台积极开展合作。三方达成协议定期进行节目和新闻交流。

鞑靼斯坦媒体与中国媒体的合作不断加深。2015年8月，鞑靼斯坦邀请中国知名博主、新闻工作者和媒体人士参观喀山，借以开发鞑靼斯坦共和国在中国的旅游市场。此次游览活动是2015年第16届喀山国际泳联世界游泳锦标赛框架下的活动。这类针对中国著名记者、博主和视频拍摄者的游览活动一直定期举行，目的是希望以上人群向中国游客宣传鞑靼斯坦。2019年7月，鞑靼斯坦组织来自河南、四川和新疆的20名旅行社代表和记者进行交流。

6. 中俄在体育领域的合作

（1）国家层面合作

中俄人文合作委员会体育合作分委会会议每年召开一次，由中国国家体育总局和俄罗斯体育部轮流主办。中国国家体育总局外联司、青少司、科教司、冬季运动管理中心和中国足球协会等有关单位负责人参加了会议。2020年9月24日，中国国家体育总局副局长高志丹和俄罗斯联邦体育部副部长马什科娃以视频形式共同主持召开了中俄人文合作委员会体育合作分委会第20次会议，并签署了《会议纪要》。双方在会谈中就共同应对疫情挑战、中俄青少年运动会、冬季运动和足球合作、国际体育事务和反兴奋剂等共同关心的问题交换了意见并达成共识。双方高度评价中俄体育友好关系，同意继续深化体育领域务实合作，促进两国体育运动水平的共同提高，增进两国体育界和人民之间的了解和友谊。双方重申加强国际体育事务沟通协调，反对体育事务政治化。俄方表示坚定支持中方筹备和举办北京冬奥会，相信北京冬奥会将取得圆满成功。① 2022 年月 4 日，在普京总统访华并出席北京冬奥会开幕式期间，中俄两国元首共同宣布正式启动 2022—2023 年中俄体育交流年。这充分体现了两国高层希望彰显体育交流在传承中俄世代友好、推动中俄关系发展中的特殊内涵和重要作用，开创两国民心相通新境界的美好期许。

（2）地区层面的合作

中国与俄罗斯联邦鞑靼斯坦共和国的合作正处于最高水平。2008 年 4 月，在第 29 届北京夏季奥运会前夕，鞑靼斯坦共和国代表团对奥运会的体育设施和基础设施建设进行了参观学习。代表团高度赞赏中国高校在体育设施建设上的经验，并在 2013 年世界大学生运动会框架下，鞑靼斯坦方面与中方代表达成了关于在筹备、组织和举办活动方面交流经验与合作的协议。鞑靼斯坦共和国在 2008 年北京奥运会上取得有史以来最佳战绩：3 枚金牌、2 枚银牌和 3 枚铜牌。在鞑靼斯坦共和国体育史上，参加奥运会的运动员首次达到 12 人。2010 年 5 月，鞑靼斯坦共和国代表团对 2011 年世界大学生夏季运动会主办城市深圳进行了访问。鞑靼斯坦方面向国际大学生体育联合会执委会提交了关于 2013 年世界大学生运动会筹备工作情况的报告，同 2011 年世界大学生运动会组委会代表多次举行会谈。双方达成协议约定联合培训 20 名汉语志愿者，派往深圳参加第 26 届世界大学生夏季运动会，以推动跨文化对话和交流经验。同年秋季，双方还签订了意向书，并在深圳大运会召开 3 个月前签订了关于交换志愿者协议。

2015 年 7 月，第 6 届中俄青少年运动会在伊尔库茨克顺利召开，第 3 届中俄体育科学研讨会在中国举行。2016 年 12 月，首届中俄冬季青少年运动会在哈尔滨举办。2017 年，第 7 届中俄青少年运动会顺利举办。此外，中俄双方还确定意向成立中俄竞技体育联合科研工作组。2018 年 5 月，奥林匹克搏斗项目体育节“中俄团结的力量”在乌里扬诺夫斯克举办，湖南省派出 50 人参赛，其中包括 35 名运动员和 15 名运动队代表。2019 年 5 月 27 日，中国山东省体育局与俄罗斯联邦鞑靼斯坦共和国体育部签署了 2020—

① 《中俄人文合作委员会体育合作分委会第二十次会议召开》，中国国家体育总局网，http://www.sport.gov.cn/n316/n337/c964403/content.html。

2025年友好合作备忘录。鞑靼斯坦共和国体育部第一副部长哈利勒·沙伊胡特吉诺夫和中国山东省体育局局长李政出席签字仪式，双方代表团成员包括大众体育部和竞技体育部代表等。沙伊胡特吉诺夫在对中国代表致辞时指出：“体育高校伏尔加国立体育、运动及旅游学院与中方大学互派运动员和教练交流经验也应当成为合作的重要方向”。山东省体育局局长李政对俄方的热情接待表示感谢，并表示中国关注鞑靼斯坦在体育领域取得的成就和发展速度。他说：“我们要加大对冬季运动项目的关注力度，因为到目前为止我们只有一支冰球队。我们地理位置偏南，几乎没有积雪，所以在备战2022年冬季奥运会时，需要俄方来帮助我们训练运动员。我们很乐意与贵方互派运动员并进行训练交流，我们在山东也有一所体育大学，非常欢迎伏尔加国立体育、运动及旅游学院的学生来华交流经验。我相信这份备忘录将为我们今后的合作奠定基础。”自2017年以来，两国还多次举办了冰球比赛。其中，2020年1月18日举办的冰球比赛是继2017年首届中俄国际界江冰球友谊赛之后，两国冰球队第4次在界江上正面“交锋”。比赛共进行了7节，儿童组进行1节比赛，青少年组与成年组分别进行3节比赛；每节比赛时间为10分钟。在江面上，600多名中俄观众在现场观赛，为参赛选手们呐喊加油。①

三、俄罗斯与中国人文合作问题与前景

总体上看，中俄关系具有广阔的发展前景，对双方都具有重要意义。两国建设性对话的持续，一方面有利于俄罗斯巩固地区地位，另一方面也是为俄罗斯吸引亚太地区国家投资，以推动西伯利亚和远东地区的开发创造了有利条件。

1. 中俄人文合作存在的问题

中俄两国应积累交流经验，寻找新的增长点。尽管中俄双边关系发展呈

① 《中俄两国边境线上打响第四次冰球友谊大战》，《新晚报》2020年1月19日，http://xwb.my399.com/html/2020-01/19/content_15120402.htm。

现稳中向好的态势，但在人文交流中仍然存在一定问题。

（1）两国都存在缺乏精通对象国语言文化的专业人才

中俄缺少能为双边关系发展做出贡献的新型技术人才。中国缺少精通俄语、熟悉俄罗斯文化，且与俄罗斯保持密切交流的青年专家。俄罗斯也有着同样的问题。俄罗斯缺少高水平的汉语教师，同样中国也缺少高水平的俄语教师。近年来，随着孔子学院和汉办不断进行汉语推广，这一问题正逐步得到解决。

（2）中俄两国人文合作交流存在地域上的不均衡

大多数开展中俄合作办学项目的中国高校都位于中国东北地区（黑龙江省和吉林省），参与该项目的俄罗斯高校大多位于西伯利亚和远东地区。这主要是由地理位置因素决定的。实践证明，俄罗斯西部地区的学生更希望获得欧洲教育，这对中俄合作带来一定影响。

（3）俄中两国彼此宣传不够，两国民间缺乏了解和配套措施

专家们认为，在中国及其网络上有关俄罗斯的信息有限，在俄罗斯针对中国游客的服务也不够完善（比如部分地区中餐厅数量不足，在俄罗斯缺少汉语翻译等）。为了应对国际旅游市场的竞争，俄罗斯目前仍需要做大量工作。

（4）和欧美相比，俄中两国在文化知名度上都缺乏影响力

中国和俄罗斯的文化产品同西方的文化产品相比不具备竞争优势。欧美文化在包括中国和俄罗斯的世界大多数国家占有明显优势。西方的音乐和服装风格、美国菜（快餐）等在中俄都很受欢迎。总的来说，目前，中俄两国所举行文化活动的受众范围还有限针对小部分民众，而西方文化在国际上仍处于主导地位。

（5）地理因素和旅游成本限制了两国民间的交流

中俄两国公民的交往仍比较匮乏，这大大阻碍了文化合作的进程。比如，对俄罗斯大多数公民（尤其是住在俄罗斯欧洲部分的公民）来说，中国仍然是一个既遥远又陌生的国家。由于机票价格不菲且两国之间存在的签证

制度，对俄罗斯人而言，赴华旅游非常昂贵。

2. 中俄人文交流的改进措施

为了进一步支持和发展中国与包括鞑靼斯坦在内的俄罗斯联邦之间的人文合作项目，双方应制定详细的战略以促进中俄双边在人文领域长期平等互利的合作。建议其中包括提高中俄教育合作的宏观治理水平，增强中俄教育合作分委会和中俄政府首脑定期会晤筹备委员会的工作协调性；加大培养旨在推动双边科教领域合作的高级专门人才力度，其中包括精通汉语/俄语和熟悉中国/俄罗斯内政的各级政府官员；通过吸引投资扩大人文合作的资金来源；支持和促进教育与创新领域的地方合作，在相关合适的地点成立具有新内涵的中俄科教中心。

中国与俄罗斯高校合作办学是一种多样化的现代高等教育形式，它的意义在于可以对中俄两国学生进行创新教育，总结和思考世界一流大学的经验。合作办学项目为中俄推动高等教育发展开辟了广阔的前景。中俄媒体服务合作固然具有广阔的前景，但应注意的是，包括中俄在内所有国家的媒体首先服务于本国的国家利益。我们必须认识到这种情况，做出相应的评估和提出正确的应对方法。中国没有故步自封，而是竭力实现信息的透明化，愿同世界各国开展平等友好的互利合作。

中俄都是具有巨大旅游潜力的国家，双方在旅游领域具有很大的交流空间。改革开放以来，中国旅游业在短期内实现了迅猛发展。目前，中国已跃居国际大国行列，是俄罗斯最大的游客来源国。为了更好地吸引中国游客，俄罗斯有必要向中国游客更积极推广本国旅游资源，其中也包括在中国社交网络上进行推广；开展信息宣传工作，编制信息材料，开发中文导航；扩大对目标受众特别是中国青年游客的宣传吸引；为中国游客营造舒适的食宿环境。

结　论

对中俄非毗邻地区合作模式的思考

苏联解体以来，中俄关系在两国领导人及两国人民的共同努力下，在70多年两国交往的正反两方面经验与教训基础上，共同探索出了一条新时代两国交往的新型模式。这就是在当今国际社会及大国交往与博弈错综复杂的局面下两国合力所开辟出的一条以相互尊重、合作共赢为宗旨的新型发展道路。它成了当下大国关系的光辉典范。

对于中俄两国来说，苏联解体以来的30多年中俄关系发展历程中有一系列非常关键的因素在发生推动作用。这如同2019年中俄联合声明中所指出的：双方具有高度的政治互信，完备的高层交往和各领域合作机制；内容丰富、具有战略意义的务实合作；坚实的世代友好民意基础；密切有效的国际协调。[①] 其中，联合声明提到的各领域合作机制中一项最重要的合作就是中俄务实合作大框架中的地方合作。关于地方合作，联合声明明确提出要扩大

① 《中华人民共和国和俄罗斯联邦关于发展新时代全面战略协作伙伴关系的联合声明》，中国政府网，http://www.gov.cn/xinwen/2019-06/06/content_5397865.htm。

中俄地方交流，持续深化地方经贸合作，落实好《中俄在俄罗斯远东地区合作发展规划（2018—2024年）》，丰富中俄地方合作交流年成果；研究建立并运行新的地方合作平台。2016年6月25日，经中俄两国元首签署的《中华人民共和国和俄罗斯联邦联合声明》指出，要积极运用“长江—伏尔加河”模式的经验，完善合作模式和机制，以推动重点项目，培育新的合作增长点。①

中俄地方合作的模式分为毗邻合作与非毗邻合作两种模式。毗邻合作模式的主要代表是中国东北与远东西伯利亚合作，非毗邻合作模式主要代表是长江中上游与伏尔加河联邦区的经贸与人文合作。目前，两种基本模式仍在继续推进，尽管存在各种各样的问题，但是也取得了一定的成绩，尤其是中俄地方合作的框架已基本形成，也初步显示出一定的示范效应（如俄罗斯与中国非毗邻的其他地区也纷纷要求仿效中俄“长江—伏尔加河”的模式建立与中国其他地区的经贸与人文合作）。这无疑对中俄之间日后形成较为良好的地区群合作模式发挥了较好的引领作用。

一、当前中俄“长江—伏尔加河”取得的成绩

1. 中俄地方合作正在不断走实

目前，中俄建立了长江中上游地区和伏尔加河沿岸联邦区地方合作理事会、东北地区和远东及贝加尔地区政府间合作委员会两大区域性合作机制，以及中俄友好、和平与发展委员会地方合作理事会，缔结了140对友好省州和城市关系，中俄地方合作实现了领域和地域的全覆盖。中俄之间建桥、通路、修索道的基础设施互联互通项目明显提速；开论坛、办展会、签合同，从官方到民间，经贸、人文各项活动有声有色。其中，“中俄地方合作交流年”的持续举办使两国地方合作呈现蓬勃发展的态势，为两国全面战略协作

① 《中华人民共和国和俄罗斯联邦关于发展新时代全面战略协作伙伴关系的联合声明》，中国政府网，http://www.gov.cn/xinwen/2019-06/06/content_5397865.htm。

伙伴关系发展注入了新动力，增添了新内涵。“长江—伏尔加河”地方合作规模和质量同步提升。2018 年长江中上游 6 个省市对俄贸易达到近 50 亿美元，增幅达 30%，部分省份对俄贸易增速甚至超过 80%。①

2. 中俄“长江—伏尔加河”地方人文合作硕果累累

中俄“长江—伏尔加河”地方合作中的人文合作率先展开，进展顺利，产生了较好的效果。其中双方人员交流、学位合作、文化交流推进较快，成效显著。中俄双方高校非常积极，目前已经形成了一系列年度品牌性项目（如“长江—伏尔加河”青年论坛、“长江—伏尔加河”高校联盟、“长江—伏尔加河”公务员培训班等）。总的来看，中俄“长江—伏尔加河”地方人文合作与交流势头良好，容易推进，人文合作已远远走在经贸合作的前列。

3. 中俄“长江—伏尔加河”地方企业合作不断走实

中俄“长江—伏尔加河”地方合作从 2013 年启动以来，两国无论在政府层面还是在企业层面都开展了非常频繁的互动与交流；两国企业间也签署了众多经贸合作与投资协议，初步展示了良好的合作意愿。俄方提出要制定优先合作项目清单，并挑选一些作为两地区合作优先实施示范项目。比如欢迎东风汽车公司、三一重工、中联重科、远大住工等中方企业赴俄投资设厂，开展互利合作；推动俄下诺夫哥罗德州与中方北汽福田公司合作，在俄建设年产 15 万辆汽车制造厂，并希望中方协调企业确定项目，开展方案设计和建设动工；推动俄下诺夫哥罗德州与中方长城汽车公司合作，在俄建设年产 20 万辆汽车制造厂，预计投资 3.5 亿美元，请中方协调企业做出决定；推动巴什科尔托斯坦乌拉尔车厢制造厂与中方企业合作生产重型钻井设备项目。

迄今，中俄双方实际洽谈并签署的一些较大合作协议主要有：2013 年，四川西林集团与楚瓦什共和国发展集团共同签订了《楚瓦什四川农业合作园区项目合作协议》，总投资 16 亿元（这是中俄首个农业合作园）。2015 年，江西直方数控动力有限公司在巴什科尔托斯坦农业技术公司的参与下，在巴什科尔托斯坦共和国开展了农用拖拉机组装工作，投资项目总额约为 200 亿卢布。湖南省湘拖集团与鞑靼斯坦共和国 AGRICERVICES 联合体合作签署

① 《中俄地方合作驶入“快车道”》，《人民日报》2019 年 6 月 5 日。

了湖南省首个中俄“长江—伏尔加河”地方合作项目——（喀山）潇湘农机产业园。2015 年，四川省铁投集团入驻楚瓦什四川农业合作园区项目正式签约。项目涉及土地 5 万公顷，估算投资 70 亿元人民币（这是四川铁投在俄罗斯的第一个投资合作项目）。2016 年，安徽省海螺集团与俄罗斯乌里扬诺夫斯克州发展集团公司合作，总投资 5 亿美元水泥熟料生产线项目正式签约落户乌里扬诺夫斯克市（这标志着安徽省与俄罗斯伏尔加流域合作的第一个项目取得实质性进展）。

二、当前中俄“长江—伏尔加河”地方合作面临的主要问题

尽管中俄非毗邻地区合作取得了一定成绩，但是，中俄“长江—伏尔加河”地方合作也存在诸多制约因素。其中所引发的相关问题值得中俄双方去加以解决。

1. 中俄“长江—伏尔加河”地方经贸合作层次低，投资乏力

两区域间经贸合作水平仍然滞后于中俄经贸合作整体水平，表现为双方经贸额偏低、规模有限，经济合作形式仍然以传统贸易为主，缺乏投资。这主要是因为在俄投资时限长，风险大，相比在白俄罗斯、哈萨克斯坦的投资成本高。这严重制约了中方企业在俄投资的积极性。目前，俄方虽有投资需求，但中方有投资恐惧，因此，如何实现中俄双方在投资领域的合作对接是“长江—伏尔加河”地方合作的关键所在。

2. 中俄“长江—伏尔加河”地方合作签署项目多，落实项目少

中俄“长江—伏尔加河”地方合作所签署的大部分项目并没有真正落实，部分已在俄投资的项目也有撤回的意愿，落实的项目比例在 5%—10%。中俄“长江—伏尔加河”地区经贸合作难以推动，大大滞后于国家的战略需求。2017 年 6 月，在合肥举行的“长江—伏尔加河”地方合作理事会会议透露，中俄之间有 68 个投资项目正在考虑之中，其中 21 个处在筹备阶段，没有一个投资项目真正落实。

自中俄“长江—伏尔加河”地方合作倡议提出以来，“长江—伏尔加河”流域政府间开展经贸合作意愿强烈，并多次组织展会和洽谈会推介有意愿的合作项目。然而，中方企业因对俄罗斯市场缺乏了解和调查，对俄投资贸易积极性不足。目前，“长江—伏尔加河”流域经济合作方案并未完全反映出企业的意愿，呈现出政府和企业两张皮的现象。事实上，现在中方大企业对于到俄罗斯投资动力不够，在俄中方大企业普遍不盈利。至于中方在俄的中小企业有较大的投机性。受俄罗斯汇率影响，中小企业赚到钱就汇回中国，一般都难以在俄罗斯扎根。因此，在当前中俄合作中，在俄中方企业盈利的都是小企业，反而不是大企业，难以实现通过大企业获得示范效应的预期。

三、当前中俄“长江—伏尔加河”地方合作困难成因及前景分析

1. 中俄“长江—伏尔加河”地方合作缺乏传统、基础薄弱

中国长江中上游地区和俄罗斯伏尔加河联邦区地处两国内陆，地理位置不利，长期以来并没有紧密联系和交往的历史。长江中上游6省市对俄交往人才积累不足，特别缺乏外语好、业务能力强的专门型人才。两区域间相互缺乏了解，信息交流不流畅，缺乏信息发布平台，两国企业间相互认知、思维方式与企业文化等均存在差异，且存在互不信任的问题。中方普遍反映难以适应俄罗斯方面的思维方式、工作方式，认为俄方变化太快，难以琢磨。

2. 中俄“长江—伏尔加河”地方合作领导协调机制功能有待完善

从2016年起，中俄“长江—伏尔加河”地方合作机制虽然升级为地方合作理事会，并通过了中国长江中上游地区和俄罗斯伏尔加河沿岸联邦区域地方合作理事会条例，但现有合作机制约束力不强，主要停留在会晤或软法约束机制层面，硬法约束机制尚未建立，仍处于务虚向务实转变阶段，而且缺乏常设代表机构，导致协调机制缺乏，工作部署呈现出碎片化特点。长江中上游各省工业基础形成于三线建设时期，工业趋同度高，高附加值产业信

息技术、电子科技、汽车制造在多个省均有基础，各省在对外合作时存在竞争关系，容易出现项目重复上马或恶性竞争的不利局面，因而需要一个能够协调长江中上游6省市的机制。

目前，中俄“长江—伏尔加河”地方合作缺乏明确的政策优势。虽然两国积极推动长江中上游地区和伏尔加河联邦区的合作，但是却没有制定专门针对两区域合作的政策和方案。长江中上游6省市均处于“一路一带”国际合作部署之中，但是相对于沿海地带和沿边地区，该区域企业对外经济合作仍然缺乏明确的政策引导。在俄罗斯对伏尔加河联邦区的招商引资尚未有更多缺乏优惠措施出台之前，国内企业更愿意向莫斯科周边地区和远东地区投资。

当前俄罗斯面临的经济困难对两区域合作影响较大。2014年起因受西方国家经济制裁以及国际油价下跌的影响，俄罗斯国内经济改革举步维艰，全国经济陷入严重危机之中。这又直接加剧了中方企业对其在俄罗斯投资前景的担忧。

因此，要加强顶层设计，完善两区域合作的领导协调机制。在“一带一路”国际合作倡议正在对接欧亚经济联盟合作的新形势下，中俄“长江—伏尔加河”地方合作机制的提升已是大势所趋。为此，似可推动落实此前由俄罗斯方面曾提出在武汉或者重庆设置俄方代表处、在伏尔加河沿岸联邦区总统全权代表驻地下诺夫哥罗德设置中方代表处的倡议。此外，要鼓励中国长江和俄罗斯伏尔加河流域大型企业率先开展经贸合作，形成一批示范项目。大企业抗风险的能力较强，应该鼓励大型企业率先开始对俄投资活动，特别应该推动基建、电力、机械制造等国内产能过剩的大型企业在俄开展项目投资。只有当大型企业项目已经取得一定成果之后，才能拉动产业其他关联企业对俄投资，从而真正落实组团式走出去构想。建议中俄两国对于两区域合作给予明确的政策倾向（包括在纳税和手续办理方面提供适当的优惠）。为了限制资本外逃，考虑到俄罗斯规定税后利润或者股息汇往境外（包括中国）时需要缴纳10%的红利税或者股息税，同时由于在俄劳务人员办理外汇汇款时，手续极为复杂且费用高昂，两国可以对两区域合作框架内项目互相减免税费或者减少手续，中方也应该积极促使俄罗斯对资金周期较长的中国大型基建项目提供国家担保等优惠措施。

从中俄“长江—伏尔加河”地方合作的实际来看，投资合作的根本性问题还是心理认知问题。中方企业普遍反映俄罗斯的银行问题、汇率问题、投资环境差等因素制约着中方的投资。因此，做好基础性工作，摆正心态是中俄双方都必须首先解决的一个问题。也即只有了解了对方的发展战略、法律法规、投资指南等信息后，双方的实业家才能做到有的放矢地去进行合作，并努力实现双赢的目的。中俄之间还必须正视双方之间存在的差异。差异是永远存在的，问题在于去相互适应。从外资在俄的投资情况来看，德国企业在伏尔加联邦区的投资非常成功，而且这些德国企业在合作中的当地化程度较高，都变成了俄罗斯企业。其中有很多经验可供中俄“长江—伏尔加河”地方合作来参考。在中国东北与远东西伯利亚的合作中，中国黑龙江的华信集团与俄罗斯远东地区开展了粮食生产合作，中方的投资也非常成功。那些合资企业也变成俄罗斯的生产性企业，这可算是一个很好的成功案例。对于拓展俄罗斯市场的海外企业来说，生产当地化非常重要的。这是俄罗斯政府采购标准的一项重要要求。据鞑靼斯坦共和国贸易与工业商会（位于喀山）负责人亚瑟·尼古拉耶夫介绍，一家意大利企业希望向俄罗斯销售自身的产品，但俄罗斯不购买。为此，许多企业到俄罗斯投产，在俄罗斯采购零部件，结果都通过了俄罗斯政府采购的要求。①

3. 中俄地区合作前景美好

对于中方企业来说，要认识到中俄“长江—伏尔加河”地方合作需有足够的时间作为培育期，但未来前景美好。当前，中俄“长江—伏尔加河”地方人文合作的快速推进有利于两区域的相互了解与民心相通，人文合作的顺利推进必将带来经贸与投资的繁荣。目前，虽然有种种不利条件阻碍着中俄“长江—伏尔加河”地方合作，但种种有利条件正在悄悄形成，比如直航开通、中欧班列的开通、外交总领馆的开通等为中俄两国之间的地方合作插上了腾飞的翅膀。

当前，中俄“长江—伏尔加河”地方合作的良好发展局面正在形成。两

① 2018 年 9 月，华东师范大学俄罗斯研究中心调研组在喀山贸易与工业商会的访谈。

国之间的认识与了解在不断加深，双方合作的意愿与共识不断加强，相互合作的适应力与能力也在不断提升。部分中方企业家反映，尽管俄罗斯方面的效率比较低，但是其基本规则、基本制度相对完善，对中国人的包容性与欢迎度也在提高。俄罗斯人对品牌的歧视不严重。他们相信自己的判断，相信产品质量，不盲目迷信。此外，俄罗斯人口素质较高，社会治安总体上较好，种族歧视不那么明显。①

总之，由于俄罗斯国力的不断提升及其投资环境的不断改善，中方走出对俄投资恐惧并积动推动中俄地区层面的有效投资合作目标可期。当今，俄罗斯的全国发展新态势有利于“长江—伏尔加河”地方合作的推进。2008年国际金融危机之后，俄罗斯地区社会经济状况恶化，迫切需要发展并从邻国吸引投资。但是，莫斯科、圣彼得堡地区的中俄合作趋于饱和，远东西伯利亚与中国东北合作不尽如人意。在这一背景下，中俄“长江—伏尔加河”地方合作的重要性不断上升。随着中俄战略协作伙伴关系的提升以及俄罗斯因乌克兰问题遭遇美西方的极限施压和制裁，俄罗斯进一步东向已无悬念，中俄合作特别是地区合作的动力得到加强。丝绸之路经济带与欧亚经济联盟的对接客观上需要中俄两国地区合作，尤其是两国非毗邻地区的合作。中俄“长江—伏尔加河”地方合作的模式和经验也将为新时代中俄全面战略协作伙伴关系的深入发展做出更大的贡献。

① 2017年11月，华东师范大学俄罗斯研究中心调研组在湖南中联重科的访谈。

AFTERWORDS

后 记

本书是国家社科基金项目——跨欧亚伙伴关系背景下中俄“两河流域”合作研究（17BGJ032）的最终成果，也是华东师范大学俄罗斯研究中心团队服务国家战略与地区经济社会发展，在理论与实际相结合、基础研究与政策咨询相结合基础上的研究成果。这不仅凝聚了教育部人文社科重点研究基地——华东师范大学俄罗斯研究中心团队的集体智慧，而且承载了中俄两国学者的不懈努力。

中俄两河流域经贸人文合作是中俄两国地方合作的典范。建立于2013年的中俄“长江—伏尔加河”流域合作机制推动着长江中上游地区6个省份和伏尔加河沿岸14个联邦主体之间非毗邻地区经贸与人文合作的持续发展。签署于2016年6月25日的《中华人民共和国和俄罗斯联邦联合声明》强调要进一步拓展和深化地方合作，积极运用“长江—伏尔加河”流域合作的经验，完善合作模式和机制，以更好地推动重点项目，培育新的合作增长点。随着2018—2019年中俄地方合作交流年系列项目的启动，中俄新时代全面战略协作伙伴关系迎来了更大发展的新机遇。正是在这一背景下，几乎是在中俄“长江—伏尔加河”流域合作机制建立之始，华东师范大学俄罗斯研究中心团队就对这一问题予以关注，并倾注大量人力物力进行跟踪研究。

在本课题研究的过程中，华东师范大学俄罗斯研究中心组织了全国性的关于中俄两河合作的研讨会。来自长江中上游6个省市的高校、政府部门、企业的代表都参加了研讨，外交部欧亚司原司长桂从友专程来沪参会，并对下一步中俄两河合作的发展做主旨发言。华东师范大学俄罗斯研究中心团队还数次在长江中上游地区及俄罗斯伏尔加河联邦区进行实地调研，并在田野调查中进行案例分析，其中包括课题组多次赴相关省市外办、发改委与相关职能部门负责人进行座谈，到武汉、长沙、重庆等地就已与俄罗斯相关方面开展的合作项目进行实证调研；同时还邀请俄罗斯驻华、驻上海外交使节来华东师范大学就中俄地区合作举办专题讲座，并赴莫斯科、喀山与在俄中资企业代表、俄罗斯人总商会以及中国驻喀山领馆总领事进行座谈交流等。

本课题的顺利完成首先要感谢华东师范大学俄罗斯研究中心团队的大力支持与参与，其次要感谢长期与我们合作的学术伙伴（他们分别来自上海外国语大学、湖南师范大学、四川外国语大学、上海社会科学院、俄罗斯国立司法大学、俄罗斯高等经济大学、喀山联邦大学、克麦罗沃国立大学等机构）。本项目的研究也得到了北京一些领导及学界前辈的关心。其中，中联部原副部长周力同志亲自联系中国驻喀山总领馆，为课题组在俄获得第一手资料提供了极大的便利；中国社会科学院政治学所所长张树华研究员从项目立项到整个研究过程中都给与了重要的帮助。当然，本书的顺利出版，也要感谢世界知识出版社曾伏华老师的大力支持。

全书撰写分工如下：前言、第七章、结论，刘军；第一章、第三章，[俄] C. 比留科夫；第二章，[俄] A. 雅科夫列夫等；第四章，[俄] K. 沃斯特里科夫；第五章，孙祁、[俄] B. 萨莫维奇；第六章，毕洪业；第八章，肖辉忠；第九章，蒲公英；第十章，苟利武；第十一章，颜志科；第十二章，[俄] B. 萨莫维奇。肖辉忠、崔珩、蒲公英、孙祁负责外文稿件翻译。课题首席专家刘军教授负责组织专家组前往长江中上游及俄罗斯伏尔加联邦区实地调研、全书结构设计、学术资料的引进以及对全书的修改、补充，苟利武博士协助负责全书校对及最后定稿工作。

对俄研究是辛苦的，但也充满着乐趣。华东师范大学俄罗斯研究中心作为国家重点文科基地，非常愿意与全国同行一起共同努力，不断提升对俄研究的质量与水准，共同为俄罗斯与欧亚领域的研究奉献自己的力量。

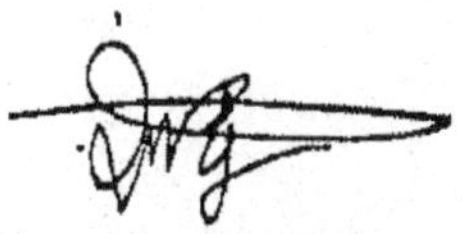

2022 年 7 月于上海

图书在版编目（CIP）数据

中俄“长江—伏尔加河”流域合作研究 / 刘　军
等 著 . — 北京 : 世界知识出版社 , 2022.8
ISBN 978-7-5012-6533-6

Ⅰ . ①中…　Ⅱ . ①刘…　Ⅲ . ①国际合作—经贸合作—
研究—中国、俄罗斯　Ⅳ . ① F125.551.2

中国版本图书馆 CIP 数据核字（2022）第 063133 号

责任编辑　曾伏华
责任出版　王勇刚
责任校对　陈可望
封面设计　张　乐

书　　名　**中俄“长江—伏尔加河”流域合作研究**
Zhong-E “Changjiang — Fuerjiahe” Liuyu Hezuo Yanjiu

作　　者　刘　军 肖辉忠 苟利武 等 著

出版发行　世界知识出版社
地址邮编　北京市东城区干面胡同 51 号（100010）
网　　址　www.ishizhi.cn
电　　话　010-65265923（发行）010-85119023（邮购）
经　　销　新华书店
印　　刷　北京虎彩文化传播有限公司
开本印张　710 毫米 ×1000 毫米　1/16　21¾印张　2 插页
字　　数　330 千字
版次印次　2022 年 8 月第 1 版　2022 年 8 月第 1 次印刷
标准书号　ISBN 978-7-5012-6533-6
定　　价　138.00 元